武昌隋唐墓

湖北省文物考古研究所
湖北省博物馆　　编著
北京大学考古文博学院

上　册

上海古籍出版社

内 容 提 要

20世纪50年代,湖北武昌地区发掘了一批隋唐时期墓葬。这批墓葬迄今为止仍旧是整个中国南方地区最集中、内涵最丰富的隋唐墓葬发现,具有很高的学术价值。本书是其中116座墓葬的考古报告。

116座武昌隋唐墓分布在武昌旧城东郊岗地,今为武汉市区。本书主体部分根据出土地点将墓葬分为9组,以单个墓葬为基本单位,介绍了墓葬形制、随葬品等方面的具体情况。在此基础上,本书将武昌隋唐墓以安史之乱为界分为早、晚两期,每期又分为早、晚两段。武昌隋唐墓的出现是当时南北墓葬文化共同作用的结果,与南朝隋唐之际长江中游地区的格局变动有较大关联。

图书在版编目(CIP)数据

武昌隋唐墓 / 湖北省文物考古研究所,湖北省博物馆,北京大学考古文博学院编著.—上海:上海古籍出版社,2021.12
  ISBN 978－7－5732－0211－6

  Ⅰ.①武… Ⅱ.①湖… ②湖… ③北… Ⅲ.①墓葬(考古)–研究–武昌区–隋唐时代 Ⅳ.①K878.84

中国版本图书馆CIP数据核字(2021)第268506号

武昌隋唐墓
(全二册)
湖北省文物考古研究所
湖 北 省 博 物 馆 编著
北京大学考古文博学院
上海古籍出版社出版发行
(上海市闵行区号景路 159 弄 1-5 号 A 座 5F 邮政编码 201101)
  (1)网址:www.guji.com.cn
  (2)E-mail:guji1 @ guji.com.cn
  (3)易文网网址:www.ewen.co
上海雅昌艺术印刷有限公司印刷
开本890×1240 1/16 印张55.75 插页16 字数641,000
2021 年 12 月第 1 版 2021 年 12 月第 1 次印刷
印数:1—1,300
ISBN 978-7-5732-0211-6
K·3123 定价:580.00 元
如有质量问题,请与承印公司联系

谨将此书献给

中国考古学诞生 100 周年

主　　编：徐斐宏　方　勤

学术顾问：安家瑶　韦　正　雷兴山　孙庆伟

　　　　　沈睿文　蔡路武　李梅田　刘　未

　　　　　魏正中

资料整理：徐斐宏　贾贵平　田　晴

绘　　图：王　音　许鑫涛

摄　　影：徐斐宏

序

武昌隋唐墓于20世纪50年代发掘，迄今为止仍旧是整个南方地区最集中、最具代表性的隋唐墓葬发现之一。这批材料对今人研究中古时期物质文化、理解隋唐南方社会变迁，都具有非常重要的价值。

武昌隋唐墓的发掘与整理可谓历经坎坷，从墓葬发掘到报告付梓，相隔近70年，凝聚了几代考古人的心血。

新中国成立初期，按照第一个"五年计划"，武昌郊区开展了大规模基础建设，发现了数百座汉代至明清时期的墓葬，武昌隋唐墓即其中最主要的一部分。湖北省、武汉市文管委的同志对这批墓葬进行了随工清理，纵使人员紧缺、时间仓促、技术条件有限，他们仍对墓葬进行了尽可能全面的记录，为后人整理、利用这批材料创造了条件，可谓功不可没。1958年发掘结束后，由于人事变动与社会大背景的变化，武昌隋唐墓发掘报告的编撰工作未能及时开展，资料主体保存于湖北省博物馆。

武昌隋唐墓的系统整理与报告编撰工作始自20世纪70年代末，领导者是著名考古学家宿白先生。1978年，在宿白先生带领下，部分75级北大考古本科生与若干青年教师以教学实习的形式对武昌隋唐墓葬材料作了初步整理。1980年，武昌隋唐墓发掘报告的编撰正式启动。在宿先生亲自指导下，主要由当时北大考古专业的青年教师权奎山和湖北省博物馆的全锦云负责具体工作，时为宿先生研究生的陈英英、安家瑶等也曾参与编撰工作。在工作团队的不懈努力下，报告初稿得以完成，整理工作的参与者也以论文等形式发表了若干研究成果。遗憾的是，由于参与者工作变动，加之骨干权奎山先生于2012年突然仙逝，整理成果的修改与出版事宜只能暂时搁置。

无论是湖北省文物考古研究所、湖北省博物馆还是北京大学考古文博学院，都未忘记整理、出版武昌隋唐墓考古报告这一重大任务。2018年末，双方商定，由北京大学考古文博学院博士后徐斐宏牵头，重启武昌隋唐墓报告的编撰、出版工作。自2019年起，为顺利完成任务，工作团队付出了艰苦的劳动。工作团队一则采用新兴技术，二则优化流程，在较短时间内完成了一系列工作，在2020年3月终于完成了发掘报告初稿的编撰，经专家审阅、修改后，于2021年6月将书稿交付上海古籍出版社出版。

现在呈现在各位读者面前的,即是此次工作的最终成果。由于墓葬发掘年代久远,即便是上一次整理,也是40年前的往事,资料的遗失、残缺在所难免,加之工作团队水平、力量有限,报告一定存在不足之处,祈请各位读者不吝赐教,提出宝贵的意见。另一方面,读者将看到这部作品蕴含着工作团队对中华文明的热爱与对前辈工作的敬意,是青年考古工作者践行习近平总书记"努力建设中国特色、中国风格、中国气派的考古学"这一殷殷嘱托的奋斗结晶,相信它能够得到各界的认可。

我们衷心希望,《武昌隋唐墓》出版后,能为更多研究者所利用,推动学术的进步;也希望报告的问世,能鼓舞更多文物考古工作者投入到整理、出版早年出土的重要考古发现的工作中,让更多珍贵的物质文化遗产焕发生机与光芒!

《武昌隋唐墓》凝聚着著名考古学家、中国考古学先驱宿白先生的心血,明年即将迎来宿白先生百年诞辰,谨以此书向宿白先生致敬!

今年恰逢中国考古学诞生100周年,谨以此书向中国考古学百年诞辰献礼!

是为记。

方　勤　沈睿文

目　　录

拿

图 目 录

vii

插 图 目 录

插 图 目 录

插 图 目 录

插 图 目 录

插 图 目 录

插 图 目 录

插 图 目 录

插 图 目 录

插 图 目 录

插 图 目 录

插 图 目 录

插 图 目 录

插 图 目 录

插 图 目 录

插 图 目 录

插 图 目 录

插 图 目 录

插 图 目 录

插 图 目 录

插 图 目 录

插 图 目 录

插 图 目 录

插 图 目 录

插 图 目 录

插 图 目 录

插 图 目 录

插 图 目 录

插 图 目 录

插 图 目 录

插 图 目 录

插 图 目 录

插 图 目 录

插 图 目 录

插 图 目 录

插 图 目 录

插 图 目 录

插 图 目 录

插 图 目 录

插 图 目 录

插 图 目 录

插 图 目 录

插 图 目 录

插 图 目 录

插 图 目 录

插 表 目 录

第一章　绪　　言

一、武昌的地理概况与历史沿革

武汉是今湖北省省会，城区由武昌、汉口与汉阳三部分组成。武昌位于长江南岸，正对汉江与长江交汇处，城区中心地理坐标为东经114°17′，北纬30°32′。

武昌属亚热带季风气候，四季分明，日照充足，冬冷夏热，无霜期长；地形为残丘性冲积平原，境内多低矮、连绵的山冈；水系发达，湖泊众多，水资源丰富。武昌最高处珞珈山海拔118.5米，最低处江岸海拔20米。

考古发现证明，早至新石器时期，人类便已在武昌一带生息、繁衍。位于武昌水果湖南岸、东湖南端西岸的放鹰台遗址是武昌一带几十处新石器遗址中的代表，出土有丰富的屈家岭文化、石家河文化遗存[1]。武汉地区商周时期遗址则集中于长江北岸，以市郊的黄陂盘龙城遗址为代表。盘龙城遗址发现有商代早期的城址、宫殿、墓葬，出土了大量青铜器。

东周时，武昌属楚地。汉代以后，武昌的历史沿革相对清晰。汉代，今武昌地区属江夏郡沙羡县东境。魏黄初二年（221年）"（孙）权自公安都鄂，改名武昌，以武昌、下雉、寻阳、阳新、柴桑、沙羡六县为武昌郡"[2]，治所武昌位于今鄂州市，而今武昌一带仍属沙羡县，武昌任家湾、莲溪寺出土的孙吴买地券可证之[3]。吴黄武二年（223年）"城江夏山"[4]，建夏口城，是为武昌一带建城之始。两晋时，沙羡仍系武昌郡辖区。宋孝武帝孝建元年（454年）置郢州，治夏口，以分荆楚之势，齐、梁、陈因之；隋平陈后改称鄂州，炀帝初废州立江夏郡；唐武德四年（621年），平萧铣，复鄂州；玄宗天宝元年（742年）又改为江夏郡；肃宗乾元元年（758年）复鄂州；唐永泰（765—766年）后，置鄂岳观察使，以鄂州为使理所；宋仍曰鄂州；元代置鄂州路，后改武昌路；明初改为武昌府，武昌之名自此沿用至今。

---

[1]　湖北省文物考古研究所：《武昌放鹰台》，文物出版社，2003年。
[2]　《三国志》卷四七《吴书·吴主传》。
[3]　程欣人：《武汉出土的两块东吴铅券释文》，《考古》1965年第10期，第529—530页。其中，黄武六年（227年）郑丑买地券仍称江夏沙羡县，应是沿用了汉代旧称。
[4]　《三国志》卷四七《吴书·吴主传》。

孙吴夏口城选址今蛇山北麓,此后作为州郡治所的夏口城、江夏城,直至晚近武昌城,规模虽有所改易,但位置并未发生大的变化,始终处于蛇山一带。

二、武昌隋唐墓的分布

20世纪50年代,按照当时城市规划,武昌城区自旧城向东、东北扩展,所涉范围恰包含了历代城郊墓葬区。在轰轰烈烈的基础建设中,500余座汉代至宋代墓葬被发现,其中,即包括本报告介绍的116座隋唐时期墓葬。

这批隋唐墓沿武昌城东郊岗地分布,大体可分为两支:北支自大东门外引出,向东北经何家垅、小龟山、姚家岭、周家大湾等地点,最东分布至大何家湾、傅家湾一带,即今湖北省博物馆附近;南支则从通湘门起,向东经晒湖堤、莲溪寺、钵盂山、马房山、瓦屋垅、四眼井等地点,最东至桂子山、土公山、广埠屯一带,即今华中师范大学附近(图1-1)。

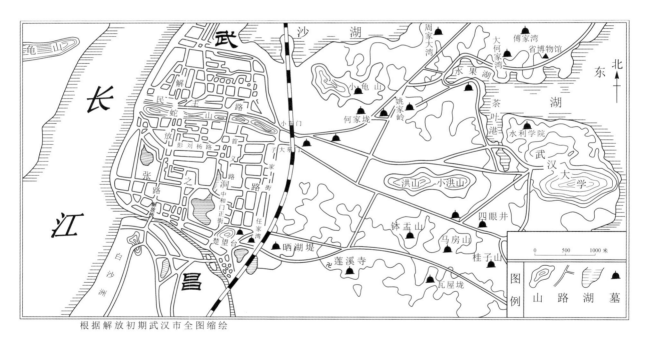

根据解放初期武汉市全图缩绘

图1-1 武昌隋唐墓分布示意图

三、武昌隋唐墓的发掘与整理

据发掘记录,武昌隋唐墓的发掘始自1953年5月,终于1958年9月,时间跨度超过5年。发掘负责单位为湖北省文物管理委员会,参与发掘的考古工作者有程欣人、沈畴春、蓝蔚、夏承彦、游绍奇、郭冰廉、郭建安、陈恒树、徐松俊、李元魁、王证明等。

武昌隋唐墓的发掘，属于配合基础建设的抢救性发掘，工期紧张，每座墓葬的发掘时间有限。举例言之，M17、M22两座规模较大、出土器物较多的墓葬发掘时间分别为5天、4天；在完成了M189的发掘后，发掘者在记录中写道："但因工程急需，我们不能抽出多少时间细致工作，是我们这次工作的失败。"（图版一）在这种情况下，发掘工作难免较为粗放，这在M531发掘现场照片中亦有体现（图9-41）。另一方面，20世纪50年代正值新中国考古事业的起步期，专业人才紧缺，工作规范尚未完全确立。因此，武昌隋唐墓的发掘记录工作以今天的标准衡量是有缺陷的，存在墓葬形制图不规范、墓葬登记表信息量较少等问题。纵使工期紧张、条件有限，当时的考古工作者仍尽可能对墓葬进行了记录。除M13、M31外，本报告各墓均有较准确、全面的形制图，研究者能以此对武昌隋唐墓形制与器物分布有基本了解。按墓葬登记表，武昌隋唐墓多数在发掘完成后进行了摄影记录。遗憾的是，本次整理中仅发现了M531的发掘现场照。

武昌隋唐墓发掘后未得到及时整理，仅在1957年发表了M241与M188两座墓葬的简报[1]。此外，若干文物工作简报也有武昌隋唐墓的零星信息[2]。

1959年，武昌隋唐墓部分遗物连同50年代武昌出土的汉六朝文物总计142件（套），调拨中国历史博物馆（今中国国家博物馆），涉及周家大湾M241、何家垅M188等墓葬。

1978年，宿白先生带领北京大学历史系考古专业师生赴湖北实习，内容即整理武昌隋唐墓材料，参与实习的师生分工完成了实习报告。1980年，在宿先生主持下，武昌隋唐墓考古报告的编写工作启动，主要参与者有权奎山、全锦云、安家瑶、陈英英等。可惜的是，因当时条件限制，此次整理最终未出版正式的发掘报告。不过，参与者以此次整理为基础，发表了若干论文，向学界介绍了武昌隋唐墓的部分材料，并得出了具有较高学术价值的认识。这些论文主要有：权奎山的《南方隋唐墓的分区分期》[3]与《武昌郊区隋唐墓出土陶俑的分期》[4]；全锦云的《武昌隋唐墓葬出土陶瓷器初析》[5]与《武昌唐墓所见铜官窑瓷器及其相关问题》[6]。

2018年底，北京大学考古文博学院与湖北省文物考古研究所、湖北省博物馆达成了重启武昌隋唐墓整理及发掘报告编写工作的合作意向；整理工作自2019年4月开始，至当年9月初结束，实际工作时间为14周；其后，工作进入发掘报告编写阶段，至2020年1月形成初稿。

---

[1] 湖北省文物管理委员会：《武汉市郊周家大湾241号隋墓清理简报》，《考古通讯》1957年第6期，第30—34页。湖北省文物管理委员会：《武昌东郊何家垅188号唐墓清理简报》，《文物参考资料》1957年第12期，第51页。

[2] 蓝蔚：《略谈三年来武汉市的文物保护与发现》，《文物参考资料》1956年第7期，第17—20页。夏承彦：《武昌何家垅基建工地发现大批唐三彩瓷器》，《文物参考资料》1956年第12期，第79页。湖北省文物工作队：《武汉地区一九五六年一至八月古墓葬发掘概况》，《文物参考资料》1957年第1期，第69—70页。

[3] 载氏著：《说陶论瓷——权奎山陶瓷考古论文集》，文物出版社，2014年，第1—34页。

[4] 载氏著：《说陶论瓷——权奎山陶瓷考古论文集》，第51—86页。

[5] 载《景德镇陶瓷》1984年中国古陶瓷研究专辑，第38—45页。

[6] 载《考古》1986年第12期，第1126—1132页。

四、关于本报告的几点说明

　　对原始记录的处理：本报告涉及的墓葬中仅 M13 与 M31 未附墓葬形制图。20 世纪 50 年代，新中国考古事业整体处于起步阶段，虽然武昌隋唐墓形制图在当时体现了较高的业务水平，但这些图纸也不可避免地存在不符合现今规范的情况。对此，本次整理在清绘墓葬图时，仅对原图作最小的干预，修正一些明显的错误，例如改正原图中将表现墓葬铺地砖的线条绘制于器物之上的情况，其他如个别平剖不对应的问题，因缺乏依据，不作修改。另一方面，武昌隋唐墓的文字记录较为简略，信息量有限，故本报告中，仅根据文字记录，按统一的顺序介绍墓葬相关信息，不作修改、推测。

　　报告结构：本报告采用"综述—分述"结构。第二章为墓葬综述，介绍武昌隋唐墓形制、随葬品等方面的基本情况。第三至十一章为墓葬分述，以单个墓葬为单位介绍墓葬详情，按墓葬出土地点编排。第三至六章为南支墓葬，第七至十章为北支墓葬，每支均按由西向东的顺序，即南支墓葬始自通湘门、莲溪寺诸墓，终于桂子山诸墓；北支墓葬始自大东门诸墓，终于大何家湾、傅家湾诸墓。水利学院 M128 与天子岗诸墓则单列为第十一章[1]。报告第十二章讨论墓葬年代问题，第十三章为结语。

　　文字描述的顺序：分述部分，每座墓葬依次介绍发掘情况、墓葬形制与出土遗物；遗物以俑及模型明器、陶器、瓷器、金属器的顺序描述；俑及模型明器部分则以镇墓组合、男俑、女俑、动物俑、模型明器为序。

　　部分用语：本报告中，墓葬通长仅指墓葬主体，不包括排水沟长度。瓷器描述中，单列露胎处颜色，即瓷器不施釉部分烧制后表面呈现的颜色，以区别于瓷胎的实际颜色（即胎色）。对遗物受损情况用"缺失""残损"二词描述，前者指器物某部分受破坏，整体已不存；后者则用于器物某部分受损但未遭完全破坏的情况。

　　俑与瓷碗的分类：男俑、女俑根据动作分类。男立俑、女立俑数量最多，故作细分。在将胡人俑单列的基础上，男立俑根据服装分类；女立俑中则单列男装女立俑。目前对隋唐女俑发髻名称的考证缺乏有力证据，在本报告中，出于描述的方便，采纳孙机关于"半翻髻"与"反绾髻"定名[2]，对其他发髻的描述则根据发髻形态。瓷器中瓷碗数量最多，按唇部形态分类。

　　器物编号问题：武昌隋唐墓遗物出土后经历多次辗转，今日整理，难免遇到器物错号、重号、缺号等情况。对此，本报告中将编号明确的器物以"墓号：器物号"的形式编号，如"M52：1"；而部分器物经查对后仍不能确定原始编号，则以"墓号＋器物号"的形式顺序编号，如"M52＋1"，

---

[1]　水利学院位置介于南北两支之间，故置于最后。天子岗应位于马房山、桂子山一带，具体位置仍有待考证。
[2]　孙机：《唐代妇女的服装与化妆》，载氏著：《中国古舆服论丛（修订本）》，上海古籍出版社，2013 年，第 236 页。

以示区别。在早年整理中,对于部分出土后未编号的器物采取了接续编号的做法,如原始记录中仅记录了71件器物的M17有M17∶72、M17∶73,这两件器物便是早年整理中增加的编号,本次整理沿用了此类器物号。此外,部分原始资料中记录的器物在本次整理中并未涉及,对于这类器物,报告图文中将以斜体标示。最后,早先发表的简报、研究论文中引用武昌隋唐墓材料时,个别器物的编号与本报告有出入,这种情况请以本报告为准。

第二章 墓葬综述

一、年代概况

本报告中的116座墓葬年代均为隋唐，包括2座纪年墓葬，即M52（大业四年，608年）与M164（贞元廿年，804年）。

武昌隋唐墓年代大体可以安史之乱为界分为早晚两期，两期墓葬面貌差异较明显，易于辨识。

早期墓葬年代为隋至安史之乱。于南方而言，隋代始自开皇九年（589年）隋灭陈，而非开皇元年（581年）杨隋立国。早期墓葬共102座，形制多样，不乏结构复杂的大型墓葬；随葬品数量大、种类丰富，出土有大量俑与模型明器。

晚期墓葬年代为安史之乱至唐末，具体包括M110、M143、M164、M191、M192、M194、M202、M233、M331、M405、M432、M436、M498与M528，共14座。晚期墓葬结构简单，规模较小；随葬品数量急剧减少，种类相对单一，以陶瓷容器为主。

对比早、晚期墓葬，可见武昌隋唐墓变化的大趋势与中原隋唐墓一致。

二、墓葬形制

本报告介绍的墓葬均为砖室墓。

从墓葬施工的角度，武昌隋唐墓的建设过程应包括挖墓圹、砌砖室与下葬后填封土三个主要阶段，但技术细节已不得而知。武昌隋唐墓被发现时墓室顶部无一完整。少数墓葬记录中有墓葬深度，最深者墓底距发掘时地面4米。综合这些情况，并参考形制图及M531发掘现场影像，可以推测武昌隋唐墓普遍较浅，与同时期中原地区带斜坡墓道的墓葬相比有显著差异。

116座墓葬中，M13、M31无墓葬形制图，M196仅存甬道。其他113座墓葬，墓室平面均呈长方形或近似长方形，部分墓葬附有甬道、侧龛、头龛等设施。根据形制复杂程度，可将武昌隋唐墓分为两类，分类标准即墓葬是否带有成对侧龛。

　　一类墓葬：即带成对侧龛者，共56座。此类墓葬规模较大，通长平均6.37米[1]。墓葬结构相对复杂，带有1到2对侧龛，多数带有甬道，形制最复杂的M359及M382有甬道、头龛与2对侧龛，同时侧龛、头龛与墓室之间还设短甬道。武昌隋唐墓中，出土陶俑及模型明器者共46座，其中37座为一类墓葬。一类墓葬均为早期墓葬。

　　二类墓葬：即无成对侧龛者，共57座。此类墓葬规模小，通长平均4.37米。墓葬结构简单，长方形券顶砖室墓占很大比重，部分带头龛、甬道或单个侧龛。出土陶俑及模型明器的46座墓葬中，仅6座为二类墓葬。二类墓葬年代贯穿隋唐。

　　武昌隋唐墓均以小砖砌筑。116座墓葬中，101座墓墓底整体铺砖。于墓室、小龛地面砌筑棺床、砖台的做法亦不少见。墓壁砌法以三顺一丁为多，二顺一丁占少数，一顺一丁仅1例。部分墓葬设置墓壁小龛以放置生肖俑、瓷碗等随葬品。本报告报道的所有墓葬顶部均遭破坏，不过综合图文信息判断，这批墓葬很可能均采用券顶。71座墓葬明确于封门下设排水道，个别墓葬的墓外排水沟尚存，例如M216被发现时墓外排水沟仍长达40米。

　　武昌隋唐墓中，112座的墓向明确，由图2-1可见，这批墓葬以南向为主。

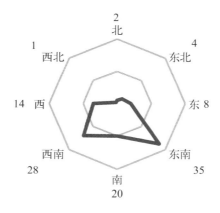

图2-1　武昌隋唐墓墓向统计图

　　武昌隋唐墓中使用画像砖、花纹砖的情况较为普遍，明确使用者共82座。遗憾的是，本次整理中仅见M142画像砖标本4块，现场照片亦非常匮乏，今人只能依赖线图与文字记录了解这批墓葬画像砖的大致情况。武昌隋唐墓所用画像砖题材丰富，包括神异、人物、唐草、钱币等，部分一类墓葬墓壁嵌四神题材大砖，墓葬铺地、砌筑棺床及砖台则多用莲花纹砖。

三、葬　式　与　葬　具

　　受埋藏环境、保存情况等影响，武昌隋唐墓墓主葬式与葬具方面的信息非常匮乏。与葬具相

---

[1]　这里墓葬通长平均数据除去了墓葬中长度不完整与仅存墓底长度者，下文二类墓葬的统计同样如此。

关的遗物仅有少量铁钉，尚无使用木制葬具以外其他材质葬具的证据。同时，根据墓中发现的零星人骨，无法复原这批墓葬墓主的葬式。

四、随葬品

本次整理涉及随葬品共 1 799 件（组），大体可分为陶瓷器、金属器与砖石器。

陶瓷器包括俑、模型明器与陶瓷器皿，数量远大于另两类随葬品。其中，俑与模型明器是武昌隋唐墓中面貌最丰富、最具代表性的随葬品，把握此类器物的特征，是理解武昌隋唐墓的一大关键。

为此，这里需要引入以陶俑为核心的随葬品分群概念。这种分群的做法出自权奎山的论文《武昌郊区隋唐墓出土陶俑的分期》，文中权奎山根据武昌隋唐墓陶俑的特征将之分为甲、乙、丙、丁四群，分别对应不同产地。这一分类方式与结论是合理的，本报告沿用这种分法。权奎山的分群针对俑与动物模型，本报告则综合其他陶瓷类遗物的情况，对"四群"的内涵作了适当扩充，具体如下：

甲群：系本地生产的陶俑与模型明器。甲群均为泥质陶器，胎色多灰、灰褐、灰黄、橙红等，火候较低；多模制成形，部分俑存在面部细节模糊的情况。甲群可分为镇墓神怪、人物、动物与模型四类：镇墓神怪类以镇墓兽与生肖俑为主，另有少量人首鸟身俑、双人首连体俑等，部分墓葬出土了高度超过50厘米的大型男立俑，持刀或着裲裆铠，或也有镇墓的寓意；人物类则有甲士俑、男女立俑、男女坐俑、胡人俑、劳作俑等；动物类有鞍马、牛、骆驼、猪、狗、鸡等；模型多为灶、磨。

乙群：产自湖南的随葬品，不局限于俑及模型明器。此群随葬品有陶质与瓷质两类，陶质者泥胎，胎色整体较浅，以浅黄、浅红、橙红、灰红为主，火候较高，质地坚硬；瓷质者仅见于M138，青釉灰胎。工艺方面，此群随葬品模制痕迹不明显；俑的手臂等部分可见捏塑、拼接的手法，如M444：16手臂与身体间有增加黏合度的划痕；此外，乙群器物成型后以刻划的方式修饰细节。乙群器物种类丰富，镇墓神怪组合稳定，由成对的镇墓兽、龙首双身连体俑、人首双身连体俑、人首兽身带翼俑、人首鸟身俑、生肖俑以及呈直立甲士形象的成对镇墓武士构成；人物类则包括甲士俑、男女立俑、女坐俑、胡人俑、劳作俑等；动物类，有鞍马、牛、骆驼、羊、猪、狗、鸡、鸭等；模型明器有车、灶、屋、磨、井、碓、案、棋盘等，一些尺寸较小的釜、甑等同样应被归入模型明器；此外，乙群还包括多足砚、烛台、杯、高足杯、盘等不宜被归为模型明器的器物。

丙群：很可能产自扬州一带，仅出土于M76、M210、M217和M253。丙群器物均泥胎，胎色以灰黄、灰褐为主，模制成型。丙群陶俑造型修长，风格与甲群陶俑有较为明显的区别。种类有双人首连体俑、千秋、万岁、四神、生肖俑、男女立俑、女坐俑、鞍马、骆驼等。

丁群：三彩器为主，还包括单色釉陶器与少数未施釉的器物，产自洛阳。三彩俑与模型明器出自M189、M196与M270，在洛阳唐墓中均能找到形态一致或相近者。M441：6是一件陶胡人俑，胎色白，在洛阳唐墓中发现过同模产品。砚、盂、盖罐等釉陶器、三彩器在武昌隋唐墓中的分布则更为广泛。

武昌隋唐墓中出土俑与模型明器者均为早期墓葬。四群中仅甲群器物年代跨越隋唐,其他三群器物年代均为唐。不同群陶俑在一座墓葬中同出的情况是存在的。

四群之外的陶瓷器以瓷质器皿居多,早期、晚期墓葬中,瓷器组合、特征有较大差异。早期墓葬多随葬盘口壶、双唇罐、碗、钵、盂等器类;胎色以浅灰、灰色为多,胎色、胎质与器类有关,盘口壶、双唇罐胎色浅、胎质相对细腻,碗、钵则胎色较深、胎质更粗,施化妆土的情况较普遍;釉色多青黄、青褐、黄褐,胎釉结合较差,剥釉现象非常常见,完全剥落的情况也时有发生。晚期墓葬则随葬长沙窑瓷器,有盘口壶、大口罐、碗、盏等;胎较薄,质地总体较细腻,胎色以浅灰、浅红、浅黄为主;釉色多浅黄、黄褐。

陶质器皿在武昌隋唐墓中数量较少,均低温泥质。

武昌隋唐墓出土的金属类器物以铜钱为主,除1枚乾元重宝外,均为五铢与开元通宝。铜钱以外,金属器物还有铜镜、铜剑、铜高足杯、铜熨斗、铜钵、铜带具、银钗、铅环、铅盘、铁钉等,数量有限。

武昌隋唐墓还有墓志、买地券、滑石握、研钵等砖石质文物。

第三章 通湘门、莲溪寺诸墓

通湘门何家山M52

通湘门何家山 M52 发掘完成时间为 1954 年 10 月 6 日,记录者为夏承彦。

M52 是一座券顶砖室墓,墓室平面呈长方形,附甬道与一对侧龛,侧龛位于墓室前部。墓室后半部及右侧龛被毁,左龛保存较完整。墓向 168°。墓底以莲花纹砖平铺,墓室后部以砖纵向加铺若干列,列间距 4—6 厘米。封门底部有排水道。墓壁以砖三顺一丁砌筑。M52 残长 8.64 米,甬道底宽 1.38、进深 2.22 米,墓室底宽 2.52、残长 5.71 米,左龛宽 0.95、进深 0.86、高 1.6 米(图 3-1)。

本次整理涉及 M52 出土器物共 38 件,包括甲群 33 件。

镇墓兽 1 件。M52:1,蹲伏于地。躯干与头部似马,背脊生鬃毛,兽爪。胎色灰黄。通高 26.5 厘米(图 3-2;图版二)。

生肖俑 12 件。端坐的男子形象,生肖位于身前。头戴笼冠,身着交领宽袖长袍,腰系带。胎色灰。

M52:41,申猴。通高 33.9 厘米(图 3-3-1;图版三-1)。

M52+6,寅虎。左手缺失,虎头经复原。通高 34.5 厘米(图 3-3-2;图版三-2)。

M52+7,辰龙。龙首经复原。通高 35.3 厘米(图 3-4-1;图版三-3)。

M52+8,午马。马首缺失,左侧双腿缺失。通高 34.1 厘米(图 3-4-2;图版四-1)。

M52+9,戌狗。狗头缺失。通高 36.1 厘米(图 3-4-3;图版四-2)。

M52+10,丑牛。人首缺失,牛头经复原。残高 22.8 厘米(图 3-5-5;图版四-3)。

M52+11,子鼠。人首缺失,前后衣摆残损。残高 22.8 厘米(图 3-5-4;图版四-4)。

M52+12,酉鸡。人首、鸡首缺失,右后侧衣摆残损。残高 22.4 厘米(图 3-5-1;图版五-1)。

M52+13,卯兔。人首、兔首缺失,右侧衣摆残损。残高 23.1 厘米(图 3-5-2;图版五-2)。

M52+14,巳蛇。仅存右前侧,手握蛇身。残高 14.8 厘米(图 3-5-3;图版五-3)。

M52+15,仅存躯干与衣后摆。残高 19.1 厘米(图版五-4)。

M52+16,仅存前胸与右臂。残高 24.6 厘米(图版五-5)。

裲裆铠男立俑 2 件。直立,一侧前臂平举并手中握物,所握物已佚。头戴平巾帻,上着宽袖

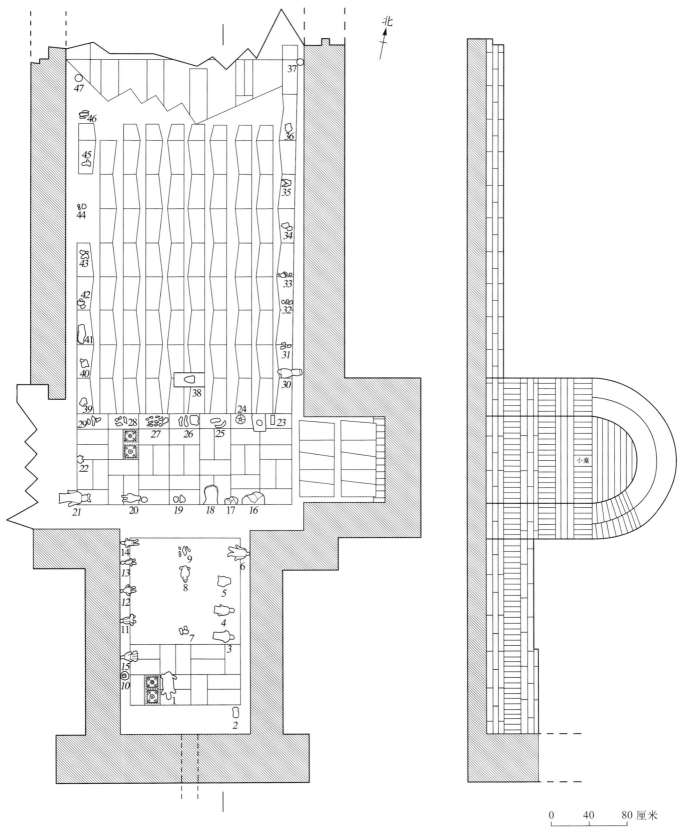

图3-1 通湘门何家山M52形制图

1.镇墓兽 2.俑 3.俑 4.俑 5.俑 6.裲裆铠男立俑 7.陶片 8.陶鞍马 9.陶牛 10.瓷碗 11.女立俑 12.俑 13.俑
14.裲裆铠男立俑 15.俑 16.陶片 17.女立俑 18.陶片 19.陶片 20.长衣男立俑 21.陶片 22.陶片 23.灶 24.磨 25.俑
26.俑 27.俑 28.瓷盘口壶 29.俑 30.俑 31.俑 32.俑 33.俑 34.俑 35.俑 36.俑 37.瓷圆唇碗 38.砖买地券 39.俑 40.俑
41.生肖俑-申猴 42.俑 43.俑 44.瓷圆唇碗 45.俑 46.俑 47.瓷碗 +1.女立俑 +2.女立俑 +3.胡人男立俑 +4.陶牛 +5.陶器
+6.生肖俑-寅虎 +7.生肖俑-辰龙 +8.生肖俑-午马 +9.生肖俑-戌狗 +10.生肖俑-丑牛 +11.生肖俑-子鼠 +12.生肖俑-酉鸡
+13.生肖俑-卯兔 +14.生肖俑-巳蛇 +15.生肖俑 +16.生肖俑 +17.女立俑 +18.胡人男立俑 +19.女立俑 +20.褶服男立俑
+21.长衣男立俑 +22.女立俑 +23.女立俑 +24.残男立俑

0　　　　　8 厘米

图3-2　通湘门何家山M52出土镇墓兽

M52∶1

袍,外罩裲裆铠,甲上系带四周[1],下穿长裙,足蹬高头履。胎色灰。尚存彩绘痕迹(图版六)。

　　M52∶6,平巾帻残损。残高46.9厘米(图3-6-1)。

　　M52∶14,鼻残损。通高48.7厘米(图3-6-2)。

　　褶服男立俑　1件。M52+20,直立,左前臂平举,右前臂抬起。头戴平巾帻,上着交领宽袖褶服,内着圆领衣,腰系带,下穿大口袴,膝下缚袴,足蹬尖头履。平巾帻残损。通高26.3厘米(图3-7-1;图版七-1)。

　　长衣男立俑　2件。胎均灰色。

　　M52∶20,直立,右前臂平举,左手于腰间持一巾状物。头戴幞头,上着圆领窄袖长衣,腰系带,下穿袴,足蹬尖头靴。两肩残损。通高24.6厘米(图3-7-2;图版七-2)。

　　M52+21,立姿,右臂向后微抬,右手握拳,掌心向下,左脚向左前方迈出半步。头戴幞头,上着翻领窄袖长衣,腰系带,下穿袴,足蹬尖头靴。右靴尖、左臂残损。通高27.8厘米(图3-7-5;图版八-1)。

　　胡人男立俑　2件。胎色灰。

　　M52+3,立姿,左臂半举,右臂屈而后摆,左脚前跨,作牵马状。未戴冠,额头正中凸起,上着翻领窄袖长衣,袒右,右肩着护膊,腰系带,腰带左侧挂鞶囊,右侧挂鞭,下穿袴,足蹬尖头履。尚存彩绘痕迹。通高31.3厘米(图3-7-4;图版八-2)。

　　M52+18,直立,双手相握于上腹部。似未戴冠,上着翻领窄袖长衣,腰左侧挂鞭、右侧挂鞶囊,下穿袴,足蹬尖头靴。胎色灰。通高27.5厘米(图3-7-3;图版九-1)。

[1]　孙机认为此种腰带系法即文献中记载的"縢蛇",详参孙机:《两唐书舆(车)服志校释稿·卷一》,载氏著:《中国古舆服论丛(修订本)》,上海古籍出版社,2013年,第337页。

图3-3　通湘门何家山M52出土生肖俑
1. 生肖俑-申猴（M52：41）　2. 生肖俑-寅虎（M52+6）

图3-4　通湘门何家山M52出土生肖俑

1. 生肖俑-辰龙（M52+7）　2. 生肖俑-午马（M52+8）　3. 生肖俑-戌狗（M52+9）

图3-5　通湘门何家山M52出土生肖俑

1.生肖俑-酉鸡（M52+12）　2.生肖俑-卯兔（M52+13）　3.生肖俑-巳蛇（M52+14）　4.生肖俑-子鼠（M52+11）

5.生肖俑-丑牛（M52+10）

　　残男立俑　1件。M52+24，仅存腰部与股部。胎色灰。残高10.5厘米（图版九-2）。

　　女立俑　8件。均直立，胎色灰。

　　M52：11，双手抬起。发髻宽大低平，上穿交领右衽窄袖衫，胸际系带，下穿长裙。右手与双履残损。通高27.3厘米（图3-8-6；图版九-3）。

　　M52：17，左手举于胸前，右手抚于腰间。头梳双髻双环。上着交领右衽宽袖衫，胸际系带，下穿长裙，足蹬高头履。尚存彩绘痕迹。通高35.7厘米（图3-8-7；图版一〇-1）。

　　M52+1，右臂自然下垂，隐于袖中，左前臂平举。头梳双髻双环，上着交领左衽宽袖衫，内着

图3-6　通湘门何家山M52出土裲裆铠男立俑

1. 裲裆铠男立俑（M52：6）　2. 裲裆铠男立俑（M52：14）

圆领衣,下穿长裙,足蹬高头履。左前臂残损。通高31厘米(图3-8-1;图版一〇-2)。

　　M52+2,右臂向外半举,左臂贴身略屈。头梳双髻双环,上着交领右衽宽袖衫,胸际系带,下穿长裙,足蹬高头履。尚存彩绘痕迹。通高34厘米(图3-8-5;图版一一-1)。

　　M52+17,左臂自然下垂,右前臂举起。头梳双髻双环,上着交领右衽宽袖衫,内着圆领内衣,下穿长裙,足蹬高头履。右臂残损。通高32厘米(图3-8-4;图版一一-2)。

　　M52+19,头梳双髻双环,上着交领右衽窄袖衫,下穿背带长裙。留存彩绘痕迹。双臂残损。通高23.9厘米(图3-8-2;图版一一-3)。

　　M52+22,仅存股部以下。留存彩绘痕迹。残高17.8厘米(图版一一-5)。

　　M52+23,右前臂上举,左臂下垂,左手抓裙摆。上着交领右衽窄袖衫,胸际系带,下穿长裙。头部、右手缺失。残高21.3厘米(图3-8-3;图版一一-4)。

图3-7　通湘门何家山M52出土男立俑

1. 褶服男立俑（M52+20）　2. 长衣男立俑（M52：20）　3. 胡人男立俑（M52+18）　4. 胡人男立俑（M52+3）　5. 长衣男立俑（M52+21）

　　陶鞍马　1件。M52：8，立姿，四足着地。络头、攀胸、鞍、鞯、罩泥、鞦、云珠均有表现。胎色灰。尚存彩绘痕迹。马尾缺失。通高33.5厘米（图3-9-3；图版一二）。

　　陶牛　2件。胎色灰。

　　M52：9，仅存头部及躯干前部。头部有革带。残高13.7，残长22.5厘米（图3-9-1；图版一三-1）。

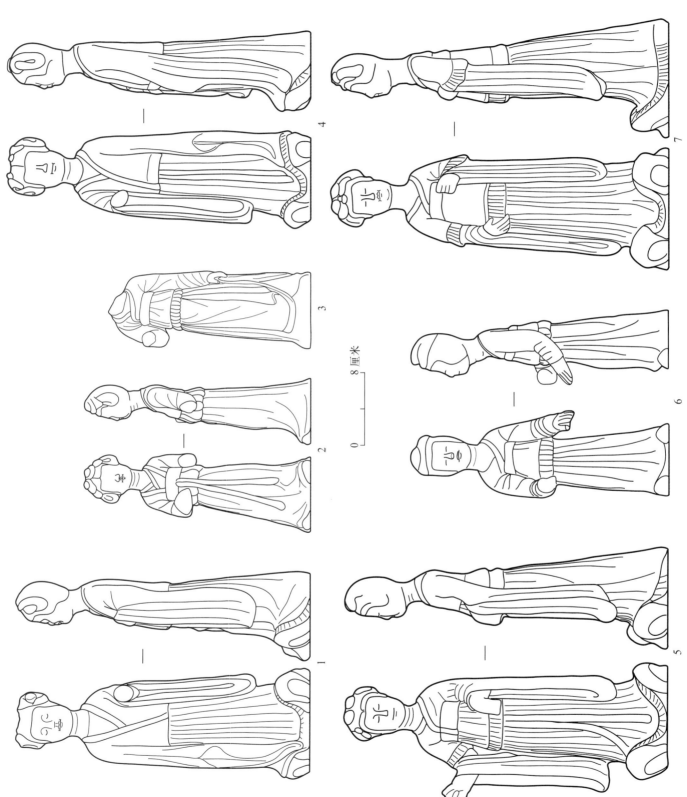

图3-8　通湘门何家山 M52 出土女立俑

0　　　　8 厘米

1. 女立俑(M52+1)　2. 女立俑(M52+19)　3. 女立俑(M52+23)　4. 女立俑(M52+17)　5. 女立俑(M52+2)　6. 女立俑(M52：11)　7. 女立俑(M52：17)

M52+4，残损严重。残长21.5厘米（图版一三-2）。

陶磨　1件。M52：24，仅存上扇，投料槽较深，被分隔为两半圆形，表面边缘有三块梯形凸起，各有一圆孔与侧面圆孔连通，侧面划1道弦纹。胎色黄褐。通高4.4、直径12.1厘米（图3-9-2；图版一三-3）。

陶器　1件。M52+5，仅存器底。腹部滚印一周忍冬纹，其下戳印有草叶、团窠图案。胎色灰褐。残高4.9、底径6.6厘米（图3-10-3；图版一三-4）。

瓷盘口壶　1件。M52：28，尖唇，盘口外敞，长颈，圆肩，鼓腹，平底，肩横置6系。肩部刻划一周覆莲纹，腹部刻划一周仰莲纹，莲纹间戳印草叶纹、团花纹。胎质较细腻，胎色灰，露胎处灰黄。外表施釉及腹。釉色青。口沿残损。通高58.6、口径22.1、腹径31.8、底径12.6厘米（图3-10-4；图版一四）。

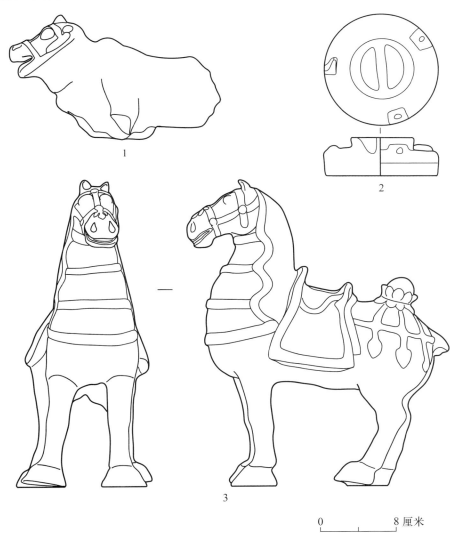

图3-9　通湘门何家山M52出土陶动物、模型明器

1.陶牛（M52：9）　2.陶磨（M52：24）　3.陶鞍马（M52：8）

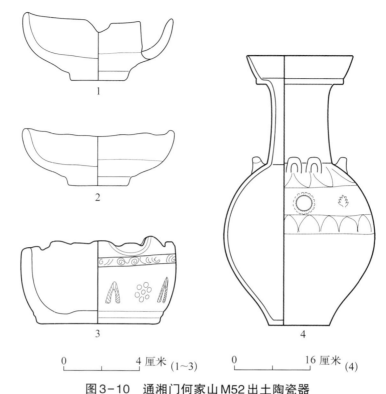

图 3-10　通湘门何家山 M52 出土陶瓷器

1. 瓷圆唇碗（M52∶44）　2. 瓷圆唇碗（M52∶37）　3. 陶器（M52+5）　4. 瓷盘口壶（M52∶28）

　　瓷圆唇碗　2件。均敞口，曲腹，饼足，平底，足根处经修整。胎质较粗。外表施釉不及底。釉色青黄（图版一三-5）。

　　M52∶37，胎与露胎处均灰色。釉下施浅灰色化妆土。口沿残损。通高3.1、口径8.1厘米（图3-10-2）。

　　M52∶44，胎色灰，露胎处浅灰。釉下施灰白色化妆土。口沿残损严重。通高3.7、口径8厘米（图3-10-1）。

　　砖买地券　1件。M52∶38，青砖制成。仅存一半，残损严重。残存字8行。残长14.5、厚5.5厘米（图版一五-1）。买地券的录文与考释详见附录一。根据发掘记录，砖买地券年代为大业四年（608年）。

通湘门任家湾 M110

　　M110位于通湘门任家湾梅家山，发掘完成时间为1955年4月21日，记录者为蓝蔚。

　　M110是一座梯形券顶砖室墓。墓底距当时地表2米。墓向52°。墓底以砖"人"字形平铺。墓壁以砖三顺一丁砌筑，封门则平砌。M110通长3.19米，墓室底长2.97、宽0.91-1.09米（图3-11）。

本次整理涉及 M110 出土器物共 12 件。

陶罐　1 件。M110:2，肿唇，直口，矮领，圆肩，鼓腹，平底。胎色灰黄。通高 27.8、口径 11.2 厘米（图 3-12-4；图版一五-2）。

陶盆　1 件。M110:1，圆唇，侈口，腹部斜直，平底。胎色橙黄。通高 5.7、口径 18.9 厘米（图 3-12-3；图版一六-2）。

滑石握　2 件。灰褐色（图版一六-1）。

M110:4，长条形，一端似龙首。通长 8.3、高 1.8 厘米（图 3-12-2）。

M110:5，作伏卧的兽形。长 4.8、高 1.9 厘米（图 3-12-1）。

开元通宝　8 件。有不同程度锈蚀（图版一五-3）。

M110:3-1，直径 2.5 厘米，重 3.62 克。

M110:3-2，直径 2.5 厘米，重 3.32 克。

M110:3-3，直径 2.5 厘米，重 4.06 克。

M110:3-4，直径 2.5 厘米，重 3.95 克。

M110:3-5，直径 2.5 厘米，重 2.96 克。

M110:3-6，直径 2.5 厘米，重 3.71 克。

M110:3-7，直径 2.4 厘米，重 2.19 克。

M110:3-8，直径 2.4 厘米，重 3.44 克。

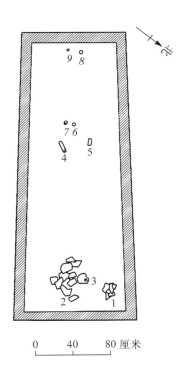

图 3-11　通湘门任家湾 M110 形制图

1. 陶盆　2. 陶罐　3. 开元通宝　4. 滑石握
5. 滑石握　6. 铜钱　7. 铜钱　8. 铜钱　9. 铜钱

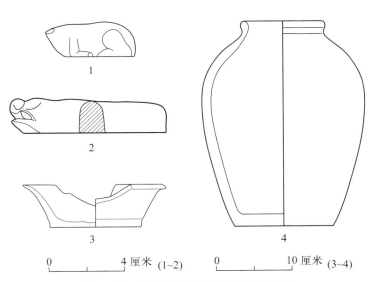

图 3-12　通湘门任家湾 M110 出土器物

1. 滑石握(M110:5)　2. 滑石握(M110:4)　3. 陶盆(M110:1)　4. 陶罐(M110:2)

通湘门晒湖堤 M405

通湘门晒湖堤 M405 发掘完成时间为 1956 年 9 月 8 日, 记录者为郭冰廉。

M405 是一座砖室墓, 由两座平面 "凸" 字形的砖室并列而成, 每座砖室由长方形墓室与头龛组成, 两砖室中间原似有墙分隔。发掘时仅存墓底。墓底距当时地表 2 米。墓向 180°。墓室地面以砖斜向错缝平铺, 后部以砖纵向、横向砌出棺床。墓壁以砖三顺一丁砌筑。两砖室封门厚度不一, 可能封闭时间不一致。M405 通长 4.87 米, 墓室底长 3.93、宽 2.84 米, 左头龛宽 0.56、进深 0.55 米, 右头龛宽 0.54、进深 0.59 米 (图 3-13)。

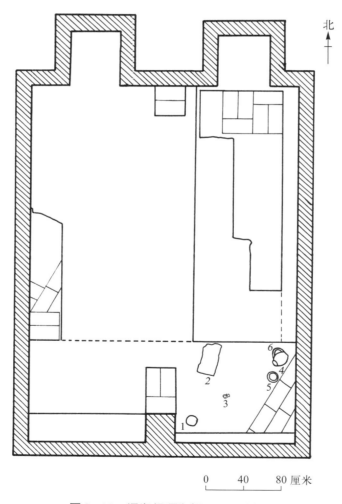

图 3-13　通湘门晒湖堤 M405 形制图

1. 瓷圆唇碗　2. 铁器　3. 开元通宝　4. 陶罐　5. 陶盖　6. 陶钵

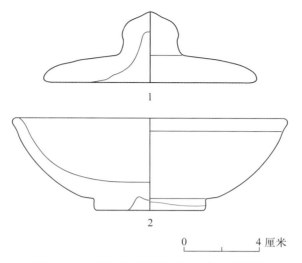

图3-14　通湘门晒湖堤M405出土陶瓷器

1. 陶盖（M405：5）　2. 瓷圆唇碗（M405：1）

本次整理涉及M405出土器物共3件。

陶盖　1件。M405：5，表面微拱，中有一尖拱形捉手，子口。胎色灰黄。通高3.9、直径11.3厘米（图3-14-1；图版一六-5）。

瓷圆唇碗　1件。M405：1，敞口，腹微曲，玉璧底。胎质较细腻，胎色浅灰，露胎处灰白泛黄。外表施釉及足。釉色青黄。口沿残损。通高5、口径14.6厘米（图3-14-2；图版一六-3、图版一六-4）。

开元通宝　1件。M405：3，锈蚀严重。直径2.5厘米，重3.93克（图版一七-1）。

莲溪寺M425

莲溪寺M425发掘完成时间为1956年9月8日，记录者为郭冰廉。

M425是一座长方形券顶砖室墓，发掘时仅存底部。墓上堆积厚1.2米，填土黑色。墓向240°。墓底以砖"人"字形平铺。墓壁以花纹砖三顺一丁砌筑，纹饰有唐草纹。墓葬全长3.29米，墓底长2.92、宽0.7米（图3-15）。

本次整理涉及M425出土器物共2件。

瓷五足砚　1件。M425：2，平面圆形，底部附五兽爪形足。胎质较粗，露胎处灰色。砚身表面及底面不施釉。釉受侵蚀，剥落严重。釉下施灰白色化妆土。通高3.6、砚面直径12.6厘米（图3-16；图版一七-3）。

铜柿蒂纹镜　1件。M425：3，平面圆形，中有半球形钮，镜面边缘微弧。约1/4残损，锈蚀严重。直径4.5、钮部厚0.7厘米（图版一七-2）。

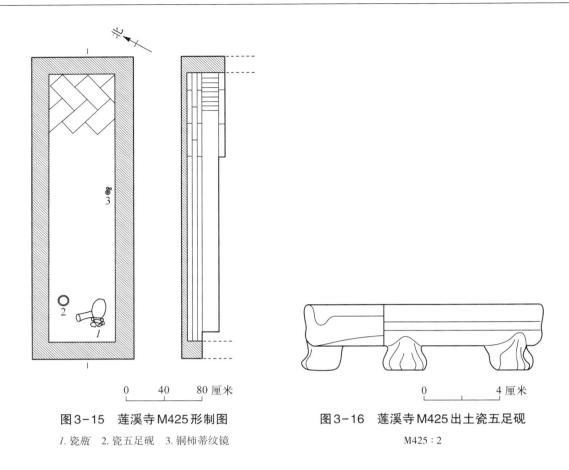

图 3-15　莲溪寺 M425 形制图

1. 瓷瓶　*2.* 瓷五足砚　*3.* 铜柿蒂纹镜

图 3-16　莲溪寺 M425 出土瓷五足砚

M425：2

莲溪寺 M466

　　莲溪寺 M466 发掘完成时间为 1956 年 12 月 21 日，记录者为陈恒树。

　　M466 是一座长方形券顶砖室墓，发掘时仅存墓底，墓葬左前部被毁。墓上堆积厚 0.36 米，填土红褐色。墓向 230°。墓底以砖"人"字形平铺，棺床仅存 7 块平铺的莲花纹砖。封门底部有排水道。墓壁以唐草纹砖三顺一丁砌筑。M466 通长 3.94 米，墓底长 3.63、宽 1.14 米（图 3-17）。

　　本次整理涉及 M466 出土器物共 3 件。

　　瓷圆唇碗　3 件。直口，曲腹，饼足，平底，足根处经修整。胎质较粗。外表施釉不及底。釉下施化妆土（图版一七-4）。

　　M466：1，胎与露胎处均浅灰。釉色青白泛黄。化妆土灰白。口沿残损。通高 3.6、口径 7.8 厘米。

　　M466：2，胎色灰，露胎处深灰。釉剥落殆尽。化妆土浅黄。通高 3.3、口径 7.8 厘米（图 3-18-1）。

　　M466：5，露胎处浅灰。釉色青白泛黄。化妆土浅灰。口沿残损。通高 3.1、口径 8.4 厘米（图 3-18-2）。

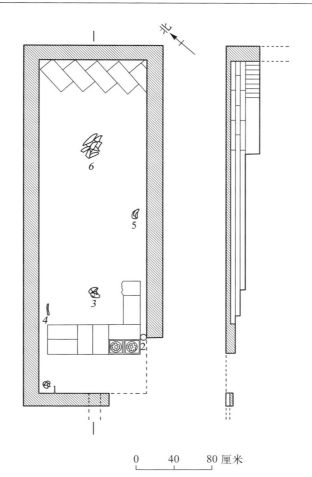

0　　　　40　　　　80 厘米

图3-17　莲溪寺M466形制图

1. 瓷圆唇碗　2. 瓷圆唇碗　3. 铜器　4. 铁钉　5. 瓷圆唇碗　6. 瓷碗

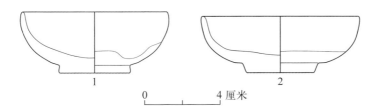

0　　　　　　4 厘米

图3-18　莲溪寺M466出土瓷圆唇碗

1. 瓷圆唇碗（M466：2）　2. 瓷圆唇碗（M466：5）

第四章 钵盂山诸墓

钵盂山 M216

钵盂山 M216 发掘完成时间为 1956 年 3 月 1 日，记录者为游绍奇。

M216 是一座券顶砖室墓，墓室平面呈长方形，附甬道、头龛与两对侧龛。甬道与墓室前部各开一对侧龛。墓上堆积厚 1 米，填土黄褐色。墓向 250°。甬道底部以二横二直砖平铺，后部高起。墓室较甬道后半部更高，地面受破坏，从遗迹看应以砖作"人"字形平铺。封门底部有排水道，墓外有长达 40 米的排水沟。墓壁以唐草纹砖三顺一丁砌筑。M216 通长 7.97 米，甬道底宽 1.54、进深 3.54 米，墓室底宽 2.07、进深 3.46 米，头龛宽 0.78、进深 0.59 米，左前龛、右前龛均宽 0.79、进深 0.6 米，左后龛宽 0.65、进深 0.47、高 0.85 米，右后龛宽 0.64、进深 0.48 米（图 4-1）。

本次整理涉及 M216 出土器物共 59 件，包括甲群 55 件。此墓部分器物编号或经扰乱，与草图中对应器物有出入。

人面镇墓兽 1 件。M216：30，蹲伏，挺胸昂首，发聚拢呈尖角状，尾部反翘。胎色灰。通高 36.2 厘米（图 4-2-1；图版一八-1）。

兽面镇墓兽 1 件。M216：31，蹲伏，平视前方，尾部上翘。胎色灰。上颌缺失，双耳、尾部残损。通高 34.8 厘米（图 4-2-2；图版一八-2）。

人面兽身俑 1 件。M216：21，蹲伏。仰头张口，发收拢成尖角形，长颈弯曲，躯干细长，尾部反翘贴于背部。胎色灰。右后足缺失。通高 25.7 厘米（图 4-3-2；图版一九-1）。

陶鸟 1 件。M216：22，仅存躯干与双爪。挺胸直立，身两侧各一槽，原应插翅用。胎色灰黄。左爪与尾部残损。残高 18.5 厘米（图 4-3-1；图版一九-2）。

生肖俑 7 件。男性形象，原应手捧生肖，生肖均已佚。端坐于方座，袖手于身前。头戴笼冠，上着交领宽袖长袍，腰系带。胎色灰。

M216：2，通高 26.4 厘米（图 4-4-2；图版二〇-2、图版二一-2）。

M216：12，笼冠、胡须残损。通高 25.8 厘米（图 4-4-1；图版二〇-1、图版二〇-2）。

M216：25，胡须残损。通高 25.8 厘米（图版二〇-1）。

M216：29，笼冠、胡须残损。通高 26.1 厘米（图版二一-1）。

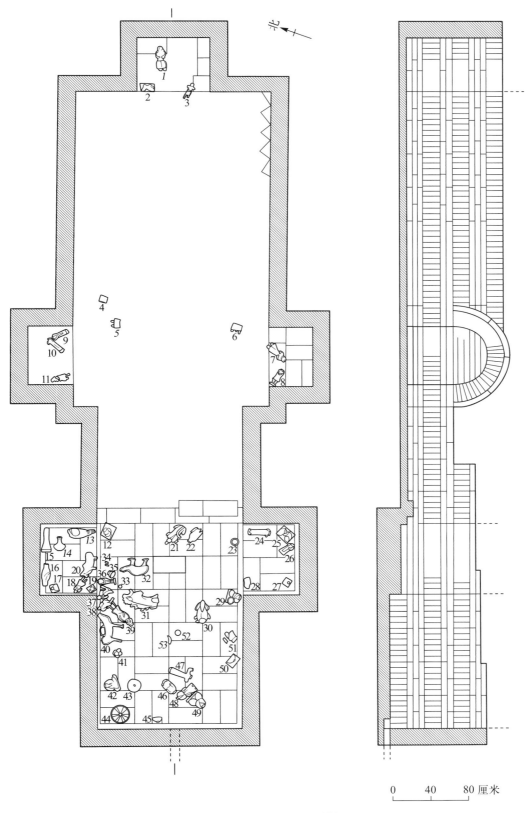

图4-1 钵盂山M216形制图

1. 俑 2.生肖俑 3.裲裆铠男立俑 4.男坐俑 *5. 俑* 6.裲裆铠男立俑 7.甲士俑 8.男装女立俑 9.女立俑 10.女立俑
11.披发男立俑 12.生肖俑 *13. 俑 14.瓷壶* 15.袍服男立俑 16.持盾甲士俑 17.披发男立俑 18.披发男立俑
19.披发男立俑 20.陶牛 21.人面兽身俑 22.陶鸟 *23. 三彩砚* 24.女立俑 25.生肖俑 26.女立俑 27.披发男立俑
28.女坐俑 29.生肖俑 30.人面镇墓兽 31.兽面镇墓兽 32.陶骆驼 33.开元通宝 34.铜带銙 35.瓷圆唇碗
36.男装女立俑 37.男坐俑 38.男坐俑 39.女坐俑 40.陶鞍马 41.长衣男立俑 42.生肖俑 43.陶磨 44.陶轮
45.长衣男立俑 46.长衣男立俑 47.女立俑 48.袍服男立俑 49.生肖俑 50.生肖俑 51.瓷四系双唇罐 52.陶井
53. 铁钉 +1.甲士俑 +2.甲士俑 +3.甲士俑 +4.甲士俑 +5.持盾甲士俑 +6.女立俑 +7.男坐俑 +8.男坐俑
+9.长衣男立俑 +10.女立俑 +11.女坐俑

1

2

0　　　　8 厘米

图4-2　钵盂山M216出土陶俑

1. 人面镇墓兽（M216∶30）　2. 兽面镇墓兽（M216∶31）

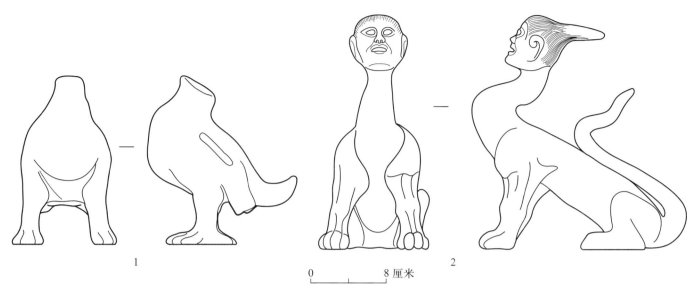

图4-3　钵盂山M216出土神怪俑

1. 陶鸟（M216：22）　2. 人面兽身俑（M216：21）

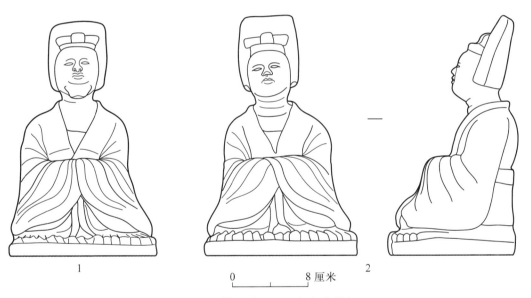

图4-4　钵盂山M216出土生肖俑

1. 生肖俑（M216：12）　2. 生肖俑（M216：2）

M216：42，笼冠残损。通高26.1厘米（图版二一-2）。

M216：49，通高26.1厘米（图版二一-1）。

M216：50，面部、底座残损。通高27.2厘米（图版二一-2）。

裲裆铠男立俑　2件。直立于方座，双手仗刀于身前。头戴平巾帻，上着宽袖衣，外套裲裆铠,腰系带,下穿裙,足蹬圆头履。胎色灰。

　　M216:3,平巾帻、裲裆铠背部、刀首、右袖、底座残损。残高42.9厘米(图4-5-4;图版二二-1)。

　　M216:6,仅存胸部以下,左足及底座残损。残高30.8厘米(图版二二-2)。

　　袍服男立俑　2件。直立于方座,双手执笏于身前。头戴双管形冠,上着交领宽袖袍,腰系带,下穿长裙,足蹬高头履。胎色灰(图版二三-1)。

　　M216:15,冠残损。残高34.4厘米。

　　M216:48,冠、笏残损。通高37.5厘米(图4-5-3)。

　　持盾甲士俑　2件。直立于方座,持长盾于身前,左手握盾顶部。头戴兜鍪,兜鍪顶部向上开一圆孔,上着窄袖衣,肩覆披膊,腰系带,腰带下接膝裙,下穿小口袴,膝下缚袴,足蹬尖头履。胎色灰(图版二三-2)。

　　M216:16,右手缺失,鼻尖残损。通高34.9厘米(图4-6-2)。

　　M216+5,右手缺失,兜鍪顶部、盾牌顶部残损。通高35厘米。

　　甲士俑　5件。直立于方座,双手于胸前握一物,所握物已佚。头戴兜鍪,兜鍪顶部向上开一圆孔,肩覆披膊,上着窄袖衣,腰系带,腰带下接膝裙,下穿袴,膝下缚袴,足蹬尖头履。胎色灰。

　　M216:7,膝盖以下缺失。残高27.2厘米(图版二四-2)。

　　M216+1,着大口袴。兜鍪顶部残损。残高34.8厘米(图4-6-1;图版二四-1)。

　　M216+2,着小口袴。头部约一半经复原。通高36厘米(图版二四-3)。

　　M216+3,着大口袴。左胸、左手残损。残高35厘米(图版二四-3)。

　　M216+4,着大口袴。颈部经复原。通高37.3厘米(图版二四-3)。

　　长衣男立俑　4件。立姿,躯干微前倾,右手抚胸,左臂微抬。头戴幞头,上着圆领窄袖长衣,腰系带,下穿袴,足蹬尖头靴。胎色灰。

　　M216:41,立于方座。胡须残损。通高37.4厘米(图4-5-1;图版二五-1)。

　　M216:45,立于方座。通高37.6厘米(图4-5-2;图版二五-2)。

　　M216:46,右足缺失,左足经复原。残高33厘米(图版二五-4)。

　　M216+9,左肩残损,膝盖以下缺失。残高25.2厘米(图版二五-3)。

　　披发男立俑　5件。直立于方座。披发,上着圆领窄袖长衣,腰系带,下穿袴,足蹬圆头靴。胎色灰黄。

　　M216:11,袖手于胸前,右肩斜挎一包袱。右足及底座经复原。通高22.3厘米(图4-7-5;图版二六-1)。

　　M216:17,双手持物于身前,所持物已佚。通高21.7厘米(图4-7-1;图版二六-2)。

　　M216:18,前臂抬起,贴于胸前。通高22.4厘米(图4-7-3;图版二七-1)。

　　M216:19,双臂向两侧张开。双臂残损。通高20.8厘米(图4-7-4;图版二七-2)。

　　M216:27,右上臂向右张开,前臂上举。左臂缺失,右臂、鼻尖残损。通高22.6厘米(图4-7-2;图版二七-2)。

1   2

0   8 厘米

3   4

图 4-5 钵盂山 M216 出土男立俑

1. 长衣男立俑（M216：41） 2. 长衣男立俑（M216：45） 3. 袍服男立俑（M216：48） 4. 裲裆铠男立俑（M216：3）

图4-6　钵盂山M216出土甲士俑

1. 甲士俑（M216+1）　2. 持盾甲士俑（M216：16）

　　男坐俑　5件。坐于地，作说唱或奏乐状。

　　M216：4，拍身前腰鼓并张口作说唱状。头戴幞头，上着圆领窄袖长衣，腰系带，下穿裤，足蹬圆头履。胎色红。右臂、腰鼓右半缺失。通高20.3厘米（图4-8-1；图版二八-1）。

　　M216：37，头微抬，目视左前方。头戴幞头，上着翻领右衽窄袖长衣，内穿圆领衣，腰系带。胎色灰黄。双臂残损。通高22.4厘米（图4-8-2；图版二八-3）。

　　M216：38，双臂举起似演奏乐器。上着翻领右衽窄袖长衣，腰系带。胎色灰黄。头部缺失，双臂残损。残高14.9厘米（图4-8-4；图版二八-3）。

　　M216+7，头微低，作弹琵琶状。头戴幞头，上着圆领窄袖长衣，腰系带。胎色黄褐。双臂、琵琶残损。通高20.4厘米（图4-8-5；图版二八-1、图版二八-2）。

　　M216+8，双臂举起，张口说唱状。头戴幞头，上着翻领右衽窄袖长衣，内穿圆领衣，腰系带。胎色红。双臂残损。通高20.7厘米（图4-8-3；图版二八-1）。

　　女立俑　7件。

　　M216：9，直立，双手持巾于胸前。上着对襟窄袖衫，肩披帔，下穿长裙，足蹬圆头履。胎色灰黄。头部缺失。残高17.9厘米（图版三〇-1、图版三〇-2）。

图4-7 钵盂山M216出土披发男立俑

1.披发男立俑（M216：17） 2.披发男立俑（M216：27） 3.披发男立俑（M216：18） 4.披发男立俑（M216：19） 5.披发男立俑（M216：11）

M216：10，立姿，右腿微抬，左手叉腰。头梳高髻，项饰珠串，上着窄袖衫，外套对襟半臂，下穿长裙，足蹬圆头履。胎色灰黄。右臂缺失，右足残损。通高29.5厘米（图4-9-3；图版二九-1）。

M216：24，立姿，躯干微左倾。项饰珠串，上着圆领对襟半臂，下穿长裙，足蹬圆头履。胎色灰黄。头部、双臂缺失，左足残损。残高23.6厘米（图版二九-2）。

M216：26，直立，双手持巾于胸前。上着圆领窄袖衫，肩披帔，胸际系带，下穿长裙，足蹬圆头履。胎色灰黄。头部缺失。残高17厘米（图版三〇-1）。

M216：47，立姿，躯干微左倾，右上臂向右张开，前臂上举。头梳半翻髻，项饰珠串，上着窄袖衫，外套圆领对襟半臂。胎色灰黄。左臂缺失，右臂、左足残损。通高32.7厘米（图4-9-4；图版二九-2）。

图4-8　钵盂山M216出土男坐俑

1. 男坐俑（M216：4）　2. 男坐俑（M216：37）　3. 男坐俑（M216+8）　4. 男坐俑（M216：38）　5. 男坐俑（M216+7）

　　M216+6，立姿，左手叉腰，右臂屈肘向外，右手握拳于腰间。头梳半翻髻，上着窄袖衫，外套对襟半臂，下穿长裙，足蹬圆头履。胎色灰黄。左足残损。通高28.7厘米（图4-9-2；图版二九-1）。

　　M216+10，直立。头梳半翻髻，项饰珠串，上着圆领对襟窄袖衫，下穿长裙，足蹬圆头履。胎色红褐。双臂缺失。通高28厘米（图4-9-1；图版二九-3）。

　　男装女立俑　2件。直立于方座。头梳小髻，上着圆领窄袖长衣，腰系带，下穿袴。胎色灰黄（图版三〇-3）。

　　M216：8，双手于身前捧一包袱。足蹬尖头靴。左手、底座残损。通高22.9厘米（图4-10-2）。

　　M216：36，右手于身前捧一物，左前臂贴身平举。足蹬线鞋。所持物残损，难以辨认。通高22.3厘米（图4-10-1）。

图4-9　钵盂山M216出土女立俑

1. 女立俑（M216+10） 2. 女立俑（M216+6） 3. 女立俑（M216：10） 4. 女立俑（M216：47）

女坐俑　3件。胎色灰黄。

M216：28，踞坐，左手举于嘴边，右臂屈，右前臂向前平举。头梳双髻，项饰珠串，上着窄袖衫，外套交领半臂，下穿长裙。左后侧裙摆、双足残损。通高19.4厘米（图4-10-5；图版三一-1）。

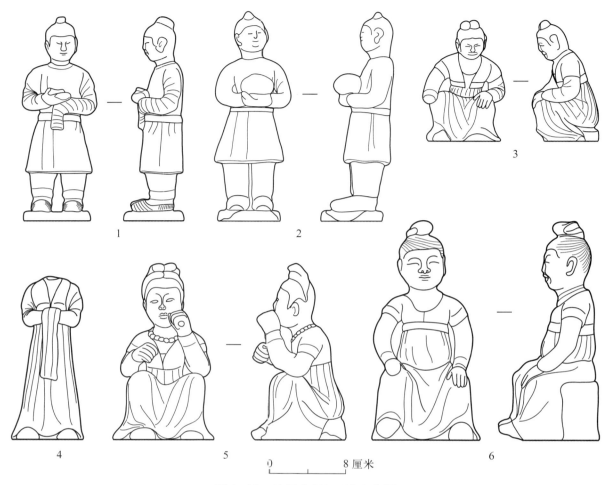

图4-10 钵盂山M216出土女俑

1.男装女立俑(M216∶36) 2.男装女立俑(M216∶8) 3.女坐俑(M216∶39) 4.女立俑(M216∶9)
5.女坐俑(M216∶28) 6.女坐俑(M216+11)

M216∶39,踞坐于扁方形坐具,左手抚左膝,右肘搭右膝上。头梳双丸形髻,上着圆领窄袖衫,外套对襟半臂,下穿长裙。右手缺失,双足残损。通高13.2厘米(图4-10-3;图版三一-2)。

M216+11,垂足坐于方形坐具,双臂抚双膝。头梳高髻,上着窄袖衫,外套对襟圆领半臂,下穿长裙,足蹬圆头履。通高24.1厘米(图4-10-6;图版三二-1)。

陶鞍马 1件。M216∶40,立姿,右前蹄前迈步。有鞍、鞯。胎色灰。头颈连接处、鞍前桥、左后肢、尾部残损。通高29.6厘米(图4-11-2;图版三二-2)。

陶牛 1件。M216∶20,仅存头部与躯干。胎色灰。双角残损。长32.7厘米(图4-11-1;图版三二-4)。

陶骆驼 1件。M216∶32,双峰驼,立姿。胎色灰。通高26.9厘米(图4-11-4;图版三二-3)。

图4-11 钵盂山M216出土陶动物、模型明器

1. 陶牛（M216：20） 2. 陶鞍马（M216：40） 3. 陶轮（M216：44-1） 4. 陶骆驼（M216：32）

陶磨 1件。M216：43，圆饼形，无磨齿。上扇投料槽甚浅，被分隔为两半圆形，上表面边缘有三块梯形凸起。胎色灰。直径12.7、厚2厘米（图4-12-4；图版三三-2）。

陶轮 2件。胎色灰黄（图版三三-1）。

M216：44-1，有残损。直径22.1、通高5.9厘米（图4-11-3）。

M216：44-2，仅存约1/4。直径11厘米。

陶井 1件。M216：52，整体呈上小下大的筒形。胎色灰黄。通高6.3、口径4.6、底径6.8厘米（图4-12-3；图版三三-3）。

瓷四系双唇罐 1件。M216：51，内唇圆而内敛，外唇尖而外敞，溜肩，鼓腹，平底，肩纵置4

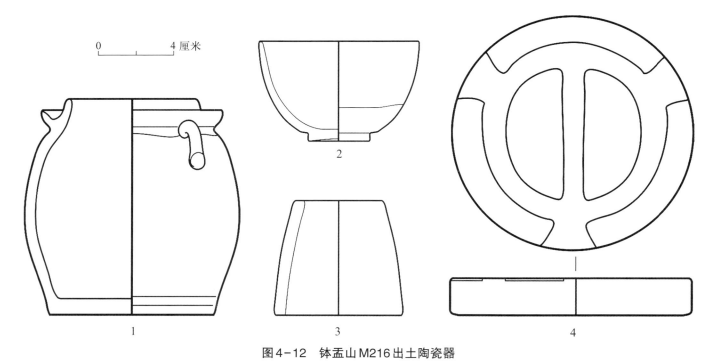

图4-12　钵盂山M216出土陶瓷器

1. 瓷四系双唇罐(M216:51)　2. 瓷圆唇碗(M216:35)　3. 陶井(M216:52)　4. 陶磨(M216:43)

系。胎质较细腻,胎与露胎处均灰白。外表施釉及肩。釉剥落殆尽。双唇均残损,2系缺失。通高11.7、外口径9.5厘米(图4-12-1;图版三三-4)。

　　瓷圆唇碗　1件。M216:35,敞口,曲腹,饼足,足心内凹,足根处平削一周。胎质较粗,胎色深灰,露胎处灰褐。外表施釉不及底。釉色青褐,有剥落。口沿残损。通高5.4、口径8.4厘米(图4-12-2;图版三三-5)。

　　开元通宝　1件。M216:33,1枚,有锈蚀,背面粘连有其他钱币。直径2.4厘米,总重3.47克(图版三三-6)。

　　铜带銙　1件。M216:34,总体呈半圆形,仅存约一半,边缘斜杀。残长1.5厘米(图版三三-7)。

钵盂山 M217

　　钵盂山 M217发掘完成时间为1956年3月2日,记录者为游绍奇。

　　M217是一座砖室墓,墓室平面呈长方形,附甬道、头龛与一对侧龛。侧龛位于墓室前部。墓上堆积1米,填土黄褐色。墓向220°。M217所用砖皆无纹饰。墓底以砖"人"字形平铺。封门以下有排水道。墓壁以砖三顺一丁砌筑。M217通长7.5米,甬道底宽1.63、进深2.14,墓室底宽

2.28、进深4.49米，头龛宽0.86、进深0.56米，左龛宽0.77、进深0.54米，右龛宽0.73、进深0.55米（图4-13）。

　　本次整理涉及M217出土器物共18件，包括丙群5件。发掘记录称，因此墓遗物受损严重，墓中满地碎块，故当时未对遗物进行编号。

　　生肖俑　2件。端坐，袖手于身前。内着窄袖衣，外套交领宽袖长袍。胎色黄褐。头部缺失（图版三四-2）。

　　M217+9，残高17厘米。

　　M217+10，残高16.9厘米（图4-14-4）。

　　兜鍪男俑　1件。M217+8，仅存胸部以上。头戴兜鍪，肩覆披膊。胎色黄褐。兜鍪、鼻尖、左肩残损。残高17.5厘米（图4-14-7；图版三四-1）。

　　男俑头　2件，头戴小冠。胎色黄褐（图版三五-1）。

　　M217+11，残高10.5厘米（图4-14-6）。

　　M217+12，残高12.2厘米。

　　瓷盘口壶　1件。M217+1，尖唇，盘口外敞，长颈，圆肩，鼓腹，平底，肩部横置6系。胎质较细腻，胎色浅灰，露胎处浅褐。外表施釉及肩。釉色黄褐，有剥落。口沿、诸系残损。通高53、口径22.1、腹径30.3、底径16.2厘米（图4-14-5；图版三四-3）。

　　瓷双唇罐　4件。内唇圆而内敛，外唇尖而外敞，溜肩，鼓腹，平底，肩部纵向置系。胎质较细腻。外表施釉及肩（图版三五-6）。

　　M217+2，肩置4系。胎色浅灰，露胎处浅灰泛黄。釉色黄褐，有剥落。外唇残损。通高10.7、外口径9.1厘米（图4-14-3）。

　　M217+3，肩部尚存2系，原有几系不明。胎与露胎处均浅灰。釉色青黄，有剥落。外唇残损。通高11.2、外口径9.3厘米。

　　M217+4，肩置4系。胎与露胎处均浅红。釉完全剥落。2系缺失，外唇残损。通高11、外口径9.3厘米。

　　M217+5，肩部尚存1系，原有几系不明。胎与露胎处均浅灰。釉色青黄，有剥落。外唇残损。通高11.1、外口径9.4厘米。

　　瓷四系盘口罐　1件。M217+6，圆唇，盘口低矮、微敞，短颈，圆肩，鼓腹，饼足，足心内凹，肩部横置4系。胎质较细腻，胎与露胎处均浅灰。外表施釉及下腹。釉色青褐。口沿、3系残损。通高11.8、口径5.3厘米（图4-14-1；图版三五-3）。

　　瓷圆唇碗　1件。M217+7，口微敛，曲腹，饼足，足心微凹，足根处平削一周。胎质较粗，胎色灰，露胎处红褐。釉色青褐，外表施釉不及底，受侵蚀，有鼓泡。釉下施灰白色化妆土。口沿残损。通高5.1、口径8.1厘米（图4-14-2；图版三五-2）。

　　铜鐁尾　1件。M217+13，表面锈蚀。长3.3、厚0.6厘米（图版三五-5）。

　　铜锉刀　1件。M217+14，长条形，截面为近似梯形的六边形。两面均刻同心环。有锈蚀。残长4.4、厚0.16厘米（图版三五-4）。

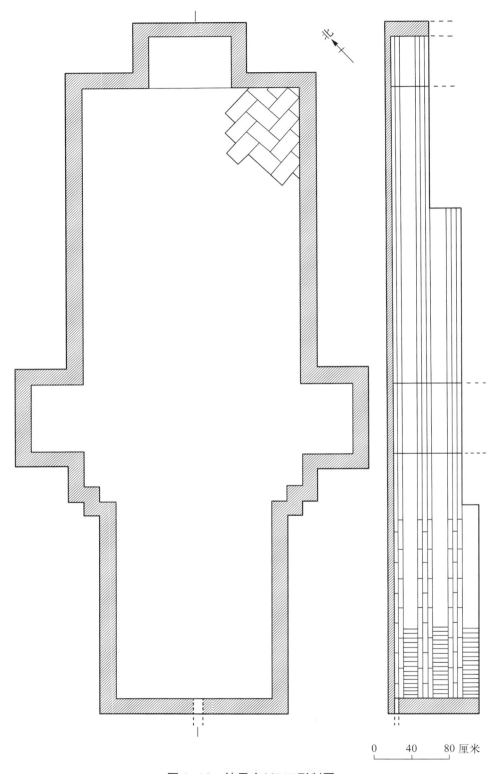

0   40   80 厘米

图4-13　钵盂山M217形制图

+1. 瓷盘口壶　+2. 瓷双唇罐　+3. 瓷双唇罐　+4. 瓷双唇罐　+5. 瓷双唇罐　+6. 瓷四系盘口罐　+7. 瓷圆唇碗　+8. 兜鍪男俑
+9. 生肖俑　+10. 生肖俑　+11. 男俑头　+12. 男俑头　+13. 铜铊尾　+14. 铜锉刀　+15. 开元通宝

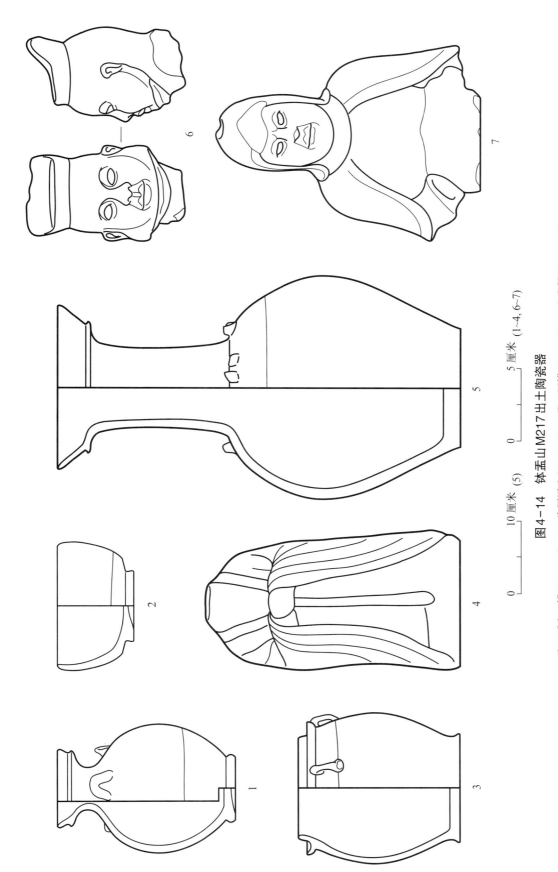

图 4-14 钵盂山 M217 出土陶瓷器

1. 瓷四系盘口罐（M217+6） 2. 瓷圆唇碗（M217+7） 3. 瓷双唇罐（M217+2） 4. 生肖俑（M217+10）
5. 瓷盘口壶（M217+1） 6. 男俑头（M217+11） 7. 兜鍪男俑（M217+8）

开元通宝　4件。均锈蚀严重,除M217+15-4外,均有不同程度残损(图版三六-1)。

M217+15-1,直径2.3厘米,重1.91克。

M217+15-2,直径2.2厘米,重1.94克。

M217+15-3,直径2.3厘米,重2.38克。

M217+15-4,直径2.3厘米,重2.48克。

钵盂山 M219

钵盂山M219发掘完成时间为1956年3月2日,记录者为游绍奇。

M219是一座主体平面呈长方形、墓室前部附一对侧龛的券顶砖室墓。侧龛位于墓室前部。墓上堆积厚0.8米,填土黑灰色。墓向278°。墓底以砖"人"字形平铺,墓室后部以素面砖二横二直铺成棺床。侧龛地面平铺3块砖。墓壁以素面砖三顺一丁砌筑。M219通长3.52米,墓室底长3.14、宽0.96米,左龛、右龛均宽0.43、进深0.52米(图4-15)。

本次整理涉及M219出土器物共4件。

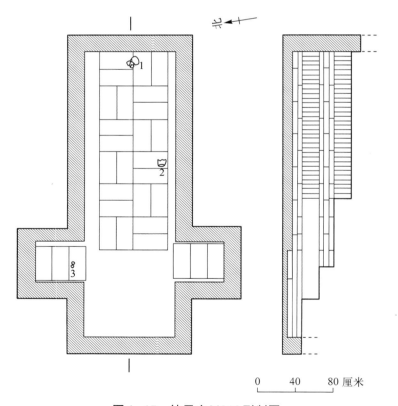

图4-15　钵盂山 M219形制图

1. 瓷双唇罐　2. 瓷圆唇碗　3. 开元通宝

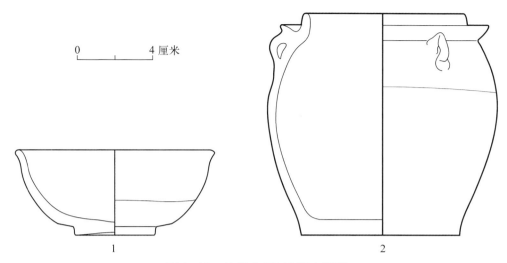

0   4厘米

图4-16 钵盂山M219出土瓷器

1.瓷圆唇碗（M219∶1） 2.瓷双唇罐（M219∶2）

瓷双唇罐 1件。M219∶2，内唇圆而内敛，外唇尖而外敞，溜肩，鼓腹，平底，肩部置纵系，尚存2个，原数量不明。胎质较细腻，胎色浅灰，露胎处浅灰泛黄。外表施釉及上腹。釉面受侵蚀，有剥落。双唇经复原。通高12.1、外口径11.1厘米（图4-16-2；图版三六-2）。

瓷圆唇碗 1件。M219∶1，敞口，曲腹，饼足，足心内凹，足根处平削一周。胎质较粗，胎与露胎处均灰褐。外表施釉不及底。釉色青褐，有剥落。釉下施浅灰色化妆土。口沿残损。通高4.7、口径10.5厘米（图4-16-1；图版三六-3）。

开元通宝 2件。均两枚粘连，锈蚀（图版三六-4）。

M219∶3-1，直径2.5厘米，重6.29克。

M219∶3-2，直径2.4厘米，重6.6克。

钵盂山 M223

钵盂山M223发掘完成时间为1956年3月21日，记录者为游绍奇。

M223是一座砖室墓，墓室平面呈长方形，附甬道与一对侧龛。侧龛位于墓室前部。墓上堆积厚1.2米，填土黄褐色。墓向166°。甬道以莲花纹砖"人"字形铺地，墓室前部以莲花纹砖二横二直加铺一层成砖台，接墓室后部高起的棺床，棺床同样以莲花纹砖二横二直平铺。墓壁以唐草纹砖三顺一丁砌筑。M223通长5.94米，甬道底宽1.18、进深1.48，墓室底宽1.96、进深4.11米，左龛宽0.7、进深0.51米，右龛宽0.7、进深0.53米。

本次整理涉及M223出土器物共4件。

瓷五足砚 1件。M223∶5，平面圆形，附五足。胎质较粗，胎色灰，露胎处灰褐。砚面与砚身

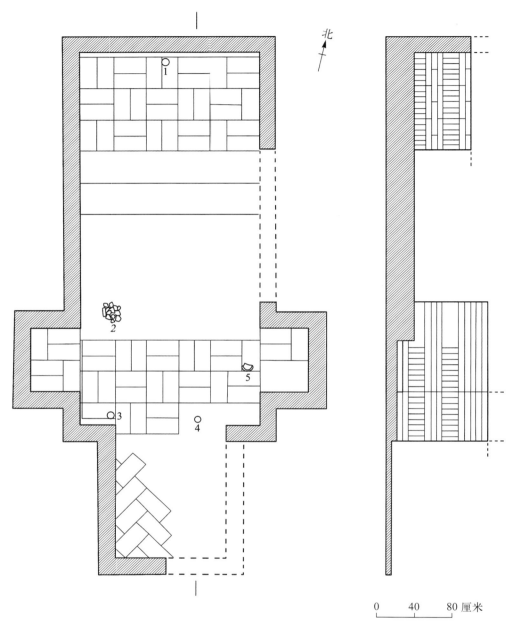

图4-17　钵盂山M223形制图
1. 瓷圆唇碗　2. 瓷片　3. 瓷圆唇碗　4. 瓷圆唇碗　5. 瓷砚

底部不施釉。釉色青褐。二足与砚面1/3经复原。通高3.7、砚面直径12.1厘米（图4-18-2；图版三七-3）。

瓷圆唇碗　3件。直口,曲腹,饼足。外表施釉不及底。

M223：1,平底,足根处经修整。胎质粗,胎色灰,露胎处浅褐。釉色青灰。釉下施化妆土。口沿残损。通高3.2、口径8.2厘米（图4-18-4；图版三七-1）。

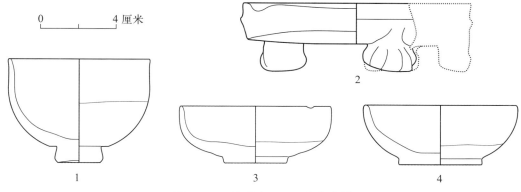

图4-18　钵盂山M223出土瓷器

1. 瓷圆唇碗（M223：4）　2. 瓷五足砚（M223：5）　3. 瓷圆唇碗（M223：3）　4. 瓷圆唇碗（M223：1）

　　M223：3，平底，足根处经修整。胎质粗，胎色灰，露胎处深灰。釉受侵蚀，剥落严重。釉下施浅灰色化妆土。口沿残损。通高3.1、口径8厘米（图4-18-3；图版三七-1）。

　　M223：4，足心内凹，足根处刮削一周。胎质细腻，胎色浅灰，露胎处灰白泛黄。釉色青黄。口沿残损。通高5.6、口径7.5厘米（图4-18-1；图版三七-2）。

钵盂山 M232

　　钵盂山M232发掘完成时间为1956年3月28日，记录者为游绍奇。

　　M232是一座长方形券顶砖室墓，发掘时仅存墓底。墓上堆积厚1.6米，填土黄褐色。墓向240°。墓底以素面砖"人"字形平铺，墓室后部横向平铺两层素面砖形成棺床，棺床前部再横向砌两层素面砖。封门底部有排水道。墓壁以唐草纹砖三顺一丁砌筑。M232通长3.8米，墓室底长3.45、宽1.14米。

　　本次整理涉及M232出土器物共3件。

　　瓷盘口壶　1件。M232：3，尖唇，盘口外敞，长颈，圆肩，鼓腹，平底，肩部横置4系。胎质较细腻，胎色灰，露胎处浅褐。外表施釉及腹。釉色青黄，受侵蚀，剥落严重。口沿、诸系残损。通高32.3、口径15.9、腹径19.9、底径11.4厘米（图4-20-3；图版三八-1）。

　　瓷方唇碗　2件。直口，曲腹，饼足，足心内凹，足根处刮削一周。胎质较细腻。仅口沿施釉（图版三八-3）。

　　M232：1，露胎处深灰。釉色青褐，受侵蚀，有剥落。通高4.5、口径9.3厘米（图4-20-2）。

　　M232：2，胎色灰，露胎处灰褐。釉完全剥落。通高4.9、口径9厘米（图4-20-1）。

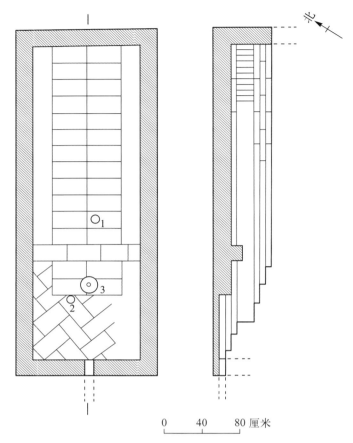

0　　40　　80 厘米

图4-19　钵盂山M232形制图

1.瓷方唇碗　2.瓷方唇碗　3.瓷盘口壶

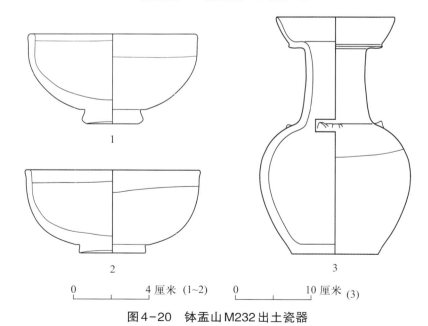

0　　　　　4 厘米（1~2）　　0　　　　10 厘米（3）

图4-20　钵盂山M232出土瓷器

1.瓷方唇碗（M232：2）　2.瓷方唇碗（M232：1）　3.瓷盘口壶（M232：3）

钵盂山 M233

钵盂山 M233 发掘完成时间为 1956 年 4 月 2 日，记录者为游绍奇。

M233 是一座长方形券顶砖室墓，发掘时仅存墓底。墓上堆积厚 1.3 米，填土黄褐色。墓向 230°。墓室仅前部地面以砖纵向或横向平铺。墓室后部棺床高起，不铺砖。墓壁底层平砌四层砖，上再以素面砖三顺一丁砌筑。M233 通长 4.01 米，墓室底长 3.73、宽 1.14 米（图 4-21）。

本次整理涉及 M233 出土器物共 1 件。

团花纹铜镜　1 件。M233：3，仅存约 1/3。表面黑漆古，有锈蚀。长 13.8、边缘厚 0.3 厘米（图版三八-2）。

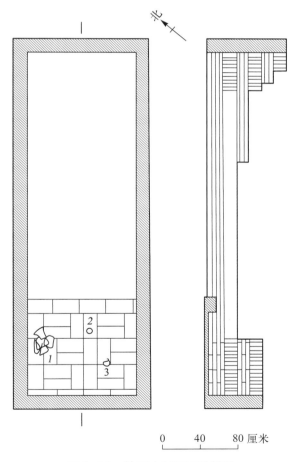

0   40   80 厘米

图 4-21　钵盂山 M233 形制图

1. 瓷罐　2. 瓷粉盒　3. 团花纹铜镜

钵盂山 M236

钵盂山 M236 发掘完成时间为1956年4月2日,记录者为游绍奇。

M236是一座长方形券顶砖室墓。墓上堆积厚0.6米,填土黄褐色。墓向150°。墓底以素面砖"人"字形平铺一层。墓壁以花纹砖三顺一丁砌筑,砖纹有唐草纹与武士纹。M236通长3.38米,墓室底长3.02、宽0.66米。

本次整理涉及 M236 出土器物共6件。

瓷双唇罐　4件。内唇圆而内敛,外唇尖而外敞,溜肩,鼓腹,平底,肩部纵置3或4系。外表施釉至肩腹交界处。

M236:1,肩置4系。胎质较细腻,胎色浅灰,露胎处浅灰泛黄。釉色黄褐。双唇残损。通高9.6、外口径9厘米(图4-23-1;图版三九-1)。

M236:2,肩置3系。胎质较粗,胎色灰,露胎处灰褐。釉色青黄,有剥落。外唇、1系残损。通高10.7、外口径9.7厘米(图版三九-2)。

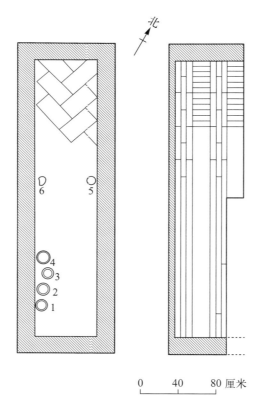

图4-22　钵盂山 M236 形制图

1.瓷双唇罐　2.瓷双唇罐　3.瓷双唇罐　4.瓷双唇罐　5.瓷圆唇碗　6.瓷圆唇碗

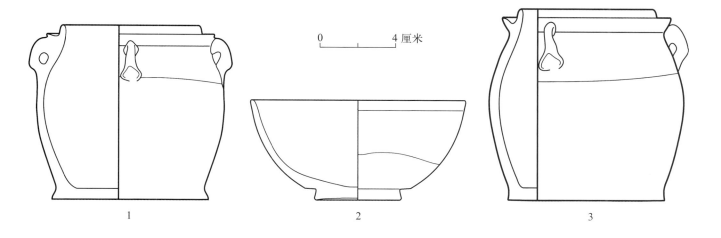

图4-23 钵盂山M236出土瓷器

1. 瓷双唇罐（M236：1） 2. 瓷圆唇碗（M236：5） 3. 瓷双唇罐（M236：3）

M236：3，肩置3系。胎质较细腻，胎色灰，露胎处橙黄。釉受侵蚀，剥落殆尽。内唇残损。通高10.5、外口径9厘米（图4-23-3；图版三九-2）。

M236：4，肩置4系。胎质较粗，胎色灰黄，露胎处灰褐。釉色青褐，有剥落。1系缺失，内唇残损。通高10.4、外口径8.8厘米（图版三九-1）。

瓷圆唇碗 2件。敞口，曲腹，饼足，足心内凹，足根处平削一周。外表施釉不及底。釉下施化妆土（图版三九-3）。

M236：5，口沿下有1道弦纹。胎质较粗，露胎处灰褐。釉色黄褐，有剥落。化妆土灰黄。通高5.5、口径11.4厘米（图4-23-2）。

M236：6，口沿下有3道弦纹。胎质较细腻，露胎处深灰。釉完全剥落。化妆土浅灰。口沿经复原。通高5.1、口径10.7厘米。

钵盂山 M237

钵盂山M237发掘完成时间为1956年4月2日，记录者为游绍奇。

M237是一座长方形券顶砖室墓。墓上堆积厚0.5米，填土褐色。墓向150°。墓底以素面砖"人"字形平铺一层。墓室后部纵铺素面砖三列形成棺床。封门底部有排水道。墓壁以花纹砖三顺一丁砌筑，砖纹有唐草纹与武士纹。M237通长3.09米，墓室底长2.73、宽0.78米（图4-24）。

本次整理涉及M237出土器物共1件。

瓷盘口壶 1件。M237：1，长颈，圆肩，鼓腹，平底，肩部尚存3横系。胎质较细腻，胎色浅

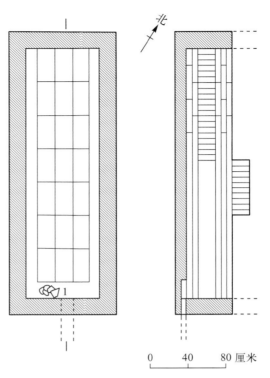

图4-24　钵盂山M237形制图
1. 瓷盘口壶

灰，露胎处浅黄。外表施釉至肩腹交界处。釉色黄褐，剥落严重。盘口缺失，诸系残损。残高37.7、腹径22.6、底径14.4厘米（图版三九-4）。

钵盂山 M253

钵盂山M253发掘完成时间为1956年4月10日，记录者为游绍奇。

M253是一座券顶砖室墓，墓室平面呈长方形，附甬道、头龛与一对侧龛。侧龛位于墓室前部。墓上堆积厚1.2米。墓向230°。除甬道、墓室侧壁几块画像砖外，均用素面砖砌筑。甬道、墓室底部均以砖"人"字形平铺。墓室中部再以二横二直铺砖一层砌出棺床。封门底部有排水道。墓壁以砖三顺一丁砌筑，甬道每侧嵌朱雀、"辟邪"画像砖各一，墓室侧壁则嵌青龙、白虎画像砖。M253通长5.82米，甬道底宽1.21、进深1.38米，墓室底宽1.95、进深3.49米，头龛宽0.65、进深0.56、高0.72米，左龛宽0.66、进深0.56、高0.71米，右龛宽0.68、进深0.56米。

本次整理涉及M253出土器物共31件，包括丙群23件、丁群2件。

生肖俑　7件。生肖首人身。端坐，袖手于身前。身着交领宽袖长袍，内穿窄袖衣。

M253：40，酉鸡。胎色灰褐。下半身经复原。通高22.8厘米（图4-28-6；图版四〇-1）。

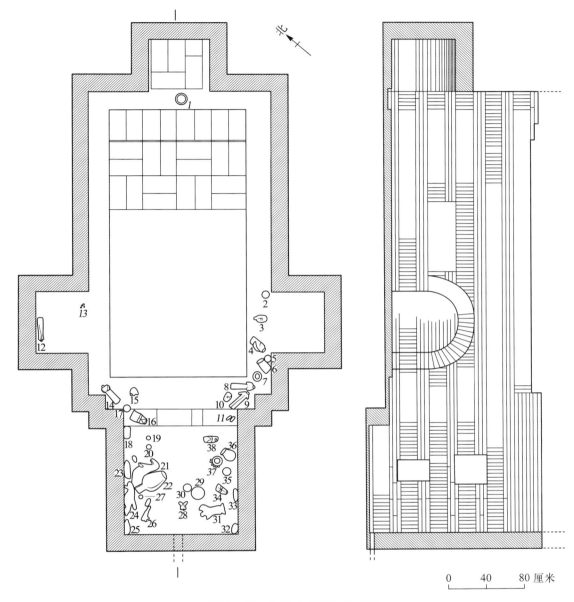

图4-25　钵盂山M253形制图

1. 瓷罐　2. 瓷尖唇碗　3. 生肖俑　4. 长衣男立俑　5. 瓷尖唇碗　6. 瓷四系双唇罐　*7.* 瓷罐　8. 女立俑　9. 男装女立俑
10. 生肖俑　*11.* 铁钉　12. 男装女立俑　*13.* 珠　14. 女立俑　15. 女坐俑　16. 生肖俑　17. 瓷圆唇碗　18. 持盾甲士俑
19. 釉陶杯　20. 三彩盂　21. 陶鞍马　*22.* 瓷瓶　23. 裲裆铠男立俑　24. 陶骆驼　25. 袍服男立俑　26. 陶禽　*27.* 铜钱
28. 女坐俑　*29.* 瓷碗　30. 瓷尖唇碗　31. 瓷盘口壶　32. 持盾甲士俑　33. 袍服男立俑　34. 生肖俑　*35.* 瓷罐　*36.* 瓷罐
37. 瓷碗　38. 生肖俑　39. 生肖俑-卯兔　40. 生肖俑-酉鸡　+1. 生肖俑　+2. 女立俑　（40未在图中标示）

　　M253∶38，生肖难辨，似兔。胎色灰褐。双耳及下半身残损。残高16.6厘米（图4-28-4；图
版四〇-2）。

　　M253∶3，胎色灰褐。仅存躯干。残高14.8厘米（图版四〇-4）。

　　M253∶10，胎色橙红。头部缺失。残高17.9厘米（图版四〇-1）。

M253：16，胎色灰黄。仅存躯干。残高15.5厘米（图版四〇-4）。

M253：34，胎色灰褐。仅存躯干。残高19.4厘米（图版四〇-3）。

M253+1，胎色灰褐。仅存躯干。残高13.5厘米（图版四〇-3）。

持盾甲士俑　2件。直立，右手持身前长盾之顶部。头戴兜鍪，肩覆披膊，上着窄袖长衣，腰系带，下穿袴，足蹬尖头靴。

M253：18，胎色灰黄。左臂缺失。通高43厘米（图版四一-1）。

M253：32，胎色灰褐。通高42.7厘米（图4-26-3；图版四一-1、图版四一-2）。

裲裆铠男立俑　1件。M253：23，直立，袖手于胸前。头戴小冠，上着宽袖长袍，内穿窄袖衣，长袍外套裲裆铠，腰系带三周，下穿裙，足蹬圆头履。胎色灰黄。通高41.3厘米（图4-26-2；图版四一-3）。

袍服男立俑　2件。直立，袖手于胸前，原似持笏。头戴小冠，上着交领宽袖长袍，内穿窄袖衣，腰系带，下穿裙，足蹬高头履。胎色灰黄。

M253：25，小冠顶部残损。通高44.8厘米（图4-26-1；图版四二-1）。

M253：33，股部以下缺失。残高29厘米（图版四二-2）。

长衣男立俑　1件。M253：4，立姿，左臂下垂微屈，右前臂贴身平举。头戴幞头，上着翻领右衽窄袖长衣，腰系带，左手置于一鞶囊之上。腰部以下缺失。残高24厘米（图4-28-7；图版四一-4）。

女立俑　3件。

M253：8，直立，双手持巾于身前。头梳反绾髻，上着窄袖衫，外套对襟半臂，下穿裙。胎色灰黄。通高35厘米（图4-27-2；图版四二-3）。

M253：14，直立，双手持帔并捧一包袱于身前。头梳反绾髻，上着圆领窄袖衫，外套半臂，肩披帔，帔经双手间下垂于身前，下穿裙。胎色黄褐。通高33.7厘米（图4-27-1；图版四二-4）。

M253+2，仅躯干及下肢。立姿，双膝微屈。上着衫，下穿裙，足蹬高头履。胎色橙黄。残高18.9厘米（图4-28-5；图版四二-5）。

男装女立俑　2件。

M253：9，直立于方座。头梳高髻，上着圆领长衣，腰系带，下穿袴。胎色灰黄。双臂缺失，双足、方座残损。通高35.3厘米（图版四三-2）。

M253：12，直立于方座，袖手于胸前捧一方盒状物。头梳高髻，上着圆领窄袖长衣，腰系带，下穿小口袴，足蹬尖头履。胎色灰黄。方座残损。通高37.7厘米（图4-27-3；图版四三-1）。

女坐俑　2件。

M253：15，坐姿，持琵琶。衣式不明。胎色橙红。仅存躯干、左腿及身前琵琶。残高11.5厘米（图4-28-2；图版四三-3）。

M253：28，端坐，袖手于身前。头梳高髻，上着对襟窄袖衫，肩披帔，帔顺右臂垂至地，下穿裙。胎色橙红。通高15.7厘米（图4-28-3；图版四三-4）。

陶鞍马　1件。M253：21，背负鞍袱、鞍、鞯，可拆卸。胎色灰褐。四肢缺失，头部、颈部、鞍

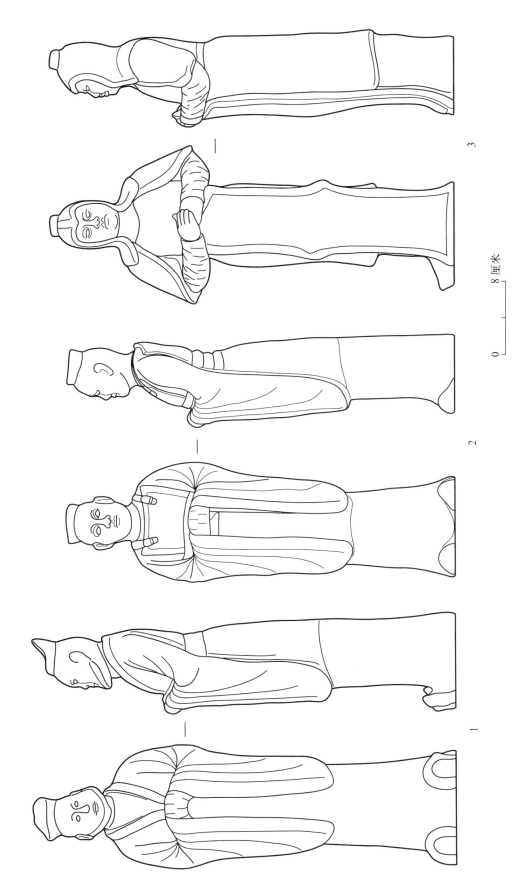

图 4-26　钵盂山 M253 出土男立俑

1. 袍服男立俑（M253∶25）　2. 裲裆铠男立俑（M253∶23）　3. 持盾甲士俑（M253∶32）

0 ___ 8 厘米

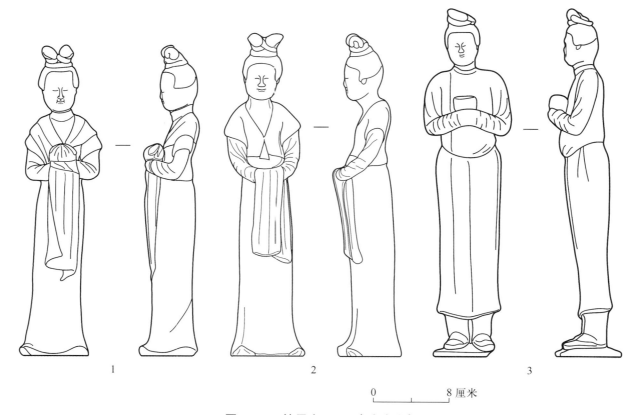

图4-27　钵盂山M253出土女立俑

1. 女立俑(M253∶14)　2. 女立俑(M253∶8)　3. 男装女立俑(M253∶12)

鞴、尾部残损。残长42.5、残高28.3厘米(图4-29-1；图版四四-1)。

　　陶骆驼　1件。M253∶24,双峰驼。背部铺垫。胎色黄褐。前驼峰、四肢、尾部缺失。残长48.9、残高25.4厘米(图4-29-2；图版四四-2)。

　　陶禽　1件。M253∶26,应为伏卧的禽类,具体物种不明。胎色红褐。头尾残损。残长11.4、残高6厘米(图4-28-1；图版四五-1)。

　　釉陶杯　1件。M253∶19,唇口,曲腹,饼足,足心微凹。胎细腻洁白。外表施釉不及底。施浅黄色低温釉,略有剥落。通高2.8、口径5.4厘米(图4-30-3；图版四五-3)。

　　三彩盂　1件。M253∶20,圆唇,敛口,鼓腹,圜底。胎质细腻,露胎处白。仅外表施釉,不及底。釉色褐、绿相间。通高3.3、口径4.8厘米(图4-30-4；图版四五-2)。

　　瓷盘口壶　1件。M253∶31,尖唇,盘口外敞,长颈,圆肩,曲腹,平底,肩横置6系。胎质较细腻,胎色灰白,露胎处浅灰泛红。外表施釉及肩。釉色黄褐,有剥落。口沿及诸系残损。通高48.4、口径21.5、腹径27.8、底径14.3厘米(图4-30-1；图版四五-4)。

　　瓷四系双唇罐　1件。M253∶6,内唇圆而内敛,外唇尖而外敞,溜肩,鼓腹,平底,肩部纵置3系。胎质较细腻,胎色灰白,露胎处浅灰泛黄。外表施釉及肩。釉色青白泛黄,有剥落。外唇残损。通高12.1、外口径10.2厘米(图4-30-5；图版四五-5)。

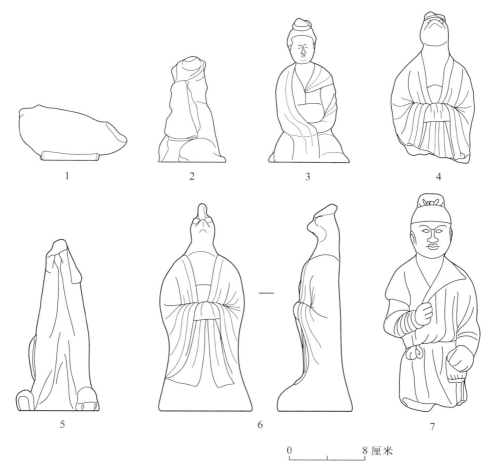

图4-28 钵盂山M253出土陶俑、陶动物

1. 陶禽（M253：26） 2. 女坐俑（M253：15） 3. 女坐俑（M253：28） 4. 生肖俑-卯兔（M253：38） 5. 女立俑（M253+2）
6. 生肖俑-酉鸡（M253：40） 7. 长衣男立俑（M253：4）

瓷圆唇碗 1件。M253：17，敞口，曲腹，饼足，足心内凹，足根处平削一周。胎质较粗，胎色深灰，露胎处灰褐。外表施釉不及底。釉色青褐。釉下施浅黄色化妆土。口沿残损。通高4.7、口径8.8厘米（图4-30-2；图版四六-2）。

瓷尖唇碗 3件。直口，曲腹，饼足，足心内凹，足根处平削一周。胎质较细腻。外表施釉不及底。

M253：2，露胎处灰红。釉色青褐，剥落严重。约一半经复原。通高5、口径7.4厘米（图版四六-1）。

M253：5，胎色深灰，露胎处灰色。釉色青褐，剥落较严重。釉下施浅灰色化妆土。约1/3经复原。通高4.9、口径8.4厘米（图版四六-1）。

M253：30，胎色浅灰，露胎处浅红。釉受侵蚀，剥落殆尽。釉下施灰白色化妆土。口沿残损，约一半经复原。通高5.2、口径8.6厘米（图版四六-2）。

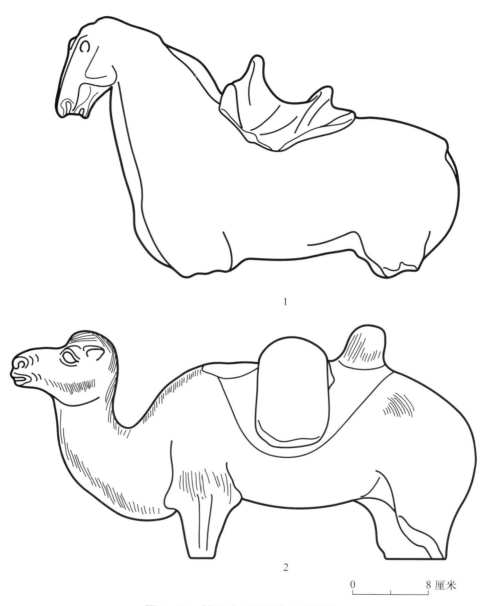

1

2

0 ———————— 8 厘米

图 4-29　钵盂山 M253 出土陶动物

1. 陶鞍马（M253：21）　2. 陶骆驼（M253：24）

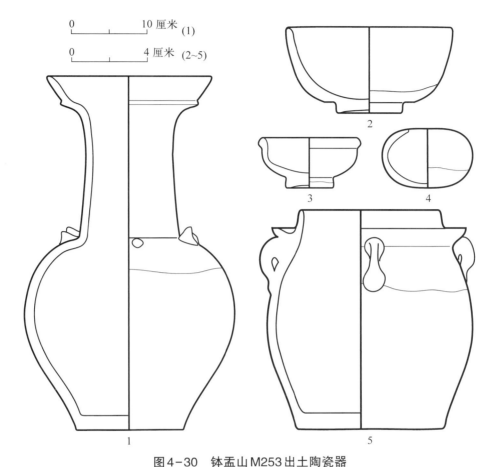

图4-30　钵盂山M253出土陶瓷器

1.瓷盘口壶（M253∶31）　2.瓷圆唇碗（M253∶17）　3.釉陶杯（M253∶19）
4.三彩盂（M253∶20）　5.瓷四系双唇罐（M253∶6）

钵盂山 M255

钵盂山M255发掘完成时间为1956年4月11日，记录者为游绍奇。

M255是一座券顶砖室墓，墓室平面呈长方形，附甬道、头龛与两对侧龛，一对侧龛位于甬道，另一对位于墓室前部。发掘时侧壁被严重破坏。墓上堆积厚1.5米，填土黄褐。墓向230°。甬道与墓室以砖"人"字形铺地。诸龛以砖纵向、横向铺地。墓壁以花纹砖三顺一丁砌筑，砖纹有唐草纹、钱纹等。M255通长7.41米，甬道底宽1.09、进深2.72米，墓室底宽1.63、进深3.66米，头龛宽0.57、进深0.64米，左前龛宽0.59、进深0.63米，右前龛宽0.57、进深0.65米，左后龛宽0.59、进深0.64米，右后龛宽0.61、进深0.65米（图4-31）。

本次整理共涉及M255出土器物共6件。

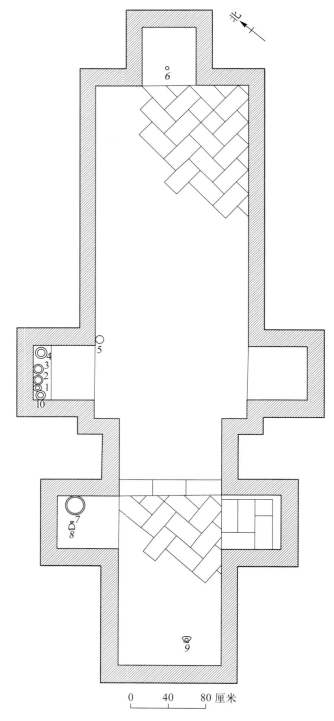

图4-31　钵盂山M255形制图

1. 瓷三系双唇罐　2. 瓷三系双唇罐　3. 瓷三系双唇罐　4. 瓷三系双唇罐　5. 瓷圆唇碗
6. 铜钱　7. 铜钵　8银杯　9. 瓷碗　10. 瓷三系双唇罐

　　瓷三系双唇罐　5件。内唇圆而内敛,外唇尖而外敞,溜肩,鼓腹,平底,肩部纵置3系。胎质较细腻,胎色浅灰。

　　M255:1,露胎处浅褐。外表施釉至肩腹交界处。釉受侵蚀,剥落殆尽。外唇残损,1系缺失。通高11.6、外口径9.3厘米(图版四七-3)。

　　M255:2,露胎处褐色。外表施釉至肩腹交界处。釉色青灰,受侵蚀。双唇残损,1系缺失。通高11.7、外口径10.3厘米(图版四七-3)。

　　M255:3,露胎处浅灰。外表施釉及腹。釉色青黄。2系缺失,双唇经复原。通高12.7、外口径10.3厘米(图4-32-1;图版四七-1)。

　　M255:4,露胎处灰黄。外表施釉至肩腹交界处。釉色青灰。双唇、2系残损。通高11.3,外口径9.1厘米(图版四七-3)。

　　M255:10,露胎处灰色。外表施釉及下腹。釉色青黄。双唇残损。通高11.3,外口径9.9厘米(图4-32-3;图版四七-2)。

　　瓷圆唇碗　1件。M255:5,敞口,曲腹,饼足,足心内凹,足根处平削一周。胎质较细腻,露胎处红褐。釉色黄褐,有剥落。釉下施浅褐色化妆土。通高4.5、口径10.4厘米(图4-32-2;图版四七-4)。

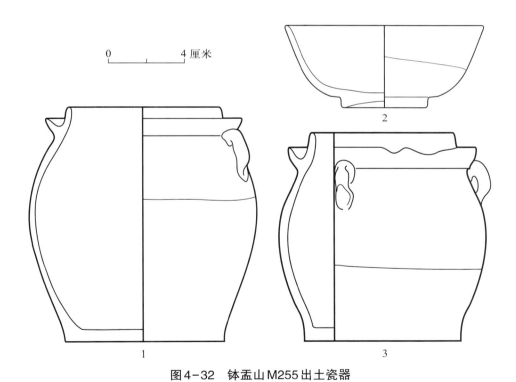

图4-32　钵盂山M255出土瓷器

1. 瓷三系双唇罐(M255:3)　2. 瓷圆唇碗(M255:5)　3. 瓷三系双唇罐(M255:10)

钵盂山 M258

钵盂山 M258 发掘完成时间为 1956 年 4 月 13 日,记录者为游绍奇。

M258 是一座长方形券顶砖室墓。墓上堆积厚 1.5 米,填土黄色。墓向 120°。墓底以砖"人"字形平铺一层。墓室后部以一层砖二横二直砌成棺床。封门底部有排水道。墓壁以砖三顺一丁砌筑,部分砖为钱纹砖。M258 通长 3.62 米,墓室底宽 0.91、进深 3.25 米(图 4-33)。

本次整理涉及 M258 出土器物共 6 件。

瓷三系双唇罐　1件。M258:7,内唇圆而内敛,外唇尖而外敞,溜肩,鼓腹,平底,肩部纵置 3 系。胎质较细腻,胎色浅灰,露胎处浅褐。外表施釉至肩腹交界处。釉剥落殆尽。双唇残损。腹部与底部经复原。通高 11、外口径 10.1 厘米(图 4-34-2;图版四八-1)。

瓷方唇碗　1件。M258:9,直口,曲腹,饼足,平底,足根处经修整。胎质较粗,胎与露胎处均褐色。仅口沿施釉。釉完全剥落。口沿残损。通高 3.7、口径 8.8 厘米(图 4-34-1;图版四八-2)。

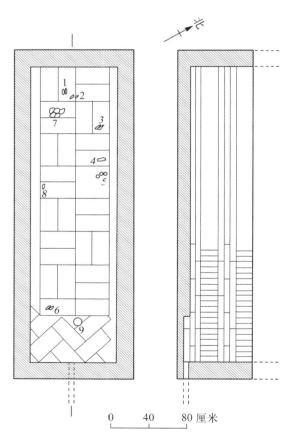

图 4-33　钵盂山 M258 形制图

1. 铜带扣　2. 铜铊尾　3. 铁钉　4. 银簪　5. 铜钱　6. 铁钉　7. 瓷三系双唇罐　8. 石猪　9. 瓷方唇碗

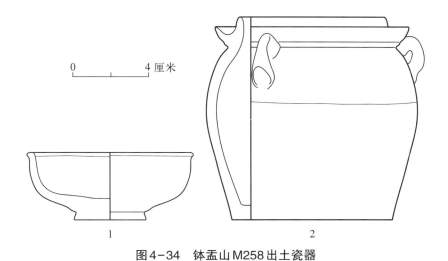

图4-34　钵盂山M258出土瓷器

1. 瓷方唇碗（M258∶9）　2. 瓷三系双唇罐（M258∶7）

铜带扣2件（图版四八-3）。

M258∶1-1，长2.5、厚0.5厘米。

M258∶1-2，长2.6、厚0.5厘米。

铜铊尾2件（图版四八-4）。

M258∶2-1，长3.7、厚0.5厘米。

M258∶2-2，长3.7、厚0.6厘米。

钵盂山M270

钵盂山M270发掘完成时间为1956年4月13日，记录者为游绍奇。

M270是一座券顶砖室墓，墓室平面呈长方形，附甬道、头龛与一对侧龛，侧龛位于墓室前部。墓上堆积厚1.6米，填土红茶色。墓向206°。除甬道、墓室侧壁几块四神画像砖外，墓葬所用砖均为素面砖。甬道、墓室底部均以砖"人"字形平铺，墓室高于甬道。诸龛地面再平铺一层砖。封门底部有排水道。墓壁以砖三顺一丁砌筑。M270通长5.98米，甬道底宽1.65、进深1.67米，墓室底宽2.03、进深3.39米，头龛宽0.71、进深0.52、高0.99米，左龛宽0.62、进深0.51、高0.9米，右龛宽0.61、进深0.53米（图4-35）。

本次整理涉及M270出土器物共43件，包括丁群33件、乙群1件。

人面镇墓兽　1件。M270∶20，蹲伏于台座。人面大耳，头顶生角，肩生翼，兽身，蹄足。胎细腻洁白。外施褐、白、绿三色釉。通高36厘米（图4-36-2；图版四九-1）。

天王俑　1件。M270∶19，立姿，左手叉腰，右臂上举作挥舞状，足踏牛。头梳高髻，上着窄袖衣，外套明光铠，下穿袴，外套护胫，足蹬尖头履。胎细腻洁白。颈部以下施黄、白、绿三色釉。通

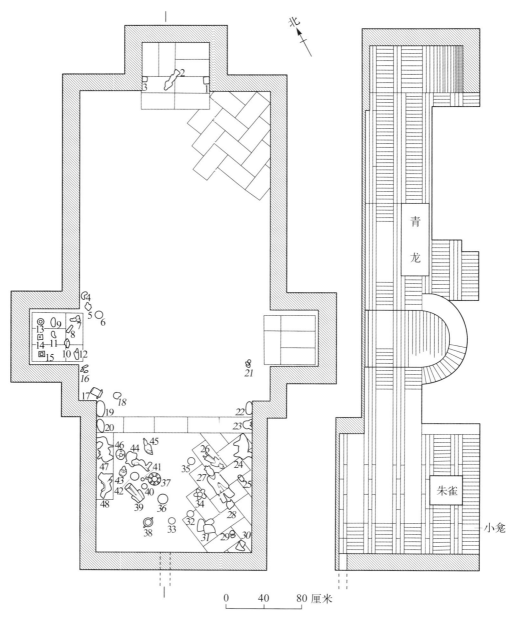

图 4-35　钵盂山 M270 形制图

1. 长衣男立俑　2. 长衣男立俑　3. 女立俑　4. 釉陶狗　5. 釉陶鸭　6. 釉陶碗　7. 女立俑　8. 釉陶碓　9. 陶猪　10. 釉陶猪
11. 釉陶羊　12. 釉陶狗　13. 陶粉盒　14. 陶灶　15. 陶井　*16. 铁钉*　17. 瓷三系双唇罐　*18. 瓷碗*　19. 天王俑　20. 人面镇墓兽
21. 瓷碗　22. 俑　23. 镇墓兽　24. 三彩骆驼　25. 瓷方唇碗　26. 胡人男立俑　*27. 俑*　28. 俑头　29. 瓷方唇碗　*30. 陶片*　31. 瓷瓶
32. 瓷方唇碗　33. 瓷方唇碗　34. 瓷五连盂砚　35. 陶杯　*36. 瓷碗*　37. 瓷壶　38. 瓷三系双唇罐　39. 文官俑　40. 瓷盂　41. 陶杯
42. 釉陶碗　*43. 俑*　44. 三彩鞍马　45. 长衣男立俑　46. 瓷三系盘口执壶　47. 三彩骆驼　48. 三彩鞍马　+1. 长衣男立俑
+2. 三彩三足炉　+3. 三彩骆驼　+4. 釉陶猪　+5. 长衣男立俑　+6. 女立俑　+7. 抱鹅女坐俑

0   8 厘米

图 4-36　钵盂山 M270 出土陶俑

1. 天王俑（M270：19）　2. 人面镇墓兽（M270：20）　3. 文官俑（M270：39）

高43.3厘米（图4-36-1；图版四九-2）。

文官俑　1件。M270：39，直立，袖手于胸前。头戴高冠，上着交领右衽宽袖衣，内着窄袖衣，腰系带，下穿裙，足蹬高头履。衣、裙表面施黄、绿色釉，剥落殆尽。冠经复原。通高44厘米（图4-36-3；图版五〇-1）。

长衣男立俑　5件。直立于方座，叉手于胸前。头戴幞头，上着长衣，腰系带，下穿袴，足蹬圆头履。胎细腻洁白。

M270：1，着圆领窄袖长衣。长衣施黄色釉。通高24.8厘米（图4-37-2；图版五〇-3）。

M270：2，仅存腰部以下。长衣施透明釉。残高13.3厘米（图版五一-1）。

M270：45，仅存腰部以上。着圆领窄袖长衣。长衣施黄色釉。残高14.2厘米（图版五一-1）。

M270+1，着圆领窄袖长衣。长衣施黄色釉。通高24.7厘米（图版五〇-4）。

M270+5，着翻领窄袖长衣。长衣施褐色釉。头部缺失。通高18.5厘米（图版五〇-4）。

胡人男立俑　1件。M270：26，直立于方座，右前臂贴身平举于胸前，左臂贴身，屈而下垂，置左手于腰间。披发，上着翻领长衣，下穿裤，足蹬尖头履。胎细腻洁白。长衣表面施黄、褐色釉。头部经复原。通高28.6厘米（图4-37-3；图版五〇-2）。

女立俑　3件。直立，袖手持帔于身前。头梳高髻，上着窄袖衫，外套半臂，肩披帔，帔自右肩下垂过双手直至胫部，下穿裙，足蹬高头履。胎细腻洁白。

M270：3，颈部以下施黄色釉。通高24厘米（图4-37-1；图版五一-2；图版五一-3）。

M270：7，颈部以下施黑色釉。通高23.8厘米（图版五一-2）。

M270+6，颈部以下施黄、褐色釉。发髻经复原。通高26.7厘米（图版五一-4）。

抱鹅女坐俑　1件。M270+7，坐于筌蹄之上，左腿垂足，右腿盘起，双手抱鹅，鹅立于俑右脚踝上。上着窄袖衫，外套交领半臂，腰系带，下穿裙，足蹬圆头履。胎细腻洁白。头部经复原而来。通高31.8厘米（图4-38；图版五二-1）。

三彩鞍马　2件。有络头、鞍袱、鞍、鞯。胎细腻洁白。

M270：44，立于方形底座。双耳、底座残损。马身以浅黄色釉为主。通高33.7厘米（图4-39-1；图版五三-1）。

M270：48，直立。四足残损。马身以褐色釉为主。残高28.3厘米（图版五三-2）。

三彩骆驼　3件。双峰驼。立姿，昂首嘶鸣。背部铺垫。胎细腻洁白。

M270：24，立于方座，双峰间驮货囊。底座以上施褐、黄、绿色釉。通高39.9厘米（图4-39-2；图版五三-3）。

M270：47，通体施褐、白、绿色釉。四足经复原。通高40厘米（图4-39-3；图版五二-2）。

M270+3，双峰间驮货囊。通体施褐、浅黄、绿色釉。残高35厘米（图版五三-4）。

釉陶羊　1件。M270：11，伏卧，挺胸平视。胎细腻洁白。表面施黄色釉，有剥落。通高7.2厘米（图4-40-3；图版五四-1）。

釉陶鸭　1件。M270：5，立于底座，挺胸平视。胎细腻浅黄。上半身施黑褐色釉，有剥落。通高7.3厘米（图4-40-2；图版五四-2）。

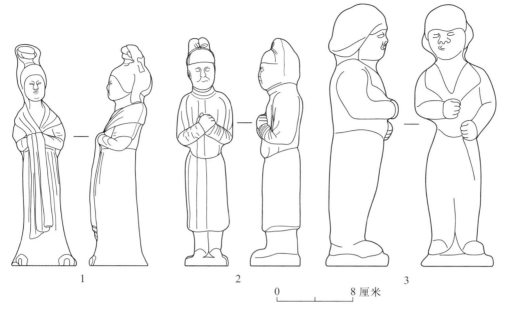

图4-37　钵盂山M270出土陶立俑

1. 女立俑（M270∶3）　2. 长衣男立俑（M270∶1）　3. 胡人男立俑（M270∶26）

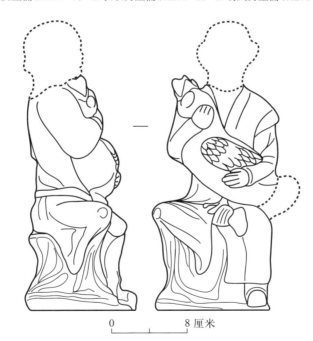

图4-38　钵盂山M270出土抱鹅女坐俑

M270+7

釉陶狗　2件。趴卧。胎细腻洁白（图版五四-3）。

M270∶4，表面施黄色釉。长8厘米（图4-40-1）。

M270∶12，表面施褐色釉。长8.2厘米。

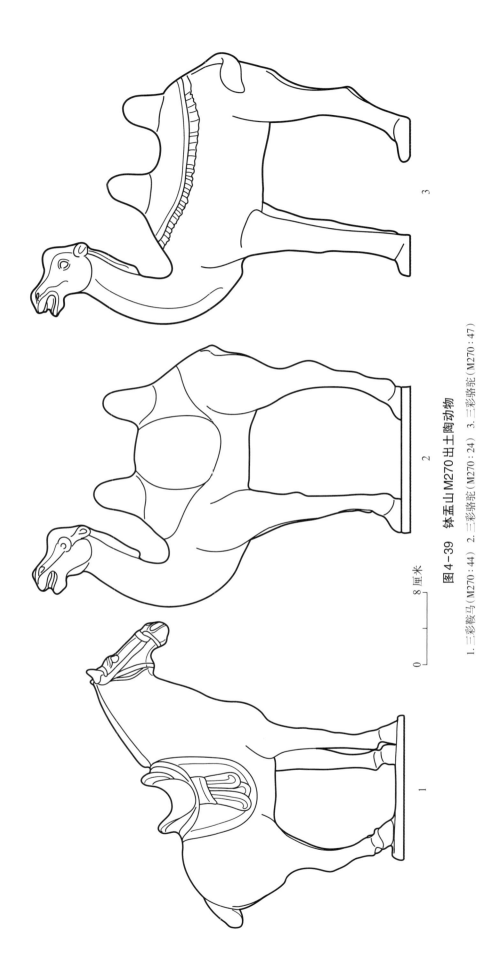

0 ___ 8 厘米

图 4-39 钵盂山 M270 出土陶动物

1. 三彩鞍马（M270：44） 2. 三彩骆驼（M270：24） 3. 三彩骆驼（M270：47）

图4-40 钵盂山M270出土陶动物、模型明器

1. 釉陶狗(M270：4) 2. 釉陶鸭(M270：5) 3. 釉陶羊(M270：11) 4. 釉陶碓(M270：8) 5. 陶猪(M270：9)
6. 陶井(M270：15) 7. 陶灶(M270：14)

陶猪　3件。伏卧。胎细腻浅黄(图版五四-4)。

M270：9,未见施釉痕迹。长11.5厘米(图4-40-5)。

M270：10,上半身施黑褐色釉。长11.7厘米。

M270+4,上半身施黄色釉。长12厘米。

釉陶碓　1件。M270：8,平面矩形。胎细腻洁白。施黄褐色釉。一端残损。残长12.1厘米(图4-40-4;图版五五-1)。

陶灶　1件。M270：14,平面呈方形,侧视呈上小下大的梯形。火门券顶通地,上有阶梯形挡火墙,灶面有二圆形凸起表示火眼与排烟口。胎细腻浅黄。底长6.6、通高3.8厘米(图4-40-7;图版五五-2)。

陶井　1件。M270：15,平面呈方形,侧视呈上小下大的梯形。上沿有呈井字形排列的井栏。

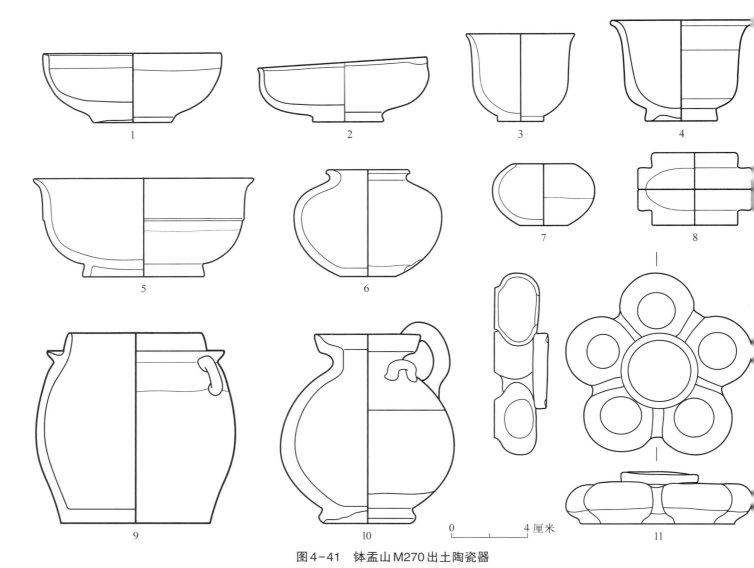

图 4-41　钵盂山 M270 出土陶瓷器

1. 瓷方唇碗（M270：32）　2. 瓷方唇碗（M270：29）　3. 陶杯（M270：41）　4. 陶杯（M270：35）　5. 釉陶碗（M270：6）　6. 三彩三足炉（M270+2）
7. 瓷盂（M270：40）　8. 陶粉盒（M270：13）　9. 瓷三系双唇罐（M270：38）　10. 瓷三系盘口执壶（M270：46）　11. 瓷五连盂砚（M270：34）

胎细腻灰白。底长 5.8、通高 3.1 厘米（图 4-40-6；图版五五-3）。

　　陶粉盒　1件。M270：13，整体平面呈圆形，侧视呈亚字形，盖、身形态一致，均方唇。胎细腻浅黄。通高 3.9、直径 6 厘米（图 4-41-8；图版五五-4）。

　　陶杯　2件。

　　M270：35，丁群。圆唇、侈口、曲腹、圈足。腹部划 2 道弦纹。胎质细腻浅黄。口沿轻微残损。通高 5.5、口径 7.5 厘米（图 4-41-4；图版五五-5）。

　　M270：41，乙群。尖唇，侈口，曲腹，饼足，平底。胎质细腻浅红。口沿残损。通高 4.8、口径 5.7 厘米（图 4-41-3；图版五五-6）。

釉陶碗　2件。尖唇、侈口、曲腹，圈足。腹部一周凸弦纹。胎细腻洁白。外表施釉不及底。施浅黄色低温釉，有剥落。

M270：6，通高5.3、口径11.5厘米（图4-41-5；图版五五-7、图版五五-8）。

M270：42，约一半经复原。通高5.3、口径11.6厘米（图版五五-7）。

三彩三足炉　1件。M270+2，仅存炉身，三足缺失。圆唇、侈口，束颈，圆肩，鼓腹，平底。胎细腻洁白。仅底面局部不施釉。釉绿白相间。通高5.8、口径4.4厘米（图4-41-6；图版五六-1）。

瓷三系双唇罐　2件。内唇圆而内敛，外唇尖而外敞，溜肩，鼓腹，平底，肩部纵置3系。胎质较细腻，胎色浅灰，露胎处浅黄。外表施釉及肩（图版五六-4）。

M270：17，釉色青褐，釉剥落殆尽。双唇残损。通高10、外口径9.7厘米。

M270：38，釉剥落殆尽。双唇轻微残损。通高10.4、外口径9.2厘米（图4-41-9）。

瓷三系盘口执壶　1件。M270：46，盘口，短颈，圆肩，鼓腹，饼足，平底，肩部横置3系，有一提梁连接盘口与肩部。肩腹交界处划1道弦纹。胎质细腻，露胎处浅黄。外表施釉不及底。釉色青褐，剥落较严重。通高11、口径5.5厘米（图4-41-10；图版五六-2）。

瓷五连盂砚　1件。M270：34，由5个尖唇、敛口、鼓腹、平底的盂围绕并承托圆饼状砚组成。胎质细腻，露胎处白中泛黄。砚面不施釉，诸盂口沿内部与外表上半部施釉。釉色青黄。通高2.9、最宽处9.8厘米（图4-41-11；图版五六-5）。

瓷盂　1件。M270：40，圆唇，敛口，鼓腹，平底。胎质较细腻，露胎处深灰。外表施釉不及底。釉完全剥落。釉下施浅褐色化妆土。通高3.3、口径3.1厘米（图4-41-7；图版五六-3）。

瓷方唇碗　4件。直口，曲腹。仅口沿施釉。

M270：25，饼足，平底，足根处经修整。胎质粗，露胎处深灰。釉完全剥落。大部分经复原。通高3.4、口径8.2厘米（图版五七-2）。

M270：29，曲腹自然收束成饼足，平底。胎质较粗，露胎处深灰。釉完全剥落。通高3.5、口径8.8厘米（图4-41-2；图版五七-1）。

M270：32，曲腹自然收束成低矮的饼足，平底。胎质较粗，露胎处灰褐。釉色深褐。通高3.8、口径9.4厘米（图4-41-1；图版五七-1）。

M270：33，曲腹自然收束成饼足，平底。胎质粗，露胎处深灰。釉剥落殆尽。大部分经复原。通高3.4、口径8.6厘米（图版五七-2）。

钵盂山 M275

钵盂山M275发掘完成时间为1956年4月23日，记录者为游绍奇。

M275是一座平面为"凸"字形的券顶砖室墓，由甬道与墓室组成。墓上堆积厚1.2米。墓向140°。甬道以砖"人"字形铺地，墓室则以二横二直砖砌出棺床，甬道与棺床间铺砖逐级上升。封门底部有排水道。墓壁以花纹砖三顺一丁砌筑，纹饰有唐草、武士与宝瓶三种。M275通长4.66

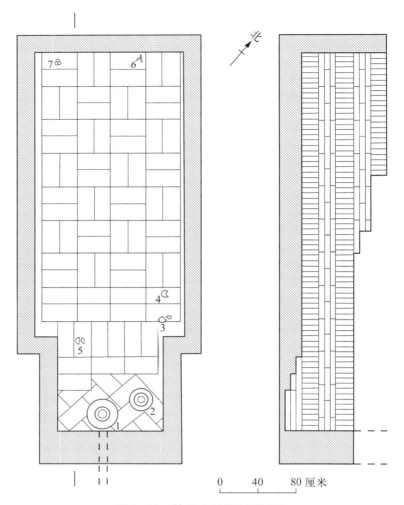

图 4-42　钵盂山 M275 形制图

1. 瓷盘口壶　2. 瓷盘口壶　3. 瓷方唇碗　4. 瓷方唇碗　5. 瓷方唇碗　6. 铁钉　7. 开元通宝

米,甬道底宽1.11、进深1.02米,墓室底宽1.57、进深3.08米。

　本次整理涉及M275出土器物共7件。

　瓷盘口壶　2件,盘口外敞,长颈,圆肩,鼓腹,平底,肩部横置4或6系。胎质较细腻,胎色浅灰。

　M275:1,尖唇,肩部横置6系。露胎处浅灰泛黄。外表施釉及腹。釉色青黄,受侵蚀,有剥落。诸系残损,盘口经复原。通高53.4、口径20、腹径29.5、底径14.9厘米(图4-43-5;图版五八-1、图版五八-3)。

　M275:2,肩部横置4系。露胎处浅褐。外表施釉至肩腹交界处。釉色青黄,有剥落。盘口残损。残高27.5、腹径17.2、底径11厘米(图4-43-4;图版五八-2、图版五八-4)。

　瓷方唇碗　3件。直口,曲腹,饼足,足心内凹,足根处平削一周。胎质较细腻。仅口沿施釉(图版五七-3)。

　M275:3,露胎处深灰。釉色深褐,有剥落。通高4.9、口径10厘米(图4-43-3)。

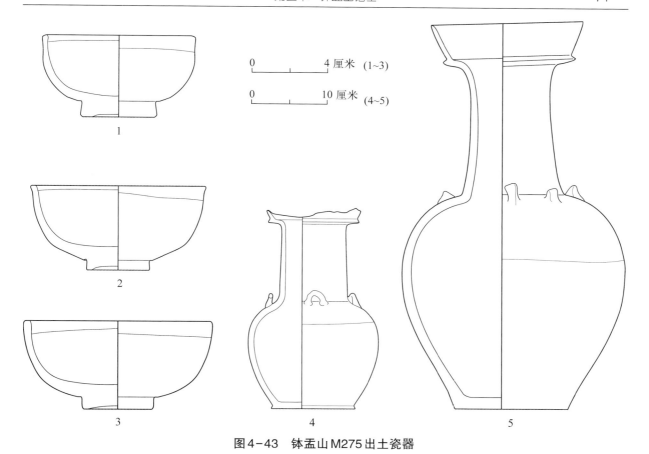

图4-43　钵盂山M275出土瓷器

1. 瓷方唇碗（M275：4）　2. 瓷方唇碗（M275：5）　3. 瓷方唇碗（M275：3）　4. 瓷盘口壶（M275：2）　5. 瓷盘口壶（M275：1）

M275：4，露胎处灰褐。釉受侵蚀，剥落殆尽。通高4.5、口径8.1厘米（图4-43-1）。

M275：5，露胎处深灰。釉受侵蚀，剥落殆尽。通高4.6、口径9.3厘米（图4-43-2）。

开元通宝　2件。均锈蚀，边缘残损（图版五八-5）。

M275：7-1，直径2.4厘米，重2.35克。

M275：7-2，直径2.5厘米，重2.39克。

钵盂山M276

钵盂山M276发掘完成时间为1956年4月27日，记录者为游绍奇。

M276是一座长方形砖室墓，发掘时仅存底部。墓上堆积厚0.8米。墓向114°。墓底以砖"人"字形平铺，墓室后部高起成棺床。侧壁以花纹砖三顺一丁砌筑，后壁底部中央开一个券顶浅龛，龛上以砖砌成塔状。M276通长4.91米，墓室底长4.53、宽1.65米。

本次整理涉及M276出土器物共25件，包括乙群21件、丁群1件。

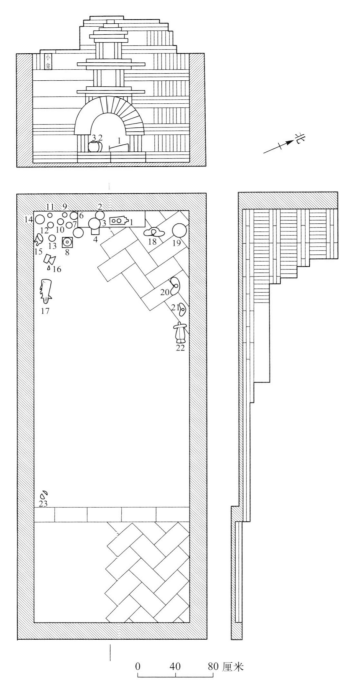

图4-44　钵盂山M276形制图

1.陶灶　2.瓷四系双唇罐　3.瓷四系双唇罐　4.残立俑　5.陶盆　6.陶鼎　7.陶四系釜　8.陶磨　9.陶杯　10.陶四系釜
11.陶高足杯　12.陶杯　13.陶杯　14.陶盂　15.陶鼎　16.陶车厢　17.陶牛　18.生肖俑-亥猪　19.瓷四系双唇罐
20.生肖俑　21.女坐俑　22.昆仑奴男立俑　23.釉陶多足砚　+1.生肖俑-卯兔　+2.女立俑

生肖俑　3件。端坐,双手持笏于胸前。上着交领宽袖长袍,腰系带,下穿裙。胎色浅黄。

M276:18,亥猪。右耳缺失、右臂残损。通高18.2厘米(图4-45-4;图版五九-1、图版五九-2)。

M276+1,卯兔。仅存上半身。双耳缺失。残高12.9厘米(图4-45-1;图版五九-3)。

M276:20,头部缺失。残高15.5厘米(图版五九-1)。

昆仑奴男立俑　1件。M276:22,直立于方座。卷发,上着圆领长衣,腰系带,下穿裤,足蹬尖头靴。胎色浅黄。双臂缺失,右足、右侧底座经复原。通高29.9厘米(图4-45-6;图版六〇-1)。

女立俑　1件。M276+2,直立,袖手于身前。上着交领右衽宽袖衫,腰系带,下穿裙,足蹬高头履。头部缺失。残高23.9厘米(图4-45-2;图版六〇-2)。

女坐俑　1件。M276:21,端坐,左前臂平举。头梳双髻,上着对襟窄袖衫,胸际系带,下穿裙。胎色灰红。右臂、左手缺失,下巴残损。通高19.8厘米(图4-45-3;图版六〇-3)。

残立俑　1件。M276:4,立于方座,仅存下半身。着长衣,腰系带,足蹬尖头靴。胎色浅黄。残高15.1厘米(图版六一-1)。

陶牛　1件。M276:17,头部有革带。胎色浅黄。四肢残损。长21.9厘米(图4-45-5;图版六一-2)。

0 ＿＿＿＿ 8厘米

图4-45　钵盂山M276出土陶俑、陶动物

1.生肖俑-卯兔(M276+1)　2.女立俑(M276+2)　3.女坐俑(M276:21)　4.生肖俑-亥猪(M276:18)　5.陶牛(M276:17)
6.昆仑奴男立俑(M276:22)

陶车厢 1件。M276：16，卷棚顶，前檐上翘，下有直棱窗与车斗，后檐下开门，有底座，封底。胎色灰红。后半部经复原。通高8.6、底边长13.5厘米（图4-46-3；图版六一-5）。

陶灶 1件。M276：1，整体呈船形。火门、门楣尖拱形，上有阶梯形挡火墙，灶面有二圆形火眼，各置一釜，灶头上翘，向后开一排烟孔，有底座，封底。胎色灰红。通高12.6、底座长17.8厘米（图4-46-6；图版六一-3、图版六一-4）。

陶磨 1件。M276：8，由上扇、下扇与磨架组成。上下扇均圆饼形，均刻出磨齿。上扇表面有浅投料槽，中有二贯通的投料孔，底面有一凹孔，与下扇表面的锥形凸起相对应。磨架如四脚方柜，一侧开一矩形出料口，磨架内部有◢半圆形凸起承托磨盘。磨盘胎色白，磨架胎色灰红。磨架内部四凸起中一缺失一残损。上扇直径7.9、下扇直径7.1、磨架通高7.9厘米（图4-46-4；图版六二-1、图版六二-2）。

陶四系釜 2件。侈口，平沿，曲腹，平底，口沿下横置4系。胎色白（图版六二-3）。

M276：7，口沿残损。通高4.1、口径6.2厘米。

M276：10，1系缺失，口沿残损。通高4.4、口径5.9厘米（图4-47-5）。

陶盆 1件。M276：5，方唇，侈口、曲腹，平底。胎色白。通高4.2、口径10.6厘米（图4-47-4；图版六二-4）。

陶鼎 2件。尖唇，侈口，曲腹，平底，下腹部置三足（图版六二-5）。

M276：6，口沿置1对立耳。胎色浅红。1足经复原。通高5.9、口径9.1厘米（图4-46-1）。

M276：15，口沿置1只立耳，腹部贴塑1卷云形錾。胎色浅黄。1足经复原。通高5.9、口径7.7厘米（图4-46-2）。

陶杯 3件。侈口，曲腹，饼足，平底（图版六三-1）。

M276：9，胎色浅红。口沿残损。通高4.7、口径5.1厘米。

M276：12，圆唇。胎色浅黄。通高4.6、口径5厘米（图4-47-1）。

M276：13，圆唇。胎色浅黄。口沿残损。通高4、口径4.9厘米。

陶高足杯 1件。M276：11，尖唇，侈口，曲腹，高足，平底。胎色灰红。口沿残损。通高5.2、口径4.6厘米（图4-47-3；图版六三-3）。

陶盂 1件。M276：14，圆唇，敛口，鼓腹，平底。胎色灰红。通高6.1、口径6.7厘米（图4-46-5；图版六三-2）。

釉陶多足砚 1件。M276：23，平面圆形，有十足。胎细腻洁白。外施白、绿色釉。足均残损。残高1.5、直径4厘米（图4-47-2；图版六三-5）。

瓷四系双唇罐 3件。内唇圆而内敛，外唇尖而外敞，溜肩，鼓腹，平底，肩纵置4系。胎质较细腻。外表施釉至肩腹交界处。

M276：2，胎色灰，露胎处浅灰。釉色青黄，有剥落。外唇、1系残损。通高11.2、外口径9.7厘米（图4-48-1；图版六三-6）。

M276：3，胎色灰，露胎处浅灰。釉色青灰。双唇残损。通高12、外口径9.2厘米（图4-48-2；图版六三-4）。

图4-46 钵盂山M276出土陶器、模型明器

1. 陶鼎（M276：6） 2. 陶鼎（M276：15） 3. 陶车厢（M276：16） 4. 陶磨（M276：8） 5. 陶盂（M276：14） 6. 陶灶（M276：1）

0   5 厘米

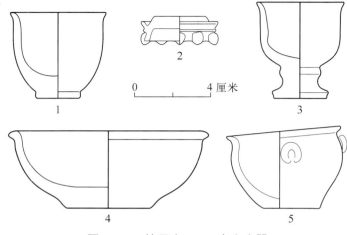

图4-47　钵盂山M276出土陶器

1. 陶杯（M276∶12）　2. 釉陶多足砚（M276∶23）　3. 陶高足杯（M276∶11）　4. 陶盆（M276∶5）　5. 陶四系釜（M276∶10）

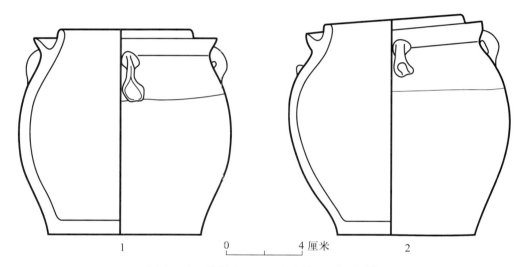

图4-48　钵盂山M276出土瓷四系双唇罐

1. 瓷四系双唇罐（M276∶2）　2. 瓷四系双唇罐（M276∶3）

　　M276∶19，胎色浅灰，露胎处灰黄。釉色青黄，有剥落。外唇、1系残损。通高11.1、外口径9.9厘米（图版六三-6）。

钵盂山 M280

　　钵盂山M280发掘完成时间为1956年4月29日，记录者为游绍奇。

　　M280是一座券顶砖室墓，墓室平面呈长方形，附甬道、头龛与两对侧龛。甬道中部与墓室前部各开一对侧龛。墓上堆积厚2.1米。墓向112°。甬道底部以砖斜向错缝平铺，墓室后部以二

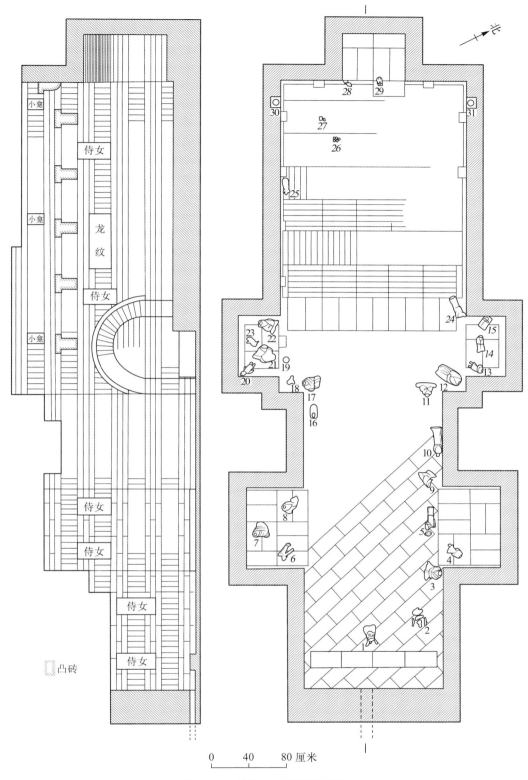

图4-49 钵盂山M280形制图

1. 镇墓兽　2. 陶鞍马　3. 生肖俑-午马　4. 长衣男立俑　*5. 俑*　*6. 俑*　*7. 俑*　8. 生肖俑　9. 生肖俑　10. 女立俑　11. 女立俑
12. 袍服男立俑　13. 女立俑　*14. 俑*　*15. 俑*　16. 陶牛　17. 生肖俑　18. 陶鸡　19. 石研钵　20. 男装女立俑　21. 生肖俑
22. 残立俑　23. 瓷三系双唇罐　*24. 俑*　*25. 牛*　26. 铜钱　27. 铜器　28. 陶片　29. 陶鸡　30. 瓷方唇碗　31. 瓷方唇碗
+1. 生肖俑-亥猪　+2. 生肖俑　+3. 生肖俑　+4. 生肖俑-未羊　+5. 镇墓武士　+6. 莲座　+7. 女立俑　+8. 残立俑
+9. 女立俑　+10. 女立俑　+11. 女立俑　+12. 袍服男立俑　+13. 袍服男立俑

横二直"莲花纹底纹狮子砖"铺出棺床。诸龛均在原地面基础上再平铺一层砖。封门底部有排水道。墓壁以花纹砖三顺一丁砌筑，砖纹有武士与唐草，间用侍女、四神题材画像砖。墓室侧壁各凸出5个T形小平台，后壁转角亦各凸出1个，侧壁小平台之上各有3小龛。M280通长7.72米，甬道底宽1.48、进深3.24米，墓室底宽1.98、进深3.41米，头龛宽0.66、进深0.5、高0.95米，左前龛宽0.88、进深0.61米，右前龛宽0.88、进深0.6米，左后龛宽0.66、进深0.42米，右后龛宽0.67、进深0.44、高0.87米（图4-49）。

本次整理涉及M280出土器物共34件，包括甲群19件、乙群11件。

镇墓兽　1件，甲群。M280∶1，兽面兽身。蹲伏，昂首，张口吐舌。胎色灰黄。尾部缺失。通高25.8厘米（图4-50；图版六四-1）。

生肖俑　9件，甲群。端坐的男性形象，或双手捧生肖，或手抚身前生肖。头戴笼冠，身着交领宽袖长袍，腰系带。胎色灰黄。

M280∶3，午马。俑头、马首缺失。残高20.9厘米（图4-51-2；图版六五-2）。

M280∶21，似为卯兔。俑右袖经复原，生肖头部缺失。通高33.9厘米（图4-51-7；图版六五-1）。

M280+1，亥猪。猪首缺失，猪身残损。通高32.4厘米（图4-51-4；图版六五-2）。

M280+4，未羊。俑头部缺失。残高19.5厘米（图4-51-1；图版六六-2）。

M280∶8，仅存躯干与左袖。残高19.9厘米（图版六六-1）。

M280∶9，头部、生肖缺失。残高20.2厘米（图版六六-2）。

M280∶17，俑身前衣摆残损，生肖残损不可辨。通高32.4厘米（图4-51-5；图版六六-1）。

M280+2，生肖头部缺失。通高31.4厘米（图4-51-3；图版六七-1）。

M280+3，生肖缺失。通高30.3厘米（图4-51-6；图版六七-1）。

镇墓武士　1件，乙群。M280+5，直立，叉手于身前。头戴兜鍪，肩披领巾，上着窄袖衣，外套铠甲，下穿裙。胎色橙红。足部经复原。通高50.5厘米（图4-52-1；图版六四-2）。

袍服男立俑　3件。

甲群1件。M280∶12，仅存躯干。立姿，左手握刀环，右手抚刀柄。上着交领宽袖衣，腰系带，下穿裙。胎色灰黄。残高30.6厘米（图4-53-7；图版六八-1）。

乙群2件。直立，袖手于身前持环首刀。头戴平巾帻，上着交领右衽宽袖袍，胸际系带，下穿裙，足蹬高头履。胎色橙红。

M280+12，通高54.5厘米（图4-52-2；图版六七-2、图版六七-3）。

M280+13，胸前、袖口、腿部等处经复原。通高56.2厘米（图版六七-2）。

长衣男立俑　1件，甲群。M280∶4，抬头，直立，袖手于胸前。头戴幞头，上着圆领窄袖长衣，下穿袴，足蹬圆头履。胎色灰黄。通高29.3厘米（图4-53-1；图版六八-2）。

女立俑　7件。

甲群，4件。胎色灰黄。

M280∶10，直立，双手于胸前持巾。头梳半翻髻，上着方领窄袖衫，肩披帔，胸际系带，下穿长裙。通高38厘米（图4-53-8；图版六八-3、图版六八-4）。

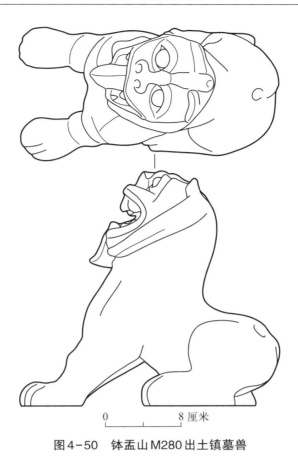

图4-50 钵盂山M280出土镇墓兽

M280：1

M280：13，直立。双上臂自然下垂，左前臂贴身平举。上着圆领窄袖衫，长裙系于胸际并于腰部收束，足蹬圆头履。头部缺失，右臂、左手残损。残高24.1厘米（图4-53-4；图版六九-1）。

M280+7，直立，双手于胸前持靴。上着窄袖衫，肩披帔，下穿裙。头、足缺失。残高21.7厘米（图4-53-2；图版六九-2）。

M280+10，直立，双手于胸前持巾。头梳双髻双环，上着方领窄袖衫，肩披帔，胸际系带，下穿长裙，足蹬尖头履。通高33.2厘米（图4-53-6；图版六八-3）。

乙群，3件。胎色橙红。

M280：11，立姿，上身前倾，左手抓裙。头梳双髻，帔帛绕项，上着窄袖衫，外套对襟半臂，下着裙，足蹬圆头履。右臂缺失，右髻经复原。通高29厘米（图4-55-1；图版六九-3）。

M280+9，直立，袖手于身前，目视左前方。头梳小髻，上着窄袖衫，外套对襟半臂，胸际系带，下穿裙，臀部系带，足蹬尖头履。通高30.1厘米（图4-55-2；图版七〇-1）。

M280+11，立姿，左足抬起。头戴风帽，上着窄袖衫，腰系带，下穿裙，足蹬线鞋。胎色橙红。双臂残损，右足经复原。通高29.7厘米（图4-54-1；图版七〇-2）。

男装女立俑 1件，乙群。M280：20，直立，袖手于身前。头梳小髻，上着圆领窄袖长衣，腰系

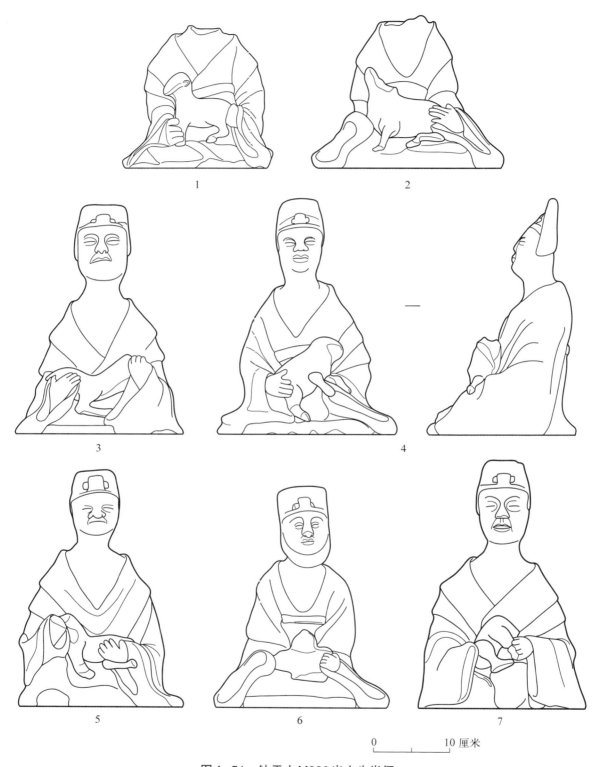

图4-51　钵盂山M280出土生肖俑

1. 生肖俑-未羊（M280+4）　2. 生肖俑-午马（M280：3）　3. 生肖俑（M280+2）　4. 生肖俑-亥猪（M280+1）
5. 生肖俑（M280：17）　6. 生肖俑（M280+3）　7. 生肖俑（M280：21）

图 4-52 钵盂山 M280 出土陶俑
1. 镇墓武士（M280+5）　2. 袍服男立俑（M280+12）

带，下穿裤。胎色橙红。足部缺失。残高 23.2 厘米（图 4-54-2；图版六九-4）。

残立俑　2 件，甲群。胎色灰黄。

M280：22，直立。上着窄袖长衣，腰系带，足蹬圆头履。胎色灰黄。头部、右足缺失，双臂、右肩残损。残高 23.3 厘米（图 4-53-3；图版七一-1）。

M280+8，直立，袖手于身前。上着交领宽袖袍，胸际系带，下穿裙，足蹬高头履。胎色灰黄。头部缺失。残高 23.7 厘米（图 4-53-5；图版七一-2）。

陶鞍马　1 件，乙群。M280：2，仅存头部，有络头。胎色橙红。残长 10.9 厘米（图版七一-4）。

陶牛　1 件，乙群。M280：16，立姿，四足着地。胎色橙红。通高 17.9 厘米（图 4-56-4；图版七一-3）。

陶鸡　2 件，乙群。蹲伏于方座。胎色橙红（图版七二-1）。

M280：18，鸡冠缺失，方座残损。残高 7.3 厘米（图 4-56-7）。

M280：29，鸡冠缺失，尾部、方座经复原。残高 9 厘米。

陶莲座　1 件，甲群。M280+6，平面圆形，中有圆孔贯通。胎色灰黄。通高 5.6 厘米（图

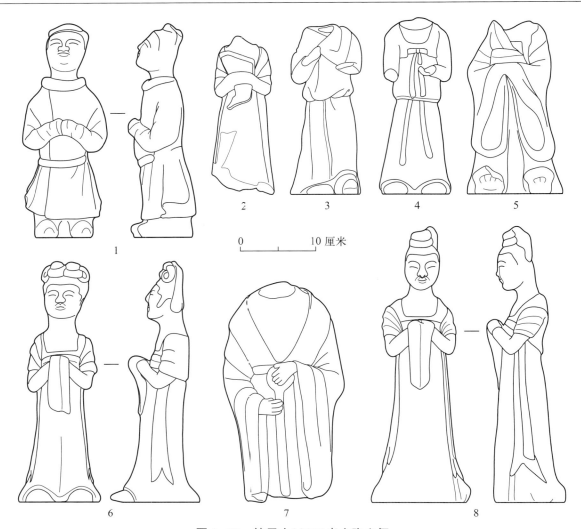

图4-53　钵盂山M280出土陶立俑

1. 长衣男立俑（M280：4）　2. 女立俑（M280+7）　3. 残立俑（M280：22）　4. 女立俑（M280：13）　5. 残立俑（M280+8）
6. 女立俑（M280+10）　7. 袍服男立俑（M280：12）　8. 女立俑（M280：10）

4-56-1；图版七二-2）。

瓷三系双唇罐　1件。M280：23，内唇圆而内敛，外唇圆而外敞，溜肩，鼓腹，平底，肩纵置3系。胎质较细腻，胎色浅灰，露胎处浅灰泛黄。外表施釉至肩腹交界处。釉色青褐。内唇残损，2系经复原。通高11.4、外口径9.7厘米（图4-56-5；图版七二-3）。

瓷方唇碗　2件。敞口，曲腹自然收束成饼足，平底。胎质较细腻。仅口沿施釉。釉色黑褐（图版七二-4）。

M280：30，露胎处灰红。通高3.6、口径8.3厘米（图4-56-6）。

M280：31，露胎处黄褐。通高3.9、口径8.2厘米（图4-56-2）。

石研钵　1件。M280：19，方唇，敞口，斜腹微曲，平底。外表面有划痕。通高4.5、口径6.3厘米（图4-56-3；图版七二-5）。

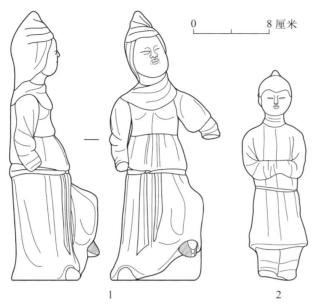

图4-54 钵盂山M280出土女立俑

1. 女立俑（M280+11） 2. 男装女立俑（M280：20）

图4-55 钵盂山M280出土女立俑

1. 女立俑（M280：11） 2. 女立俑（M280+9）

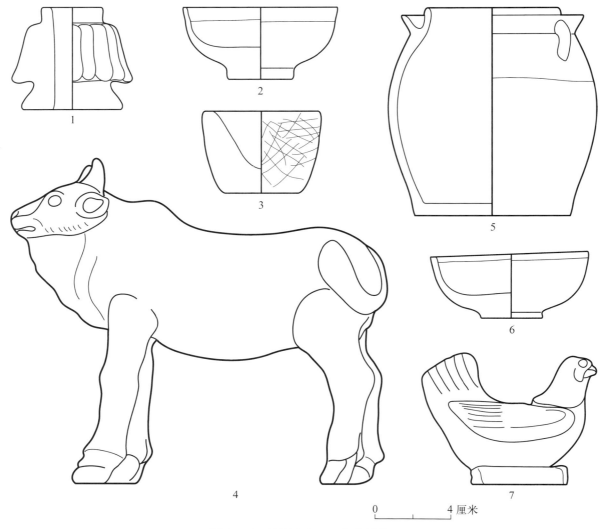

图4-56 钵盂山M280出土器物

1. 陶莲座（M280+6） 2. 瓷方唇碗（M280：31） 3. 石研钵（M280：19） 4. 陶牛（M280：16） 5. 瓷三系双唇罐（M280：23）
6. 瓷方唇碗（M280：30） 7. 陶鸡（M280：18）

钵盂山 M282

钵盂山M282发掘完成时间为1956年4月30日，记录者为游绍奇。

M282是一座券顶砖室墓，主体由两个并列的长方形砖砌墓室构成，墓室前部连通，左右各开一侧龛。墓上堆积厚2.5米，填土深黄色。墓向118°。墓底以砖"人"字形平铺，仅右室纵向平铺有棺床。两侧龛高于地面四层砖的厚度。右室封门下有排水道。墓壁以一组砖四顺一丁作基础，上以砖三顺一丁砌筑，所用为唐草纹砖。M282通长3.96米，左墓室底长3.57、宽1.27米，右墓室底长3.49、宽1.13米，左龛、右龛均宽0.57、进深0.38米（图4-57）。

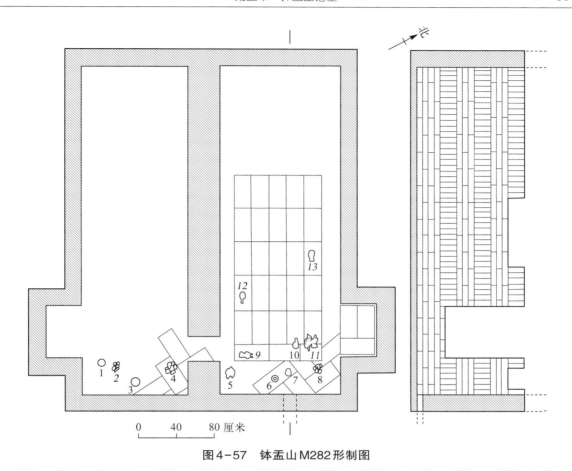

图4-57 钵盂山M282形制图

1. 瓷方唇碗　2. 陶片　3. 瓷方唇碗　4. 瓷钵　5. 瓷方唇碗　6. 瓷圆唇碗　7. 陶器　8. 瓷圆唇碗　9. 狗　10. 陶狗　11. 瓷瓶　12. 狗　13. 狗

本次整理涉及M282出土器物共7件,包括甲群1件。

陶狗　1件。M282:10,胎色灰黄。四肢、臀部残损。残长9.1厘米(图4-58-1;图版七三-1)。

瓷圆唇碗　2件。曲腹,饼足,平底,足根处经修整。外表施釉不及底。釉下施灰白色化妆土(图版七三-2)。

M282:6,直口。胎质较粗,胎色灰,露胎处深灰。釉色黄,剥落殆尽。口沿残损。通高3.4、口径7.8厘米(图4-58-5)。

M282:8,敞口。胎质较细腻,露胎处灰红。釉剥落殆尽。口沿经复原。通高3.2、口径8.1厘米(图4-58-6)。

瓷方唇碗　3件。曲腹,饼足,足心内凹,足根处刮削一周。胎质较细腻,胎色浅灰。仅口沿内外施釉。釉色青黄。

M282:1,直口。露胎处浅褐。口沿残损。通高5.3、口径10.3厘米(图4-58-4;图版七三-4)。

M282:3,敞口。露胎处灰白。釉有剥落。口沿残损。通高4.8、口径14.6厘米(图4-58-3;图版七三-3)。

M282:5,直口。露胎处浅灰泛黄。口沿经复原。通高5.8、口径12厘米(图4-58-2;图版七三-4)。

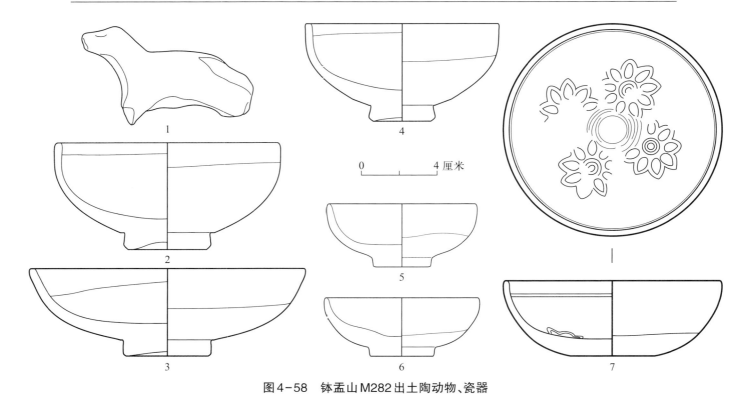

图4-58　钵盂山M282出土陶动物、瓷器

1.陶狗（M282：10）　2.瓷方唇碗（M282：5）　3.瓷方唇碗（M282：3）　4.瓷方唇碗（M282：1）　5.瓷圆唇碗（M282：6）
6.瓷圆唇碗（M282：8）　7.瓷钵（M282：4）

瓷钵　1件。M282：4，圆唇，敞口，曲腹，平底。内部戳印同心环与花卉纹。胎质较粗，胎与露胎处均深灰。外表施釉不及底。釉完全剥落。釉下施灰白色化妆土。器底残损。通高4.1、口径11.6厘米（图4-58-7；图版七三-5）。

钵盂山 M285

钵盂山M285发掘完成时间为1956年4月30日，记录者为游绍奇。

M285是一座平面为"凸"字形的砖室墓，由甬道与墓室组成。墓上堆积厚1.2米，填土黄褐色。墓向128°。甬道与墓室均以砖"人"字形平铺，墓室地面高于甬道36厘米。墓室中部再以砖二横二直平铺成棺床。封门底部有排水道。墓壁以花纹砖三顺一丁砌筑，纹饰有唐草与武士。M285通长4.88米，甬道底宽1.49、进深0.9米，墓室底宽1.85、进深3.44米（图4-59）。

本次整理涉及M285出土器物共6件。

瓷盘口壶　1件。M285：3，仅存颈部及肩，盘口，长颈，肩部横置6系。胎质较细腻，胎色浅灰。釉色青黄。残高23.2厘米（图版七四-1）。

瓷大口罐　2件。圆唇，直口，矮领，溜肩，鼓腹，平底，口沿、肩部、腹部各划1道弦纹。胎质

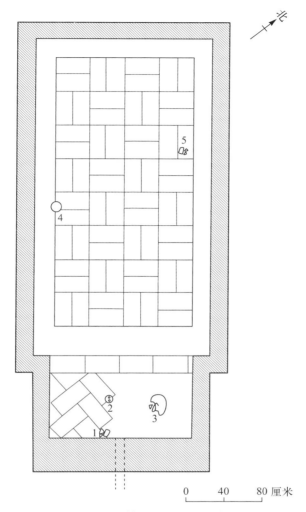

图4-59　钵盂山M285形制图

1. 瓷大口罐　2. 瓷盖　3. 瓷盘口壶　4. 瓷钵　5. 瓷圆唇碗　+1. 瓷大口罐

较细腻,胎色灰白,露胎处浅褐。外表施釉不及底。釉完全剥落(图版七四-4)。

　　M285:1,口沿、腹部经复原。通高10.8、口径7.8厘米(图4-60-2)。

　　M285+1,口沿、肩部间纵置4系。口沿、腹部经复原。通高10.8、口径7.2厘米(图4-60-5)。

　　瓷圆唇碗　1件。M285:5,直口,曲腹,饼足,足心内凹,足根处平削一周。胎质较细腻,胎色灰,露胎处红褐。外表施釉不及底。釉色黄褐,受侵蚀,剥落严重,釉下施浅褐色化妆土。口沿经复原。通高4.5、口径8.4厘米(图4-60-4;图版七四-5)。

　　瓷钵　1件。M285:4,圆唇,敞口,曲腹,平底。胎质较细腻,露胎处灰褐。外表施釉不及底。釉完全剥落,釉下施浅灰泛黄的化妆土。通高4.7、口径10.9厘米(图4-60-1;图版七四-5)。

　　瓷盖　1件。M285:2,子口,宽平沿,盖面斜直,小平顶,顶部一钮。胎质较细腻,胎色浅灰,露胎处灰白。盖外表施满釉,内面无釉。釉色青褐,有缩釉。钮残损。直径8.8厘米(图4-60-3;图版七四-3)。

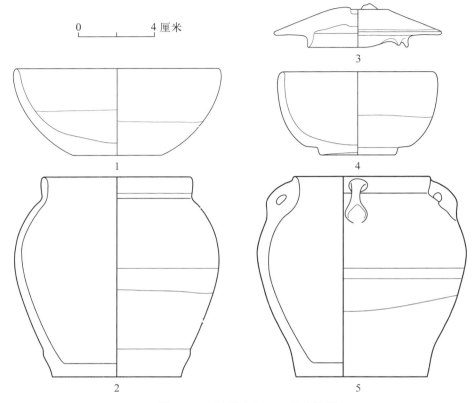

图4-60　钵盂山M285出土瓷器

1.瓷钵（M285:4）　2.瓷大口罐（M285:1）　3.瓷盖（M285:2）　4.瓷圆唇碗（M285:5）　5.瓷大口罐（M285+1）

钵盂山 M305

钵盂山M305发掘完成时间为1956年5月12日，记录者为游绍奇。

M305是一座长方形砖室墓，发掘时仅存底部。墓上堆积厚1.2米，填土黄灰色。墓向132°。墓底未铺砖。墓壁以素面砖二顺一丁砌筑。M305通长3.4米，墓室底长3.11、宽1米（图4-61）。

本次整理涉及M305出土器物共2件。

瓷盘口壶　1件。M305:1，尖唇，盘コ外敞，长颈，圆肩，鼓腹，平底，肩部横置6系。胎质较细腻，胎色浅灰，露胎处灰白泛黄。外表施釉及上腹。釉色黄中泛褐，有轻微剥落。1系缺失，5系残损，口沿经复原。通高44.3、口径16.7、腹径24.2、底径13.4厘米（图4-62-2；图版七四-2）。

瓷四系罐　1件。M305:2，肿唇，敞口，矮领，圆肩，鼓腹，平底，肩部横置4系并有1道弦纹。胎质较细腻，露胎处浅褐。外表施釉不及底。釉剥落殆尽。通高12.1、口径9.1厘米（图4-62-1；图版七四-6）。

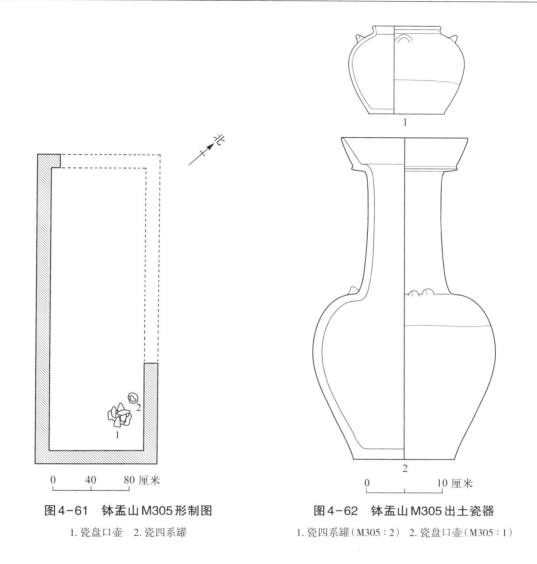

图4-61　钵盂山M305形制图

1. 瓷盘口壶　2. 瓷四系罐

图4-62　钵盂山M305出土瓷器

1. 瓷四系罐（M305：2）　2. 瓷盘口壶（M305：1）

钵盂山 M320

　　钵盂山M320发掘完成时间为1956年5月21日，记录者为游绍奇。

　　M320是一座券顶砖室墓，墓室平面呈长方形，附甬道、头龛与一对侧龛，侧龛位于墓室前部。诸龛券顶完整。墓上堆积厚1.8米，填土黄褐色。墓向112°。甬道以砖"人"字形平铺，上以二横二直砖砌砖台，墓室高于甬道，地面亦以砖"人"字形平铺。诸龛均在地面基础上再平铺一层砖。封门底部有排水道。墓壁以花纹砖三顺一丁砌筑，顺砖为唐草纹，丁砖为"九乳米字花纹"。M320通长6.48米，甬道底宽1.58、进深1.86米，墓室底宽2.09、进深3.51米，头龛宽0.79、进深0.55、高1.19米，左龛宽0.67、进深0.55、高0.91米，右龛宽0.71、进深0.55米（图4-63）。

　　本次整理涉及M320出土器物共40件，包括乙群33件、丁群2件。

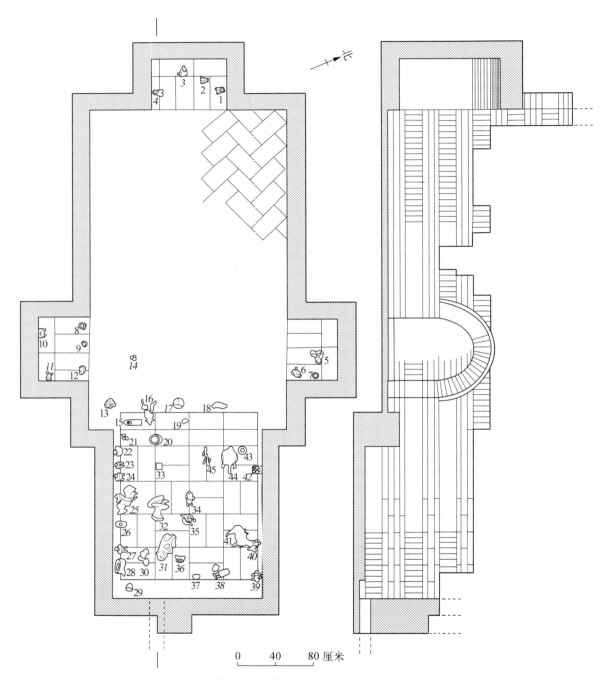

图 4-63 钵盂山 M320 形制图

1. 女立俑　2. 陶灶　*3. 俑*　*4. 俑*　5. 生肖俑　6. 女立俑　7. 釉陶多足砚　8. 釉陶多足砚　9. 陶盒　10. 甲士俑　*11. 俑*
12. 女立俑　13. 生肖俑-戌狗　14. 铜钱　15. 陶碓　16. 陶牛　*17. 磨*　18. 陶禽　19. 瓷盂　20. 瓷四系大口罐　21. 瓷圆唇碗
22. 袍服男立俑　23. 女立俑　24. 甲士俑　*25. 男装女骑俑*　*26. 帽*　*27. 俑*　28. 残立俑　29. 长衣男立俑　30. 生肖俑-酉鸡
31. 镇墓兽　32. 瓷盘口壶　33. 陶磨架　34. 人面镇墓兽　35. 人首鸟身俑　*36. 俑*　37. 残立俑　*38. 俑*　*39. 俑*　*40. 俑*
41. 陶鞍马　*42. 俑*　43. 瓷盂　44. 陶骆驼　45. 龙首双身连体俑　+1. 长衣男立俑　+2. 袍服男立俑　+3. 女立俑
+4. 长衣男立俑　+5. 女立俑　+6. 方形莲座　+7. 生肖俑-未羊　+8. 生肖俑-卯兔　+9. 生肖俑-辰龙

　　人面镇墓兽　1件。M320：34，蹲伏。头生3角，背部双翼外张，尾部反翘贴于后背。胎色浅黄。通高23.7厘米（图4-64；图版七五-1）。

　　龙首双身连体俑　1件。M320：45，龙首兽身，双身相背，伏卧，躯干弓起。胎色白。通高12.2、长21.4厘米（图4-65-1；图版七五-2）。

　　人首鸟身俑　1件。M320：35，头生一角，双翼外张，尾部翘起。胎色浅黄。双腿底部各有一圆孔，原似连接其他材质物体。通高15.2厘米（图4-65-2；图版七五-3）。

　　生肖俑　6件。生肖首人身。端坐，双手持笏于身前。上着交领宽袖长袍，腰系带，下穿裙。

　　M320：13，戌狗。胎色浅黄。双耳残损。残高19.6厘米（图4-66-2；图版七六-1、图版七七-1）。

　　M320：30，酉鸡。胎色灰黄。鸡冠、喙、左肩等处经复原。通高19.3厘米（图4-66-1；图版七六-1）。

　　M320+7，未羊。胎色浅黄。双耳缺失，双角残损，身体右侧经复原。残高19.9厘米（图4-66-3；图版七六-2）。

　　M320+8，卯兔。胎色浅黄。右耳经复原。通高20.7厘米（图4-66-5；图版七六-2）。

　　M320+9，辰龙。胎色浅黄。通高20.4厘米（图4-66-4；图版七六-2）。

　　M320：5，头部缺失。残高14.1厘米（图版七六-1）。

0　　　　　5 厘米

图4-64　钵盂山M320出土人面镇墓兽

M320：34

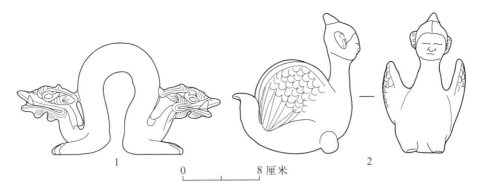

图4-65　钵盂山M320出土神怪俑

1. 龙首双身连体俑（M320：45）　2. 人首鸟身俑（M320：35）

图4-66　钵盂山M320出土生肖俑

1. 生肖俑-酉鸡（M320：30）　2. 生肖俑-戌狗（M320：13）　3. 生肖俑-未羊（M320+7）
4. 生肖俑-辰龙（M320+9）　5. 生肖俑-卯兔（M320+8）

袍服男立俑　2件。直立,双手持环首刀于身前。头戴平巾帻,上着交领右衽宽袖长袍,腰系带,下穿裙(图版七七-2)。

M320：22,胎色白中泛黄。双足残损。通高38.7厘米(图4-67-2)。

M320+2,表面浅黄,胎色浅灰。平巾帻残损。残高36.3厘米(图4-67-1)。

甲士俑　2件。直立于方座,合手于身前。头戴兜鍪,肩覆披膊,上身内着窄袖衣,外套明光铠,下穿袴,外套膝裙,足蹬尖头靴(图版七七-3)。

M320：10,胎色浅黄。通高30.9厘米(图4-68-5)。

M320：24,胎色浅黄泛灰。方座经复原。通高29.6厘米(图4-68-4)。

长衣男立俑　3件。直立于方座。头戴幞头,上着圆领窄袖长衣,腰系带,下穿袴,足蹬尖头靴。

M320：29,胎色浅黄。双臂残损。身前腹部有划痕,原应为增加手臂与俑身的摩擦力而设。通高30.9厘米(图4-68-1;图版七八-1)。

M320+1,袖手于胸前。胎色白。通高32.5厘米(图4-68-3;图版七八-2)。

M320+4,袖手于胸前。胎色白中泛黄。通高32.6厘米(图4-68-2;图版七八-2、图版七八-3)。

1

2

0 ⊢——⊣——⊣ 8厘米

图4-67　钵盂山M320出土袍服男立俑

1. 袍服男立俑(M320+2)　2. 袍服男立俑(M320：22)

图4-68　钵盂山M320出土男立俑

1. 长衣男立俑（M320：29）　2. 长衣男立俑（M320+4）　3. 长衣男立俑（M320+1）　4. 甲士俑（M320：24）　5. 甲士俑（M320：10）

女立俑　6件。

M320：1，立姿，躯干后仰，前臂相抱于身前。项饰珠串，上着窄袖衫，外套对襟马夹，下穿裙，足蹬尖头履。胎色浅黄。发髻缺失。残高26.4厘米（图4-69-1；图版七九）。

M320：6，立姿，躯干后仰，左臂自然下垂，右前臂向前平举。束发于脑后，上着交领右衽宽

图4-69　钵盂山M320出土女立俑

1.女立俑（M320：1）　2.女立俑（M320：6）　3.女立俑（M320+3）　4.女立俑（M320：23）

袖衫，胸际系带，下穿裙，足蹬高头履。胎色浅黄。右手缺失。通高23.3厘米（图4-69-2；图版七九）。

　　M320：12，直立，左前臂贴身平举持帔。头梳小髻，上着对襟窄袖衫，肩披帔，下穿长裙。胎色浅黄泛灰。右肩、右臂经错误复原，帔原走向应如M320+5。通高26.1厘米（图4-70-1；图版八〇-1）。

　　M320：23，直立，右手持包袱于胸前，左臂微屈，贴身下垂。头梳半翻髻，上着对襟窄袖衫，肩披帔，胸际系带，下穿裙，足蹬高头履。胎色浅黄。面部残损。通高31.7厘米（图4-69-4；图版八〇-2）。

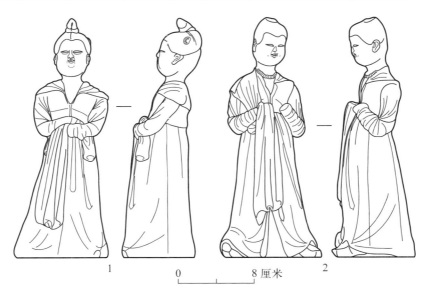

图4-70　钵盂山M320出土女立俑

1. 女立俑（M320：12）　2. 女立俑（M320+5）

　　M320+3，立姿，躯干后仰，袖手于身前。头梳小髻，上着窄袖衫，外套对襟马夹，下穿裙。胎色浅黄。发髻残损。残高27.1厘米（图4-69-3；图版七九）。

　　M320+5，直立，屈臂贴身，双手置于胸前。项饰珠串，上着对襟窄袖衫，下穿长裙，足蹬高头履。胎色浅黄。发髻、左手缺失，面部、左足残损。残高26.1厘米（图4-70-2；图版八〇-3）。

　　残立俑　2件。胎色浅黄（图版八一-2）。

　　M320：28，仅存腿部以下，左足缺失。残高24厘米。

　　M320：37，仅存下半身。立于方座。残高15.2厘米。

　　陶鞍马　1件。M320：41，立姿，四足着地。络头、攀胸、鞍袱、鞍、鞯、镫、鞦、杏叶、云珠俱全。胎色浅黄。臀部一孔，马尾原似与马身分离。云珠残损。通高29.1厘米（图4-71-2；图版八一-1、图版八一-3）。

　　陶牛　1件。M320：16，立姿。胎色灰黄。双角、四肢残损，牛身经复原。长24.3厘米（图4-71-3；图版八二-1）。

　　陶骆驼　1件。M320：44，双峰驼。立姿，四足着地，曲项昂首。背部有货囊。胎色浅黄。左前肢缺失。通高23.2、长31厘米（图4-71-4；图版八二-2）。

　　陶禽　1件。M320：18，仅存躯干及尾部。胎色浅红。残长14.4、残高6.7厘米（图4-71-1；图版八二-3）。

　　陶灶　1件。M320：2，整体呈船形。火门、门楣拱形，上有阶梯形挡火墙，灶面有二圆形火眼，灶头上翘，向后开一排烟孔，有底座，封底。胎色浅红泛灰。挡火墙经复原。通高14.6、底座长19厘米（图4-72-4；图版八二-4）。

　　陶磨架　1件。M320：33，整体如四脚方柜。口部四边出头，侧面开一方形出料口，内部四

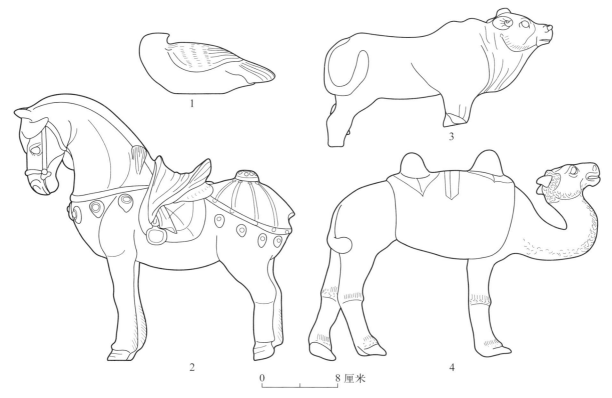

图4-71　钵盂山M320出土陶动物

1. 陶禽（M320：18）　2. 陶鞍马（M320：41）　3. 陶牛（M320：16）　4. 陶骆驼（M320：44）

角有凸起，原应以之承托磨盘。胎色浅红泛灰。口部二角残损。通高7.7厘米（图4-72-2；图版八二-5）。

　　陶碓　1件。M320：15，仅存底座，表面有臼与一对承杵的支架。平面长条形，一端圆，一端方。胎色灰黄。方端一角残损。残长25.2厘米（图4-72-3；图版八二-6）。

　　陶方形莲座　1件。M320+6，平面呈矩形。侧面周饰莲瓣纹。胎色灰黄。长11.9、宽8.9厘米（图4-73-7；图版八二-7）。

　　陶盒　1件。M320：9，仅存盒身。平面圆形，子口。胎色浅红。口沿、器身残损。通高1.7、最大径5.6厘米（图4-73-6；图版八二-8）。

　　釉陶多足砚　2件。平面圆形。胎细腻洁白。

　　M320：7，有九足。外施黄、绿色釉。足均残损。口径4.1、残高1.5厘米（图4-73-2；图版八三-5）。

　　M320：8，有十足。外施白、绿色釉。五足缺失，口沿、五足残损。口径5.2、残高1.9厘米（图4-73-3；图版八三-6）。

　　瓷盘口壶　1件。M320：32，尖唇，盘口外敞，长颈，圆肩，鼓腹，平底，肩部横置4系。胎质较细腻，露胎处灰红。外表施釉不及底。釉色青黄，有剥落。口沿大部及3系经复原。通高50.1、口

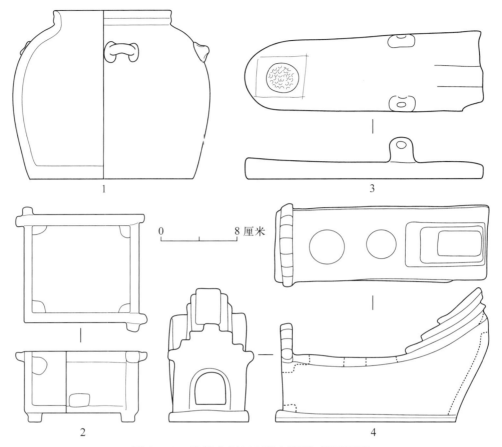

图4-72　钵盂山M320出土瓷器、模型明器
1. 瓷四系大口罐（M320∶20）　2. 陶磨架（M320∶33）　3. 陶碓（M320∶15）　4. 陶灶（M320∶2）

径20.3、腹径27、底径14.9厘米（图4-74；图版八三-1）。

　　瓷四系大口罐　1件。M320∶20，圆唇外凸，直口微侈，矮领，圆肩，鼓腹，平底，肩部横置4系。4系位置有1道弦纹。胎质细腻，胎色浅灰。通体施釉，底部可见4处凸起的窑具粘连痕迹。釉色青中泛黄，有剥落。1系缺失。通高18.4、口径12.4厘米（图4-72-1；图版八三-2）。

　　瓷盂　2件。圆唇，敛口，鼓腹，平底。外表施釉不及底（图版八三-3）。

　　M320∶19，胎质细腻，露胎处白色。釉色青黄。近半经复原。通高3.2、腹径4.7厘米（图4-73-5）。

　　M320∶43，口沿下有2道弦纹。胎质较细腻，胎色灰，露胎处黄褐。釉剥落殆尽。釉下施浅灰色化妆土。通高4.3、腹径7厘米（图4-73-1）。

　　瓷圆唇碗　1件。M320∶21，侈口，曲腹，饼足，足心内凹，足根处平削一周。胎质较细腻，胎与露胎处均红褐。外表施釉不及底。釉色黄褐，剥落殆尽。釉下施浅黄色化妆土。通高4.5、口径9.9厘米（图4-73-4；图版八三-4）。

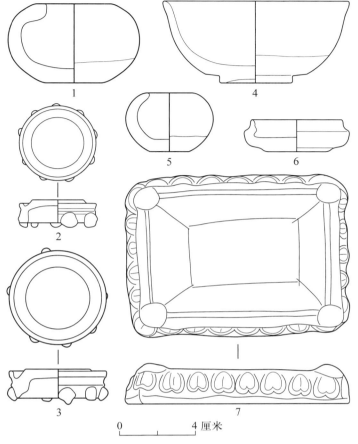

图 4-73　钵盂山 M320 出土陶瓷器

1. 瓷盂（M320：43）　2. 釉陶多足砚（M320：7）
3. 釉陶多足砚（M320：8）　4. 瓷圆唇碗（M320：21）　5. 瓷盂（M320：19）
6. 陶盒（M320：9）　7. 陶方形莲座（M320+6）

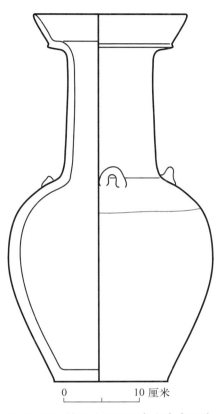

图 4-74　钵盂山 M320 出土瓷盘口壶

M320：32

钵盂山 M334

钵盂山 M334 发掘完成时间为 1956 年 5 月 26 日，记录者为游绍奇。

M334 是一座券顶砖室墓，墓室平面呈长方形，附甬道、头龛与一对侧龛，侧龛位于墓室前部。墓上堆积厚 1 米，填土黄褐色且多卵石。墓向 94°。墓室以砖"人"字形铺地，墓室地面高于甬道，甬道与墓室连接的部分有 10 块砖，以两块一组纵向平铺，形成疑似祭台的设施。封门底部有排水道。墓壁以砖三顺一丁砌筑，仅丁砖有纹饰，为"米字唐草"纹。M334 通长 6.85 米，甬道底宽 1.48、进深 1.88 米，墓室底宽 2.19、进深 3.92 米，头龛宽 0.89、进深 0.68 米，左龛宽 0.67、进深 0.55、高 0.91 米，右龛宽 0.71、进深 0.55 米（图 4-75）。

本次整理涉及 M334 出土器物共 23 件，包括乙群 20 件。

人面镇墓兽　1 件。M334：33，蹲伏。头生一角，背生脊，尾部反翘贴于背部。胎色灰黄。鼻

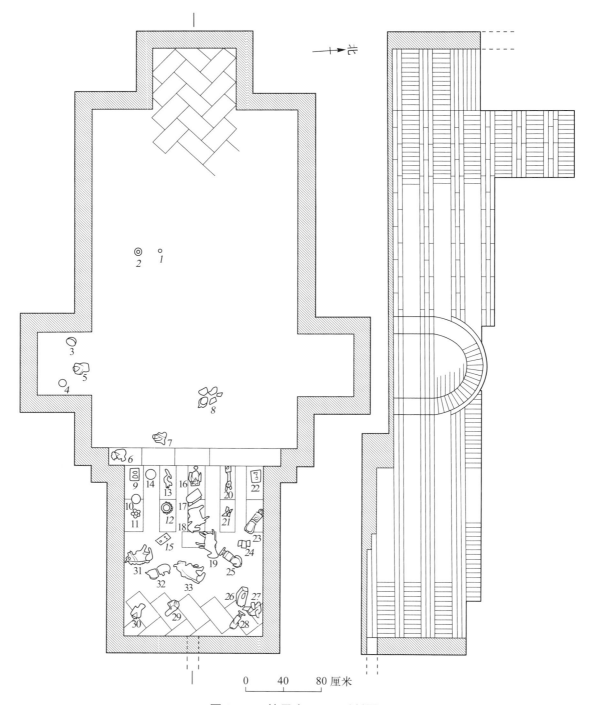

图4-75　钵盂山 M334 形制图

1. 铜钱　2. 帽　3. 瓷圆唇碗　4. 瓷碗　5. 女立俑　6. 俑　7. 生肖俑-巳蛇　8. 俑　9. 俑　10. 陶磨　11. 瓷五连盂砚　12. 砚
13. 龙首双身连体俑　14. 瑞兽葡萄镜　15. 臼　16. 人首鸟身俑　17. 陶车厢　18. 陶鞍马　19. 陶鞍马　20. 人首双身连体俑
21. 井　22. 镇墓武士　23. 胡人男立俑　24. 磨　25. 长衣男立俑　26. 灶　27. 瓷瓶　28. 男装女立俑　29. 生肖俑-酉鸡
30. 生肖俑　31. 兽面镇墓兽　32. 陶牛　33. 人面镇墓兽　+1. 生肖俑-卯兔　+2. 陶围棋盘

尖残损。通高32.3厘米（图4-76-1；图版八四-1）。

　　兽面镇墓兽　1件。M334：31，蹲伏。头生一角，背生脊，尾部反翘贴于背部。胎色灰黄。右后足经复原。通高32.5厘米（图4-76-2；图版八四-2）。

1

2

0　　　　　8厘米

图4-76　钵盂山M334出土镇墓兽

1. 人面镇墓兽（M334：33）　2. 兽面镇墓兽（M334：31）

龙首双身连体俑　1件。M334:13,龙首兽身,双身相背,各自伏卧于方座,躯干弓起。胎色灰红。通高12.9、长23.3厘米(图4-77-1;图版八五-1)。

人首双身连体俑　1件。M334:20,人首兽身,头顶生角,双身相背,伏卧于方座,躯干弓起。胎色浅红泛灰。一方座残损。通高13.3、长21.5厘米(图4-77-3;图版八五-2)。

人首鸟身俑　1件。M334:16,蹲伏于方座,挺胸平视,头顶生角,双翼张开,尾部翘起。胎色橙红。通高13.7厘米(图4-77-5;图版八五-3)。

生肖俑　4件。生肖首人身。端坐,双手持笏于胸前。上着交领宽袖长袍,腰系带,下穿裙。胎色灰黄。

M334:7,巳蛇。通高18.1厘米(图4-77-2;图版八六-1)。

M334:29,酉鸡。通高19.9厘米(图4-77-6;图版八六-1)。

M334+1,卯兔。左耳、身前衣摆经复原。通高20.6厘米(图4-77-4;图版八六-2)。

M334:30,头部缺失。身前衣摆经复原。残高16.3厘米(图版八六-2)。

镇墓武士　1件。M334:22,直立于方座,前臂贴身平举于腰系。头戴兜鍪,肩覆披膊,上着明光铠,挽袖,腰系带,腰带下接膝裙,下穿袴,外套护胫系于腰带,足蹬尖头靴。胎色灰红。通高57.7厘米(图4-78;图版八七)。

长衣男立俑　1件。M334:25,直立于方座,右手叉腰,左前臂举起置左手于胸口。上着圆领窄袖长衣,下穿袴,足蹬尖头靴。胎色灰红。头部、左手缺失。残高28.4厘米(图版八八-2)。

胡人男立俑　1件。M334:23,直立于方座,右手叉腰,左前臂举起置左手于胸口。头戴幞头,上着圆领窄袖长衣,下穿袴,足蹬尖头靴。胎色灰红。左手经复原。通高37厘米(图4-79-1;图版八八-1)。

女立俑　1件。M334:5,直立,屈前臂贴身置于身前。上着对襟窄袖衫,肩披帔,腰系带,下穿裙,足蹬尖头履。胎色橙黄。发髻、右足缺失,左手经复原。残高37.6厘米(图4-79-3;图版八八-3)。

男装女立俑　1件。M334:28,直立于方座,双手于身前捧一物,所捧物已佚。上着圆领窄袖长衣,下穿袴,足蹬尖头履。腰带右侧挂一鞶囊。胎色橙红。发髻缺失,底座残损。残高30.4厘米(图4-79-2;图版八八-4)。

陶鞍马　2件。立姿,四足着地。胎色橙黄。

M334:18,络头、攀胸、鞍、镫、鞯、跋尘、鞦、杏叶等均有表现。双耳、尾部残损。通高29.2厘米(图4-80-2;图版八九-1)。

M334:19,络头、攀胸、鞍袱、鞍、鞯、跋尘、鞦、杏叶等均有表现。胎色橙黄。左前肢、右后肢残损。通高29.5厘米(图版八九-2)。

陶牛　1件。M334:32,胎色灰红。右角缺失,四肢残损。长22.7厘米(图4-80-1;图版九〇-1)。

陶车厢　1件。M334:17,卷棚顶,前檐上翘,下有直棱窗与车斗,后檐下开门,有底座,封底,前檐下底座两角各被削薄并各钻一孔。胎色灰红。底座残损。通高9.8、底边长14.9、宽9.9厘米

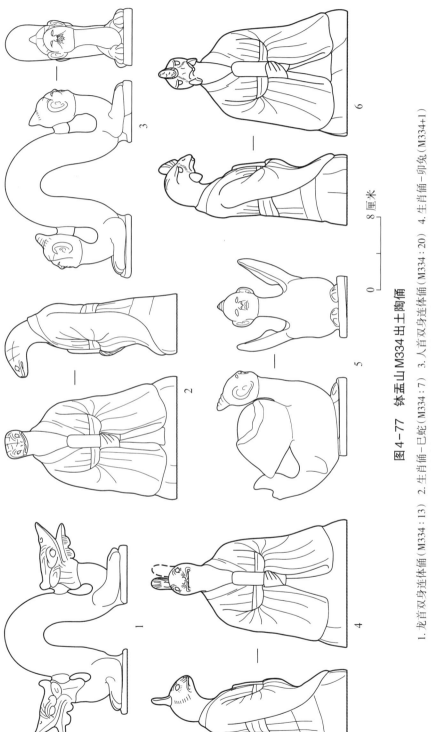

图4-77 钵盂山M334出土陶俑

1.龙首双身连体俑(M334∶13) 2.生肖俑－巳蛇(M334∶7) 3.人首双身连体俑(M334∶20) 4.生肖俑－卯兔(M334+1)
5.人首鸟身俑(M334∶16) 6.生肖俑－酉鸡(M334∶29)

0 8厘米

图4-78 钵盂山M334出土镇墓武士

M334：22

（图4-81-1；图版九〇-3）。

陶磨　1件。M334：10，由上扇、下扇与磨架组成。上下扇均圆饼形，均刻出磨齿。上扇表面有浅投料槽，中有三贯通的孔，两侧孔为投料孔，中孔则与下扇表面的锥形凸起相对应。磨架如四脚方柜，一侧开一矩形出料口，磨架内部有4半圆形凸起承托磨盘。磨盘胎色浅黄，磨架胎色灰黄。磨架一侧经复原，内部一凸起缺失。上扇直径9.3、下扇直径8.8、磨架通高9.1厘米（图4-81-2；图版九〇-4）。

陶围棋盘　1件。M334+2，平面方形，双足宽扁。胎色灰黄。棋盘一角残损。长9、宽8.9、高2.2厘米（图4-81-4；图版九〇-2）。

1   2   0   8 厘米   3

图 4-79   钵盂山 M334 出土陶立俑

1. 胡人男立俑（M334：23）   2. 男装女立俑（M334：28）   3. 女立俑（M334：5）

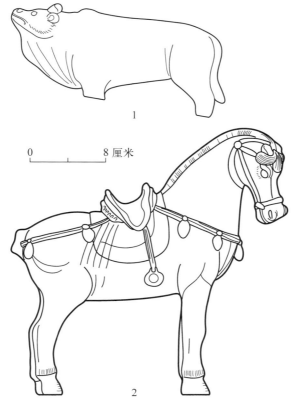

1

0   8 厘米

2

图 4-80   钵盂山 M334 出土陶动物

1. 陶牛（M334：32）   2. 陶鞍马（M334：18）

图4-81　钵盂山M334出土模型明器、瓷器

1. 陶车厢（M334∶17）　2. 陶磨（M334∶10）　3. 瓷圆唇碗（M334∶3）　4. 陶围棋盘（M334+2）　5. 瓷五连盂砚（M334∶11）

　　瓷五连盂砚　1件。M334∶11，由5个尖唇、敛口、鼓腹、平底的盂围绕并承托圆饼状砚组成。胎质细腻，露胎处白。砚面不施釉，诸盂口沿内侧与外表上半部施釉。釉色黄褐。通高2.8厘米（图4-81-5；图版九一-1）。

　　瓷圆唇碗　1件。M334∶3，直口微敛、曲腹、平足，足心内凹，足根处平削一周。胎质较粗，露胎处灰褐。外表施釉不及底。釉色青黄，有鼓泡。釉下施浅灰色化妆土。通高5.3、口径8.9厘米（图4-81-3；图版九○-5）。

　　瑞兽葡萄镜　1件。M334∶14，轻微锈蚀。边缘残损。直径10.6、边缘厚1.2厘米（图版九一-2）。

钵盂山 M350

　　钵盂山M350发掘完成时间为1956年6月5日，记录者为游绍奇。

　　M350是一座券顶砖室墓，墓室平面呈长方形，附甬道与两对侧龛，侧龛开于墓室。墓上堆积厚1.2米,填土灰黑色。墓向150°。地面以砖"人"字形平铺,甬道中部再以一层素面砖二横二直平铺,墓室砌棺床,以丁砖一层作底,上以一行纵向莲花纹砖、一行横向莲花纹砖的顺序平铺。封门底部有排水道。墓壁以花纹砖三顺一丁砌筑,纹饰有宝瓶纹,间用人物纹画像砖。墓室侧壁开两对小龛,侧龛后壁则各开一小龛,小龛中置瓷碗。M350通长6.99米,甬道底宽1.4、进深1.8米,墓室底宽2.11、进深4.49米,左龛宽0.69、进深0.61、高0.79米,右龛宽0.7、进深0.58米。

本次整理涉及M350出土器物共22件。

瓷圆唇碗 9件。敞口,曲腹,饼足,平底,足根处经修整。胎质较粗。外表施釉不及底。釉下施灰白色化妆土。

M350:1,露胎处浅灰泛黄。釉色青黄,有剥落。通高4.4、口径9厘米(图版九二-1)。

M350:2,胎与露胎处均灰色。釉色黄。口沿残损。通高4.1、口径8.5厘米(图版九二-1)。

M350:3,胎色浅灰,露胎处灰色。釉色青黄。口沿残损。通高4.7、口径8.9厘米(图版九二-1)。

M350:4,露胎处浅灰。釉色青灰。通高4.1、口径8.2厘米(图4-83-2;图版九二-2)。

M350:5,胎与露胎处均灰褐。釉色青黄。口沿残损。通高3.8、口径8.2厘米(图版九二-2)。

M350:6,胎色浅灰,露胎处灰色。釉色青灰,剥落殆尽。口沿残损。通高4.5、口径8.8厘米(图版九二-2)。

M350:7,胎与露胎处均褐色。釉色青黄,有剥落。口沿残损。通高4.6、口径8.6厘米(图版九二-3)。

M350:8,露胎处浅灰。釉色青白泛黄。口沿经复原。通高4.3、口径8.7厘米(图版九二-3)。

M350:9,胎色深灰,露胎处深灰泛褐。釉色青黄,有剥落。饼足残损。通高4.2、口径8.9厘米(图4-83-3;图版九二-3)。

瓷方唇碗 1件。M350:10,敞口,曲腹,饼足,足心内凹,足根处刮削一周。胎质较细腻。露胎处浅黄。仅口沿施釉。釉色青黄。通高5.6、口径16厘米(图4-83-1;图版九二-4)。

瓷碟 12件。圆唇,敞口,斜曲腹,平底,除M350:11-1外,均在器底刮削若干周。胎质较细腻,露胎处浅黄或灰白泛黄。外表施釉不及底。

M350:11-1,碟心饰同心环。釉色青黄。通高1.7、直径8.7厘米(图4-84-2;图版九三-1)。

M350:11-2,碟心饰同心环。釉色青黄,有剥落。通高1.2、口径8.2厘米(图版九三-2)。

M350:11-3,碟心饰同心环,戳印忍冬纹。釉色黄褐,受侵蚀,有剥落。通高1.4、口径8.4厘米(图版九三-3)。

M350:11-4,碟心饰同心环,戳印忍冬纹。釉受侵蚀,剥落严重。通高1.4、口径8.7厘米(图版九四-1)。

M350:11-5,碟心饰同心环,戳印忍冬纹。釉受侵蚀,剥落严重。通高1.5、口径8.2厘米(图版九四-2)。

M350:11-6,碟心饰同心环,戳印忍冬纹。釉受侵蚀,剥落严重。通高1.5、口径8.5厘米(图版九四-3)。

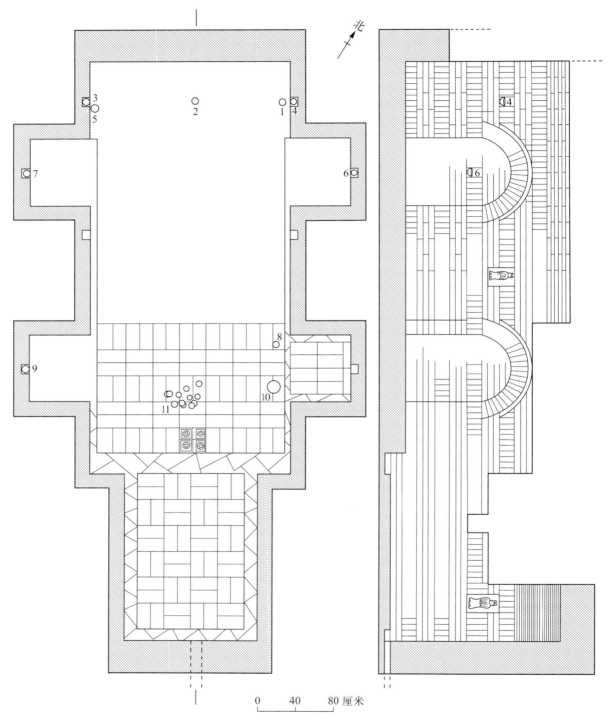

0　　40　　80 厘米

图 4-82　钵盂山 M350 形制图

1. 瓷圆唇碗　2. 瓷圆唇碗　3. 瓷圆唇碗　4. 瓷圆唇碗　5. 瓷圆唇碗　6. 瓷圆唇碗　7. 瓷圆唇碗　8. 瓷圆唇碗
9. 瓷圆唇碗　10. 瓷方唇碗　11. 瓷碟

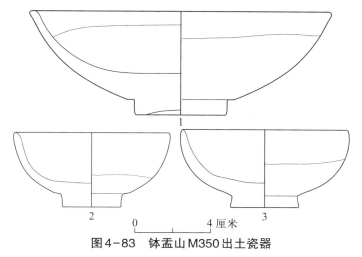

图4-83　钵盂山M350出土瓷器

1. 瓷方唇碗（M350∶10）　2. 瓷圆唇碗（M350∶4）　3. 瓷圆唇碗（M350∶9）

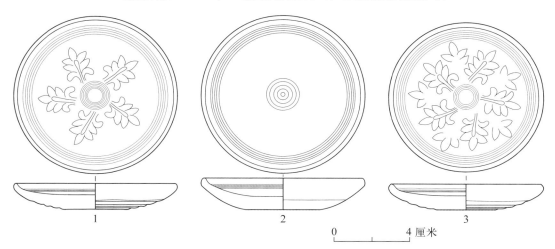

图4-84　钵盂山M350出土瓷碟

1. 瓷碟（M350∶11-10）　2. 瓷碟（M350∶11-1）　3. 瓷碟（M350∶11-7）

　　M350∶11-7，碟心饰同心环，戳印忍冬纹。釉色青黄，受侵蚀，有剥落。通高1.4、口径8.2厘米（图4-84-3；图版九五-1）。

　　M350∶11-8，碟心饰同心环，戳印忍冬纹。釉受侵蚀，剥落严重。通高1.5、口径8.3厘米（图版九五-2）。

　　M350∶11-9，胎色浅灰。碟心饰同心环，戳印忍冬纹。釉色青黄。口沿残损。通高1.5、口径8.6厘米（图版九五-3）。

　　M350∶11-10，胎色灰白。碟心饰同心环，戳印忍冬纹。釉色青黄。口沿残损。通高1.4、口径8.6厘米（图4-84-1；图版九六-1）。

　　M350∶11-11，碟心饰同心环，戳印忍冬纹。釉色青黄。通高1.5、口径8.5厘米（图版九六-2）。

　　M350∶11-12，碟心饰同心环，戳印忍冬纹。釉色青黄。通高1.4、口径8.2厘米（图版九六-3）。

钵盂山 M359

钵盂山 M359 发掘完成时间为 1956 年 6 月 15 日,记录者为游绍奇。

M359 是一座券顶砖室墓,墓室平面呈长方形,附甬道、头龛与两对侧龛,一对侧龛开于甬道,另一对侧龛开于墓室前部。后侧龛、头龛与墓室间均有短甬道连接。墓上堆积厚 1.5 米。墓向 150°。墓底以砖"人"字形平铺,后室棺床被严重破坏,所用砖应为"狮子花纹"砖。诸龛地面均用纵向、横向砖加铺一层。封门底部有两条排水道。墓壁以花纹砖三顺一丁砌筑,纹饰有唐草、武士与"米字"三种,墓室侧壁有青龙、白虎画像砖。右后侧龛壁面有两对小龛,左后侧龛壁面有一对小龛,头龛壁面则有 5 个小龛,原均应置瓷碗。M359 通长 9.81 米,甬道底宽 1.48、进深 3.96 米,墓室底宽 2、进深 3.52 米,头龛宽 1.27、进深 0.95、高 2 米,头龛甬道宽 0.89、进深 0.57 米,左前龛宽 1.09、进深 0.68 米,右前龛宽 1.09、进深 0.67 米,左后龛宽 1.21、进深 0.92、高 1.71 米,左后龛甬道宽 0.68、进深 0.37 米,右后龛宽 1.21、进深 0.93 米,左后龛甬道宽 0.69、进深 0.39 米(图 4-85)。

本次整理涉及 M359 出土器物共 60 件,包括甲群 38 件、乙群 5 件、丁群 1 件。

镇墓兽 2 件。蹲伏。胎色灰。

M359:46,兽面,昂首张口。尾部缺失,头顶、鬃毛、后肢残损。残高 29.8 厘米(图 4-86;图版九七-1、图版九七-2)。

M359+1,仅存前肢与腹部。胎色灰。残高 18.8 厘米(图版九七-3)。

生肖俑 11 件。为端坐于方座的男性形象,生肖或被捧于手中,或位于人身前,俑头戴蝉铛笼冠,身着交领宽袖长袍,内穿窄袖衣,胸际系带。胎色灰黄。

M359:11,戌狗。俑仅存下半身,狗头缺失,底座残损。残高 13.7 厘米(图版一〇〇-2)。

M359:13,俑双手于身前捧一短尾的偶蹄目动物,应系未羊。俑头、羊头缺失,俑左手残损。残高 18.5 厘米(图 4-88-2;图版九九-2)。

M359:20,巳蛇。蛇头缺失。通高 29.2 厘米(图 4-87-1;图版九九-1)。

M359:33,寅虎。仅存下半身,底座残损。通高 15.2 厘米(图 4-88-1;图版一〇〇-1)。

M359:34,午马。马头缺失,底座残损。通高 29.4 厘米(图 4-88-4;图版九八)。

M359:51,辰龙。龙头缺失,俑头、底座残损。残高 20.2 厘米(图 4-88-3;图版一〇〇-1)。

M359:19,仅存下半身。残高 13.9 厘米(图版一〇〇-2)。

M359:28,生肖缺失,胡须残损。通高 28.8 厘米(图 4-88-5;图版九九-1)。

M359+5,生肖头部缺失,难以辨认,底座残损。通高 29 厘米(图 4-87-2;图版九九-2)。

M359+6,仅存下半身,生肖、底座残损。残高 12.5 厘米(图版一〇〇-3)。

M359+7,仅存下半身,底座残损严重。残高 13 厘米(图版一〇〇-3)。

袍服男立俑 2 件。直立,双手原似持物于身前,所持物已佚。上着交领宽袖长袍,下穿裙,足蹬尖头履。胎色灰。

M359+3,仅存上半身,冠部残损。残高 26.8 厘米(图版一〇一-2)。

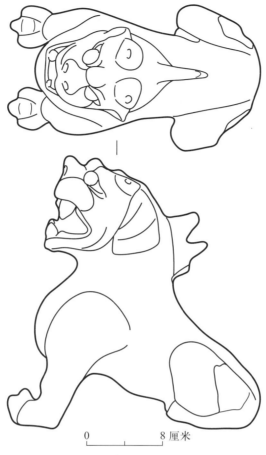

0　　　　8厘米

图4-86　钵盂山M359出土镇墓兽

M359：46

1　　　　　　　0　　　　8厘米　　　　　　　2

图4-87　钵盂山M359出土生肖俑

1. 生肖俑－巳蛇（M359：20）　2. 生肖俑（M359+5）

图4-88 钵盂山M359出土生肖俑

1.生肖俑-寅虎(M359：33) 2.生肖俑-未羊(M359：13) 3.生肖俑-辰龙(M359：51) 4.生肖俑-午马(M359：34)
5.生肖俑(M359：28)

M359+4,冠部残损。残高36.3厘米(图4-89-3;图版一○一-1)。

持盾甲士俑 1件。M359：24,直立于方座,身前立一长盾,双手持长盾顶部于胸前。头戴兜鍪,身披铠甲,肩覆披膊,下穿袴,足蹬尖头靴。胎色灰黄。长盾仅存顶部与底部,兜鍪残损。通高30.1厘米(图4-89-2;图版一○二-1)。

甲士俑 2件。立姿。头戴兜鍪,身披铠甲,肩覆披膊,下穿袴。胎色灰黄。

M359：12,直立于方座,双手持兵杖于胸前,兵杖已佚。足蹬尖头靴。通高31.6厘米(图4-89-1;图版一○二-1)。

图4-89　钵盂山M359出土男立俑

1. 甲士俑（M359：12）　2. 持盾甲士俑（M359：24）　3. 袍服男立俑（M359+4）

　　M359+2，直立。双臂、双腿残损。残高26.7厘米（图版一〇一-3）。

　　胡人男立俑　1件。M359：10，立姿。头戴幞头，上着圆领窄袖衫，下穿裤。胎色灰黄。双臂、左腿残损。残高20厘米（图4-90-2；图版一〇二-2）。

　　昆仑奴男立俑　1件。M359：15，立姿。披发，全身仅着一裈。胎色灰黄。双臂、左足缺失。通高20厘米（图4-90-1；图版一〇二-3）。

　　女立俑　7件。

　　M359：14，立姿，左手抚左腿。上着圆领窄袖对襟衫，下穿裙，足蹬尖头履。胎色灰黄。头部、右臂缺失。残高19.9厘米（图4-92-2；图版一〇四-1）。

　　M359：29，直立，左手叉腰，右前臂向前平举。头梳高髻，上着圆领窄袖衫，下穿裙。胎色灰黄。左腿残损。通高28.1厘米（图4-91-3；图版一〇四-2）。

　　M359：37，直立，双手合握于身前。头梳半翻髻，上着窄袖衫，肩披帔，下穿裙，足蹬高头履。胎色灰黄。左臂、左足残损。通高26.6厘米（图4-91-2；图版一〇三）。

　　M359：39，直立，右臂前伸。头梳双髻，上着方领窄袖衫，下穿裙。

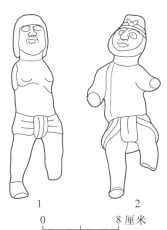

图4-90　钵盂山M359出土男立俑

1. 昆仑奴男立俑（M359：15）
2. 胡人男立俑（M359：10）

胎色黄褐。左臂缺失。通高26.1厘米（图4-91-1；图版一〇三）。

　　M359：41，直立。头梳半翻髻，上着方领窄袖衫，肩披帔，下穿裙，足蹬圆头履。胎色灰黄。身前双手缺失，右足残损。通高31厘米（图4-91-4；图版一〇三）。

　　M359：45，仅存腿部以下，左足残损。胎色灰黄。残高15.7厘米（图版一〇四-4）。

　　M359：55，直立，仅存躯干及腿部。上着方领衫，下穿裙。胎色灰黄。残高19.4厘米（图4-92-3；图版一〇四-3）。

　　女坐俑　4件。

0　　　　　　8厘米

图4-91　钵盂山M359出土女立俑

1. 女立俑（M359：39）　2. 女立俑（M359：37）　3. 女立俑（M359：29）　4. 女立俑（M359：41）

图4-92　钵盂山M359出土女俑

1. 女坐俑（M359：18）　2. 女立俑（M359：14）　3. 女立俑（M359：55）　4. 女跪俑（M359：26）　5. 女坐俑（M359+9）
6. 女坐俑（M359：40）　7. 女坐俑（M359：38）

　　M359：18，蹲坐，双肘支于双膝，头向右倾。头梳半翻髻，上着方领窄袖衫，下穿裙，足蹬尖头履。胎色灰黄。左臂残损。通高18.4厘米（图4-92-1；图版一〇五-1）。

　　M359：38，垂足坐于筌蹄，双手弹身前琵琶。头梳双髻，肩披帔，上着方领窄袖衫，肩披帔，下穿裙，足蹬圆头履。胎色灰。发髻残损。通高21.6厘米（图4-92-7；图版一〇三）。

　　M359：40，垂足坐于筌蹄，吹笛，笛已佚。头梳半翻髻，上着窄袖衫，下穿裙。胎色灰。右臂残损，身体大部经复原。通高21.6厘米（图4-92-6；图版一〇三）。

　　M359+9，垂足坐于筌蹄。头梳半翻髻，上着方领衫，下穿裙。左臂缺失，右臂、双足残损。通高21.8厘米（图4-92-5；图版一〇五-2）。

　　女跪俑　1件。M359：26，单膝跪地，左臂下垂，右手抚右膝。头梳高髻，上着窄袖方领衫，下穿裙，足蹬尖头履。胎色灰黄。通高20.5厘米（图4-92-4；图版一〇六-1）。

　　陶鞍马　2件。立姿。身负鞍、鞯，臀部开一孔，不见马尾。胎色灰黄。

　　M359：30，仅存头、颈及躯干。双耳残损。长25.7、残高17.4厘米（图4-93-1；图版一〇七-1）。

　　M359：36，四肢中仅左前肢完好，双耳、颈部鬃毛残损。残高20.9、长23.6厘米（图4-93-4；图版一〇六-2）。

　　陶牛　2件。胎色灰黄。

　　M359：7，仅存躯干。残高13.4厘米（图版一〇七-3）。

　　M359：42，双耳、双角、四肢残损，躯干经复原。长28.7厘米（图4-93-2；图版一〇七-2）。

　　陶骆驼　1件。M359：8，双峰驼。曲项昂首，双峰间有货囊。胎色灰黄。四肢、尾部残损。长30.3厘米（图4-93-3；图版一〇七-4）。

　　陶车厢　1件。M359：32，卷棚顶，前檐上翘，下有直棱窗与车斗，后檐下开门，有底座，封底。胎色浅黄。底座残损。通高9.4、底边长14.3厘米（图4-95-4；图版一〇八-1）。

　　陶轮　1件。M359：31，刻划表现辐条。胎色浅黄。直径14.4、通高3.4厘米（图4-95-5；图版一〇八-2）。

　　陶灶　1件。M359：44，灶身近立方体，火门尖拱形，上有阶梯形挡火墙，灶面有一釜，灶头上翘，向后开一矩形出烟孔，有底座，封底。胎色黄褐。通高15.9、底边长21.1厘米（图4-94；图版一〇八-3）。

　　陶四系釜　1件。M359：25，平沿，侈口，曲腹，平底，口沿下横置4系。胎色橙黄。2系经复原。通高4.4、口径5.8厘米（图4-95-1；图版一〇八-4）。

　　陶甑　1件。M359：27，圆唇，直口，曲腹，平底，底部正中开一圆孔。胎色浅黄。口沿残损。

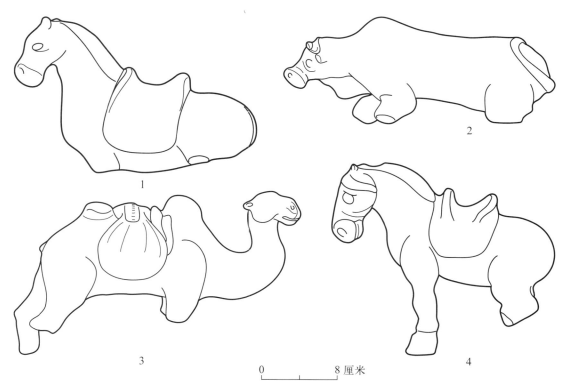

图4-93　钵盂山M359出土陶动物
1.陶鞍马（M359：30）　2.陶牛（M359：42）　3.陶骆驼（M359：8）　4.陶鞍马（M359：36）

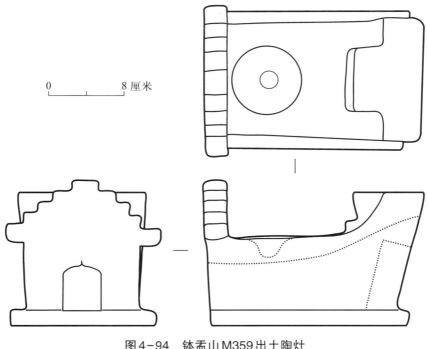

图4-94　钵盂山M359出土陶灶

M359：44

通高5.1、口径7.4厘米（图4-95-3；图版一〇八-5）。

陶杯　1件。M359：22，圆唇，侈口，曲腹，平底。胎色灰红。通高4.4、口径5.7厘米（图4-95-2；图版一〇八-6）。

釉陶多足砚　1件。M359：9，原应平面呈圆形，现仅存一小部分，诸足均残损。胎细腻洁白。釉色黄、绿。残长5.2，残高1.7厘米（图版一〇八-7）。

瓷盘口壶　2件。尖唇，盘口外敞，长颈，圆肩，鼓腹，平底，肩部横置6系。胎质较细腻，胎色浅灰，露胎处浅灰泛黄。

M359：16，外表施釉及上腹。釉色青黄。诸系均残损，近底处器身有鼓起。通高57.6、口径18、腹径31.3、底径18.2厘米（图4-96-2；图版一〇九-1）。

M359：48，外表施釉至肩腹交界处。釉色黄褐。5系残损。通高48.6、口径17.9、腹径28.4、底径16厘米（图4-96-1；图版一〇九-2）。

瓷钵　1件。M359：52，圆唇，直口，曲腹，平底。内面中央有同心环，口沿下方有弦纹若干。胎质较细腻，胎色深灰，露胎处灰褐。内外表施釉均不及底。釉色青褐，剥落严重。通高4.4、直径11.2厘米（图4-97-10；图版一〇九-3）。

瓷圆唇碗　9件。敞口微侈，曲腹，饼足，足心内凹，足根处平削一周。口沿下有弦纹。外表施釉不及底。

M359：2，口沿下有2道弦纹。胎质较粗，胎色深灰，露胎处灰褐。釉色青褐，受侵蚀，有剥落。口沿残损。通高5.3、口径10.5厘米（图4-97-2；图版一一〇-3）。

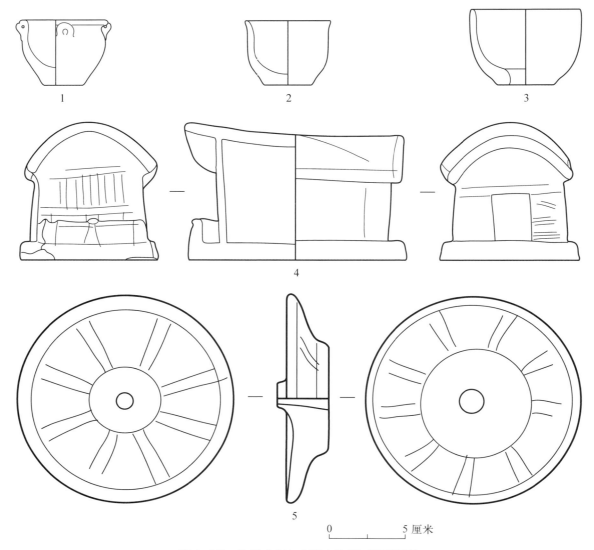

图4-95　钵盂山M359出土陶器、模型明器

1.陶四系釜（M359：25）　2.陶杯（M359：22）　3.陶甑（M359：27）　4.陶车厢（M359：32）　5.陶轮（M359：31）

　　M359：5，口沿下有3道弦纹。胎质较细腻，胎与露胎处均灰红。釉受侵蚀，剥落严重。口沿残损。通高5.5、口径10.2厘米（图4-97-6；图版一一○-3）。

　　M359：35，口沿下有3道弦纹。胎质较细腻，胎色灰，露胎处浅灰。釉色青褐，有剥落。口沿残损。通高5.4、口径10.2厘米（图4-97-8；图版一一一-1）。

　　M359：43，口沿下有3道弦纹。胎质较细腻，露胎处灰黄。釉色青褐，受侵蚀。通高5.2、口径10.4厘米（图4-97-4；图版一一一-2）。

　　M359：49，口沿下有5道弦纹。胎质较细腻，胎与露胎处均灰色。釉色青褐，受侵蚀，剥落严重。残损近半。通高5.1厘米（图版一一一-1）。

　　M359：50，口沿下有1道弦纹，腹部周印涡纹。胎质较细腻，胎色灰，露胎处灰中泛黄。釉受

图4-96　钵盂山M359出土瓷盘口壶

1.瓷盘口壶（M359：48）　2.瓷盘口壶（M359：16）

侵蚀，有剥落。口沿轻微残损。通高5.3、口径10.5厘米（图4-97-3；图版一一〇-1）。

M359：53，口沿下有2道弦纹。胎质较粗，胎色灰，露胎处灰中泛红。内表面施釉亦不及底。釉色青黄，有剥落。釉下施浅灰色化妆土。口沿残损。通高6.3、口径13.9厘米（图4-97-11；图版一一〇-2）。

M359：54，口沿下有3道弦纹。胎质较粗，胎色灰，露胎处褐色。釉色青褐，轻微剥落。口沿残损。通高5.6、口径10.8厘米（图4-97-9；图版一一一-2）。

M359+8，口沿下有2道弦纹，腹部周印涡纹。胎质较细腻，胎与露胎处均灰色。釉色青褐，有剥落。口沿残损。通高5.4、口径10.6厘米（图4-97-7；图版一一〇-1）。

瓷方唇碗　3件。敞口，曲腹，饼足，足心微凹，足根处刮削一周。仅口沿施釉（图版一一一-3）。

M359：1，胎质较粗，胎色灰，露胎处灰褐。釉色黑褐，剥落严重。口沿残损。通高4.6、口径9厘米（图4-97-1）。

M359：4，胎质较细腻，露胎处深灰。釉受侵蚀，剥落严重。通高5.5、口径9.8厘米（图4-97-5）。

M359：6，胎质较细腻，胎与露胎处均灰红。釉受侵蚀，剥落殆尽。碗身约一半残损，经复原。

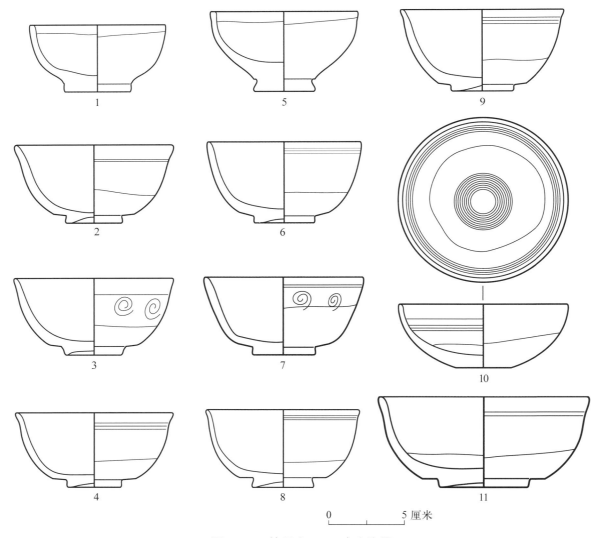

0　　　　　　5 厘米

图4-97　钵盂山M359出土瓷器

1. 瓷方唇碗（M359：1）　2. 瓷圆唇碗（M359：2）　3. 瓷圆唇碗（M359：50）　4. 瓷圆唇碗（M359：43）　5. 瓷方唇碗（M359：4）
6. 瓷圆唇碗（M359：5）　7. 瓷圆唇碗（M359+8）　8. 瓷圆唇碗（M359：35）　9. 瓷圆唇碗（M359：54）　10. 瓷钵（M359：52）
11. 瓷圆唇碗（M359：53）

通高4.6、口径9.5厘米。

　　铜带扣　1件。M359：21，锈蚀、残损严重。残长4.9厘米（图版一○八-8）。

钵盂山 M378

　　钵盂山M378发掘完成时间为1956年7月4日，记录者为游绍奇。

　　M378是一座券顶砖室墓，墓室平面呈长方形，附甬道、头龛与一对侧龛。墓上堆积厚2.2米。

墓向270°。墓底均以砖"人"字形平铺,墓室地面高于甬道。墓室中部以二横二直砖平铺成棺床。侧龛位于墓室前部,侧龛、头龛地面均再以砖纵向、横向平铺一层。封门底部有排水道。墓壁以花纹砖三顺一丁砌筑,纹饰有唐草纹,墓室侧壁各开4个小龛。M378通长6.31米,甬道底宽1.54、进深1.68米,墓室底宽2.1、进深3.66米,头龛宽0.8、进深0.62、高1.08米,左龛宽0.7、进深0.6、高0.83米,右龛宽0.71、进深0.61米(图4-98)。

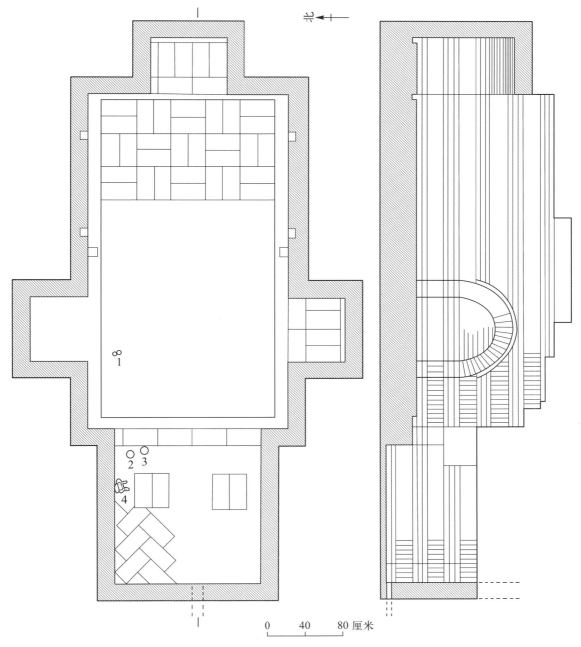

图4-98　钵盂山M378形制图

1. 开元通宝　2. 瓷圆唇碗　3. 瓷圆唇碗　4. 女立俑

0 ——————— 8 厘米

图4-99　钵盂山M378出土女立俑

M378：4

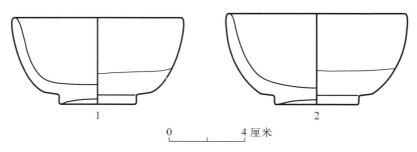

0 ——————— 4 厘米

图4-100　钵盂山M378出土瓷圆唇碗

1. 瓷圆唇碗（M378：2）　2. 瓷圆唇碗（M378：3）

　　本次整理涉及M378出土器物共5件，包括乙群1件。

　　女立俑　1件。M378：4，直立，目视右前方。上着对襟窄袖衫，腰系带，下穿裙，足蹬尖头履。胎色橙红。发髻缺失，双臂经复原。残高31.6厘米（图4-99；图版一一二-1）。

　　瓷圆唇碗　2件。敞口，曲腹，饼足，足心内凹，足根处平削一周。胎质较粗，露胎处灰中泛青。外表施釉不及底（图版一一二-2、图版一一二-3）。

　　M378：2，釉色青褐，受侵蚀，有剥落。通高4.8、口径9.4厘米（图4-100-1）。

　　M378：3，胎色深灰。釉色青褐，有轻微剥落。口沿残损。通高5、口径9.6厘米（图4-100-2）。

　　开元通宝　2件。粘连土块，锈蚀严重，直径2.4厘米（图版一一二-4）。

　　M378：1-1，4枚粘连。

　　M378：1-2，3枚粘连。

钵盂山 M379

钵盂山 M379 发掘完成时间为1956年7月5日，记录者为游绍奇。

M379是一座券顶砖室墓，墓室平面呈长方形，附甬道、头龛与一对侧龛。侧龛位于墓室前部。墓上堆积厚0.8米。墓向190°。M379所用砖皆素面。墓底均以砖"人"字形平铺，墓室地面高于甬道。墓室中部以二横二直砖平铺成棺床。侧龛、头龛地面均再以砖纵向、横向平铺一层。封门底部有排水道。墓壁以砖三顺一丁砌筑。M379通长5.79米，甬道底宽1.09、进深1.41米，墓室底宽1.81、进深3.35米，头龛宽0.61、进深0.54，左龛宽0.52、进深0.34米，右龛宽0.52、进深0.34、高0.51米（图4-101）。

本次整理涉及 M379 出土器物共34件，包括乙群32件。

兽面镇墓兽　1件。M379：25，蹲伏。头生一角。胎色灰红。左耳缺失，角、右耳残损，四肢中仅右后肢完好。残高27.6厘米（图4-102；图版一一三-1）。

龙首双身连体俑　1件。M379：10，龙首兽身，双身相背，各自伏卧于方座，躯干弓起。胎色浅灰。一方座经复原。通高11.8、长25厘米（图4-103-1；图版一一四-1）。

人首双身连体俑　1件。M379：18，人首兽身，头顶生角，双身相背，各自伏卧于方座，躯干弓起。胎色灰红。一方座经复原。通高10.9、长29厘米（图4-103-3；图版一一四-2）。

人首鸟身俑　1件。M379：20，蹲伏于方座。头生角，双翼张开，尾部翘起。胎色灰红。通高16.8厘米（图4-103-2；图版一一三-2）。

生肖俑　12件。生肖首人身，端坐，双手持笏于身前，笏均已佚。身着交领宽袖长袍，腰系带。

M379：1，卯兔。胎色浅灰泛红。双耳缺失，鼻尖残损。残高20.1厘米（图4-105-2；图版一一五-2）。

M379：3，寅虎。胎色浅黄。右耳残损。通高21.1厘米（图4-104-3；图版一一六-1）。

M379：5，巳蛇。胎色浅黄。吻部经复原。通高20.1厘米（图4-104-1；图版一一五-2）。

M379：8，未羊。胎色浅黄。右耳残损。残高20.7厘米（图4-105-4；图版一一五-1）。

M379：27，子鼠。胎色橙红。双耳缺失，手部残损。残高21.3厘米（图4-104-4；图版一一六-1）。

M379+1，辰龙。胎色橙红。复原不当，龙角与下颌残损。残高20.2厘米（图4-105-1；图版一一五-2）。

M379+2，戌狗。胎色灰黄。双耳残损。残高20.2厘米（图4-104-2；图版一一六-2）。

M379+3，酉鸡。胎色橙黄。鸡冠缺失，左肩残损。残高20.4厘米（图4-104-5；图版一一六-2）。

M379+4，亥猪。胎色浅黄。双耳缺失。残高21.4厘米（图4-104-6；图版一一六-2）。

M379+9，丑牛。胎色浅黄。双耳、双角缺失，俑身一半经复原。残高20.9厘米（图

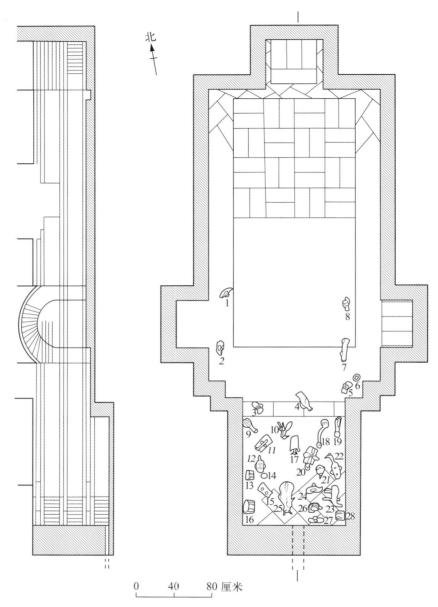

北

0　　40　　80 厘米

图 4-101　钵盂山 M379 形制图

1. 生肖俑-卯兔　*2. 俑*　3. 生肖俑-寅虎　4. 残立俑　5. 生肖俑-巳蛇　6. 瓷圆唇碗　7. 女立俑　8. 生肖俑-未羊　9. 残立俑
10. 龙首双身连体俑　*11. 臼*　*12. 俑头*　13. 男装女立俑　14. 陶磨　15. 陶灶　16. 镇墓武士　17. 陶羊　18. 人首双身连体俑
19. 男装女立俑　20. 人首鸟身俑　*21. 俑头*　22. 陶骆驼　23. 陶鞍马　*24. 俑*　25. 兽面镇墓兽　26. 瓷盘口壶　27. 生肖俑-子鼠
28. 镇墓武士　+1. 生肖俑-辰龙　+2. 生肖俑-戌狗　+3. 生肖俑-酉鸡　+4. 生肖俑-亥猪　+5. 陶轮　+6. 陶井　+7. 生肖俑
+8. 生肖俑　+9. 生肖俑-丑牛　+10. 胡人男立俑　+11. 男装女立俑

4-105-3；图版一一六-1)。

　　M379+7,胎色浅红。头部系复原时臆造。通高20.5厘米(图版一一七-1)。

　　M379+8,胎色黄。头部系复原时臆造。通高22.3厘米(图版一一七-1)。

　　镇墓武士　2件。直立于方座,前臂平举于身前。头戴兜鍪,肩覆披膊,上着明光铠,挽袖,腰

图4-102　钵盂山M379出土兽面镇墓兽

M379：25

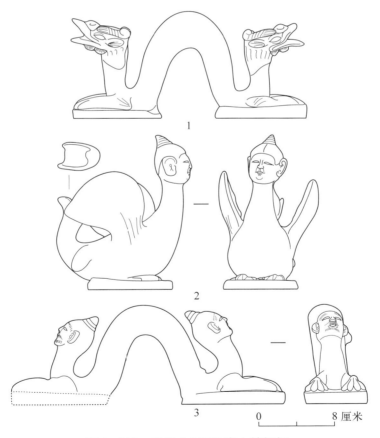

图4-103　钵盂山M379出土神怪俑

1.龙首双身连体俑（M379：10）　2.人首鸟身俑（M379：20）　3.人首双身连体俑（M379：18）

1

2

3

4

5　　　　　0　　　　8 厘米　　　　6

图4-104　钵盂山M379出土生肖俑

1. 生肖俑-巳蛇（M379：5）　2. 生肖俑-戌狗（M379+2）　3. 生肖俑-寅虎（M379：3）　4. 生肖俑-子鼠（M379：27）
5. 生肖俑-酉鸡（M379+3）　6. 生肖俑-亥猪（M379+4）

图4-105 钵盂山M379出土生肖俑

1.生肖俑-辰龙（M379+1） 2.生肖俑-卯兔（M379∶1） 3.生肖俑-丑牛（M379+9） 4.生肖俑-未羊（M379∶8）

系带,腰带下接膝裙,下穿袴,外套护胫系于腰带,足蹬尖头靴。胎色橙红（图版一一八）。

M379∶16,左臂缺失,右手残损。通高52.4厘米（图4-106-1）。

M379∶28。通高54.8厘米（图4-106-2）。

胡人男立俑 1件。M379+10,直立于方座,拱手于胸前。头戴幞头,上着圆领窄袖长衣,腰系带,下穿袴,足蹬尖头靴。胎色橙红。胡须残损。通高32.4厘米（图4-107-5;图版一一七-2）。

女立俑 1件。M379∶7,直立,屈右臂贴于身前。上着圆领对襟窄袖衫,肩披帔,胸际系带,下穿裙。胎色浅灰泛红。发髻、双足缺失,左臂残损。残高26.1厘米（图4-107-3;图版一一九-3）。

男装女立俑 3件。直立于方座。上着圆领窄袖长衣,腰系带,下穿袴,足蹬尖头履。

M379∶13,头梳高髻,胎色灰红。发髻、双臂残损。残高29.5厘米（图4-107-1;图版一一九-1）。

M379∶19,袖手于胸前。头梳高髻。胎色灰黄。通高29.9厘米（图4-107-4;图版一一九-2）。

M379+11,袖手于胸前。胎色灰黄。发髻缺失,腿部经复原。残高28.5厘米（图版一一九-2）。

残立俑 2件。

M379∶4,仅存躯干。直立,左臂叉腰,右前臂举于胸前。着圆领窄袖长衣,腰系带。胎色浅

图4-106　钵盂山M379出土镇墓武士

1.镇墓武士（M379：16）　2.镇墓武士（M379：28）

红。残高20.3厘米（图版一一九-4）。

M379：9，直立于方座，双手持席帽于胸前。上着圆领窄袖长衣，腰系带，下穿袴，足蹬尖头靴。胎色灰红。头部缺失。残高22.4厘米（图4-107-2；图版一一九-5）。

陶鞍马　1件。M379：23，立姿，四足着地。攀胸、鞍、镫、跋尘、鞦等均有表现。胎色橙红。后肢残损。通高34.9厘米（图4-108-2；图版一二〇-1）。

陶骆驼　1件。M379：22，双峰驼。立姿，四足着地。胎色橙红。通高29.6、长35.5厘米（图4-108-3；图版一二〇-2）。

陶羊　1件。M379：17，伏卧于底座。胎色灰红。右耳缺失，双角、胡须残损。残高10.3、长

0   8厘米

图4-107 钵盂山M379出土陶立俑

1.男装女立俑(M379：13) 2.残立俑(M379：9) 3.女立俑(M379：7) 4.男装女立俑(M379：19) 5.胡人男立俑(M379+10)

18.8厘米(图4-108-1；图版一二〇-3)。

陶轮 1件。M379+5，刻划表现辐条。胎色浅黄。直径13.9、高3.6厘米(图4-110-1；图版一二〇-4)。

陶灶 1件。M379：15，整体呈船形。火门拱形，上有阶梯形挡火墙，灶面有二圆形火眼，一火眼置灶，灶头上翘，向后开一排烟孔，有底座，封底。胎色灰红。侧面经复原。通高19.6、底座长17.5厘米(图4-109；图版一二一-1)。

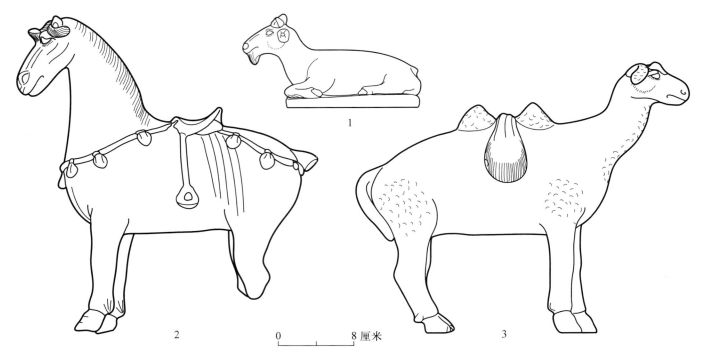

图4-108　钵盂山M379出土陶动物

1. 陶羊（M379：17）　2. 陶鞍马（M379：23）　3. 陶骆驼（M379：22）

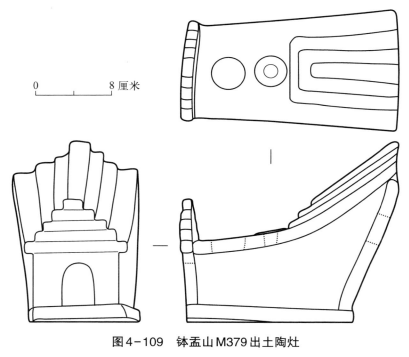

图4-109　钵盂山M379出土陶灶

M379：15

陶磨 1件。M379：14，由上扇、下扇与磨架组成。上下扇均圆饼形，均刻出磨齿。上扇表面有浅投料槽，被分割成两半圆形，中有二贯通的投料孔，围绕投料槽有二小孔于侧边连通，上扇底面有一凹孔，与下扇表面的锥形凸起相对应。磨架如四脚方柜，一侧开一矩形出料口，磨架内部有4半圆形凸起承托磨盘。胎色灰红。上扇直径7.9、下扇直径8、磨架通高7.2厘米（图4-110-2；图版一二一-2、图版一二二-1）。

陶井 1件。M379+6，平面正方，侧视呈梯形。井沿四边出头。胎色橙黄。井沿一角残损。

图4-110 钵盂山M379出土模型明器

1. 陶轮（M379+5） 2. 陶磨（M379：14） 3. 陶井（M379+6）

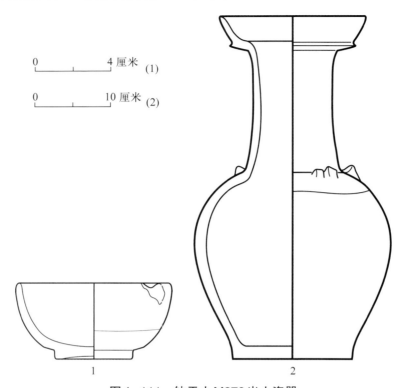

0 ——————— 4 厘米 (1)

0 ——————— 10 厘米 (2)

1　　　　　　　　2

图4-111　钵盂山M379出土瓷器

1. 瓷圆唇碗（M379：6）　2. 瓷盘口壶（M379：26）

通高6.4、底边长12.8厘米（图4-110-3；图版一二二-3）。

瓷盘口壶　1件。M379：26，尖唇，盘口外敞，长颈，圆肩，鼓腹，平底，肩部横置6系。胎质较细腻，胎与露胎处均灰色。外表施釉及肩。釉色青灰。1系缺失，5系、口沿残损。通高46.7、口径19.3、腹径25.9、底径15.7厘米（图4-111-2；图版一二二-4）。

瓷圆唇碗　1件。M379：6，敞口，弧壁，饼足，足心微凹，足根处平削一周。胎质较细腻，胎色深灰，露胎处灰红。外表施釉不及底。釉色黄褐，剥落殆尽。釉下施浅灰色化妆土。口沿残损。通高4.1、口径8.2厘米（图4-111-1；图版一二二-2）。

钵盂山 M382

钵盂山M382发掘完成时间为1956年7月10日，记录者为游绍奇。

M382是一座券顶砖室墓，墓室平面呈长方形，附甬道、头龛与两对侧龛。侧龛一对开于甬道、一对开于墓室前部。后侧龛、头龛与墓室间均有短甬道连接。墓上堆积厚2米。墓向140°。墓底以砖"人"字形平铺，墓室棺床被严重破坏，所用砖应为"大莲花砖"。侧龛地面均用纵向、横向砖加铺一层。封门底部有两条排水道。墓壁以花纹砖三顺一丁砌筑，纹饰有唐草、武士与

"米字"三种；墓室侧壁有青龙、白虎画像砖；侧壁各凸出砖6块。墓室侧壁各开1个小龛，后侧龛壁面各开5个小龛，头龛壁面则有3个小龛，原均应置瓷碗。M382通长10.59米，甬道底宽1.62、进深4.3米，墓室底宽2.19、进深3.75米，头龛宽1.4、进深1.3、高2.02米，头龛甬道宽0.86、进深0.57米，左前龛、右前龛均宽1.17、进深0.8米，左后龛宽1.18、进深1、高1.24米，左后龛甬道宽0.78、进深0.59米，右后龛宽1.19、进深1米，左后龛甬道宽0.79、进深0.58米（图4-112）。

本次整理涉及M382出土器物共16件，包括甲群11件。

人面镇墓兽　1件。M382：18，蹲伏于方座。头顶一角，尾部反翘贴于背部。胎色灰黄。尾部、右后足、底座残损。通高22.4厘米（图4-113-1；图版一二三-1）。

兽面镇墓兽　2件。蹲伏。

M382：16，挺胸平视。背脊鬃毛上冲，尾部反翘贴于背部。胎色灰。双耳、背脊鬃毛、尾部、四肢等处残损。通高36.1厘米（图4-114-2；图版一二三-2）。

M382：17，头顶一角，尾部反翘贴于背部。胎色灰。右耳缺失，四肢残损。通高20.7厘米（图4-113-2；图版一二三-3）。

生肖俑　3件。端坐的男性形象，袖手于胸前并捧一生肖。头戴笼冠，身着交领宽袖长袍，腰系带。

M382+3，生肖为一短尾的偶蹄目动物，应为羊。羊头缺失，笼冠、右袖、衣摆残损。残高40厘米（图4-115-1；图版一二四-1）。

M382+4，亥猪。胎色灰褐。笼冠、衣摆残损。残高39.6厘米（图4-115-3；图版一二四-2）。

M382+2，胎色灰黄。生肖缺失，笼冠、衣摆残损。通高39.2厘米（图4-115-2；图版一二四-3）。

袍服男立俑　2件。直立，双手仗环首刀于身前。头戴平巾帻，身着交领宽袖长袍，腰系带，下穿裙，足蹬圆头履。

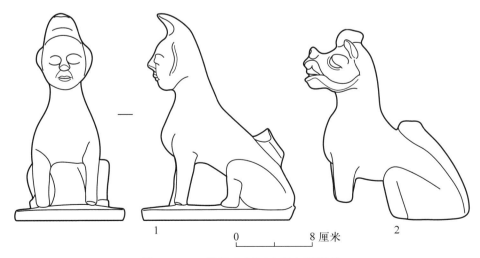

1　　　0　　　　　　8厘米　　　2

图4-113　钵盂山M382出土镇墓兽

1. 人面镇墓兽（M382：18）　2. 兽面镇墓兽（M382：17）

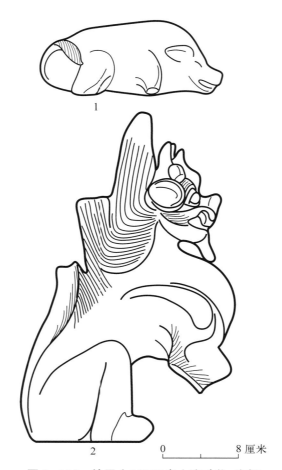

图4-114　钵盂山M382出土陶动物、陶俑
1. 陶猪（M382：7）　2. 兽面镇墓兽（M382：16）

M382：15，仅存双足与身体右半边。胎色灰。右足残损。残高47.3厘米（图版一二六-1）。

M382：20，胎色灰黄。通高79.6厘米（图4-116-3；图版一二五）。

女立俑　2件。

M382：11，直立，双手持物于身前，所持物已佚。头梳高髻，上着方领窄袖衫，肩披帔，下穿裙。胎色灰黄。通高31.1厘米（图4-116-1；图版一二六-2）。

M382：19，直立，昂首，袖手于身前。头梳双髻，上着交领宽袖长袍，腰系带，下穿裙。胎色灰。通高44.5厘米（图4-116-2；图版一二六-3）。

陶猪　1件。M382：7，胎色灰黄。四肢残损。残高8.2、长19.2厘米（图4-114-1；图版一二七-1）。

瓷烛台　1件。M382+1，由中柱与托盘构成。中柱直筒形。托盘侈口，束腰，平底，底尚存一足。胎质细腻，胎色灰。通体施釉。釉色青褐。矮足残损。托盘最大径11.3、残高5.4厘米（图4-117-1；图版一二七-2）。

1

2   0   8 厘米   3

图 4-115　钵盂山 M382 出土生肖俑

1. 生肖俑－未羊（M382+3）　2. 生肖俑（M382+2）　3. 生肖俑－亥猪（M382+4）

1

2

0　　　　　10 厘米

3

图4-116　钵盂山 M382出土陶立俑

1. 女立俑（M382：11）　2. 女立俑（M382：19）　3. 袍服男立俑（M382：20）

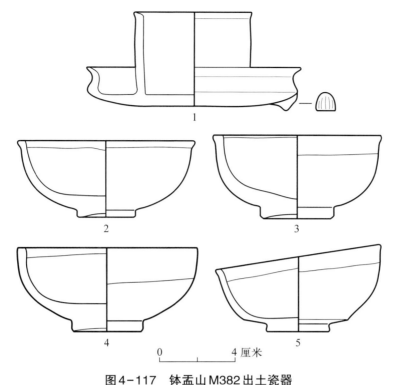

图4-117　钵盂山M382出土瓷器

1. 瓷烛台（M382+1）　2. 瓷方唇碗（M382：3）　3. 瓷方唇碗（M382：2）　4. 瓷方唇碗（M382：21）　5. 瓷方唇碗（M382：4）

　　瓷方唇碗　4件。直口或直口微敞，曲腹，饼足，足心微凹，足根处刮削一周。胎质较粗。仅口沿施釉。

　　M382：2，露胎处黄褐。釉色黑褐。通高4.6、口径8.9厘米（图4-117-3；图版一二七-3）。

　　M382：3，胎色灰，露胎处灰褐。釉色黑褐，釉面受侵蚀。口沿残损。通高4.1、口径9.4厘米（图4-117-2；图版一二七-3）。

　　M382：4，胎色灰褐，露胎处红褐。釉面受侵蚀，有剥落。口沿残损。通高4.8、口径8.7厘米（图4-117-5；图版一二七-4）。

　　M382：21，胎色灰，露胎处深灰。釉色黑褐。饼足残损。通高4.6、口径9.6厘米（图4-117-4；图版一二七-4）。

钵盂山 M389

　　钵盂山M389发掘完成时间为1956年7月26日，记录者为游绍奇。

　　M389是一座券顶砖室墓，墓室平面呈长方形，附甬道与一对侧龛。侧龛位于墓室前部。墓上堆积厚1.5米。墓向270°。墓底以砖"人"字形平铺，墓室砌出棺床，棺床表面以砖二横二直

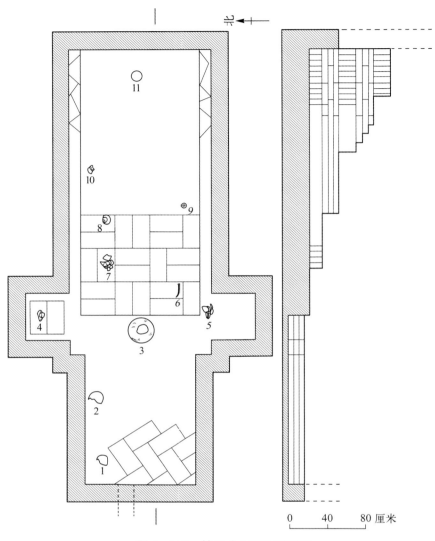

图 4-118　钵盂山 M389 形制图

1. 瓷方唇碗　2. 瓷方唇碗　3. 瓷盘口壶　4. 残铜器　5. 铜器　6. 铜钗　7. 瓷碗　8. 铜钵形器　9. 瓷盂
10. 瓷盂　11. 瓷方唇碗　+1. 瓷盂

平铺。封门底部有排水道。墓壁以花纹砖三顺一丁砌筑,纹饰有唐草纹。M389 通长 5.17 米,甬道底宽 1.17、进深 1.44 米,墓室底宽 1.5、进深 3.34 米,左龛宽 0.51、进深 0.47 米,右龛宽 0.52、进深 0.48 米(图 4-118)。

本次整理涉及 M389 出土器物共 8 件。

瓷盘口壶　1 件。M389:3,尖唇,盘口外敞,长颈,圆肩,鼓腹,平底,肩部横置 6 系。胎质较细腻,胎色浅灰,露胎处浅红。外表施釉至肩腹交界处。釉色青黄。4 系残损,口沿经复原。通高 43.4、口径 16.8、腹径 27.5、底径 14.5 厘米(图 4-119-6;图版一二八-1)。

瓷方唇碗　3 件。直口,曲腹,饼足,足心内凹,足根处经修整。胎质较细腻。仅口沿内外施釉。口沿经复原(图版一二八-3)。

M389：1,露胎处灰色。釉色青黄,有剥落。通高5.4、口径9.3厘米(图4-119-1)。

M389：2,露胎处浅褐。釉色青黄,受侵蚀。通高5.3、口径10.6厘米(图4-119-3)。

M389：11,露胎处深灰。釉色青褐,剥落严重。通高5.3、口径10.1厘米(图4-119-2)。

瓷盂　1件。M389：10,圆唇,敛口,鼓腹,平底。胎质较细腻,胎色浅灰,露胎处青白泛黄。外表施釉及腹。釉色青黄。口沿残损。通高3.2、口径2.4厘米(图4-119-4;图版一二八-2)。

瓷盉　1件。M389+1,由器身与器盖组成。器身圆唇,直口,圆肩,鼓腹,圜底,肩部对置一鋬及一短直流,器底附三兽爪形足;器盖子口,微拱,中置一尖圆形捉手。胎质较细腻,露胎处浅灰。器身内部仅口沿下方施釉,外表施釉及足中部;器盖表面施满釉,内部不施釉。胎色青黄。器身大部经复原。通高14、盖径6.9、器身腹径11.6厘米(图4-119-5;图版一二九-1)。

铜钹形器　1件。M389：8,表面锈蚀,残损严重。外缘两端点间距7.4、厚0.2厘米(图版一二九-2)。

残铜器　1件。M389：4,应为某容器之口沿。残损严重。长8.1、口沿厚0.3、器身厚0.1厘米(图版一二九-3)。

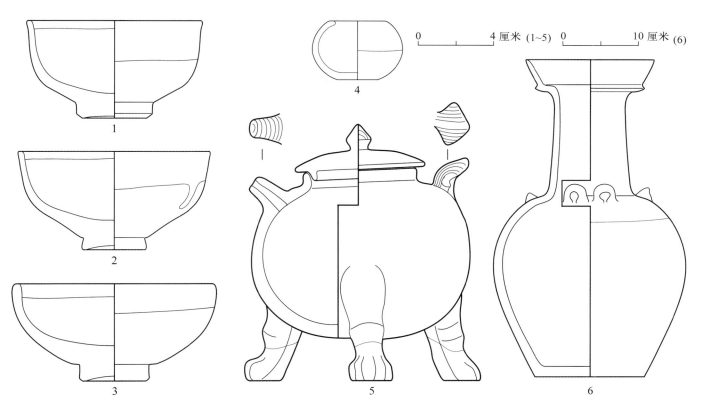

图4-119　钵盂山M389出土瓷器

1.瓷方唇碗(M389：1)　2.瓷方唇碗(M389：11)　3.瓷方唇碗(M389：2)　4.瓷盂(M389：10)
5.瓷盉(M389+1)　6.瓷盘口壶(M389：3)

钵盂山 M398

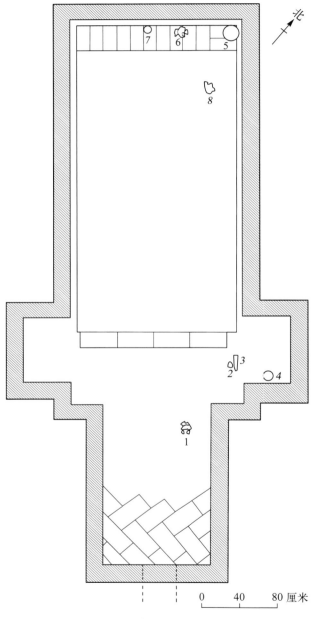

图4-120　钵盂山 M398 形制图

1. 瓷圆唇碗　2. 瓷碗　3. 铁钉　4. 瓷碗　5. 铜钵
6. 瓷圆唇碗　7. 瓷碗　8. 瓷片

M398位于钵盂山405厂工地，发掘完成时间为1956年8月25日，记录者为郭建安。

M398是一座券顶砖室墓，墓室平面呈长方形，附甬道与一对侧龛。侧龛位于墓室前部。墓向140°。墓底以素面砖"人"字形平铺，墓室砌出棺床，棺床表面以"梅花砖"平铺。封门底部有排水道。墓壁以"带饰纹花砖"三顺一丁砌筑。M398通长6.31米，甬道底宽1.13、进深1.75米，墓室底宽1.82、进深4.2米，左龛宽0.75、进深0.49米，右龛宽0.71、进深0.49米（图4-120）。

本次整理涉及M398出土器物共3件。

瓷圆唇碗　2件。直口，曲腹，饼足，平底，足根处经修整。外表施釉不及底。釉色浅青灰。施化妆土，内外均不及底（图版一二九-5）。

M398:1，流釉严重，满覆器物外表。口沿经复原。通高3.6、口径8.3厘米（图4-121-2）。

M398:6，胎质较细腻，露胎处灰白泛黄。口沿经复原。通高3.4、口径7.8厘米（图4-121-1）。

铜钵　1件。M398:5，圆唇，直口，曲腹，圜底。表面锈蚀，残损严重。通高5、壁厚0.2厘米（图版一二九-4）。

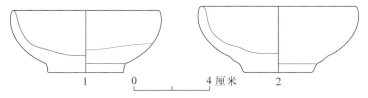

图4-121 钵盂山M398出土瓷圆唇碗

1. 瓷圆唇碗（M398：6） 2. 瓷圆唇碗（M398：1）

钵盂山 M401

M401位于钵盂山405厂工地，发掘完成时间为1956年8月31日，记录者为郭建安。

M401是一座券顶砖室墓，墓室平面呈长方形，附头龛与一对侧龛。侧龛位于墓室前部。墓室中后部被打破。墓向108°。墓室分为前后两部分，后部高起成棺床。墓室前部地面以砖"人"字形平铺，中部以一横二直铺出纵向砖台，墓室后部棺床表面以二横二直平铺。封门底部有排水道。墓壁以花纹砖三顺一丁砌筑，间用大型画像砖。M401通长8.4米，墓室底宽3.41、进深7.08米，头龛宽0.71、进深0.61米，左龛宽0.73、进深0.65米，右龛宽0.73、进深0.67米（图4-122）。

本次整理涉及M401出土器物共89件，包括乙群76件。

兽面镇墓兽 1件。M401：43，蹲伏。项覆鬃毛，背上生脊，尾部反翘贴于后背。胎色浅黄。右耳、右前肢经复原。通高32厘米（图4-123；图版一三○-1）。

龙首双身连体俑 1件。M401：46，龙首兽身，双身相背，各自伏卧，躯干弓起。胎色浅黄。一侧双爪与另一侧龙首经复原。通高14.1厘米（图4-124-1；图版一三○-2）。

人首双身连体俑 1件。M401：70，人首兽身，头顶生角，双身相背，各自伏卧，躯干弓起。胎色浅黄。一身双爪残损。通高13.2、长16.2厘米（图4-124-2；图版一三○-2）。

人首兽身带翼俑 1件。M401：22，蹲伏，挺胸昂首，头顶生一角，双翼张开，尾部反翘贴于后背。胎色灰红。通高20.1厘米（图4-125-2；图版一三一-1）。

人首鸟身俑 1件。M401：77，蹲伏于方座，延颈平视，双翼张开，尾部反翘，贴于后背。胎色灰红。尾部残损。通高18.3厘米（图4-125-1；图版一三一-2）。

生肖俑 11件。生肖兽人身。端坐，双手持笏于身前。上着交领宽袖长袍，胸际系带，下穿裙。

M401：58，子鼠。胎色橙红。通高17.8厘米（图4-126-2；图版一三二-2）。

M401：75，午马。胎色浅黄。吻部经复原。通高20.4厘米（图4-126-5；图版一三三-2）。

M401：96，申猴。胎色浅黄。通高20.3厘米（图4-125-5；图版一三二-1）。

M401+9，寅虎。胎色浅黄。双耳残损。残高19.4厘米（图4-126-3；图版一三三-1）。

M401+10，卯兔。胎色浅红。左耳残损。通高20.6厘米（图4-126-6；图版一三三-1）。

M401+11，酉鸡。胎色橙黄。通高18.3厘米（图4-125-4；图版一三四-1）。

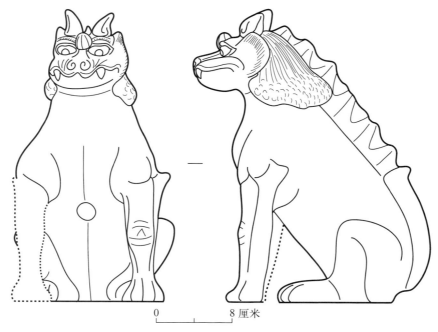

图4-123　钵盂山M401出土镇墓兽

M401：43

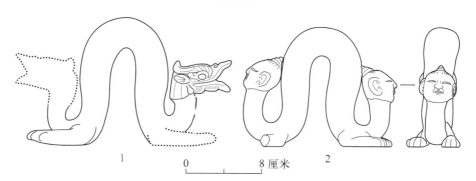

图4-124　钵盂山M401出土神怪俑

1. 龙首双身连体俑（M401：46）　2. 人首双身连体俑（M401：70）

　　M401+12，戌狗。胎色浅红。右耳残损，吻部经复原。通高18.1厘米（图4-125-3；图版一三四-1）。

　　M401+13，丑牛。胎色浅黄。双角残损。通高19.2厘米（图4-126-4；图版一三二-2）。

　　M401+14，巳蛇。胎色橙黄。通高17.6厘米（图4-126-1；图版一三三-2）。

　　M401：79，胎色橙黄。头部缺失。残高15.4厘米（图版一三四-2）。

　　M401：97，胎色橙黄。头部缺失。残高17.9厘米（图版一三四-2）。

　　袍服男立俑　3件。直立，双手握环首刀柄仗刀于身前。头戴平巾帻，上着交领宽袖长袍，胸际系带，下穿裙，足蹬尖头履。胎色浅黄。

　　M401：25，头部微向右倾，左足缺失。通高39.1厘米（图4-127-1；图版一三五-1）。

0　　　　　　　　8厘米

图4-125　钵盂山M401出土陶俑

1.人首鸟身俑（M401：77）　2.人首兽身带翼俑（M401：22）　3.生肖俑-戌狗（M401+12）
4.生肖俑-酉鸡（M401+11）　5.生肖俑-申猴（M401：96）

M401：38，头左倾。左足经复原。通高37厘米（图4-127-3；图版一三五-3）。

M401：42，头微向右倾。通高37.8厘米（图4-127-2；图版一三五-2）。

长衣男立俑　6件。头戴幞头，上着圆领窄袖长衣，腰系带，下穿袴，足蹬尖头靴。胎色浅黄。

M401：12，直立于方座，双手持席帽于身前。通高31.5厘米（图4-129-1；图版一三六-1）。

M401：76，直立于方座，头向右倾，左肩驮一包袱，双臂作承托包袱状。双臂残损。通高38.8厘米（图4-128-2；图版一三五-4）。

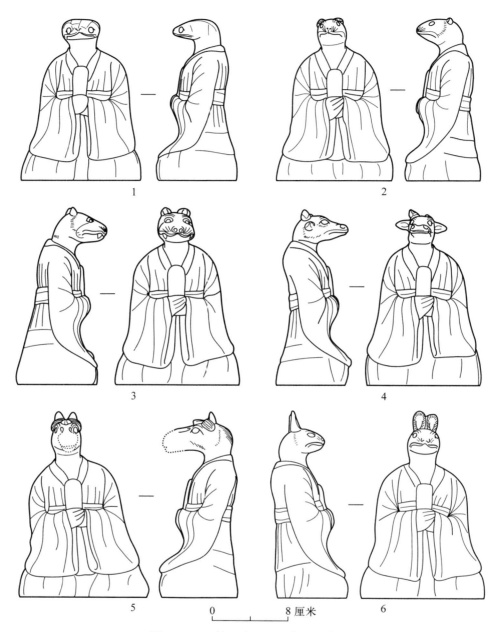

图4-126　钵盂山M401出土生肖俑

1.生肖俑-巳蛇（M401+14）　2.生肖俑-子鼠（M401：58）　3.生肖俑-寅虎（M401+9）　4.生肖俑-丑牛（M401+13）
5.生肖俑-午马（M401：75）　6.生肖俑-卯兔（M401+10）

　　M401：94，直立，拱手于身前。双足缺失，幞头顶部经复原。残高29.4厘米（图4-129-2；图版一三六-2）。

　　M401：95，直立于方座，头微低。双臂残损。通高39.3厘米（图4-128-3；图版一三六-3）。

　　M401+4，直立于方座，拱手于胸前。通高35.2厘米（图4-129-5；图版一三六-4）。

　　M401+6，直立于方座，目视左前方。双臂残损。通高33.4厘米（图4-129-3；图版一三六-5）。

图4-127　钵盂山M401出土袍服男立俑

1. 袍服男立俑（M401∶25）　2. 袍服男立俑（M401∶42）　3. 袍服男立俑（M401∶38）

　　胡人男立俑　2件。直立于方座。头戴幞头，上着窄袖长衣，腰系带，下穿袴，足蹬尖头靴。

　　M401+5，长衣翻领。前臂上举，贴于胸前。胎色橙红。通高33.5厘米（图4-129-4；图版一三七-2）。

　　M401+8，长衣圆领。右手叉腰，左前臂平举贴于身前。胎色浅黄泛红。通高37.5厘米（图4-128-1；图版一三七-1）。

　　女立俑　6件。直立。

　　M401∶40，左臂垂于身侧。头梳单环单髻，帔绕项，上着对襟窄袖衫，腰系带，下身穿裙，足蹬尖头履。胎色浅黄。右臂残损。通高30.9厘米（图4-131-1；图版一三七-3）。

　　M401∶41，袖手于身前。头梳双髻，上着交领右衽宽袖长袍，胸际系带，下穿裙，足蹬高头履。胎色浅黄。发髻残损。通高31.6厘米（图4-131-2；图版一三八-1）。

　　M401∶56，头向右倾，双臂相抱于身前。上着对襟窄袖衫，帔自左肩引出，绕颈一周，胸际系带，下穿裙，足蹬尖头履。胎色浅黄。发髻缺失。通高37.5厘米（图4-130-1；图版一三八-3）。

　　M401∶73，前臂贴身平举于身前。头梳高髻，上着对襟窄袖衫，帔自左肩引出，绕颈一周，胸际系带，下穿裙，足蹬尖头履。胎色灰红。通高41.2厘米（图4-130-3；图版一三七-4）。

　　M401∶98，前臂贴身平举于身前。上着对襟窄袖衫，帔自左肩引出，绕颈一周，胸际系带，下

图4-128 钵盂山M401出土男立俑

1.胡人男立俑（M401+8） 2.长衣男立俑（M401：76） 3.长衣男立俑（M401：95）

图4-129 钵盂山M401出土男立俑

1.长衣男立俑（M401：12） 2.长衣男立俑（M401：94） 3.长衣男立俑（M401+6） 4.胡人男立俑（M401+5） 5.长衣男立俑（M401+4）

穿裙,足蹬尖头履。胎色浅黄。头部缺失。残高31.8厘米(图版一三八-2)。

M401+3,左手举团扇于胸前,右臂下垂。上着交领窄袖衫,肩披帔,胸际系带,下穿裙,足蹬尖头履。胎色浅黄。发髻、扇面缺失。残高38厘米(图4-130-2;图版一三八-4)。

男装女立俑　2件。直立于方座。上着圆领窄袖长衣,腰系带,下穿袴,足蹬尖头履。胎色浅黄。

M401:33,袖手于身前。腰带左侧挂一鞶囊。头部缺失。残高24.9厘米(图4-131-3;图版一三八-5)。

M401:99,双手捧包袱于身前。头梳高髻。胎色浅黄。通高33.4厘米(图4-131-4;图版一三九-1)。

残立俑　1件。M401+7,直立于方座。上着圆领窄袖长衣,腰系带,下穿袴,足蹬尖头靴。胎色浅黄。头部缺失,双臂残损。残高31.4厘米(图版一三九-2)。

陶鞍马　3件。立姿,四足着地。胎色浅黄。

M401:29,络头、攀胸、鞍袱、鞍、鞯、跋尘、鞘、鞦等均有表现。通高34.6厘米(图4-132-2;图版一四〇-1)。

M401:87,络头、攀胸、鞍、鞯、镫、跋尘、鞘、鞦等均有表现。通高32.6厘米(图4-132-3;图

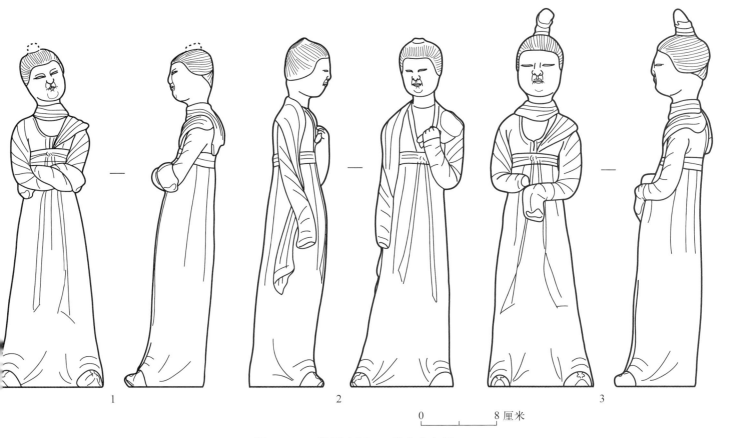

0　　　　8厘米

图4-130　钵盂山M401出土女立俑

1.女立俑(M401:56)　2.女立俑(M401+3)　3.女立俑(M401:73)

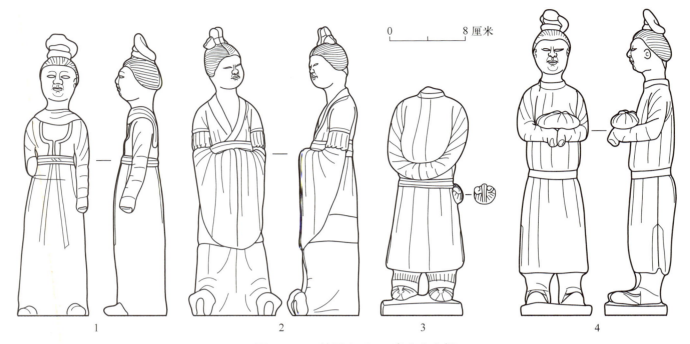

图4-131　钵盂山M401出土女立俑

1.女立俑（M401：40）　2.女立俑（M401：41）　3.男装女立俑（M401：33）　4.男装女立俑（M401：99）

版一三九-3）。

M401：93，攀胸、鞍袱、鞍、鞯、镫、鞦等均有表现。右前肢、左后肢残损。通高37.6厘米（图版一四〇-2）。

陶牛　2件。头部有革带，胎色浅黄（图版一四〇-3）。

M401：9，通高16、长23.4厘米（图4-133-3）。

M401：62，双角与左后蹄残损。残高14.6厘米。

陶骆驼　1件。M401：51，双峰驼。立姿，四足着地，双峰间驮货囊。胎色灰红。颈部以上均复原而来。通高33.2厘米（图4-132-1；图版一四一-1）。

陶羊　2件。伏卧于底座。胎色浅黄（图版一四一-3）。

M401：14，右耳缺失，左耳、双角、底座残损。残高9.4、长16.7厘米（图4-133-8）。

M401：17，双耳缺失，双角、底座残损。残高9.5、长16.9厘米（图4-133-7）。

陶狗　2件。伏卧于底座，前爪交叠。胎色橙黄（图版一四二-1）。

M401：1，吻部残损。通高8.9、长15.4厘米（图4-133-9）。

M401：3，左前肢及底座残损。通高9、长18.2厘米（图4-133-12）。

陶猪　2件。

M401：10，母猪。侧卧于底座。胎色灰红。通高5.2、长19.5厘米（图4-133-1；图版一四二-3）。

M401：18，伏卧于底座。胎色浅黄。通高7.1、长19.5厘米（图4-133-2；图版一四二-2）。

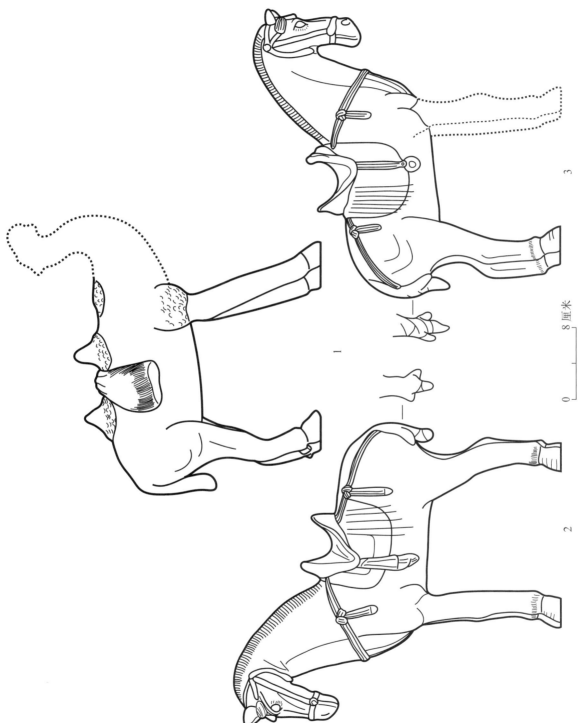

图 4-132　钵盂山 M401 出土陶动物

1. 陶骆驼（M401：51）　2. 陶鞍马（M401：29）　3. 陶鞍马（M401：87）

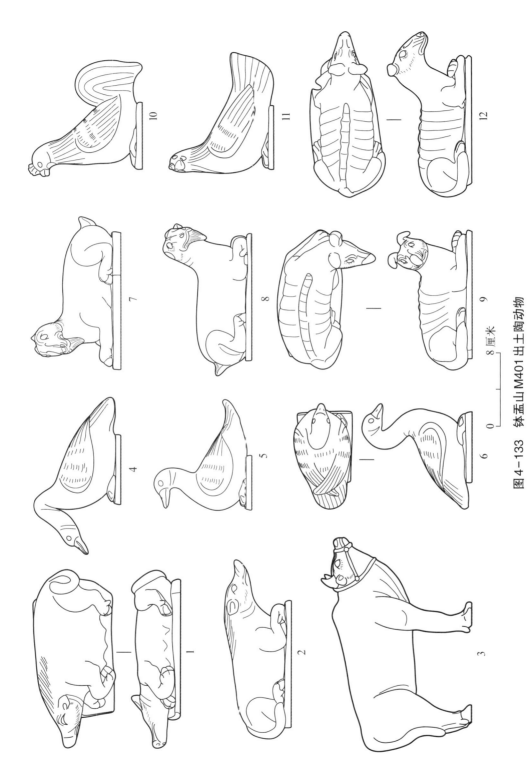

图4-133　钵盂山 M401 出土陶动物

1. 陶猪（M401：10）　2. 陶猪（M401：18）　3. 陶牛（M401：9）　4. 陶鸡（M401：21）　5. 陶鸭（M401：26）　6. 陶鸭（M401：8）　7. 陶羊（M401：17）
8. 陶羊（M401：14）　9. 陶狗（M401：1）　10. 陶鸡（M401：19）　11. 陶狗（M401：23）　12. 陶狗（M401：3）

陶鸡　2件。蹲伏于方座（图版一四三-1）。

M401：19，公鸡。直视前方。胎色橙红。喙下肉垂缺失，鸡冠、喙残损，右爪与底座经复原。残高12.1厘米（图4-133-10）。

M401：23，母鸡。目视左方。胎色浅黄。喙下左侧肉垂缺失。残高11.1厘米（图4-133-11）。

陶鸭　3件。蹲伏于方座。

M401：8，挺胸曲项。胎色橙红。通高11.7厘米（图4-133-6；图版一四一-2）。

M401：21，低头前探。胎色浅黄。通高9.2厘米（图4-133-4；图版一四二-4）。

M401：26，挺胸平视前方。胎色橙黄。通高10.4厘米（图4-133-5；图版一四二-5）。

陶车厢　1件。M401：30，卷棚顶，前檐上翘，前檐下有直棂窗与车斗，后檐下开门，有底座，封底，前檐下底座两角各被削薄，底座两边各钻四孔。胎色浅红。底座一角及其上车斗残损。通高9.9、底边长13.5厘米（图4-134-3；图版一四三-2、图版一四四-1）。

陶轮　2件。刻划表现辐条。胎色浅黄（图版一四四-2）。

M401：27-1，边沿残损。直径12.3、通高2.5厘米（图4-134-2）。

M401：27-2，直径11.7、通高2.5厘米。

陶屋形器　1件。M401：16，卷棚顶，两侧开门，卷棚前后两沿下各开一圆孔，有底座，封底。胎色浅黄。顶部边沿残损。通高10.9、底座长13.1厘米。或为肩舆的厢体（图4-134-5；图版一四四-3）。

陶灶　1件。M401：69，平面为矩形，侧视呈梯形。火门与门楣尖拱形，上有阶梯形挡火墙，灶面有二圆形火眼，灶头上翘，有底座，封底。胎色浅黄。通高15.2、底边长21厘米（图4-134-6；图版一四五-1）。

陶屋　1件。M401：92，悬山顶建筑。有底座，封底。胎色浅黄。底座残损。通高14.6、底边长13.8厘米（图4-134-1；图版一四五-2）。

陶井　1件。M401+15，平面呈方形，侧视呈梯形。井沿出头。胎色橙红。约一半经复原。通高5.8、底边长13.1厘米（图4-134-4；图版一四六-3）。

陶案　2件。案面两端上翘，双足宽扁，刻划直棂纹。胎色浅黄泛红（图版一四五-3）。

M401：20，案面一角残损。通高4.7、长12.4、宽6.7厘米（图4-135-2）。

M401：28，通高5、长13厘米。

陶围棋盘　1件。M401：4，平面方形，二足宽扁。胎色浅黄。通高2.3、边长10.3厘米（图4-135-3；图版一四六-1）。

陶双陆棋盘　1件。M401：7，平面方形，二足宽扁。胎色灰黄。棋盘一角残损。通高2.1、长11.4、宽8.3厘米（图4-135-1；图版一四六-2）。

陶四系釜　2件。圆唇，鼓腹，平底，上腹部横置4系（图版一四六-4）。

M401：67，平沿。胎色浅黄。口沿残损。通高5.5、口径6.3厘米。

M401：86，卷沿。胎色浅黄泛红。口沿残损。通高5.2、口径6.5厘米（图4-136-8）。

陶甑　2件。口微侈，平底，底部正中开圆形大孔。胎色浅黄（图版一四六-5）。

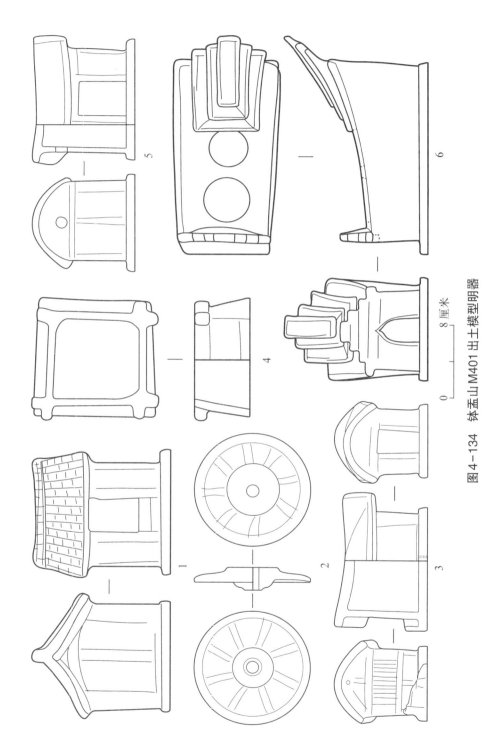

图 4-134　钵盂山 M401 出土模型明器

1. 陶屋（M401∶92）　2. 陶轮（M401∶27-1）　3. 陶车厢（M401∶30）　4. 陶井（M401+15）　5. 陶屋形器（M401∶16）　6. 陶灶（M401∶69）

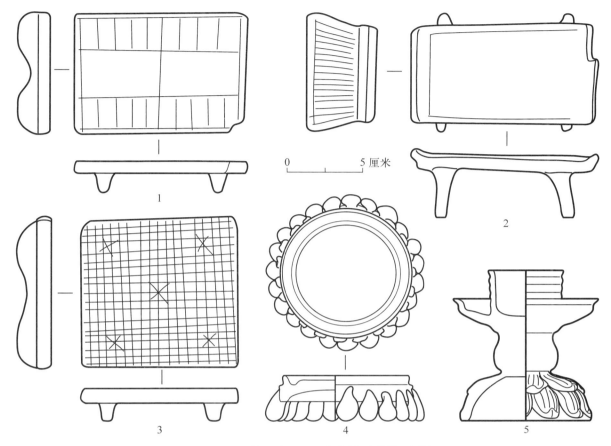

图4-135　钵盂山M401出土模型明器、陶器

1.陶双陆棋盘（M401：7）　2.陶案（M401：20）　3.陶围棋盘（M401：4）　4.陶多足砚（M401：11）　5.陶烛台（M401：59）

M401+1,圆唇,曲腹,通高4.8、口径6.9厘米（图4-136-9）。

M401+2,方唇,腹微曲。通高4.8、口径7.4厘米（图4-136-10）。

陶杯　1件。M401：81,口微侈,圆唇,曲腹,饼足,平底。胎色浅红。通高4.7、直径6厘米（图4-136-7；图版一四七-1）。

陶盆　2件。方唇,侈口,曲腹,平底（图版一四七-2）。

M401：5,胎色橙红。口沿残损。通高4.1、口径11.1厘米（图4-136-3）。

M401：39,胎色浅黄。口沿残损。通高4.7、口径10.9厘米（图4-136-5）。

陶盘　2件（图版一四七-3）。

M401：52-1,圆唇,平沿,曲腹近折,平底。胎色浅黄。通高4.7、口径13.6厘米（图4-136-11）。

M401：52-2,圆唇,敞口,斜腹,平底。胎色橙红。通高2.7、口径12.1厘米（图4-136-2）。

陶三足器　1件。M401：47,折口,圆唇,曲腹,平底,口沿横置一耳,与耳对应位置器身有置錾的痕迹,器底原有三足,均缺失。胎色橙黄。口径9.9、通高4.2厘米（图4-136-1；图版一四九-1）。

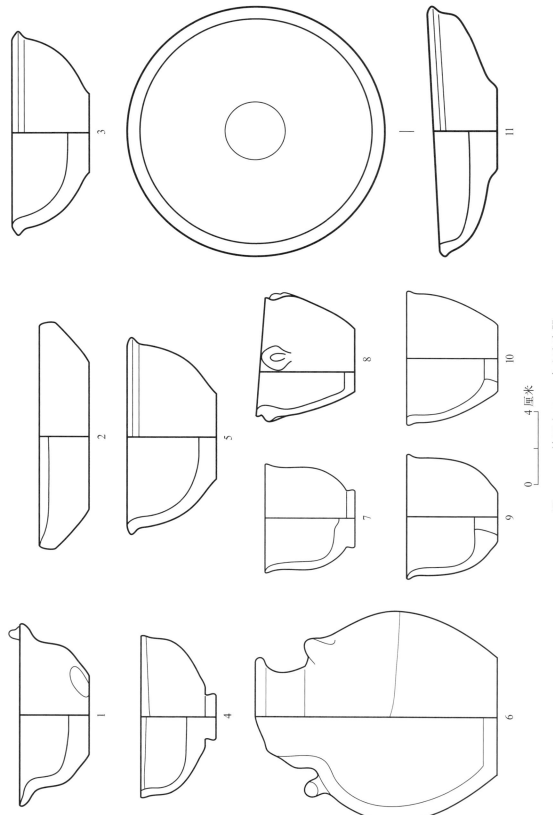

图 4-136　钵盂山 M401 出土陶瓷器

1. 陶三足器（M401：47）　2. 陶盘（M401：52-2）　3. 陶盆（M401：5）　4. 瓷方唇碗（M401：53）　5. 陶盆（M401：39）　6. 瓷双系罐（M401：80）　7. 陶杯（M401：81）
8. 陶四系盆（M401：86）　9. 陶瓿（M401：1）　10. 陶瓿（M401+2）　11. 陶盘（M401：52-1）

陶多足砚 1件。M401:11,平面圆形,周布23水滴状足。胎色橙黄。口沿残损。通高3.1、砚面直径8.7厘米(图4-135-4;图版一四八-2)。

陶烛台 1件。M401:59,灯柱呈圆筒形,下有圆唇、侈口、曲腹近折的托盘,托盘下接灯座,灯座上半为外鼓的圆柱,下半系覆莲形底座。胎色浅黄。灯柱残损。通高10.3厘米(图4-135-5;图版一四八-1)。

瓷盘口壶 2件。尖唇,盘口外敞,长颈,圆肩,鼓腹,平底,肩部横置6系。胎质较细腻,胎色灰,露胎处灰黄。外表施釉至肩腹交界处。

M401:34,釉色青中泛黄。诸系或残损或经复原。通高49.4、口径22、腹径27.8、底径15.7厘米(图4-137-1;图版一四九-2)。

M401:35,釉色青黄。诸系均残损。通高52.7、口径21.2、腹径30.8、底径15.8厘米(图4-137-2;图版一四九-3)。

瓷双系罐 1件。M401:80,圆唇,侈口,短颈,圆肩,鼓腹,平底,肩部横置2系。胎质较细腻,胎与露胎处均红褐。外表施釉及腹。釉色黄褐,受侵蚀。釉下施浅灰色化妆土。口沿残损。通高12.7厘米(图4-136-6;图版一四八-3)。

瓷方唇碗 3件。直口,曲腹,饼足,平底,足根处刮削一周。胎质较细腻。仅口沿施釉。釉面受侵蚀(图版一五〇-1)。

M401:53,胎与露胎处均灰色。口沿残损。通高4、口径8.8厘米(图4-136-4)。

M401:55,胎与露胎处均浅灰。口沿残损。通高4.2、口径9.1厘米。

M401:91,露胎处浅红泛灰。釉剥落严重。通高4、口径8.8厘米。

开元通宝 7件。均有不同程度锈蚀(图版一五〇-2、图版一五〇-3)。

0   16 厘米

图4-137 钵盂山M401出土瓷盘口壶

1. 瓷盘口壶(M401:34)   2. 瓷盘口壶(M401:35)

M401：60-1，直径2.4厘米，重2.22克。

M401：60-2，直径2.3厘米，重2.7克。

M401：60-3，直径2.5厘米，重3.55克。

M401：60-4，直径2.4厘米，重3.19克。

M401：60-5，2枚粘连。直径2.4厘米，重6.39克。

M401：60-6，残损。直径2.4厘米，重1.54克。

M401：60-7，残损。直径2.4厘米，重1.57克。

钵盂山M403

钵盂山M403发掘完成时间为1956年9月4日，记录者为郭冰廉。

M403是一座长方形券顶砖室墓，发掘时墓葬中部已被破坏。墓底距当时地表3.5米。墓向150°。墓底以砖斜向错缝平铺，墓室后部以横向、纵向砖平铺成棺床。墓壁砌筑方式不详。M403通长3.91米，墓室底长3.54、宽1.1米（图4-138）。

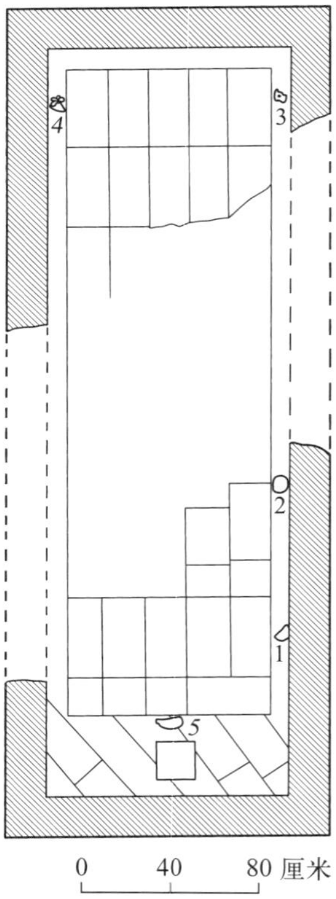

本次整理涉及M403出土器物共3件。

瓷圆唇碗　2件。直口，曲腹，饼足，平底，足根处经修整。胎质粗，胎色灰。外表施釉不及底。施灰白色化妆土（图版一五一-1）。

M403：1，露胎处浅灰泛褐。釉色黄褐，有剥落。化妆土范围与施釉范围相同。口沿残损。通高3.9、口径8.6厘米（图4-139-2）。

M403：3，露胎处灰色。釉色青灰。器内施化妆土不及底。口沿残损。通高3.2、口径8厘米（图4-139-1）。

瓷碗底　1件。M403：2，仅存下半部。露胎处深灰。釉色黄褐，剥落殆尽。化妆土范围与施釉范围相同。残高3.1厘米（图版一五一-1）。

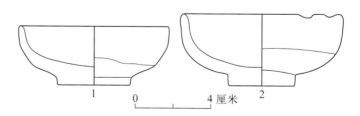

图4-138　钵盂山M403形制图

1. 瓷圆唇碗　2. 瓷碗底　3. 瓷圆唇碗
4. 瓷碗　5. 瓷片

图4-139　钵盂山M403出土瓷器

1. 瓷圆唇碗（M403：3）　2. 瓷圆唇碗（M403：1）

第五章 瓦屋垅、马房山、四眼井诸墓

瓦屋垅 M432

瓦屋垅 M432 发掘完成时间为 1956 年 10 月 30 日,记录者为游绍奇。

M432 是一座平面为"凸"字形的券顶砖室墓,由头龛与平面梯形的墓室组成。墓上堆积 0.9 米,填土黄色。墓向 250°。M432 所用均素面砖。墓室后半高起成棺床,墓室地面不铺砖,棺床前沿横向平砌两层砖。墓壁以砖二顺一丁砌筑。M432 通长 4.2 厘米,墓室底长 3.54、宽 0.9—1.02 米,头龛宽 0.44、进深 0.32 米(图 5-1)。

本次整理涉及 M432 出土器物共 11 件。

陶盆　1 件。M432:3,圆唇,敞口,腹壁斜直,平底,口沿下划 1 道弦纹。胎色灰。口沿残损。通高 5.1、直径 21.4 厘米(图 5-2-2;图版一五一-2)。

陶盖　1 件。M432:2,盖面拱起,中有尖圆捉手。胎色灰黄。盖边沿经修复。通高 6.9、直径 18 厘米(图 5-2-1;图版一五一-3)。

瓷大口罐　1 件。M432:7,圆唇,侈口,矮领,圆肩,鼓腹,平底。胎质较粗,露胎处灰褐。外表施釉及下腹。釉色黑褐,有剥落。口沿、腹部经复原。通高 30.8、直径 21.6 厘米(图 5-2-3;图版一五二-1)。

素面铜镜　1 件。M432:6,倭角,平面近"亞"字形,中有一钮,近半球形。14.9 厘米见方,边缘厚 0.2 厘米(图版一五二-2)。

铜镊　1 件。M432:4,锈蚀严重。长 10.3 厘米(图版一五二-4)。

开元通宝 6 枚。锈蚀严重(图版一五二-3)。

M432:5-1,直径 2.5 厘米,重 2.93 克。

M432:5-2,直径 2.4 厘米,重 3.19 克。

M432:5-3,直径 2.4 厘米,重 2.37 克。

M432:5-4,直径 2.5 厘米,重 2.43 克。

M432:5-5,直径 2.5 厘米,重 2.74 克。

M432:5-6,直径 2.4 厘米,重 4.08 克。

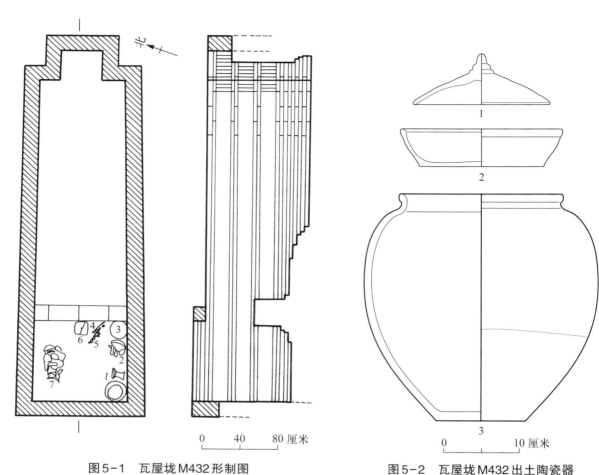

图5-1　瓦屋垅M432形制图

1. 瓷瓶 2. 陶盖 3. 陶盆 4. 铜镊 5. 开元通宝 6. 铜素面镜 7. 瓷大口罐

图5-2　瓦屋垅M432出土陶瓷器

1. 陶盖（M432：2）　2. 陶盆（M432：3）
3. 瓷大口罐（M432：7）

瓦屋垅 M436

　　瓦屋垅M436发掘完成时间为1956年11月7日，记录者为游绍奇。

　　M436是一座平面接近长方形的梯形券顶砖室墓。墓上堆积厚2.5米。墓内上层填土褐色，下层填土黑褐色。墓向157°。墓室前部以砖纵向错缝平铺，后部高起成棺床，棺床不以砖铺地，仅于前沿横置一行砖。墓壁以砖二顺一丁砌筑。M436通长3.5米，墓室底长3.15、宽0.97—1.08米（图5-3）。

　　本次整理涉及M436出土器物共3件。

　　瓷瓜棱罐　1件。M436：1，圆唇，大口外侈，矮领，圆肩，腹微鼓，腹部压出4道纵向凹槽，平底，肩部纵置2系。胎质较细腻，露胎处浅灰。外表施釉及足，内部仅口沿下方施釉。釉色青黄。2系经复原。通高15.1、口径11.6厘米（图5-4-1；图版一五三-1）。

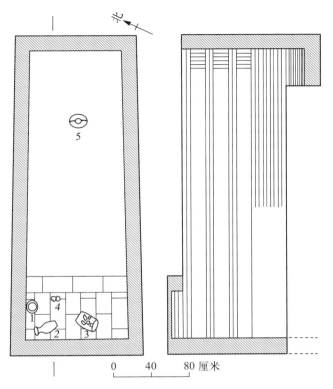

图5-3　瓦屋垅M436形制图

1.瓷瓜棱罐　*2.瓷瓶*　3.瓷双系罐　*4.铜器*　5.瓷双系罐

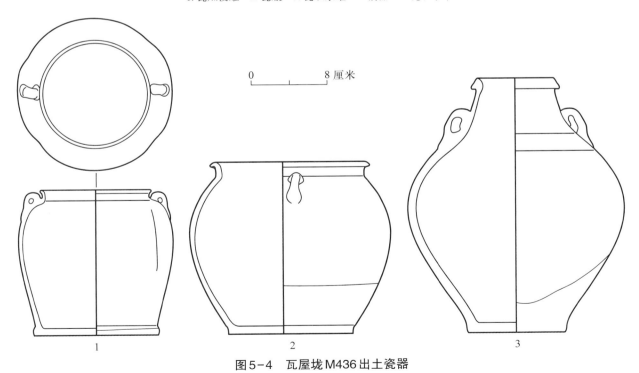

图5-4　瓦屋垅M436出土瓷器

1.瓷瓜棱罐（M436：1）　2.瓷双系大口罐（M436：3）　3.瓷双系罐（M436：5）

瓷双系大口罐　1件。M436∶3,圆唇,大口外侈,矮领,溜肩,鼓腹,平底,肩部纵置2系。胎质较细腻,胎与露胎处均红褐。外表施釉不及底,内部仅口沿下方施釉。釉受侵蚀,剥落严重,腹部绘有一深褐色圆形斑点。2系经复原。通高18.6、口径16.8厘米(图5-4-2;图版一五三-2)。

瓷双系罐　1件。M436∶5,凸唇外翻,直口内敛,唇部向外下翻而外鼓,短颈,溜肩,鼓腹,平底,肩部纵置2系。胎质较粗,胎色灰,露胎处深灰泛褐。外表施釉不及底。釉色黄褐,受侵蚀,剥落严重。口沿残损。通高27.4、口径9.1厘米(图5-4-3;图版一五三-3)。

瓦屋垅 M480

瓦屋垅M480发掘完成时间为1957年3月7日,记录者为陈恒树。

M480是一座券顶砖室墓,墓室平面呈长方形,附甬道、头龛与一对侧龛。侧龛位于墓室前部。墓上堆积厚1.4米,填土黄黑色。墓向250°。墓底以三层砖铺设。底层以砖"人"字形平铺;中层以砖纵向平铺,各条砖有间隔;上层以砖"人"字形错缝平铺。棺床被严重破坏,仅余砖若干。甬道砖台亦受破坏,仅余若干莲花纹砖。各龛均以砖平铺作为砖台。封门底部有排水道。墓壁以唐草纹砖三顺一丁砌筑,间用画像砖。M480通长7.88米,甬道底宽1.37、进深1.95米,墓室底宽2.33、进深4.42米,头龛宽0.91、进深0.77米,左龛宽0.79、进深0.75米,右龛宽0.8、进深0.75米(图5-5)。

本次整理涉及M480出土器物共14件,包括甲群9件。

裲裆铠男立俑　1件。M480∶11,仅存头部与躯干。头戴平巾帻,上着宽袖袍,外套裲裆铠,胸际系带。胎色灰褐。多处残损。残高32.3厘米(图5-6-8;图版一五四-1)。

长衣男立俑　2件。头戴幞头,上着圆领窄袖长衣,腰系带,下穿袴。胎色灰褐。

M480∶12,仅存头部与躯干。残高24.6厘米(图5-6-1;图版一五四-3)。

M480∶18,直立,双臂向前微抬。足蹬履。双臂残损,双足经复原。通高27.7厘米(图5-6-6;图版一五五-1)。

胡人男俑　2件。胎色灰褐。

M480∶8,仅存胸部以上。披发,内穿圆领衣,外套翻领衣。残高13.8厘米(图5-6-5;图版一五五-2)。

M480∶19,直立。披发,上着圆领长衣,腰系带,下穿小口袴,跣足。左足缺失,双臂、右足残损。通高26.5厘米(图5-6-7;图版一五四-2)。

男俑头　3件。

M480∶2,披发。胎色灰黄。残高7厘米(图5-6-2;图版一五六-2)。

M480∶4,头戴笼冠。胎色黄褐。残高12.7厘米(图版一五六-1)。

M480∶6,头戴笼冠。胎色灰褐。残高17.1厘米(图5-6-4;图版一五五-3)。

残女俑　1件。M480∶14,仅存胸部以上。双髻宽扁,身着背带裙,胎色红褐。残高13.8厘米(图5-6-3;图版一五六-3)。

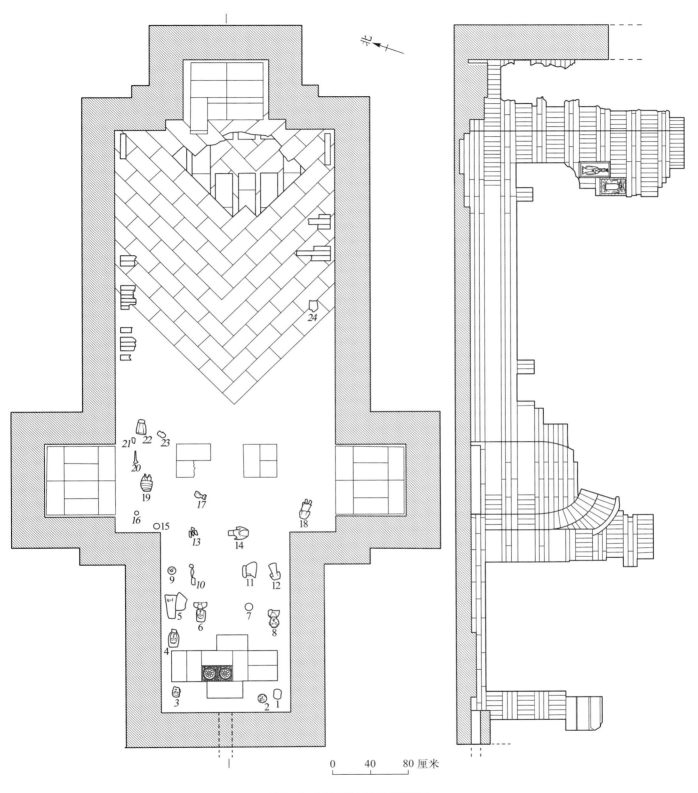

图 5-5　瓦屋垅 M480 形制图

1. 瓷盘口壶　2. 男俑头　3. 俑头　4. 男俑头　5. 瓷盘口壶　6. 男俑头　7. 瓷粉盒　8. 胡人男俑　9. 瓷盂　10. 铁器　11. 裲裆铠男立俑

12. 长衣男立俑　13. 铜器　14. 残女俑　15. 柿蒂纹镜　16. 铜钱　17. 马头　18. 长衣男立俑　19. 胡人男俑　20. 铁钉　21. 骨

22. 俑　23. 鎏金俑头　24. 俑头

图5-6　瓦屋垅M480出土陶俑

1. 长衣男立俑（M480：12）　2. 男俑头（M480：2）　3. 残女俑（M480：14）　4. 男俑头（M480：6）　5. 胡人男俑（M480：8）
6. 长衣男立俑（M480：18）　7. 胡人男俑（M480：19）　8. 裲裆铠男立俑（M480：11）

　　瓷盘口壶　2件。圆唇，盘口外敞，长颈，圆肩，鼓腹，平底，肩部横置6系。胎质较细腻。外表施釉及腹。诸系均残损。

　　M480：1，胎色灰，露胎处黄褐。釉色青中泛黄。通高43.2、口径16.5、腹径25.7、底径13厘米（图5-7-1；图版一五七-1）。

　　M480：5，胎色浅灰泛黄，露胎处灰黄。釉色青黄，有剥落。通高43.9、口径17、腹径24.2、底径12.5厘米（图5-7-4；图版一五七-2）。

　　瓷盂　1件。M480：9，圆唇，直口，折腹，饼足，足心内凹，口沿下横置4系。上腹部划一周直线，折腹处呈锯齿状。胎质细腻，露胎处浅黄。外表施釉及下腹。釉色青黄。口沿残损，2系经复

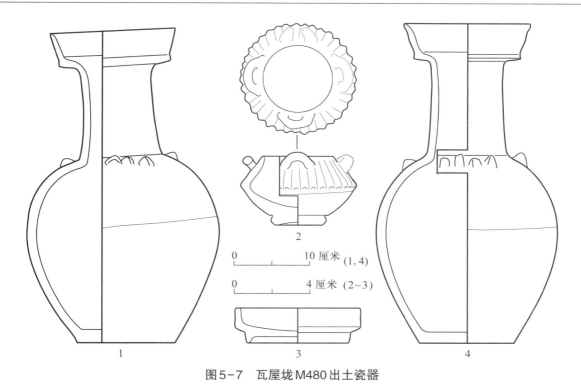

图5-7 瓦屋垅M480出土瓷器

1. 瓷盘口壶（M480∶1） 2. 瓷盂（M480∶9） 3. 瓷粉盒（M480∶7） 4. 瓷盘口壶（M480∶5）

原。通高3.7、腹径6.2厘米（图5-7-2；图版一五七-4）。

瓷粉盒 1件。M480∶7，仅存一半。平面圆形，侧视呈倒"凸"字形。胎质细腻，胎与露胎处均浅黄。仅侧面施釉。釉色青黄，轻微剥落。口沿残损。通高1.9、直径6.6厘米（图5-7-3；图版一五七-3）。

柿蒂纹镜 1件。M480∶15，半圆钮，三角缘，边缘微弧。边缘锈蚀、残损。直径4.5、钮部厚0.7厘米（图版一五六-4）。

瓦屋垅 M498

瓦屋垅M498发掘完成时间为1957年3月18日，记录者为李元魁。

M498是一座平面近长方形的梯形券顶砖室墓。墓上堆积厚1.2米，填土黄黑色。墓向120°。墓室后部高起成棺床，墓底仅棺床前沿横向平铺一行砖。墓壁以素面砖二顺一丁砌筑。M498通长4.05米，墓底长3.72、宽0.95—1.06米（图5-8）。

本次整理涉及M498出土器物共3件。

陶盘口壶 1件。M498∶1，圆唇，盘口，长颈，圆肩，鼓腹，平底。胎色黄。通高30.2、口径15.6厘米（图5-9-1；图版一五八-3）。

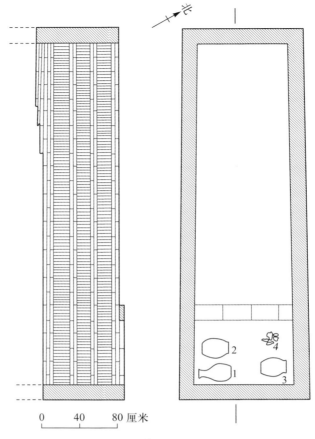

0   40   80 厘米

图5-8　瓦屋垅M498形制图

1.陶盘口壶　2.瓷双系大口罐　3.瓷双系大口罐　*4.瓷片*

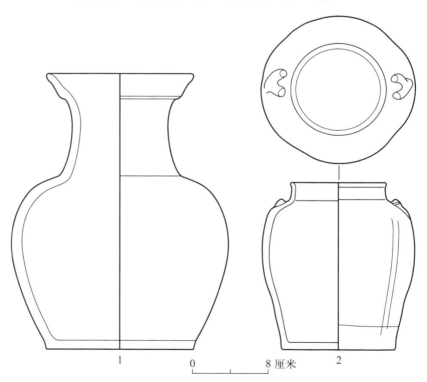

1   2

0   8 厘米

图5-9　瓦屋垅M498出土陶瓷器

1.陶盘口壶（M498∶1）　2.瓷双系大口罐（M498∶2）

瓷双系大口罐　2件。圆唇，侈口，矮领，圆肩，腹微鼓，平底，肩部横置双系，肩腹部有纵向双划线4组。胎质较细腻，露胎处红褐。外表施釉不及底。釉色黄褐。

M498：2，胎色灰。釉有剥落。双耳残损。通高18.3、口径10.1厘米（图5-9-2；图版一五八-1、图版一五八-2）。

M498：3，釉剥落严重。双耳经复原。通高18.7、口径9.8厘米（图版一五八-1）。

瓦屋垅 M507

瓦屋垅M507发掘完成时间为1957年4月2日，记录者为李元魁。

M507是一座长方形券顶砖室墓。墓上堆积厚1.4米。墓向157°。墓底以砖二横二直平铺，上以砖二横二直平铺成棺床，墓室前部再以砖二横二直铺出砖台。墓壁以花纹砖三顺一丁砌筑，纹饰有唐草纹、武士纹。4组三顺一丁花纹砖上有小龛置瓷碗。M507通长4.19米，墓室底长3.85、宽1.11米（图5-10）。

本次整理涉及M507出土器物共25件，包括甲群5件。

生肖俑　3件。端坐，袖手于身前。身着交领右衽宽袖长袍，腰系带。胎色灰黄。头部、生肖缺失（图版一五九-1）。

M507：10，残高10.1厘米（图5-11-6）。

M507：12，下半身左侧缺失。残高9.6厘米。

M507：13，残高10.7厘米。

残俑　1件。M507：7，仅存胸部以上。身着交领右衽衣。头部残损。胎色灰。残高10厘米（图5-11-3；图版一五九-3）。

陶牛　1件。M507：1，伏卧，引项平视。胎色灰。双耳、双角缺失，前肢残损。长15.3厘米（图5-11-5；图版一五九-4）。

陶杯　1件。M507+1，圆唇，直口，曲腹，饼足，足心内凹，足根处平削一周。口沿下划1道弦纹，下刻覆莲纹。胎质细腻坚实。胎色浅黄。口沿大部经复原。通高3.3、口径4.5厘米（图5-11-4；图版一六〇-2）。

瓷盘口壶　1件。M507：6，圆唇，盘口外敞，颈较长，圆肩，鼓腹，平底，肩部原应横置6系，尚存5系。胎质较细腻，胎色浅灰，露胎处浅褐。外表施釉及腹。釉剥落殆尽。诸系均残损。通高44、口径17.9、腹径27、底径13.3厘米（图5-11-2；图版一五九-2）。

瓷方唇碗　1件。M507：19，直口，曲腹，饼足，平底，足根处经修整。胎质较粗，露胎处浅褐。仅口沿施釉。釉色青黄。口沿经复原。通高3.9、口径9厘米（图5-11-1；图版一六〇-1）。

五铢　17件。均不同程度锈蚀或残损（图版一六〇-3、图版一六〇-4、图版一六〇-5）。

M507：3-1，直径2.3厘米，重2.11克。

M507：3-2，直径2.4厘米，重2.11克。

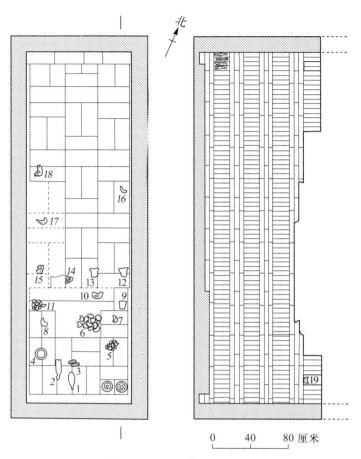

图 5-10　瓦屋垅 M507 形制图

1. 陶牛　2. 俑　3. 五铢　4. 香炉　5. 陶片　6. 瓷盘口壶　7. 残俑　8. 俑头　9. 俑　10. 生肖俑　11. 陶片　12. 生肖俑　13. 生肖俑　14. 陶片　15. 陶片　16. 俑头　17. 俑头　18. 俑头　19. 瓷方唇碗　+1. 陶杯

M507：3-3，直径2.4厘米，重1.78克。

M507：3-4，直径2.5厘米，重2.48克。

M507：3-5，直径2.3厘米，重1.76克。

M507：3-6，直径2.4厘米，重2.16克。

M507：3-7，直径2.4厘米，重1.98克。

M507：3-8，直径2.4厘米，重1.94克。

M507：3-9，直径2.5厘米，重1.84克。

M507：3-10，直径2.4厘米，重2.56克。

M507：3-11，直径2.4厘米，重2.36克。

M507：3-12，直径2.4厘米，重2.14克。

M507：3-13，直径2.4厘米，重2.4克。

M507：3-14，直径2.4厘米，重2.63克。

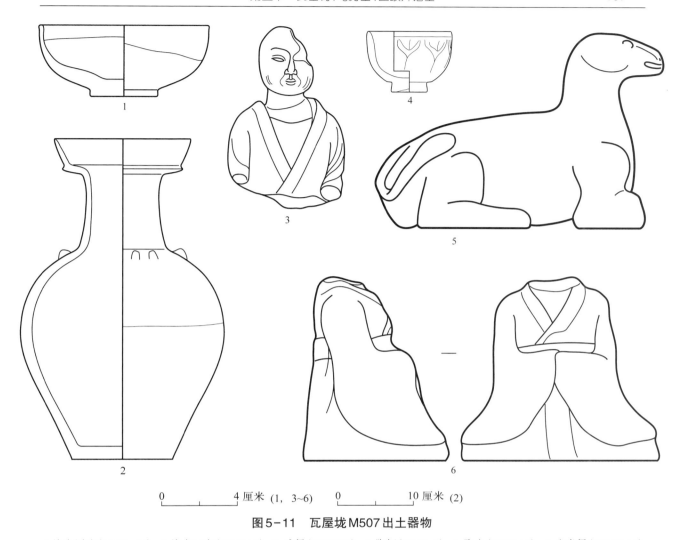

图5-11 瓦屋垅M507出土器物

1. 瓷方唇碗（M507∶19） 2. 瓷盘口壶（M507∶6） 3. 残俑（M507∶7） 4. 陶杯（M507+1） 5. 陶牛（M507∶1） 6. 生肖俑（M507∶10）

M507∶3-15，直径2.4厘米，重2.75克。

M507∶3-16，直径2.5厘米，重2.36克。

M507∶3-17，直径2.4厘米，重2.22克。

马房山 M8

马房山M8发掘时间为1953年6月14—20日，其中14—18日主要工作为排除墓坑积水。

M8是一座砖室墓，墓室平面呈长方形，附甬道、头龛与两对侧龛，两对侧龛分别位于甬道中部与墓室前部。M8发掘时仅存墓底，唯头龛券顶保存完整。墓向134°。墓底以砖二横二直平铺。甬道两侧有沟槽，墓室地面较甬道高出一砖的厚度。墓壁以花纹砖三顺一丁砌筑。M8通长

6.68米，甬道底宽1.17、进深2.91米，墓室底宽1.62、进深3.16米，头龛宽0.51、进深0.61米，左前龛宽0.65—0.74、进深0.63米，右前龛宽0.63—0.74、进深0.62米，左后龛宽0.55、进深0.61米，右后龛宽0.57、进深0.6米（图5-12）。

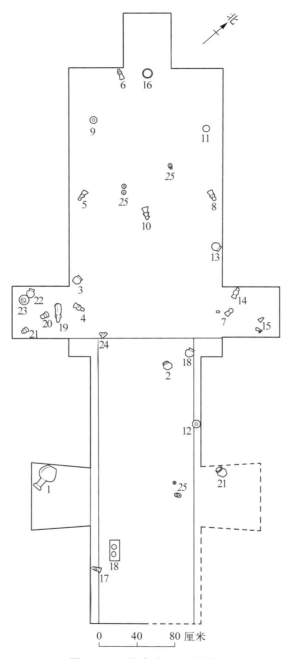

图5-12　马房山M8形制图

1. 瓷长颈壶　2. 瓷四系双唇罐　3. 瓷四系双唇罐　4. 女立俑　5. 女坐俑　6. 女立俑　7. 袍服男立俑　8. 袍服男立俑　9. 瓷圆唇碗　10. 生肖俑　11. 瓷圆唇碗　12. 瓷圆唇碗　13. 瓷四系双唇罐　14. 袍服男立俑　15. 女立俑　16. 铜器　17. 生肖俑-戌狗　18. 陶灶　19. 陶牛　20. 生肖俑-午马　21. 生肖俑-亥猪　22. 瓷四系双唇罐　23. 陶磨　24. 生肖俑-寅虎　*25. 开元通宝*　+1. 生肖俑　+2. 陶井

本次整理涉及M8出土器物共26件,包括甲群17件。

生肖俑　6件。均生肖首人身。端坐,拱手于胸前。身着宽袖长袍。胎色橙红。

M8：17,戌狗。后侧衣摆经复原。通高16.3厘米(图5-13-4;图版一六一-2)。

M8：20,午马。右耳缺失,右侧衣摆经复原。通高17.3厘米(图5-13-5;图版一六一-1)。

M8：21,亥猪。左耳缺失,吻部、袖口残损,后侧衣摆经复原。通高17厘米(图版一六二-1)。

M8：24,寅虎。双耳残损。残高16.8厘米(图5-13-3;图版一六一-3)。

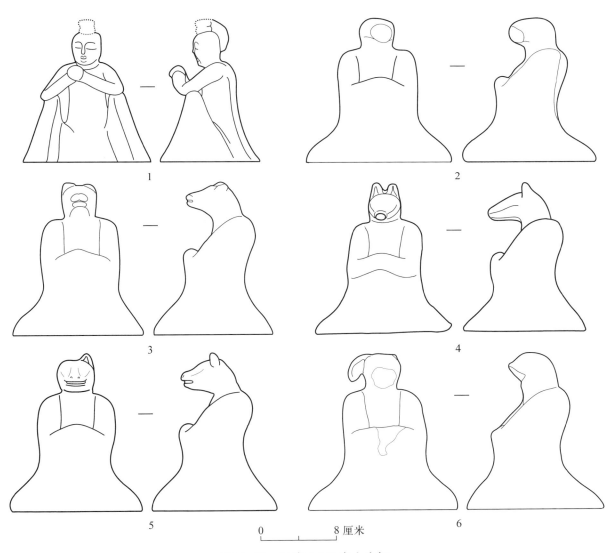

0　　　　　　　8厘米

图5-13　马房山M8出土陶俑

1.女坐俑(M8：5)　2.生肖俑(M8：10)　3.生肖俑-寅虎(M8：24)　4.生肖俑-戌狗(M8：17)
5.生肖俑-午马(M8：20)　6.生肖俑-亥猪(M8：21)

　　M8∶10，属相不明。双耳缺失，吻部残损，左侧、后侧衣摆经复原。残高15.8厘米（图5-13-2；图版一六二-1）。

　　M8+1，属相不明。头部缺失。残高14厘米（图版一六二-1）。

　　袍服男立俑　3件。均直立，双手拱于胸前。身着宽袖长袍。

　　M8∶7，胎色红褐。头部缺失，下半身经复原。残高17.6厘米（图版一六二-2）。

　　M8∶8，冠部缺失。胎色橙红。冠部残损。残高22.8厘米（图5-14-3；图版一六二-2）。

　　M8∶14，头戴平巾帻。胎色橙红。通高24.5厘米（图5-14-4；图版一六二-2、图版一六三-1）。

　　女立俑　3件。均直立。胎色橙红。

　　M8∶4，拱手于胸前。头梳半翻髻，上着窄袖衫，外套半臂，下穿长裙。通高23.9厘米（图5-14-2；图版一六三-3）。

　　M8∶6，形制同M8∶4。发髻与下半身均经复原。通高22.4厘米（图版一六三-3）。

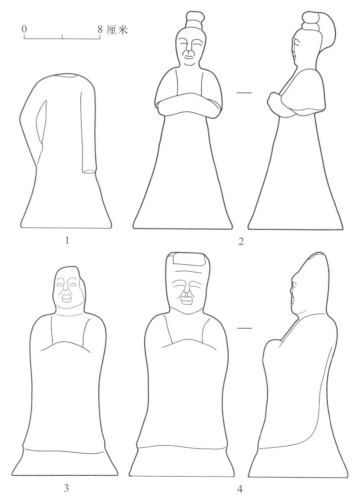

图5-14　马房山M8出土陶立俑

1. 女立俑（M8∶15）　2. 女立俑（M8∶4）　3. 袍服男立俑（M8∶8）　4. 袍服男立俑（M8∶14）

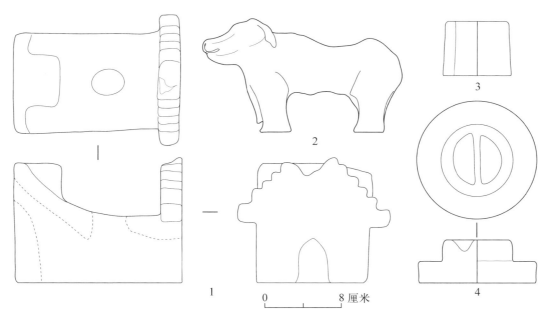

图 5-15 马房山 M8 出土陶动物、模型明器

1. 陶灶（M8：18） 2. 陶牛（M8：19） 3. 陶井（M8+2） 4. 陶磨（M8：23）

M8：15，右手叉腰，左臂贴身下垂。着长裙，具体衣式不明。头部缺失。残高 17.1 厘米（图 5-14-1；图版一六三-2）。

女坐俑 1件。M8：5，踞坐，双肘支于双膝，拱手。头梳半翻髻，衣式难辨。胎色橙红。通高 15.4 厘米（图 5-13-1；图版一六四-1）。

陶牛 1件。M8：19，立姿。双角缺失，右前蹄残损，牛尾缺失，臀部一孔。胎色橙红。残高 12.2 厘米（图 5-15-2；图版一六四-2）。

陶灶 1件。M8：18，灶身为立方体，火门券顶通地，上有阶梯形挡火墙，灶面有一圆形火眼，灶头上翘，向后开一矩形出烟孔。胎色橙红。挡火墙顶部残损。残高 12.7、底边长 17.2 厘米（图 5-15-1；图版一六五-1）。

陶磨 1件。M8：23，上下扇相连，均圆饼状，上扇投料槽较深，被分隔为两半圆形。胎色橙红。通高 4.6、底径 12.1 厘米（图 5-15-4；图版一六四-3）。

陶井 1件。M8+2，整体呈上小下大的筒形。胎色橙红。通高 5.8 厘米（图 5-15-3；图版一六四-4）。

瓷长颈壶 1件。M8：1，圆唇，侈口，长颈，圆肩，鼓腹，圈足外撇。肩腹纵置 6 系。胎质细腻，胎与露胎处均浅黄。外表施釉至圈足中部。釉色青黄，略有剥落。口沿残损。通高 30 厘米（图 5-16；图版一六五-2）。

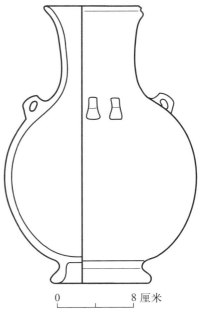

图 5-16 马房山 M8 出土瓷长颈壶

M8：1

　　瓷四系双唇罐　4件。内唇圆而内敛,外唇外敞,溜肩,鼓腹,平底,肩部横置4系。胎质较细腻。外表施釉及肩。

　　M8:2,外唇尖。胎与露胎处均灰色。釉色青褐,有剥落。外唇残损,1系缺失。通高10.7、外口径10.2厘米(图5-17-3;图版一六六-1)。

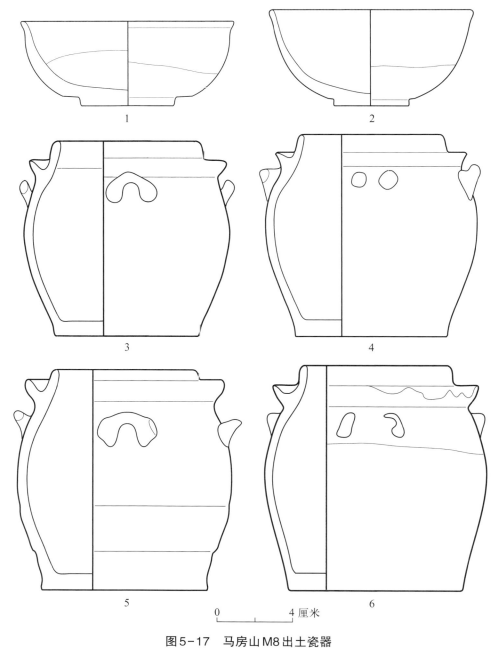

0　　　　　4 厘米

图5-17　马房山M8出土瓷器

1. 瓷圆唇碗(M8:9)　2. 瓷圆唇碗(M8:12)　3. 瓷四系双唇罐(M8:2)　4. 瓷四系双唇罐(M8:13)

5. 瓷四系双唇罐(M8:22)　6. 瓷四系双唇罐(M8:3)

M8：3，外唇尖。胎与露胎处均灰色。釉色青褐，有剥落。外唇及3系残损，1系缺失。通高12.2、外口径10.7厘米（图5-17-6；图版一六六-2）。

M8：13，外唇尖。胎与露胎处均灰色。釉色青褐，有剥落。1系残损。通高11.4、外口径10厘米（图5-17-4；图版一六六-1）。

M8：22，外唇圆，下腹骤然内收形成一折棱。胎色灰，露胎处灰黄。釉色黄褐，受侵蚀，有剥落。下腹部残损。通高12、外口径10.2厘米（图5-17-5；图版一六六-2）。

瓷圆唇碗　3件。敞口微侈，曲腹，饼足，平底，足根处平削一周。釉下施化妆土（图版一六六-3）。

M8：9，胎质较细腻，胎色灰，露胎处深灰。内外施釉均不及底。釉色青褐，有剥落。化妆土浅灰。口沿残损。通高4.5、口径11.2厘米（图5-17-1）。

M8：11，胎质较细腻，露胎处灰中泛红。外表施釉不及底。釉色青褐，有剥落。化妆土浅灰。大半经复原。通高5.4厘米。

M8：12，胎质较细腻，露胎处灰红。外表施釉不及底。釉色青褐，剥落殆尽。化妆土浅灰泛黄。通高5.3、口径10.8厘米（图5-17-2）。

铜器　1件。M8：16，为容器口沿，锈蚀、残损严重。残高5.6厘米（图版一六六-4）。

马房山 M9

马房山 M9 发掘时间为1953年6月14日，发掘者为沈畴春。

M9是一座以长方形券顶砖室为主体、墓室前部附一侧龛的墓葬。发现时仅存墓底。墓向233°。墓底以素面砖作"人"字形平铺，墓室中再以二横二直莲花纹砖砌出棺床。墓壁以花纹砖砌筑。M9墓室底长3.32、宽1.19米，侧龛宽0.78米，进深0.4米（图5-18）。

本次整理涉及M9出土器物共9件。

瓷双唇罐　4件。内唇圆而内敛，外唇尖而外敞，溜肩，鼓腹，平底，肩部横置4系。胎质较细腻。外表施釉及肩（图版一六七-1）。

M9：6，胎色浅灰，露胎处浅灰泛黄。釉色黄褐，受侵蚀，剥落严重。双唇残损。通高12.1、外口径10.1厘米（图5-19-4）。

M9：7，胎与露胎处均浅灰。釉色黄褐。外唇及1系残损，内唇经复原。通高12.3、外口径11.1厘米。

M9：8，胎色浅灰，露胎处浅灰泛黄。釉色褐，剥落严重。双唇经修复，2系缺失。通高11.3、外口径9.3厘米。

M9：17，胎与露胎处均灰色。釉色青褐，剥落严重。外唇及3系残损。通高11.4、外口径10.6厘米。

瓷圆唇碗　4件。曲腹，饼足，足心内凹，足根处平削一周。胎质较细腻。外表施釉不及底。

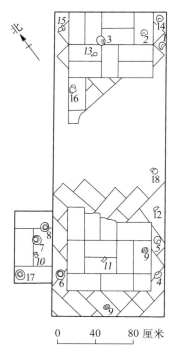

图5-18　马房山M9形制图

1. 瓷碗残片　2. 瓷碗残片　3. 瓷唾壶　4. 瓷碗残片　5. 瓷碗残片　6. 瓷双唇罐　7. 瓷双唇罐　8. 瓷双唇罐　9. 腐铜（2堆）
10. 瓷坛残片　11. 瓷碗残片　12. 瓷圆唇碗　13. 铁钉　14. 瓷圆唇碗　15. 瓷碗残片　16. 瓷圆唇碗　17. 瓷双唇罐　18. 瓷圆唇碗

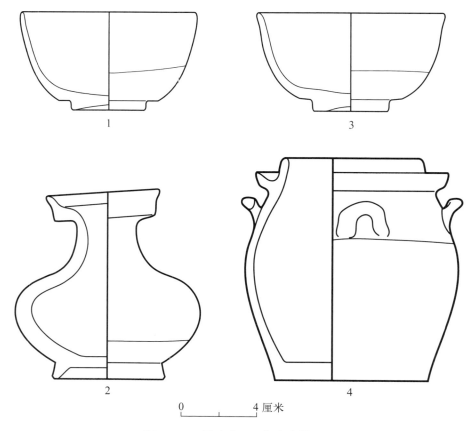

图5-19　马房山M9出土瓷器

1. 瓷圆唇碗（M9∶14）　2. 瓷唾壶（M9∶3）　3. 瓷圆唇碗（M9∶18）　4. 瓷双唇罐（M9∶6）

釉下施浅灰色化妆土。

M9：12，侈口。胎与露胎处均灰色。釉色黄褐，剥落严重。口沿残损、经修复。通高5.7、口径10.1厘米（图版一六七-2）。

M9：14，敞口。露胎处深灰。釉受侵蚀，剥落殆尽。口沿经修复。通高5.4、口径9.3厘米（图5-19-1；图版一六七-3）。

M9：16，敞口。露胎处灰褐。釉受侵蚀，剥落殆尽。口沿经修复。通高5.4、口径9.2厘米（图版一六七-3）。

M9：18，侈口。胎色灰，露胎处灰褐。釉色黄褐，剥落殆尽。口沿残损、经修复。通高5.4、口径9.9厘米（图5-19-3；图版一六七-2）。

瓷唾壶　1件。M9：3，圆唇，盘口微敞，束颈，溜肩，鼓腹，圈足。胎质较细腻，胎色灰白，露胎处灰白泛黄。外表施釉不及底。釉色青黄。口沿经复原，圈足残损。通高10.3、口径6厘米（图5-19-2；图版一六七-4）。

马房山 M13

M13发掘记录、图纸缺失。

本次整理涉及M13出土器物共14件，包括甲群7件、丁群1件。

兽面镇墓兽　1件。M13：36，蹲伏于地，挺胸昂首，张口吐舌，尾部反翘贴于后背。胎色橙黄。左前爪、尾部残损。通高13.8厘米（图5-20-1；图版一六八-1）。

双人首连体俑　1件。M13：31，双人首相背，头梳小髻，蛇身相连。胎色橙黄。发髻均残损，躯干残损。通高10、长18.2厘米（图5-20-2；图版一六八-2）。

人首鸟身俑　1件。M13：33，头顶生一角。蹲伏于地，昂首。胎色橙红。右足残损，左翼经复原。通高11.9厘米（图5-20-4；图版一六八-3）。

生肖俑　2件。端坐的成年男子形象，袖手于身前，原应捧生肖，生肖已佚。头戴笼冠，着交领宽袖袍，腰系带。

M13：6，胎色红褐。衣摆残损。通高21.1厘米（图5-20-3；图版一六九-1、图版一六九-2）。

M13：24，胎色橙红。笼冠、右侧衣摆残损。通高21.1厘米（图版一六九-1）。

甲士俑　1件。M13+2，直立，双手持物于胸前，所持物已佚。头戴兜鍪，上着窄袖衣，肩覆披膊，腰系带，腰带下接膝裙，下穿大口袴，膝下缚袴，足蹬圆头履。胎色橙黄。腰部、右腿经复原。通高33.9厘米（图5-20-5；图版一六九-3）。

陶灶　1件。M13：61，灶身为立方体，火门尖拱形，不通地，上有阶梯形挡火墙，挡火墙顶部有一原型凹孔，灶面有一圆形火眼，上有一釜，灶头上翘，向后开一矩形出烟孔。胎色橙黄。釜口沿残损。通高13.1、底边长17厘米（图5-21-2；图版一七〇-1）。

三彩盂　1件。M13：50，圆唇，敛口，鼓腹，平底。胎质细腻，露胎处白。外表施釉至底部。

图5-20　马房山M13出土陶俑

1. 兽面镇墓兽（M13：36）　2. 双人首连体俑（M13：31）　3. 生肖俑（M13：6）　4. 人首鸟身俑（M13：33）　5. 甲士俑（M13+2）

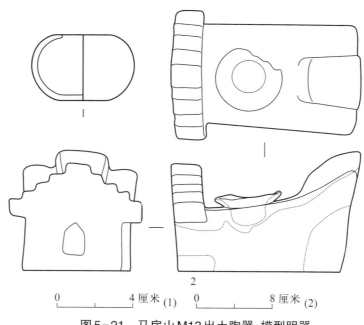

图5-21　马房山M13出土陶器、模型明器

1. 三彩盂（M13：50）　2. 陶灶（M13：61）

釉色黄、白、绿相间。通高3.6、口径2.2、腹径5.4厘米（图5-21-1；图版一七一-1）。

　　瓷鸡首壶　1件。M13：47，长颈，颈部有若干道凸起呈竹节状，圆肩，鼓腹，束胫，平底。肩部纵置4系并有一装饰性鸡首，与鸡首相对处原应置手柄。胎质较细腻，胎色浅灰，露胎处浅灰泛黄。外表施釉及腹。釉色青黄，受侵蚀，有剥落。口部缺失，足部残损。残高16.1厘米（图5-22-5；图版一七〇-2）。

　　瓷双唇罐　2件。内唇圆而内敛，外唇尖而外敞，溜肩，鼓腹，平底。胎质较细腻，胎色浅灰。

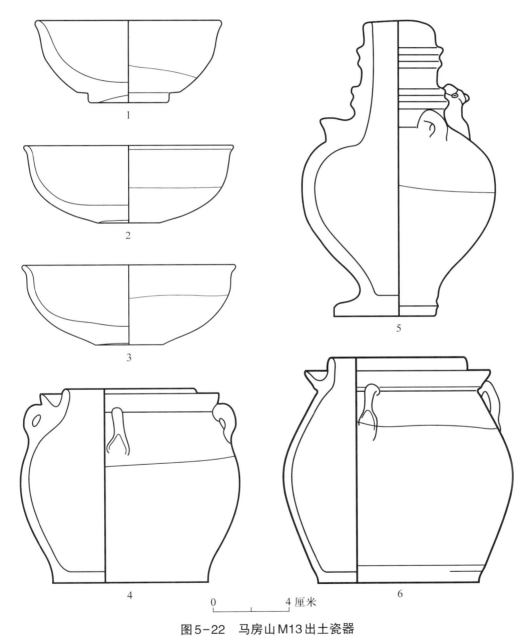

图5-22　马房山M13出土瓷器

1. 瓷圆唇碗（M13+1）　2. 瓷钵（M13：46）　3. 瓷钵（M13：48）　4. 瓷双唇罐（M13：43）　5. 瓷鸡首壶（M13：47）　6. 瓷双唇罐（M13：2）

外表施釉及肩。釉色青黄,受侵蚀,剥落严重(图版一七一-2)。

M13:2,肩部纵置3系。露胎处浅灰。双唇残损。通高12.2、外口径9.8厘米(图5-22-6)。

M13:43,肩部纵置4系。露胎处浅褐。外唇残损。通高10.5、外口径9.4厘米(图5-22-4)。

瓷圆唇碗　1件。M13+1,侈口,曲腹,饼足,足心内凹,足根处平削一周。胎质较粗,露胎处深灰。外表施釉不及底。釉色青褐,剥落严重。釉下施浅灰色化妆土。内壁满布铜绿。通高4.4、口径9.8厘米(图5-22-1;图版一七一-3)。

瓷钵　2件。圆唇,侈口,曲腹,底心内凹。胎质较细腻。外表施釉不及底。釉完全剥落(图版一七一-4)。

M13:46,露胎处浅黄。通高4.2、口径11厘米(图5-22-2)。

M13:48,胎色浅灰,露胎处白中泛红。腹部残损。通高4.4、口径11.2厘米(图5-22-3)。

马房山 M17

马房山M17发掘时间为1953年7月24-28日,发掘者为沈畴春。

M17是一座券顶砖室墓,尚存长方形墓室与一对侧龛。M17被4座晚期墓叠压,发现时前、后部均遭破坏,东壁大部垮塌,清理前已出土"无釉大陶俑"2件(即M17:72、M17:73)与"高24公分无釉陶辟邪"2件。墓上堆积厚2.45米。墓向164°。墓底以素面砖"人"字形平铺,墓室中再以莲花纹砖二横二直铺出棺床。侧龛底部亦以莲花纹砖二横二直铺成砖台。墓室壁面以花纹砖三顺一丁砌筑,间砌人物纹砖。M17残长4.96米,墓室底宽1.6、残长4.96米,左龛宽0.81-1.17、进深0.72米,右龛宽0.62、进深0.43米(图5-23)。

本次整理涉及M17出土器物共67件,包括甲群19件。

镇墓兽　1件。M17:5,蹲踞,挺胸昂首,口大张,右前肢抬起。胎色灰。左前肢、右后肢残损,臀部一孔,不见尾部。通高17.4厘米(图5-24-1;图版一七二-1、图版一七二-2)。

生肖俑　9件。生肖首人身。均端坐,袖手。身着交领宽袖长袍,腰系带。

M17:8,申猴。胎色灰褐。通高34.4厘米(图5-24-2;图版一七三-1)。

M17:15,寅虎。胎色灰。双耳、尾部、衣摆残损。残高31.8厘米(图5-24-3;图版一七二-3)。

M17:24,午马。胎色灰。双耳残损。残高33.8厘米(图5-24-4;图版一七三-2)。

M17:3,胎色灰褐。头部缺失。残高25.1厘米(图版一七四-1)。

M17:4,胎色灰褐。头部缺失,衣摆残损。残高23.5厘米(图版一七四-1)。

M17:16,胎色灰褐。头部缺失,衣摆残损。残高25.4厘米(图版一七四-2)。

M17:18,胎色灰。头部缺失,衣摆残损。残高24.5厘米(图版一七四-1)。

M17:34,胎色黄褐。头部缺失。残高24.2厘米(图版一七四-2)。

M17:69,胎色黄褐。头部缺失。残高23.5厘米(图版一七四-2)。

袍服男立俑　2件。直立,双手持环首刀于身前。头戴平巾帻,上着左衽或右衽宽袖袍,下穿

图5-24　马房山M17出土陶俑

1. 镇墓兽（M17：5）　2. 生肖俑－申猴（M17：8）　3. 生肖俑－寅虎（M17：15）　4. 生肖俑－午马（M17：24）

裙,足蹬高头履。胎色灰（图版一七五）。

　　M17：72,左衽,平巾帻、胡须、右侧及后侧裙摆残损。残高78.2厘米。

　　M17：73,右衽,平巾帻、胡须、刀环首、双手、裙摆后侧残损。残高83.7厘米。

　　女立俑　2件。

　　M17：23,直立,袖手。上着交领窄袖衫,胸际系带,下穿裙。胎色灰。仅存上半身,发髻、袖口残损。残高23.6厘米（图5-25-2；图版一七六-1）。

　　M17：13,应为立姿,作双手举物于右肩状。上着窄袖衫,下穿裙。胎色灰。仅存躯干及双

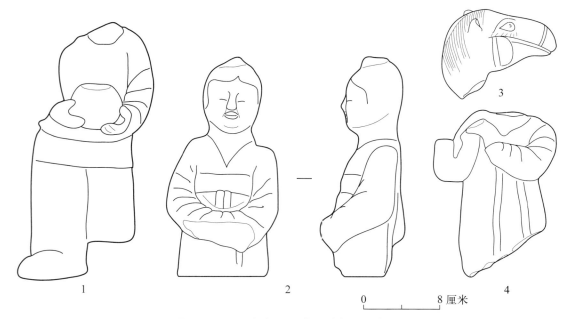

图5-25　马房山M17出土陶俑、陶动物

1. 长衣立俑（M17：11）　2. 女立俑（M17：23）　3. 陶鞍马（M17：29）　4. 女立俑（M17：13）

臂。残高18厘米（图5-25-4；图版一七六-2）。

长衣立俑　1件。M17：11，直立，双手于身前捧一鼓状物。上着窄袖长衣，下穿裤，足蹬圆头履。胎色灰。头部、右臂及左脚缺失。残高27.8厘米（图5-25-1；图版一七六-3）。

陶鞍马　1件。M17：29，仅存头部，表面刻划络头。胎色灰。长12.2厘米（图5-25-3；图版一七七-1）。

陶灶　1件。M17：68，灶身近立方体，底座封底，火门券顶，外有尖拱门楣，上有阶梯形挡火墙，灶面2圆形火眼，灶头上翘，向后上方开一矩形出烟孔。胎色灰。底座前端残损。通高20.4、底边残长30厘米（图5-26；图版一七七-3）。

陶磨　1件。M17：31，由圆饼状的上下两扇构成，磨面刻有磨齿；上扇投料槽较深，被分隔为两半圆形，内各有一圆形投料孔，上表面边缘有三块梯形凸起；下扇正中有一圆孔。胎色灰。上扇直径14.4、下扇直径14.5、通高8厘米（图5-27-1；图版一七七-2）。

陶莲座　1件。M17：39，覆莲状，1/4被切去，中有一圆孔。通高12.4厘米（图5-27-2；图版一七七-4）。

瓷虎子　1件。M17：10，虎形，踞坐，昂首，口大张，尾部反翘连接背部成提梁。胎质细腻，露胎处浅黄。施釉不及腹部与足底。釉色青黄。通高13.7厘米（图5-28-7；图版一七八-1）。

瓷多足砚　1件。M17：6，砚面圆形，有10水滴状足。胎质较粗，露胎处灰褐。砚面与砚身底部不施釉，足底有粘釉痕迹。釉色青中泛黄，有轻微剥落。釉下施灰白色化妆土。通高5、口径12.8厘米（图5-28-8；图版一七八-2）。

瓷高足盘　12件。圆唇，高圈足，足端外撇。盘心戳印模糊的同心环与莲瓣纹。胎质较粗。

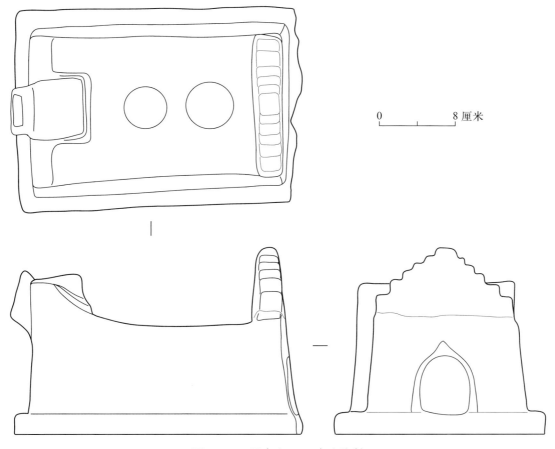

图5-26　马房山M17出土陶灶

M17：68

外表施釉不及底，口沿无釉。釉下施灰白色化妆土。

　　M17：1，直口微敞，折腹。胎色浅灰，露胎处灰色。釉色青黄。口沿残损。通高3.9、口径9.1厘米（图版一七八-3、图版一七九-1）。

　　M17：2，敞口，斜曲腹。胎色浅灰，露胎处灰色。釉色青黄，有剥落。口沿有残损。通高3.7、口径9.4厘米（图5-28-1；图版一八〇-1）。

　　M17：14，直口微敞，折腹。露胎处灰色。釉色黄中泛青，有剥落。通高3.9、口径9.8厘米（图版一七八-3、图版一七九-1）。

　　M17：26，敞口，斜曲腹。露胎处灰色。釉色青黄，有剥落。通高3.8、口径9.9厘米（图版一八〇-1）。

　　M17：27，敞口，斜曲腹。胎色与露胎处均灰色。釉色青黄。口沿残损。通高3.9、口径9.6厘米（图版一八〇-1）。

　　M17：28，敞口，斜曲腹。胎与露胎处均灰色。釉色黄褐。圈足残损。通高3.6、口径9.8厘米（图版一八〇-2）。

图5-27　马房山M17出土模型明器

1. 陶磨（M17：31）　2. 陶莲座（M17：39）

M17：32，直口微敞，折腹。露胎处灰褐。釉色青黄。通高4、口径9.4厘米（图5-28-2；图版一七八-3、图版一七九-1）。

M17：33，直口微敞，折腹。胎色浅灰，露胎处灰色。釉色青黄。圈足、口沿有残损。通高3.6、口径9.4厘米（图版一七九-2）。

M17：41-1，直口微敞，折腹。胎色灰，露胎处灰褐。釉色青白泛黄，有剥落。通高3.8、口径9.4厘米（图版一七九-2）。

M17：41-2，直口微敞，折腹。露胎处灰色。釉色青黄，有剥落。通高3.7、口径9.1厘米（图版一七九-2）。

M17：42-1，敞口，斜曲腹。露胎处灰色。釉色青灰，有剥落。通高3.7、口径9.6厘米（图版一八〇-2）。

M17：42-2，敞口，斜曲腹。胎色与露胎处均浅灰。釉色青黄。口沿残损。通高3.6、口径9厘米（图版一八〇-2）。

瓷圆唇碗 29件。其中27件均直口，曲腹，饼足，足心内凹，足根处刮削一周，口沿无釉。

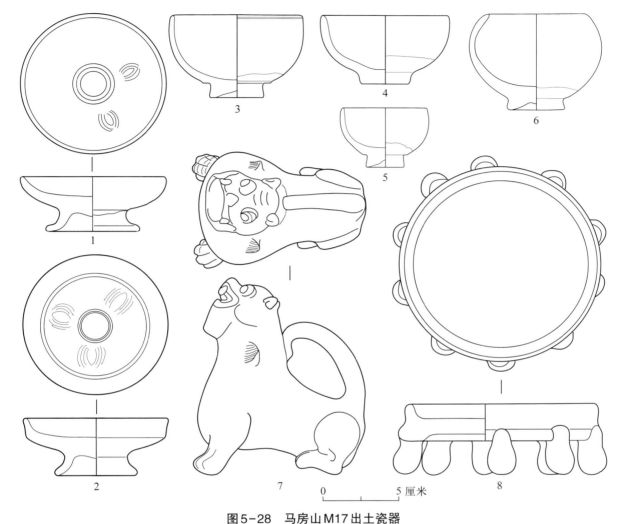

图5-28　马房山M17出土瓷器

1. 瓷高足盘（M17：2）　2. 瓷高足盘（第M17：32）　3. 瓷圆唇碗（M17：43）　4. 瓷圆唇碗（M17：60）　5. 瓷杯（M17：9）
6. 瓷盂（M17：40）　7. 瓷虎子（M17：10）　8. 瓷多足砚（M17：6）

M17：60、M17：65略有不同，敞口，平底，足根处经修整，口沿有釉。诸碗外表施釉均不及底，唯M17：35通体有釉。釉下施白色或灰白色化妆土。

M17：35，口沿下划4道弦纹。胎质较细腻，胎色灰，露胎处浅灰。釉色青黄，碗身釉有剥落。通高5.2、口径8.3厘米（图版一八一-1）。

M17：36，胎质较细腻，露胎处浅灰。釉色青黄，有剥落。通高5.4、口径8.4厘米（图版一八一-1）。

M17：37，胎质较细腻，露胎处浅灰。釉色黄中泛青，剥落严重。通高5.4、口径8.4厘米（图版一八一-1）。

M17：38，胎质较细腻，露胎处灰白。釉色青黄，有剥落。通高5.6、口径8.5厘米（图版一八一-2）。

M17∶43，口沿下划2道弦纹。胎质较细腻，露胎处灰白。釉色青黄。通高5.7、口径8.4厘米（图5-28-3；图版一八一-2）。

M17∶44，口沿下划2道弦纹。胎质较细腻，胎色与露胎处均浅灰。釉色青黄，剥落殆尽。口沿残损。通高5.4、口径8.5厘米（图版一八一-2）。

M17∶45，口沿下划2道弦纹。胎质较细腻，露胎处灰白。釉色青黄，剥落严重。圈足轻微残损。通高5.5、口径8.6厘米（图版一八一-3）。

M17∶46，口沿下划1道弦纹。胎质较细腻，胎色浅灰，露胎处浅黄。釉剥落殆尽。口沿轻微残损。通高5.4、口径8.2厘米（图版一八一-3）。

M17∶47，口沿下划2道弦纹。胎质较粗，露胎处灰褐。釉色青黄。通高5.7、口径8.6厘米（图版一八一-3）。

M17∶48，胎质较粗，露胎处灰色。釉色青白泛黄。通高5.4、口径8.8厘米（图版一八二-1）。

M17∶49，口沿下划2道弦纹。胎质较细腻，露胎处浅黄。釉面受侵蚀，剥落严重。通高5.6、口径8.6厘米（图版一八二-1）。

M17∶50，口沿下划2道弦纹。胎质较粗，露胎处深灰。釉面青黄，剥落严重。通高5.6、口径8.5厘米（图版一八二-1）。

M17∶51，口沿下划2道弦纹。胎质较细腻，露胎处浅黄。釉面青白泛黄，剥落严重。通高5.1、口径8.1厘米（图版一八二-2）。

M17∶52，口沿下划2道弦纹。胎质较粗，胎与露胎处均灰色。釉面青白泛黄，有剥落。通高5.4、口径8.3厘米（图版一八二-2）。

M17∶53，口沿下划2道弦纹。胎质较细腻，胎色浅灰，露胎处灰白。釉面青白泛黄，有剥落。通高5.4、口径8.8厘米（图版一八二-2）。

M17∶54，口沿下划3道弦纹。胎质较粗，胎色与露胎处均灰色。釉面青白泛黄，有剥落。口沿残损。通高5.3、口径8.5厘米（图版一八二-3）。

M17∶55，口沿下划3道弦纹。胎质较粗，胎色与露胎处均灰色。釉面青白泛黄，有剥落。口沿残损。通高5.1、口径8.5厘米（图版一八二-3）。

M17∶56，口沿下划3道弦纹。胎质较细腻，露胎处灰色。釉面青白泛黄，有剥落。通高5.3、口径8.6厘米（图版一八二-3）。

M17∶57，口沿下划3道弦纹。胎质较粗，胎色灰，露胎处灰褐。釉面青白泛黄，有剥落。口沿残损。通高5.5、口径8.4厘米（图版一八二-4）。

M17∶58，口沿下划2道弦纹。胎质较细腻，胎色浅灰，露胎处灰白。釉面青白泛黄，有剥落。口沿轻微残损。通高5、口径8.3厘米（图版一八二-4）。

M17∶59，口沿下划3道弦纹。胎质较粗，露胎处灰色。釉面青白泛黄，有剥落。口沿轻微残损。通高5.4、口径8.7厘米（图版一八二-4）。

M17∶60，胎质粗，胎色灰，露胎处深灰。釉色青灰。口沿残损。通高4.7、口径8.6厘米（图5-28-4；图版一八三-1）。

M17：61，口沿下划2道弦纹。胎质较细腻，胎色灰，露胎处浅灰。釉面青黄，有剥落。口沿残损。通高5.5、口径8.5厘米（图版一八三-2）。

M17：62，口沿下划3道弦纹。胎质较细腻，胎色灰，露胎处浅灰。釉面青白泛黄，有剥落。口沿残损。通高5.5、口径8.5厘米（图版一八三-2）。

M17：63，口沿下划2道弦纹。胎质较细腻，胎色灰，露胎处浅灰。釉剥落殆尽。通高5.4、口径8.5厘米（图版一八三-2）。

M17：64，口沿下划2道弦纹。胎质较细腻，露胎处浅灰。釉面青白泛黄，有剥落。通高5.4、口径8.8厘米（图版一八三-3）。

M17：65，胎质较粗，露胎处灰色。釉色青灰。通高5.4、口径9厘米（图版一八三-1）。

M17：66，口沿下划2道弦纹。胎质较细腻，露胎处浅黄。釉面青黄，有剥落。通高5.4、口径8.5厘米（图版一八三-3）。

M17：67，口沿下划3道弦纹。胎质较粗，露胎处灰色。釉面青白泛黄，剥落严重。通高5.5、口径8.5厘米（图版一八三-3）。

瓷盂　2件。圆唇，敛口，鼓腹，饼足，足心内凹，足根处刮削一周。胎质细腻，露胎处灰白。外表施釉不及底，口沿无釉（图版一八四-1）。

M17：7，釉面受侵蚀，剥落严重。通高6、口径6.4厘米。

M17：40，釉色青白泛黄，有剥落。通高6.7、口径6.4厘米（图5-28-6）。

瓷杯　3件。尖唇，直口，曲腹，饼足，足心内凹，足根处刮削一周。胎质细腻，露胎处灰白。外表施釉不及底，口沿无釉（图版一八四-2）。

M17：9，釉色青黄，有剥落。通高3.9、口径5.6厘米（图5-28-5）。

M17：25-1，釉色青黄，有剥落。通高3.5、口径5厘米。

M17：25-2，釉剥落殆尽。通高3.7、口径5.4厘米。

马房山M21

马房山M21发掘时间为1953年10月10日，发掘者为沈畴春。

M21是一座平面呈"凸"字形的券顶砖室墓，由墓室与甬道组成。墓向144°。墓底以砖作"人"字形平铺，墓室中再以莲花纹砖二横二直铺出棺床，棺床两侧紧靠墓壁的砖向两边倾斜。墓壁以花纹砖三顺一丁砌筑，顺砌砖作波浪纹，丁砌砖两端各有一人物。M21通长4.88米，甬道底宽0.79、进深0.7米，墓室底宽1.48、进深4.03米（图5-29）。

本次整理涉及M21出土器物共13件。

瓷四系盘口罐　1件。M21：15，圆唇，盘口低矮，短颈，溜肩，鼓腹，饼足，平底，肩部横置4系。肩部有弦纹，上腹部印团窠纹，腹部有连弧纹及弦纹。胎质较细腻，露胎处浅灰泛黄。外表施釉不及底。釉色青褐，有剥落。4系均为复原而来。通高14.5、口径5.3厘米（图5-30-6；图版

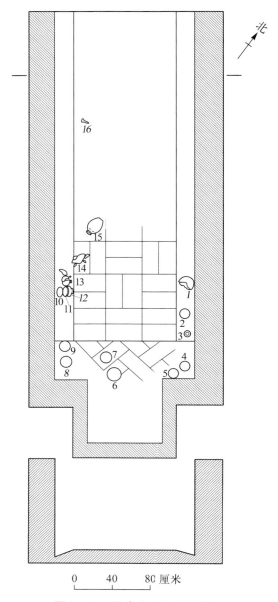

图5-29 马房山 M21形制图

1. 陶坛残片 2. 瓷高足杯 *3-1. 瓷盂* *3-2. 瓷钵* 4. 瓷高足杯 5. 瓷高足杯 *8. 瓷高足杯* 6. 瓷圆唇碗 7. 瓷尖唇碗
9. 瓷高足杯 10. 瓷高足盘 11. 瓷高足盘 *12. 瓷高足盘* 13. 瓷高足盘 14. 瓷圆唇碗 15. 瓷四系盘口罐 *16. 铁钉*

一八五-1）。

瓷高足杯 4件。圆唇，侈口，曲腹，高圈足外撇。胎质较细腻，露胎处浅褐。外表施釉至圈足。

M21：2，胎色浅褐。釉完全剥落。口沿残损。通高8.6、口径10.2厘米（图版一八五-2）。

M21：4，釉色青黄。剥落严重。通高8.2、口径9.4厘米（图5-30-5；图版一八六-1）。

M21：5，釉色黄褐。有剥落。通高7.6、口径9.7厘米（图5-30-2；图版一八六-1）。

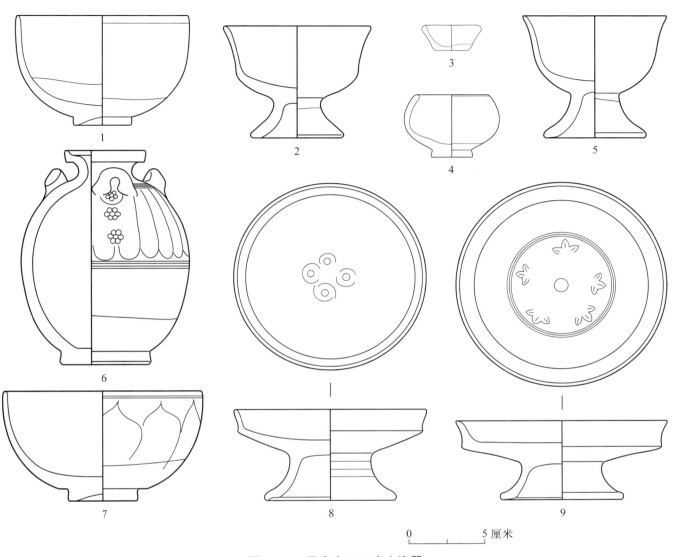

图5-30　马房山M21出土瓷器

1. 瓷尖唇碗（M21：7）　2. 瓷高足杯（M21：5）　3. 瓷钵（M21：3-2）　4. 瓷盉（M21：3-1）　5. 瓷高足杯（M21：4）
6. 瓷四系盘口罐（M21：15）　7. 瓷圆唇碗（M21：6）　8. 瓷高足盘（M21：13）　9. 瓷高足盘（M21：10）

M21：9，釉色青黄。口沿经复原。通高8.4、口径10.4厘米（图版一八五-2）。

瓷高足盘　3件。圆唇，直口微敞，折腹，高圈足外撇。胎质较细腻。外表施釉近圈足底部。

M21：10，露胎处褐色。釉色青黄。盘心有花瓣纹、弦纹，折腹处有弦纹。通高5.4、口径13.9厘米（图5-30-9；图版一八七-1）。

M21：11，露胎处灰黄。釉色青黄，略有剥落。口沿经复原。通高6、口径13.2厘米（图版一八六-2）。

M21：13，胎色浅灰，露胎处灰褐。釉色青灰色，有剥落。盘心饰4组圆环，折腹处有弦纹。口沿残损。通高6.2、口径12.6厘米（图5-30-8；图版一八七-1）。

瓷圆唇碗 2件。直口,曲腹,饼足,足心内凹,足根处刮削一周。腹部刻划莲瓣纹。胎质较细腻。内外施釉均不及底(图版一八八-1)。

M21:6,口沿下有2道弦纹。露胎处浅黄。釉色黄,有剥落。通高7.5、口径13.1厘米(图5-30-7)。

M21:14,口沿下有1道弦纹。露胎处浅灰。釉色青中泛黄,有剥落。口沿经复原。通高7.9、口径12.9厘米。

瓷尖唇碗 1件。M21:7,直口,曲腹,饼足,足心内凹,足根处刮削一周。口沿下有1道弦纹。胎质较细腻,胎色浅灰,露胎处浅灰泛黄。内外施釉均不及底。釉色青黄。口沿残损。通高7.4、口径11.1厘米(图5-30-1;图版一八七-2)。

瓷盂 1件。M21:3-1,圆唇,敛口,鼓腹,饼足,平底,足根处经修整。口沿下有1道弦纹。胎质较细腻,露胎处浅灰泛黄。外表施釉不及底。釉色青黄,有剥落。通高4.2、口径4.2厘米(图5-30-4;图版一八八-2)。

瓷钵 1件。M21:3-2,圆唇,敞口,腹壁斜直,平底。胎质较粗,露胎处红褐。外表施釉近底。釉色青黄。通高1.7、口径3.9厘米(图5-30-3;图版一八八-2)。

马房山M22

马房山M22发掘时间为1953年10月9-13日,发掘者为沈畴春。

M22是一座砖室墓,墓室平面呈长方形,附甬道与一对侧龛,侧龛位于墓室前部。M22发掘时不仅墓顶已遭破坏,墓室侧壁亦内倾,后壁变形内凹。墓向132°。甬道、墓室底部铺莲花纹砖,甬道正中有一块石板,墓室前部置方形祭台,后部为棺床,棺床高出墓底两块砖的厚度。甬道、墓室四周有排水沟,封门底部有排水道。M22甬道、墓室壁面分别以一组砖二顺一丁与一组砖四顺一丁作底,上以多组三顺一丁砖砌筑。墓壁用砖皆有花纹,间用人物纹画像砖。M22残长5.98米,甬道底宽1.14、进深1.83米,墓室底宽1.87、残长4.15米,左龛宽0.68、进深0.5米,右龛宽0.67、进深0.51米(图5-31)。

本次整理涉及M22出土器物共32件,包括甲群23件。

褶服男俑 1件。M22:8,迈步,挥舞右臂。头梳圆髻,上着交领右衽窄袖褶服,腰系带,下穿袴。仅存头部、躯干及右前臂。胎色灰红。残高16厘米(图5-32-1;图版一八九-1)。

卷发男立俑 2件。直立。全身仅着一裈。胎色灰红。该形象或为昆仑奴。

M22:10,双手于身前握一物,所握物已佚。仅存膝盖以上。残高19.5厘米(图5-32-4;图版一八九-2)。

M22:60,左手置于腹部。双腿及右臂均残损。残高16.2厘米(图5-32-2;图版一八九-3)。

女立俑 2件。胎色灰红。

M22:41,直立,双臂似前伸。头梳双髻,上着交领窄袖衫,下穿百褶裙。双臂、双腿残损。残

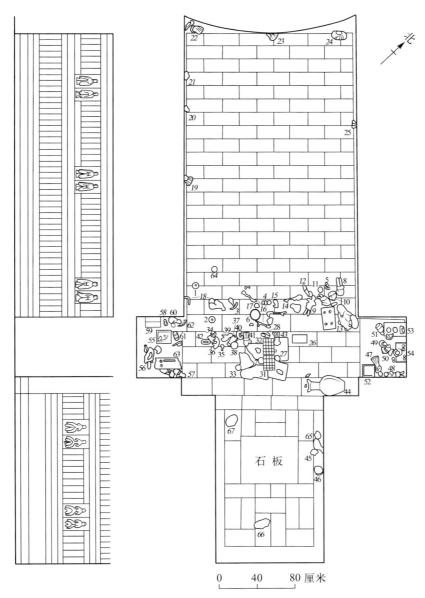

图 5-31　马房山 M22 形制图

1. 瓷盅　2. 瓷盅　3. 小瓷瓶　4. 铁器　5. 五铢　6. 陶饼足盘　7. 铜盅　8. 褶服男俑　9. 残俑　10. 卷发男立俑　11. 陶不明器
12. 残俑　13. 马　14. 残俑　15. 马头　16. 陶片　17. 小瓷壶　18. 陶片　19. 残俑　20. 残俑　21. 残俑　22. 残俑　23. 残俑
24. 残俑　25. 陶垂腹瓶　26. 轿　27. 瓷壶　28. 陶靴（一双）　29. 俑　30. 俑头　31. 陶多子槅　32. 陶多子槅　33. 瓷圆唇碗
34. 莲座　35. 陶长颈瓶　36. 轮　37. 俑　38. 瓷盘　39. 俑　40. 陶灯　41. 女立俑　42. 陶槽形器　43. 陶残块　44. 瓷盘口壶
45. 瓷圆唇碗　46. 瓷圆唇碗　47. 女立俑　48. 俑　49. 清洗女俑　50. 瓷圆唇碗　51. 吹火女俑　52. 陶方仓　53. 灶及操作女俑
54. 洗碗台及操作女俑　55. 方仓　56. 马　57. 俑　58. 马槽　59. 陶屋形器　60. 卷发男立俑　61. 陶隐囊　62. 轮　63. 陶马底座
64. 铜镜　65. 俑　66. 俑　67. 俑　+1. 陶砚　（29、30 未在形制图中标示）

0   4 厘米

图5-32 乌房山 M22 出土陶俑

1. 襦服男俑（M22：8） 2. 卷发男立俑（M22：60） 3. 女立俑（M22：41） 4. 卷发男立俑（M22：10） 5. 女立俑（M22：47） 6. 渣滓女俑（M22：49） 7. 吹火女俑（M22：51）

高18.3厘米(图5-32-3;图版一八九-4)。

M22:47,上身微侧,左脚前迈。发髻宽而高耸,着对襟窄袖短衫,百褶长裙系于胸际,裙于腰部收束。双臂残损。通高20.7厘米(图5-32-5;图版一八九-5)。

清洗女俑　1件。M22:49,坐姿,身体前倾,双手清洗身前盆中筒状物。俑发髻宽而高耸,着对襟窄袖短衫,百褶长裙系于胸际,裙于腰部收束。胎色灰红。盆与盆中筒状物均残损。通高14厘米(图5-32-6;图版一九〇)。

吹火女俑　1件。M22:51,蹲姿,双手持管,向右吹火。俑发髻宽而高耸,着对襟窄袖短衫,百褶长裙系于胸际,裙于腰部收束。胎色灰红。通高11.1厘米(图5-32-7;图版一九一)。

灶及操作女俑　1件。M22:53,俑立姿,躯干前倾,右手于火眼上作操作状,左手扶于灶边沿。俑梳双髻,着对襟窄袖短衫,百褶长裙系于胸际,裙于腰部收束。灶身近立方体,有底座但不封底,火门券顶,外有尖拱门楣,上有阶梯形挡火墙,灶面二圆形火眼,灶头上翘,向上开一圆形出烟孔。胎色灰红。俑通高20.3厘米,灶底边长22.6厘米(图5-33;图版一九二)。

洗碗台及操作女俑　1件。M22:54,俑立姿,躯干前倾,双手于身前盆中作清洗状。俑梳双髻,着对襟窄袖短衫,百褶长裙系于胸际,裙于腰部收束。洗碗台为长方体,正面有3方形开光,上有竹算,算中间置盆,女俑双手于盆中洗碗,竹算边沿置倒扣的碗、高足盘等十余件。胎色灰红。俑通高22厘米,洗碗台长23.9、宽10.3厘米(图5-34;图版一九三)。

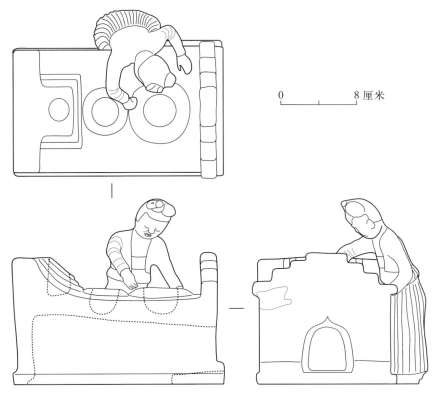

0　　　　　　8厘米

图5-33　马房山M22出土灶及操作女俑

M22:53

图5-34　马房山M22出土洗碗台及操作女俑

M22：54

陶方仓　1件。M22：52，平面呈正方形，底有四足，仓内置2横杠。胎色灰褐。通高9、边长14.6厘米（图5-35-1；图版一九四-1）。

陶隐囊　1件。M22：61，呈椭球形，两端贴塑莲瓣纹。胎色灰褐。长8.1、腹径6.4厘米（图5-35-2；图版一九四-2）。

陶靴　2件。均尖头。胎色灰红。M22：28-1、M22：28-2通高均为5.3厘米（图5-36-8；图版一九四-3）。

陶屋形器　1件。M22：59，整体似干栏式建筑，悬山顶，两山面高度不同，较高一侧敞开，有四足。胎色灰红。顶棚有残损。通高17、底板长15.4、宽8.3厘米。根据形态与出土位置判断，此器物或为肩舆的厢体（图5-35-4；图版一九五-1）。

陶槽形器　1件。M22：42，平面椭方，方唇，直壁，平底，侧面、底部各开2孔。胎色灰红。长7.7、宽4.7厘米（图5-36-6；图版一九五-2）。

陶饼足盘　1件。M22：6，圆唇，侈口外卷，曲腹，饼足宽大，平底。胎色灰红。口沿及饼足有残损。通高3.9、直径9厘米（图5-36-3；图版一九五-3）。

陶垂腹瓶　1件。M22：25，束颈，鼓腹下垂，饼足宽大，平底。胎色灰红。口部残损。残高4.3厘米。或为明器化的唾壶（图5-36-7；图版一九五-4）。

陶长颈瓶　1件。M22：35，圆唇，侈口，颈细长，圆肩，鼓腹，饼足，平底。胎色灰红。口沿、足

图5-35　马房山M22出土模型明器

1. 陶方仓（M22：52）　2. 陶隐囊（M22：61）　3. 陶多子榼（M22：31）　4. 陶屋形器（M22：59）

部残损。通高8.3厘米（图5-36-5；图版一九七-2）。

陶灯　1件。M22：40，灯柱呈半球形，灯盘圆唇，敞口，饼足宽大，平底。胎色灰褐。灯柱顶部与灯盘边缘残损。残高4、灯盘直径7厘米（图5-36-2；图版一九五-5）。

陶不明器　1件。M22：11，器身略呈椭球形，饼足宽大，平底。胎色灰红。器身两端残损。从形态推测可能为虎子明器。残高6厘米（图5-36-1；图版一九五-6）。

陶多子榼　2件。胎色灰红。均经复原（图版一九六-1）。

M22：31，长20.5、宽14.3厘米（图5-35-3）。

M22：32，长19.3、宽13.7厘米。

陶砚　1件。M22+1，圆唇外卷，直壁，平底。仅存一残损的足，原似为蹄形足。胎色灰红。大半经复原。残高3.6厘米（图5-36-4；图版一九六-2）。

瓷盘口壶　1件。M22：44，尖唇，盘口外敞，颈较长，圆肩，鼓腹，平底，肩横置6系。胎质较细腻，胎色浅灰，露胎处浅灰泛黄。外表施釉及腹。釉色青黄。口沿与诸系残损。通高40.7、口

图5-36　马房山M22出土模型明器、陶器

1. 陶不明器（M22：11）　2. 陶灯（M22：40）　3. 陶饼足盘（M22：6）　4. 陶砚（M22+1）　5. 陶长颈瓶（M22：35）
6. 陶槽形器（M22：42）　7. 陶垂腹瓶（M22：25）　8. 陶靴（M22：28-1）

径15.7、腹径26.4、底径13厘米（图5-37-7；图版一九七-1）。

瓷盂　2件。圆唇，敛口，鼓腹，饼足（图版一九六-3）。

M22：1，足心内凹，足根处刮削一周。胎质细腻，露胎处灰白。外表施釉不及底。釉色青灰泛黄。通高3.4、口径2.6厘米（图5-37-3）。

M22：2，平底，足根处经修整。胎质较粗，露胎处灰褐。外表施釉不及底。釉剥落殆尽。釉下施灰白色化妆土。通高3.8、口径3.9厘米（图5-37-4）。

瓷圆唇碗　4件。直口，曲腹，饼足。

M22：33，平底，足根处经修整。胎质较粗，胎色灰，露胎处灰红。外表施釉不及底。釉色青黄，剥落严重。釉下施白色化妆土。口沿残损。通高4、口径8.3厘米（图5-37-5；图版一九七-4）。

M22：45，平底，足根处经修整。胎质较粗，胎与露胎处均灰色。内外表施釉均不及底。釉色青黄。釉下施浅灰色化妆土。口沿残损，器身近一半经复原。通高5.7、口径10.6厘米（图

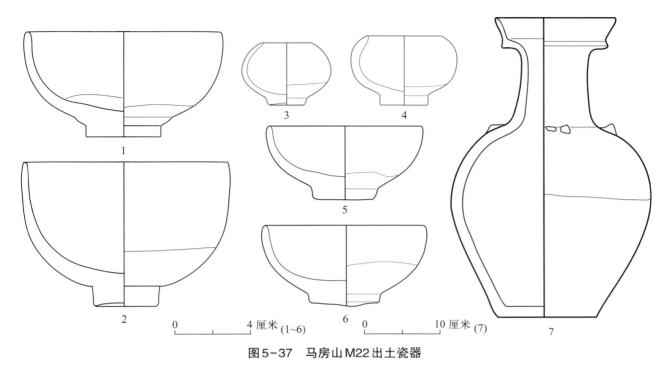

图5-37　马房山M22出土瓷器

1. 瓷圆唇碗（M22：45）　2. 瓷圆唇碗（M22：46）　3. 瓷盂（M22：1）　4. 瓷盂（M22：2）　5. 瓷圆唇碗（M22：33）
6. 瓷圆唇碗（M22：50）　7. 瓷盘口壶（M22：44）

5-37-1；图版一九七-3）。

M22：46，足心内凹，足根处刮削一周。胎质较细腻，胎色浅灰，露胎处灰白。外表施釉不及底。釉色青黄。口沿残损。通高7.8、口径11厘米（图5-37-2；图版一九七-3）。

M22：50，底部不平整，外凸，足根处经修整。胎色灰，露胎处灰黄。外表施釉不及底。釉色青白泛黄，有剥落。釉下施浅灰色化妆土。口沿残损。通高4.4、口径8.7厘米（图5-37-6；图版一九七-4）。

五铢2件（图版一九七-5）。

M22：5-1，锈蚀较严重。直径2.3厘米，重1.8克。

M22：5-2,4枚粘连，锈蚀较严重。直径2.3厘米，重7.34克。

马房山M27

马房山M27发掘完成时间为1953年12月23日，记录者为蓝蔚。

M27是一座平面呈"凸"字形的券顶砖室墓，由墓室与甬道组成，发掘时墓室地面遭破坏。墓向200°。墓葬砌筑方式不详。据记录可知此墓铺地用莲花砖，侧壁采用人物纹砖，壁面有小龛。M27通长4.59米，甬道底宽0.93、进深0.54米，墓室底宽1.53、进深3.35米（图5-38）。

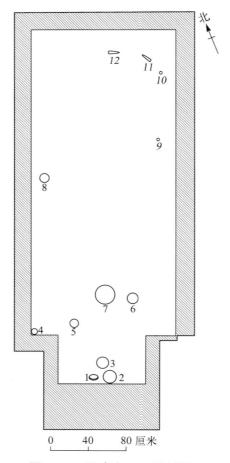

图5-38　马房山 M27 形制图

1. 瓷方唇碗　2. 瓷方唇碗　3. 瓷方唇碗　4. 瓷方唇碗　5. 瓷方唇碗　6. 瓷方唇碗　7. 瓷盘口壶
8. 瓷方唇碗　9. 铁钉　10. 铁钉　11. 铁钉　12. 铁钉

　　本次整理涉及 M27 出土器物共8件。

　　瓷壶　1件。M27∶7,仅存底部。平底。胎质较细腻,胎色浅灰,露胎处浅黄。外表施釉不及底。釉色青黄,有不同程度剥落。残高15.6厘米(图版一九八-5)。

　　瓷方唇碗　7件。直口,曲腹,饼足,足根处或刮削一周或经修整。内外施釉均不及底。釉色青黄。

　　M27∶1,平底。胎质粗,露胎处浅黄。通高5.2、口径11.3厘米(图5-39-4;图版一九八-1)。

　　M27∶2,足心内凹。胎质较细腻,胎与露胎处均浅黄。釉有剥落。通高6.3、口径13.8厘米(图5-39-6;图版一九八-2)。

　　M27∶3,足心内凹。胎质较细腻,露胎处浅黄。通高6.8、口径12.9厘米(图5-39-7;图版一九八-2)。

　　M27∶4,平底。胎质较细腻,露胎处浅褐。通高2.9、口径7.2厘米(图5-39-2;图版一九八-3)。

　　M27∶5,平底。胎质较细腻,露胎处浅黄。通高4.2、口径9厘米(图5-39-3;图版一九八-4)。

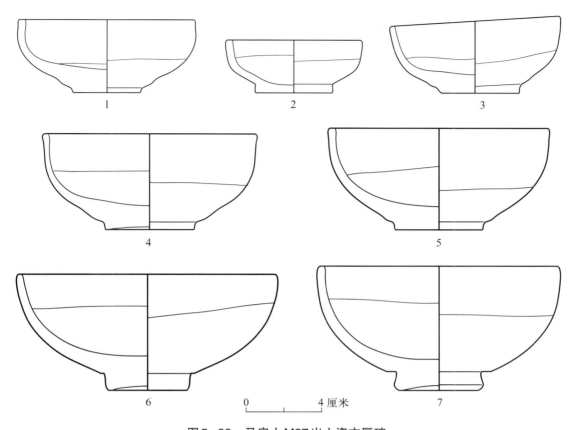

图5-39　马房山M27出土瓷方唇碗

1.瓷方唇碗（M27：8）　2.瓷方唇碗（M27：4）　3.瓷方唇碗（M27：5）　4.瓷方唇碗（M27：1）　5.瓷方唇碗（M27：6）
6.瓷方唇碗（M27：2）　7.瓷方唇碗（M27：3）

M27：6，平底。胎质较粗，露胎处浅黄。通高5.5、口径11.7厘米（图5-39-5；图版一九八-1）。

M27：8，平底。胎质粗，露胎处浅褐。通高4、口径9.3厘米（图5-39-1；图版一九八-4）。

马房山 M31

M31发掘记录、图纸缺失。

本次整理涉及M31出土器物共17件，包括甲群10件。

生肖俑　5件。生肖首人身，端坐，袖手于身前。身着交领宽袖长袍，腰系带。

M31：5，未羊。胎色灰黄。左角、胡须残损。通高20.4厘米（图5-40-4；图版一九九-2）。

M31：6，属相不能确定，似子鼠。胎色灰黄。头部残损。残高17.8厘米（图5-40-1；图版二〇〇-1）。

M31：31，酉鸡。胎色灰。喙、后部衣摆残损。通高20.2厘米（图5-41-1；图版二〇〇-1）。

M31：34，属相不能确定，似亥猪。胎色灰黄。吻部、双耳残损。通高19.8厘米（图5-40-3；

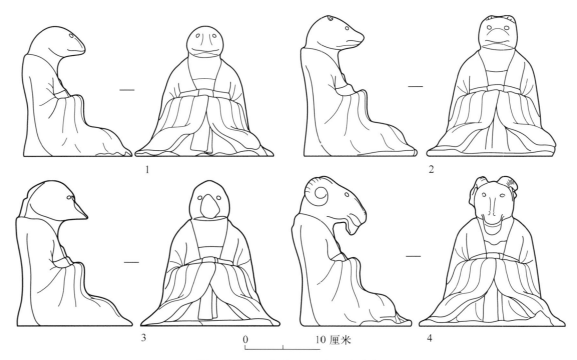

图 5-40　马房山 M31 出土生肖俑

1. 生肖俑（M31：6）　2. 生肖俑（M31：38）　3. 生肖俑（M31：34）　4. 生肖俑-未羊（M31：5）

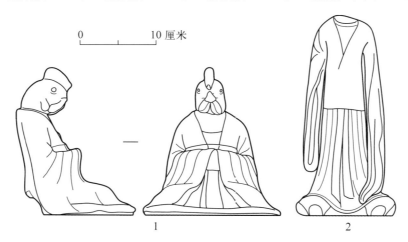

图 5-41　马房山 M31 出土陶俑

1. 生肖俑-酉鸡（M31：31）　2. 女立俑（M31：35）

图版一九九-2）。

　　M31：38，属相不能确定，似寅虎。胎色灰。双耳残损。残高 19.3 厘米（图5-40-2；图版一九九-1）。

　　女立俑　2件。直立，一臂自然下垂，另一侧前臂平举。上着右衽宽袖衫，下穿裙，足蹬高头履（图版二〇〇-2）。

　　M31：33，举左前臂。胎色灰黄。头部、左手缺失。残高 28.1 厘米。

　　M31：35，举右前臂。胎色灰。头部、右手缺失。残高 27.6 厘米（图5-41-2）。

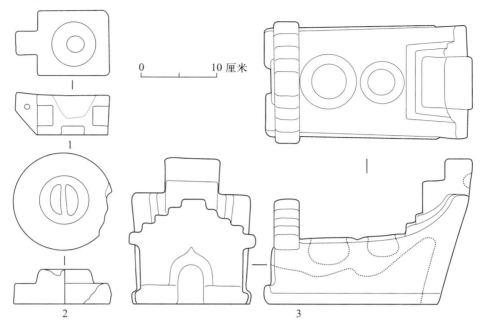

图5-42　马房山M31出土模型明器

1. 陶臼（M31：46）　2. 陶磨（M31：27）　3. 陶灶（M31：44）

陶灶　1件。M31：44，灶身近立方体，火门券顶通地，外有尖拱门楣，上有阶梯形挡火墙，灶面二圆形火眼，灶头上翘，向后有一圆形凹洞代表出烟孔。胎色灰。通高19.9、底边长22.9厘米（图5-42-3；图版二〇一-1、图版二〇一-2）。

陶磨　1件。M31：27，上下扇相连，均圆饼状，上扇投料槽较深，被分隔为两半圆形，内各有一圆孔。胎色灰褐。下扇残损。通高4.7，下扇直径13.1厘米（图5-42-2；图版二〇〇-3）。

陶臼　1件。M31：46，主体呈立方体，表面有一凹窝。一侧凸出，中有一圆孔。胎色橙红。通高5.8厘米（图5-42-1；图版二〇〇-4）。

瓷多足砚　1件。M31：7，平面呈圆形。胎质较粗，胎色灰，露胎处灰褐。砚面与底部不施釉。釉色青黄。砚底部原附九足，均缺失，砚面口沿残损。砚面直径16.5厘米（图版二〇二-1）。

瓷四耳盂　2件。圆唇，直口，溜肩，鼓腹，饼足，足根处刮削一周，肩部横置4系，腹部有一周锯齿状凸起。胎质细腻，露胎处灰白。外表施釉不及底。釉色青黄（图版二〇二-2）。

M31：40-1，口沿下有4道弦纹。釉有剥落。通高5、口径3.8厘米（图5-43-1）。

M31：40-2，口沿下有2道弦纹。釉有剥落。通高4.6、口径3.3厘米。

瓷托炉　2件。由炉与托盘组成。炉身折腹，内收成小平底，腹内折处附五兽爪形足；托盘敞口，折腹，圈足（图版二〇一-3、图版二〇一-4）。

M31：8，炉身圆唇，卷沿；托盘方唇。胎质较细腻，胎色浅灰，露胎处浅灰泛黄。圈足底部与炉身内部不施釉。釉色青黄，有剥落。口沿、托盘残损并经复原。通高9.3、炉口径12.2、盘口径14.9厘米（图5-43-4）。

M31：32，炉身圆唇，侈口，腹部有弦纹；托盘圆唇。胎质较粗，胎色浅灰，露胎处灰黄。圈

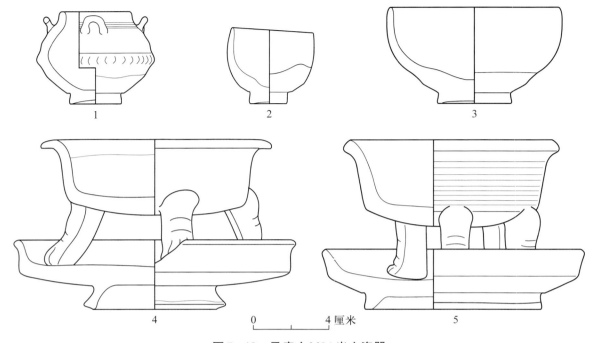

图5-43　马房山M31出土瓷器

1. 瓷四耳盉（M31∶40-1）　2. 瓷杯（M31∶40-3）　3. 瓷圆唇碗（M31∶24）　4. 瓷托炉（M31∶8）　5. 瓷托炉（M31∶32）

足底部不施釉。釉色黄，剥落殆尽。圈足残损，口沿、托盘经复原。通高9.2、炉口径11.4、盘口径13.9厘米（图5-43-5）。

　　瓷圆唇碗　1件。M31∶24，直口，曲腹，饼足，平底，足根处经修整。胎质较粗，露胎处浅灰泛黄。釉下施灰白色化妆土。口沿经复原。通高5.2、口径9厘米（图5-43-3；图版二〇三-1）。

　　瓷杯　1件。M31∶40-3，尖唇，直口，曲腹，饼足，足心内凹，足根处刮削一周。胎质细腻，露胎处灰白。外表施釉不及底。釉色青褐。通高4.2、口径4.3厘米（图5-43-2；图版二〇三-2）。

马房山M34

　　马房山M34发掘完成时间为1954年5月27日，记录者为夏承彦。

　　M34是一座平面近似长方形的梯形券顶砖室墓。墓室前部发现时已被破坏。墓向206°。墓底以素面砖"人"字形铺地。墓壁以素面砖一顺一丁砌筑。M34残长3.4米，墓室后壁底宽0.58、底残长3.23米（图5-44）。

　　本次整理涉及M34出土器物共1件。

　　瓷圆唇碗　1件。M34∶1，直口，曲腹，饼足，足心划圈一周，足根处刮削一周。胎质较细腻，胎色浅灰，露胎处浅黄。外表施釉不及底。釉色青黄。口沿残损。通高8.7、口径12.8厘米（图5-45；图版二〇三-3）。

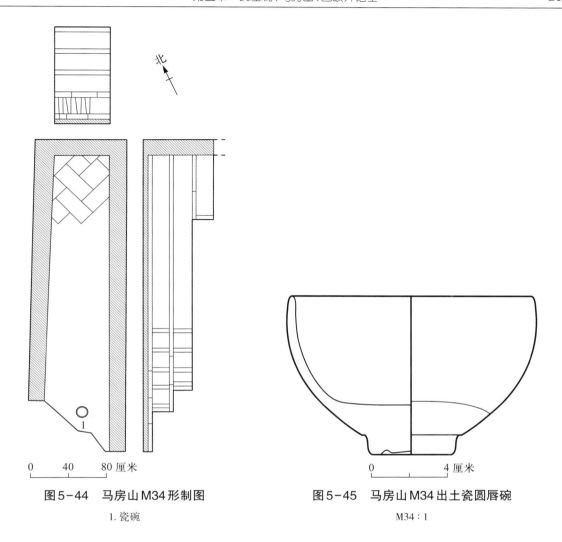

图 5-44　马房山 M34 形制图

1. 瓷碗

图 5-45　马房山 M34 出土瓷圆唇碗

M34：1

四眼井 M3

　　M3 位于四眼井龙尾山，1953 年 5 月 14-19 日在中南区贸易干校施工中被发现，发掘者有沈畴春等。

　　M3 是一座券顶砖室墓，墓室平面呈长方形，附甬道与两对侧龛。该墓发掘时前半部已被破坏，仅存墓圹。两对侧龛均位于墓室，发掘时仅存墓室后部的一对，券顶。墓向 153°。墓底平铺二横二直莲花砖。墓壁以一组砖四顺一丁为基础，上以多组三顺一丁砖砌筑，后壁有三个小龛。墓室侧壁所用均为花纹砖，并有以甲士、宽袍大袖男性为题材的画像砖。M3 通长 6.39 米，甬道底宽 1.14、进深 2.36 米，墓室底宽 2.04、进深 4.11 米，左前龛、右前龛均宽 0.7、进深 0.78 米，左后龛宽 0.7、进深 0.87、高 1.06 米，右后龛宽 0.7、进深 0.87 米（图 5-46）。

　　本次整理涉及 M3 出土器物共 7 件，包括甲群 2 件。

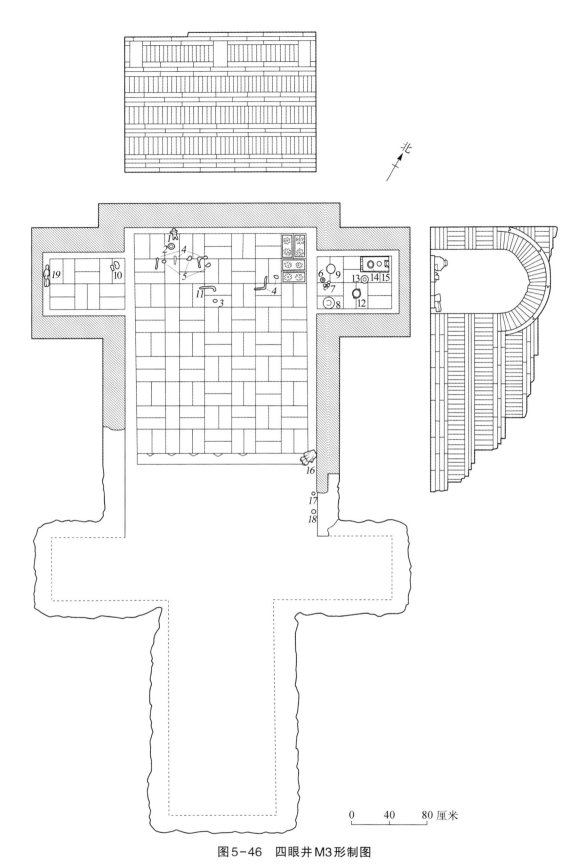

图5-46 四眼井M3形制图

1. 俑　2. 陶臼　3. 五铢　4. 铁钉　5. 铁砂　6. 陶杯　7. 陶杯(4件)　8. 陶磨　9. 陶盆　10. 陶磨　11. 陶片　12. 双耳陶研钵
13. 带錾陶钵　14. 莲瓣纹陶甑　15. 灶与莲瓣纹陶钵　16. 俑　17. 玉圈　18. 金圈　19. 俑

陶磨 2件。

M3:8,由圆饼状的上下两扇构成,磨面刻有磨齿;上扇投料槽较深,被分隔为两半圆形,内各有一圆形投料孔,上表面边缘刻划三块梯形凸起,各有一圆孔与侧面圆孔连通;下扇正中有一方孔。胎色灰黄。上下扇直径均12.5、通高7.2厘米(图5-47-1;图版二○四-1)。

M3:10,仅存下扇,磨面刻划磨齿,中部有一方形孔。胎色红褐。通高2.6、直径12.2厘米(图5-47-7;图版二○四-2)。

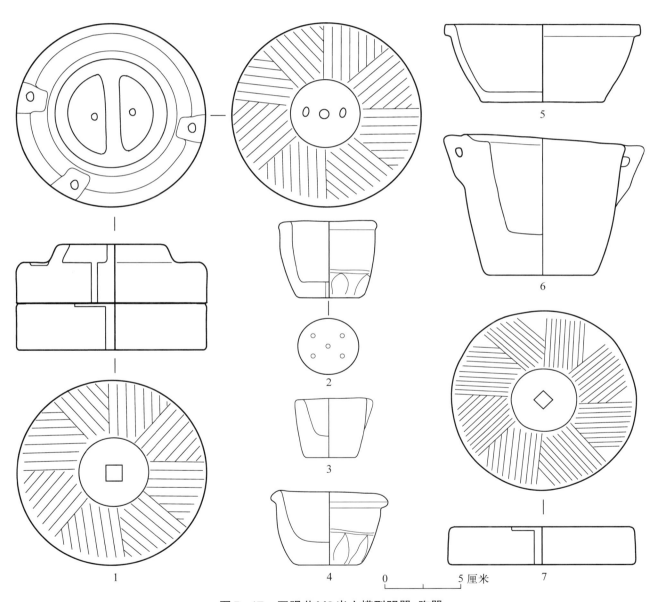

图5-47 四眼井M3出土模型明器、陶器

1.陶磨(M3:8) 2.莲瓣纹陶甂(M3:14) 3.带鋬陶钵(M3:13) 4.莲瓣纹陶钵(M3:15) 5.陶盆(M3:9)
6.双耳陶研钵(M3:12) 7.陶磨(M3:10)

　　陶盆　1件。M3：9，方唇，敞口，平折沿，腹微曲，平底。胎色灰。通高5.3、口径12.6厘米（图5-47-5；图版二〇四-3）。

　　双耳陶研钵　1件。M3：12，方唇，敞口，唇外缘凸起一周，腹斜直，平底，器身纵置一对耳，耳上缘与口沿齐平。胎色灰中泛黄。通高9.4、口径10.9厘米（图5-47-6；图版二〇五-1）。

　　带錾陶钵　1件。M3：13，方唇，敞口，腹斜直，平底，器身附一錾，上缘与口沿齐平。胎色灰黄。通高4.7、口径4厘米（图5-47-3；图版二〇五-2）。

　　莲瓣纹陶甑　1件。M3：14，为陶灶附件。圆唇，直口，腹微曲，平底，底有5圆孔。器身下部刻2道弦纹与一周莲瓣纹。胎色灰。通高5.2、口径6.5厘米（图5-47-2；图版二〇五-3）。

　　莲瓣纹陶钵　1件。M3：15，为陶灶附件。肿唇，敞口，曲腹，平底。器身下部刻2道弦纹与一周莲瓣纹。胎色灰黄。通高4.9、口径7.6厘米（图5-47-4；图版二〇五-4）。

第六章　桂子山、土公山、广埠屯诸墓

桂子山 M49

桂子山 M49 发掘完成时间为 1954 年 9 月 26 日，记录者为夏承彦。

M49 是一座平面为"凸"字形的砖室墓，由甬道与墓室组成，仅存墓底。墓上堆积厚 2 米。墓向 136°。墓底以砖二横二直平铺，除后壁外，沿墓壁有一周排水沟。封门底部有排水道。墓壁砌筑方式不详。M49 通长 5.16 米，甬道底宽 1.3、进深 1.46 米，墓室底宽 1.84、进深 3.34 米（图 6-1）。

本次整理涉及 M49 出土器物共 9 件，包括甲群 2 件。

袍服男立俑　1 件。M49:14，直立，袖手于身前。上着交领宽袖衣，腰系带，下穿裙，足蹬高头履。胎色深灰。头部缺失。残高 19.4 厘米（图 6-2-6；图版二○六-1）。

男俑头　1 件。M49:4，男子形象，头戴笼冠。胎色深灰。残高 7.9 厘米（图 6-2-5；图版二○六-2）。

瓷盘口壶　1 件。M49:10，盘口外敞，尖唇，长颈，圆肩，鼓腹，平底，肩横置 6 系。胎质较细腻，胎色浅灰，露胎处灰黄。外表施釉及肩。釉色青黄。诸系均残损，口沿大半经复原。通高 39.9、口径 17、腹径 22.6、底径 12.6 厘米（图 6-3；图版二○六-3）。

瓷四系罐　1 件。M49:8，圆唇，直口，矮领，圆肩，鼓腹，饼足，平底，肩部横置 4 系。胎质较细腻，

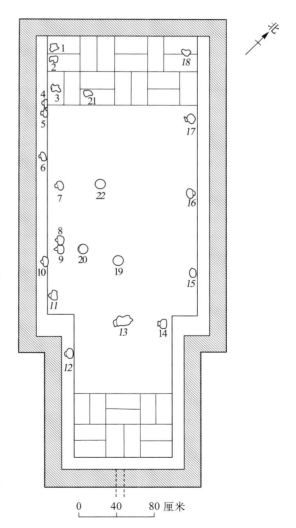

图 6-1　桂子山 M49 形制图

1. 瓷片　2. 俑　3. 瓷碗底　4. 男俑头　5. 俑　6. 俑
7. 瓷圆唇碗　8. 瓷四系罐　9. 俑　10. 瓷盘口壶　11. 俑
12. 俑　13. 俑　14. 袍服男立俑　15. 俑　16. 俑　17. 俑
18. 俑头　19. 瓷圆唇碗　20. 瓷钵　21. 瓷圆唇碗　22. 瓷片

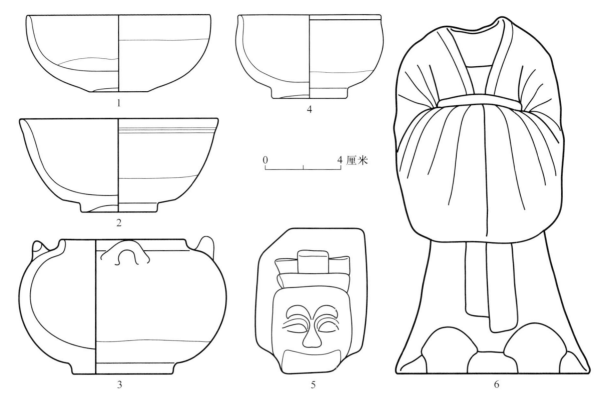

图6-2　桂子山M49出土瓷器、陶俑

1. 瓷钵（M49：20）　2. 瓷圆唇碗（M49：19）　3. 瓷四系罐（M49：8）　4. 瓷圆唇碗（M49：7）
5. 男俑头（M49：4）　6. 袍服男立俑（M49：14）

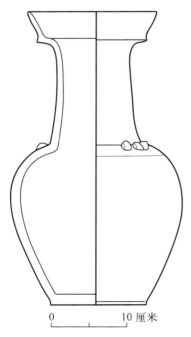

图6-3　桂子山M49出土瓷盘口壶
M49：10

露胎处红褐。外表施釉不及底。釉受侵蚀，剥落严重。釉下施浅灰色化妆土。口沿及2系经复原。通高7.3、口径6.6、腹径10.9厘米（图6-2-3；图版二〇七-1）。

瓷圆唇碗　3件。曲腹，饼足，足心内凹。胎质较细腻。外表施釉不及底。釉下施浅灰色化妆土。

M49：7，侈口，腹部微鼓，足根处经修整。露胎处深灰。釉色青褐，略有剥落。通高4.5、口径7.5厘米（图6-2-4；图版二〇六-4）。

M49：19，敞口微侈，足根处平削一周。口沿下有3道弦纹。露胎处灰红。釉受侵蚀，剥落严重。约1/3经复原。通高5.1、口径10.3厘米（图6-2-2；图版二〇七-2）。

M49：21，敞口微侈，足根处平削一周。口沿下有2道弦纹。露胎处灰褐。釉色青褐，受侵蚀，剥落严重。大半经复原。通高5.3厘米（图版二〇七-2）。

瓷碗底　1件。M49：3，胎质较细腻，胎与露胎处均深灰。

施浅灰色化妆土。釉剥落殆尽。残高4.5厘米（图版二〇七-3）。

瓷钵 1件。M49：20，圆唇，敞口，曲腹，底部内凹。胎质细腻，露胎处浅黄。仅口沿内外施釉。釉受侵蚀。近一半经复原。通高4.2、口径9.7厘米（图6-2-1；图版二〇七-4）。

桂子山M121

桂子山M121发掘完成时间为1955年5月27日，记录者为郭冰廉。

M121是一座以平面长方形墓室为主体、附一头龛与一对侧龛的砖室墓。侧龛位于墓室前部，券顶完好。墓上堆积厚1.13米。墓向195°。墓底铺砖，铺设方式不详。墓室内以砖纵向、横向平铺成棺床。封门底部有排水孔。墓壁以花纹砖三顺一丁砌筑，侧壁各开6小龛置生肖俑。M121通长4.18米，墓室底长3.41、宽1.13米，头龛宽0.61、进深0.42米，左龛宽0.57、进深0.36米，右龛宽0.57、进深0.37、高0.75米（图6-4）。

本次整理涉及M121出土器物共42件，包括甲群29件。

人面镇墓兽 1件。M121：5，蹲伏，挺胸，平视。胎色橙黄。头顶残损。通高23.4厘米（图6-5-1；图版二〇八-1、图版二〇九-1）。

兽面镇墓兽 1件。M121：2，蹲伏，昂首，张口。胎色橙黄。右后爪残损。通高30.1厘米（图6-5-2；图版二〇八-1、图版二〇八-2）。

生肖俑 6件。端坐，袖手于身前，手捧生肖，除M121：46外生肖均缺失。头戴笼冠，身着交领宽袖长袍。

M121：46，卯兔。胎色橙黄。通高24.5厘米（图6-6-1；图版二一〇）。

M121：26，胎色橙黄。冠有残损。通高26.8厘米（图6-6-3；图版二一〇）。

M121：27，胎色橙黄。仅存胸部以下。残高13.2厘米（图版二一一-2）。

M121：28，胎色黄褐。头部缺失，衣摆残损。残高15.4厘米（图版二一一-1）。

M121：29，胎色橙黄。仅存胸部以下。残高13厘米（图版二一一-2）。

M121+1，胎色黄褐。头部缺失，衣摆残损。残高15.6厘米（图版二一一-1）。

袍服男立俑 4件。直立。胎色橙黄。

M121：7，直立，双手仗环首刀于身前。头戴平巾帻，着交领宽袖长袍，腰系带，足蹬履。平巾帻、面部、双脚残损。残高28.9厘米（图6-6-4；图版二一一-4）。

M121：10，直立，袖手于身前。上着交领宽袖长袍，下穿裙，足蹬高头履。头部缺失。残高22.3厘米（图6-6-5；图版二一一-3）。

M121：21，形制同M121：10。头部缺失。残高21.5厘米（图6-6-2；图版二一一-3）。

M121：23，形制同M121：7。平巾帻残损。通高31.8厘米（图6-6-6；图版二一一-4）。

女立俑 10件。胎色均橙黄。

M121：8，形制近似M121：24。左臂与巾缺失。通高25.5厘米（图6-7-10；图版二一二-1）。

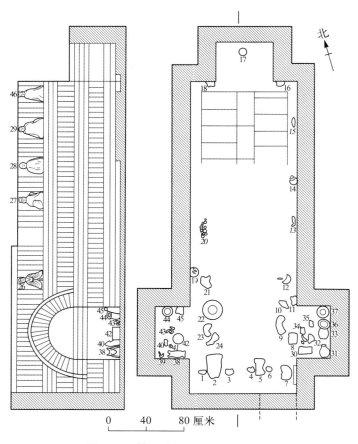

图6-4 桂子山 M121 形制图

1. 女坐俑 2. 兽面镇墓兽 3. 女坐俑 4. 女坐俑 5. 人面镇墓兽 6. 女坐俑 7. 袍服男立俑 8. 女立俑 9. 女立俑 10. 袍服男立俑 11. 女立俑 12. 瓷钵 *13. 狗* 14. 瓷圆唇碗 *15. 猪* 16. 女立俑 17. 瓷多足砚 18. 女立俑 19. 瓷方唇碗 *20. 铜钱及牙齿* 21. 袍服男立俑 22. 瓷盘口壶 23. 袍服男立俑 24. 女立俑 25. 瓷圆唇碗 26. 生肖俑 27. 生肖俑 28. 生肖俑 29. 生肖俑 30. 陶灶 31. 瓷四系双唇罐 32. 女立俑 33. 瓷四系双唇罐 *34. 俑* 35. 女立俑 36. 瓷四系双唇罐 37. 瓷四系双唇罐 38. 陶牛 39. 瓷钵 40. 女立俑 *41. 开元通宝* 42. 陶磨 43. 瓷圆唇碗 44. 瓷四系双唇罐 45. 女立俑 46. 生肖俑-卯兔 +1. 生肖俑 〔25未在图中标示〕

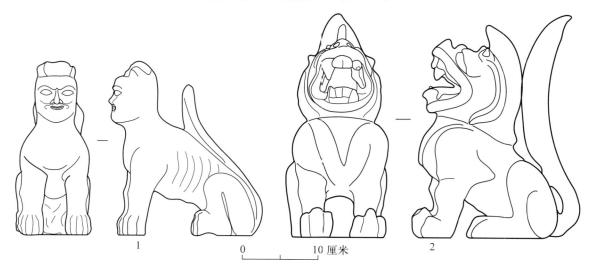

图6-5 桂子山 M121 出土镇墓兽

1. 人面镇墓兽（M121：5） 2. 兽面镇墓兽（M121：2）

图6-6 桂子山M121出土陶俑

1.生肖俑-卯兔（M121∶46）　2.袍服男立俑（M121∶21）　3.生肖俑（M121∶26）　4.袍服男立俑（M121∶7）

5.袍服男立俑（M121∶10）　6.袍服男立俑（M121∶23）

M121∶9，形制近似M121∶24。头部缺失。残高19.1厘米（图版二一二-1）。

M121∶11，立姿，低头，左脚抬起。头梳半翻髻，上身衣式不明，腰系带，下穿裙。双臂残损。通高21.2厘米（图6-7-7；图版二一三-1）。

M121∶16，直立，袖手于身前。上着交领窄袖衫，下穿裙。头部缺失，双足残损。残高19厘米（图6-7-4；图版二一三-2）。

M121∶18，形制近似M121∶16，头部、双手缺失。残高18.4厘米（图6-7-2；图版二一三-2）。

M121∶24，直立，双手持巾于身前。头梳半翻髻，上着窄袖衫，下穿长裙。发髻残损。残高25.8厘米（图6-7-9；图版二一二-1）。

M121∶32，直立，左前臂抬起。上身衣式不明，腰系带，下身穿裙。头部缺失，右臂残损。残高18.5厘米（图6-7-5；图版二一二-2）。

M121∶35，直立。上身衣式不明，腰系带，下身穿裙。头部及双臂缺失。残高18.4厘米（图6-7-1；图版二一三-3）。

0　　　　　　　8 厘米

图6-7　桂子山M121出土女俑

1.女立俑(M121：35)　2.女立俑(M121：18)　3.女立俑(M121：40)　4.女坐俑(M121：16)　5.女立俑(M121：32)
6.女坐俑(M121：4)　7.女立俑(M121：11)　8.女立俑(M121：45)　9.女立俑(M121：24)　10.女立俑(M121：8)

M121：40，形制近似M121：32，右前臂抬起。头部缺失，左臂残损。残高17.7厘米（图6-7-3；图版二一二-2）。

M121：45，立姿，右手置于右膝，右脚抬起。上身着窄袖衫，腰系带，下穿裙。头部缺失，左臂残损。残高18.5厘米（图6-7-8；图版二一三-1）。

女坐俑　4件。垂足坐于筌蹄。头梳半翻髻，上着窄袖衫，下穿裙。胎色橙黄（图版二〇八-1、图版二〇九-2）。

M121：1，头部缺失，双臂与筌蹄后部残损。残高11.7厘米。

M121：3，双臂与筌蹄后部残损。通高15.4厘米。

M121：4，双臂残损。通高18.4厘米（图6-7-6）。

M121：6，头部缺失，双臂残损。残高11厘米。

陶牛　1件。M121：38，胎色橙黄。通高16.3厘米（图6-8；图版二一四-1）。

陶灶　1件。M121：30，平面为矩形，侧视近上大下小的梯形。火门券顶通地，外有尖拱门楣，上有阶梯形挡火墙，灶面二圆形火眼，灶头上翘，向后开一矩形出烟孔。胎色橙红。底长16、通高11.7厘米（图6-9-1；图版二一四-2）。

陶磨　1件。M121：42，由圆饼状的上下两扇构成，磨面刻有磨齿。上扇投料槽较深，被分隔为两半圆形，内各有一圆形投料孔，上表面边缘有三块梯形凸起，各有一圆孔与侧面圆孔连通。下扇正中有一不贯通的方孔。胎色橙红。上下扇直径均9.5、通高5.1厘米（图6-9-2；图版二一四-3）。

瓷盘口壶　1件。M121：22，尖唇，盘口外敞，长颈，圆肩，鼓腹，平底，肩横置6系。胎质较细腻，胎色浅灰，露胎处浅灰泛黄。外表施釉及腹。釉色青褐，略有剥落。肩部与诸系均残损。通高39、口径16.8、腹径21.8、底径12.2厘米（图6-10-2；图版二一四-4）。

瓷多足砚　1件。M121：17，砚面圆形，有11水滴状足。胎质较粗，露胎处浅灰泛黄。砚面与砚身底部不施釉。釉色青黄。通高2.4、砚面直径6.7厘米（图6-10-1；图版二一四-5）。

瓷四系双唇罐　5件。内唇圆而内敛，外唇尖而外敞，溜肩，鼓腹，平底。肩横置4系。胎质较细腻。外表施釉及肩。

M121：31，胎色浅灰，露胎处浅灰泛黄。釉色黄褐，有剥落。外口沿与4系残损。通高13.1、

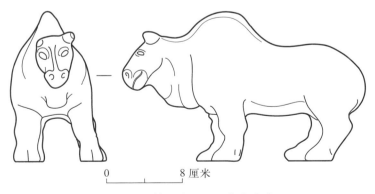

图6-8　桂子山M121出土陶牛

M121：38

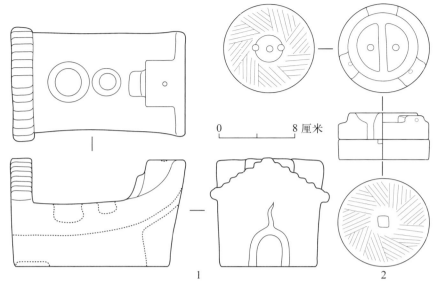

图6-9　桂子山M121出土模型明器

1. 陶灶（M121：30）　2. 陶磨（M121：42）

外口径11.1厘米（图版二一五-2）。

M121：33，胎色浅灰，露胎处浅黄。釉色青褐，有剥落。内外口沿与1系残损。通高13.6、外口径11厘米（图版二一五-2）。

M121：36，胎色浅灰，露胎处浅灰泛黄。釉色黄褐，剥落殆尽。外口沿与1系残损。通高14、外口径10.9厘米（图版二一五-1）。

M121：37，胎色浅灰，露胎处浅灰泛黄。釉色黄褐，有剥落。1系残损。通高13.9、外口径11厘米（图6-10-7；图版二一五-1）。

M121：44，胎色浅灰，露胎处浅灰泛黄。釉色黄褐，有剥落。外口沿残损，1系缺失。通高13.6、外口径11.6厘米（图版二一五-1）。

瓷圆唇碗　3件。敞口微侈，曲腹，饼足，足心内凹，足根处平削一周。胎质较细腻。外表施釉不及底，口沿无釉。釉色黄褐。釉下施化妆土。

M121：14，口沿下有3道弦纹。胎色灰，露胎处浅灰泛黄。碗心积釉呈黑褐色。化妆土灰白。口沿残损。通高5.8、口径10厘米（图6-10-5；图版二一五-5）。

M121：25，口沿下有5道弦纹。胎与露胎处均深灰。釉有剥落。化妆土浅灰。口沿残损。通高5、口径10厘米（图6-10-4；图版二一五-5）。

M121：43，口沿下有3道弦纹。露胎处深灰。釉剥落严重。化妆土浅褐。口沿大半经复原。通高5.1、口径9.9厘米（图6-10-3；图版二一五-4）。

瓷方唇碗　1件。M121：19，直口，曲腹，饼足，足心内凹，足根处刮削一周。露胎处浅红。仅口沿内外施釉。釉受侵蚀。大半经复原。通高5.9厘米（图版二一五-4）。

瓷钵　2件。圆唇，敞口，曲腹，平底。胎质较细腻。外表施釉不及底（图版二一五-3）。

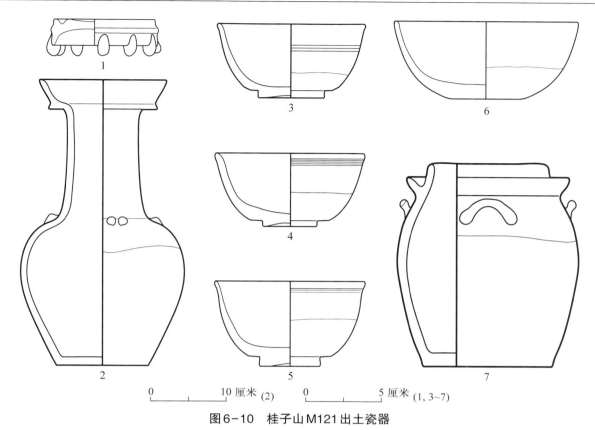

图6-10　桂子山M121出土瓷器

1.瓷多足砚（M121：17）　2.瓷盘口壶（M121：22）　3.瓷圆唇碗（M121：43）　4.瓷圆唇碗（M121：25）
5.瓷圆唇碗（M121：14）　6.瓷钵（M121：12）　7.瓷四系双唇罐（M121：37）

M121：12，露胎处灰中泛褐。釉色青褐，受侵蚀。约1/3经复原。通高5.3、口径12.3厘米（图6-10-6）。

M121：39，胎与露胎处均深灰。釉色黄褐。釉下施浅灰色化妆土。仅存约1/3。通高3.8厘米。

桂子山 M136

桂子山M136发掘完成时间为1955年6月8日，记录者为郭冰廉。

M136是一座券顶砖室墓，墓室平面呈长方形，附甬道与一对侧龛。侧龛位于墓室前部，券顶保存完好。墓底距当时地表2.8米。墓向220°。墓底铺砖，铺设方式不详。甬道以莲花纹砖二横二直铺成砖台，墓室后部以莲花纹砖二横二直砌成棺床，棺床前则用相同做法砌出砖台。墓侧壁与后部多开小龛，总计26个，棺床两侧墓壁较低位置有一排5个"凸"字形小龛，小龛中出土生肖俑，墓侧壁较高位置有方形小龛，出土瓷碗。封门底部有排水道。墓壁以花纹砖三顺一丁砌筑，侧壁间用画像砖，题材有人物、青龙白虎等。M136通长7.4米，甬道底宽1.32、进深2.05米，墓室底宽2.53、进深4.62米，左龛宽0.73、进深0.64米，右龛宽0.74、进深0.48、高1.36米（图6-11）。

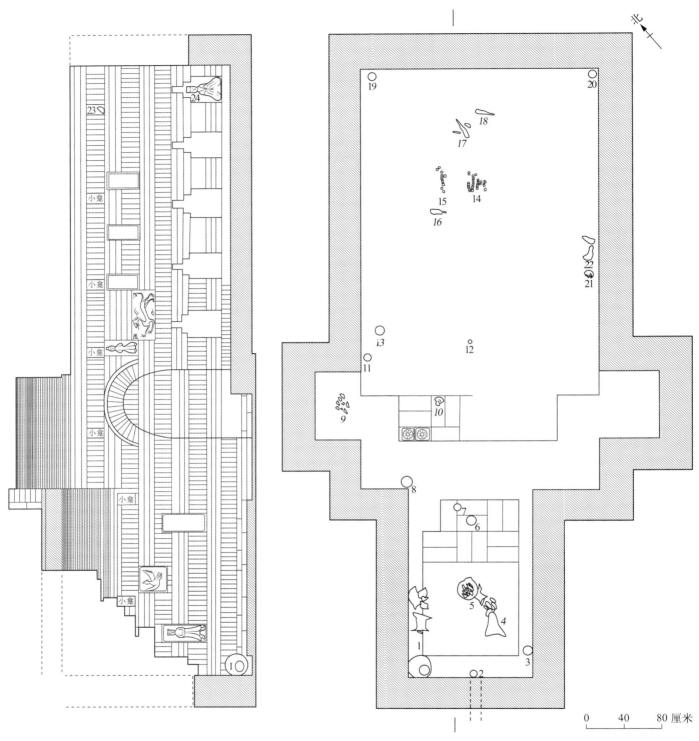

图6-11　桂子山M136形制图

1. 瓷钵　2. 瓷圆唇碗　3. 瓷方唇碗　4. 铁器　5. 瓷盘口壶　6. 瓷圆唇碗　7. 瓷圆唇碗　8. 瓷圆唇碗　9. 瓷片　10. 瓷碗　11. 瓷圆唇碗　12. 瓷盂　13. 瓷碗　14. 五铢及骨骼残片　15. 五铢　16. 铁器　17. 铁器　18. 铁器　19. 瓷圆唇碗　20. 瓷圆唇碗　21. 瓷圆唇碗　22. 铁器　23. 瓷圆唇碗　24. 陶方座

本次整理涉及M136出土器物共20件,包括甲群1件。

陶方座　1件。M136:24,下半部为方形,缺1/4,上半部为半球形,中有孔,胎色灰褐。通高4.1、底边长6.1厘米(图6-13-2;图版二一六-1)。

瓷盘口壶　1件。M136:5,圆唇,盘口外敞,颈较长,圆肩,鼓腹,平底,肩部横置6系。胎质较细腻,胎色浅灰,露胎处浅灰泛黄。外表施釉及腹。釉色青黄,略有剥落。口沿、2系经复原。通高43.1、口径16.2、腹径24.8、底径11.2厘米(图6-12;图版二一六-2)。

瓷钵　1件。M136:1,圆唇,直口,曲腹,平底。胎质细腻,胎与露胎处均浅黄。外表施釉不及底。釉色黄褐,有剥落。口沿残损。通高7.2、口径14.6厘米(图6-13-13;图版二一六-3)。

瓷圆唇碗　9件。直口或直口微敞,曲腹,饼足,除M136:8足心微凹外,均平底,足根处经修整。外表施釉不及底。釉下施灰白色化妆土

M136:2,胎质较粗,胎色灰,露胎处灰黄。釉色青黄,有剥落。通高3.9、口径8.5厘米(图6-13-3;图版二一八-1)。

M136:6,胎质较细腻,胎色浅灰,露胎处浅黄。内壁施釉不及底。釉色青白泛黄。口沿残损。通高5.2、口径10.5厘米(图6-13-10;图版二一八-2)。

M136:7,胎质较细腻,胎色浅灰,露胎处灰黄。釉色黄,剥落殆尽。口沿轻微残损。通高3.6、口径8.2厘米(图6-13-4;图版二一八-1)。

M136:8,胎质较粗,露胎处褐色。仅口沿内外施釉。釉色青黄。口沿残损。通高6.3、口径13.2厘米(图6-13-12;图版二一七-1)。

M136:11,胎质较细腻,胎色浅灰,露胎处灰黄。釉色黄褐。口沿残损。通高4.2、口径8.7厘米(图6-13-6;图版二一八-1)。

M136:19,胎质较粗,胎色浅褐,露胎处褐色。釉色黄,剥落殆尽。口沿轻微残损。通高4.3、口径8.7厘米(图6-13-5;图版二一七-2)。

M136:20,胎质较粗,胎色灰,露胎处褐色。釉色青灰。口沿残损。通高4.1、口径8.9厘米(图6-13-9;图版二一七-2)。

M136:21,胎质较粗,胎色灰,露胎处褐色。釉剥落殆尽。碗身残损。通高4.2、口径8.6厘米(图6-13-7;图版二一七-2)。

M136:23,胎质较粗,露胎处红褐。釉色青黄,有剥落。通高4、口径8厘米(图6-13-8;图版二一八-1)。

瓷方唇碗　1件。M136:3,直口,曲腹,饼足,平底,足根处经修整。胎质较细腻,胎色浅灰,露胎处浅黄。仅口沿内外施釉。釉色青黄。口沿残损。通高6.8、口径12.7厘米(图6-13-11;

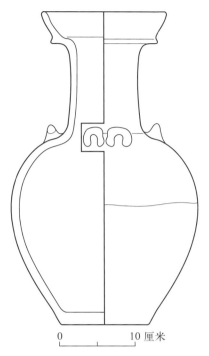

0　　　　　　10 厘米

图6-12　桂子山M136出土瓷盘口壶

M136:5

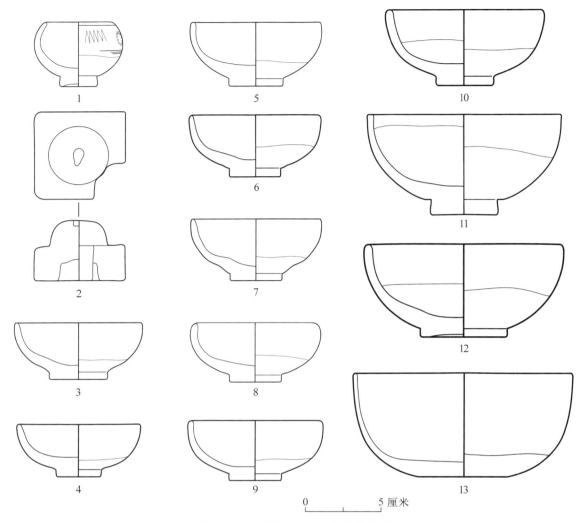

图6-13　桂子山M136出土陶瓷器

1. 瓷盂（M136:12）　2. 陶方座（M136:24）　3. 瓷圆唇碗（M136:2）　4. 瓷圆唇碗（M136:7）　5. 瓷圆唇碗（M136:19）
6. 瓷圆唇碗（M136:11）　7. 瓷圆唇碗（M136:21）　8. 瓷圆唇碗（M136:23）　9. 瓷圆唇碗（M136:20）
10. 瓷圆唇碗（M136:6）　11. 瓷方唇碗（M136:3）　12. 瓷圆唇碗（M136:8）　13. 瓷钵（M136:1）

图版二一七-1）。

瓷盂　1件。M136:12,圆唇,敛口,曲腹,饼足,足心内凹,足根处刮削一周。口沿有弦纹,下饰团窠、折线图案,其下又有3道弦纹。胎质细腻,胎色浅灰,露胎处浅黄。外表施釉及腹。釉色黄褐,略有剥落。口沿残损。通高4.4、口径4.2厘米（图6-13-1；图版二一八-3）。

五铢　6件（组）。均有不同程度锈蚀（图版二一八-4、图版二一八-5）。

M136:14,总计68枚。均残损、粘连。总重123.4克。

M136:15-1,有锈蚀。直径2.3厘米,重1.83克。

M136:15-2,锈蚀较严重。直径2.2厘米,重1.46克。

M136:15-3,锈蚀较严重。直径2.3厘米,重1.78克。

M136：15-4，有锈蚀。直径2.2厘米，重1.69克。

M136：15-5，锈蚀较严重。直径2.2厘米，重1.88克。

桂子山 M138

桂子山 M138发掘完成时间为1955年7月2日，记录者为郭冰廉。

M138是一座券顶砖室墓，发掘时仅剩墓葬后半部，可见方形墓室与一头龛、一对侧龛。墓上堆积厚0.45厘米。墓向230°。墓底铺砖，墓室中部以二横二直砖平铺成棺床。原记录称此墓有以"空心方砖"制成的排水道。墓壁以花纹砖三顺一丁砌筑，间用四神、人物题材画像砖。M138残长4.44米，墓室底宽2.04、残长3.52米，头龛宽0.77、进深0.64米（图6-14）。

本次整理涉及M138出土器物共41件，包括甲群4件。

瓷生肖俑　4件。生肖首人身。端坐于底座，双手持笏于胸前。上着交领宽袖袍，胸际系带，下穿裙。胎质较细腻。施釉至底座表面。釉色青黄。

M138：14，巳蛇。露胎处浅灰泛青。釉有剥落。通高15.6厘米（图6-15-6；图版二一九-1）。

M138+3，戌狗。露胎处浅灰泛青。釉有剥落。右耳、吻部残损。通高15.9厘米（图6-15-7；图版二一九-2）。

M138+1，仅存下半身与底座。胎色浅褐，露胎处浅灰。残高8.1厘米（图版二二〇-1）。

M138+2，仅存下半身与底座。胎色浅褐，露胎处浅灰。残高11.1厘米（图版二二〇-1）。

瓷四系双唇罐　1件。M138：11，内唇圆而内敛，外唇圆而外敞，溜肩，鼓腹，平底，肩部横置4系。胎质较细腻，胎色浅灰，露胎处浅灰泛黄。外表施釉至肩腹交界处。釉色青黄。1系残损。通高11.3、外口径10.7厘米（图6-15-5；图版二二〇-2）。

瓷方唇碗　4件。直口，曲腹，饼足，除M138：7足心内凹外，均平底，足根处刮削一周。仅口沿施釉（图版二二〇-3）。

M138：4，胎质较细腻，胎与露胎处均灰色。釉色青褐，受侵蚀。口沿残损。通高4.6、口径9厘米（图6-15-1）。

M138：7，胎质较细腻，露胎处浅灰。釉色青黄。通高4.6、口径9.3厘米（图6-15-3）。

M138：8，胎质较细腻，露胎处灰红。釉色青褐，受侵蚀。通高4.4、口径8.7厘米（图6-15-2）。

M138：19，胎质较粗，露胎处灰褐。釉色黑褐。口沿残损。通高4.6、口径9.1厘米（图6-15-4）。

开元通宝 32枚。有不同程度锈蚀或残损（图版二二一、图版二二二、图版二二三、图版二二四）。

M138：21-1，直径2.5厘米，重3.05克。

M138：21-2，直径2.5厘米，重3.74克。

M138：21-3，直径2.4厘米，重2.54克。

M138：21-4，直径2.4厘米，重3.91克。

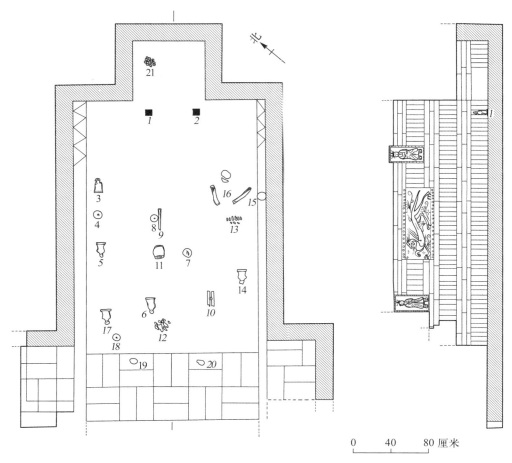

图6-14　桂子山M138形制图

1. 瓷女立俑　2. 瓷女立俑　3. 瓷生肖俑　4. 瓷方唇碗　5. 瓷生肖俑　6. 瓷生肖俑　7. 瓷方唇碗　8. 瓷方唇碗　9. 人骨　10. 人骨及开元通宝　11. 瓷四系双唇罐　12. 瓷片　13. 牙齿　14. 生肖俑-巳蛇　15. 瓷碗　16. 人骨　17. 生肖俑-申猴　18. 瓷碗　19. 瓷方唇碗　20. 瓷碗　21. 开元通宝　+1. 瓷生肖俑　+2. 瓷生肖俑　+3. 瓷生肖俑-戌狗

M138：21-5，直径2.5厘米，重3.69克。

M138：21-6，直径2.4厘米，重3.13克。

M138：21-7，直径2.4厘米，重3.65克。

M138：21-8，直径2.4厘米，重2.95克。

M138：21-9，直径2.3厘米，重1.54克。

M138：21-10，直径2.5厘米，重2.56克。

M138：21-11，直径2.4厘米，重1.7克。

M138：21-12，直径2.5厘米，重3.72克。

M138：21-13，直径2.3厘米，重2.58克。

M138：21-14，直径2.3厘米，重2.87克。

M138：21-15，直径2.5厘米，重2.81克。

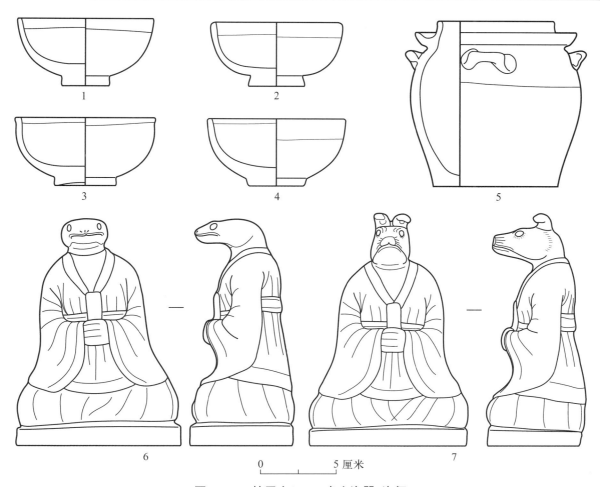

图6-15　桂子山M138出土瓷器、瓷俑

1. 瓷方唇碗（M138：4）　2. 瓷方唇碗（M138：8）　3. 瓷方唇碗（M138：7）　4. 瓷方唇碗（M138：19）
5. 瓷四系双唇罐（M138：11）　6. 瓷生肖俑-巳蛇（M138：14）　7. 瓷生肖俑-戌狗（M138+3）

M138：21-16，直径2.4厘米，重2.82克。

M138：21-17，直径2.4厘米，重2.33克。

M138：21-18，直径2.5厘米，重3.39克。

M138：21-19，直径2.4厘米，重2.7克。

M138：21-20，直径2.4厘米，重2.47克。

M138：21-21，直径2.5厘米，重2.44克。

M138：21-22，直径2.4厘米，重2.97克。

M138：21-23，直径2.4厘米，重2.11克。

M138：21-24，直径2.4厘米，重3.17克。

M138：21-25，直径2.5厘米，重3.62克。

M138：21-26，直径2.4厘米，重3.13克。

M138：21-27,直径2.4厘米,重1.84克。

M138：21-28,直径2.4厘米,重2.49克。

M138：21-29,直径2.4厘米,重1.66克。

M138：21-30,直径2.3厘米,重2.07克。

M138：21-31,直径2.4厘米,重1.63克。

M138：21-32,直径2.4厘米,重2.16克。

桂子山 M143

桂子山 M143 发掘完成时间为1955年9月,绘图者为夏承彦。

M143是一座长方形砖室墓。墓向200°。此墓仅见平面图,未见发掘记录。据图可知墓室后部未铺砖。M143通长4.5米,墓室底长4.33、宽1.64米(图6-16)。

本次整理涉及 M143 出土器物共2件。

瓷大口罐　2件。圆唇,侈口,矮领,丰肩,腹微鼓,平底,肩部纵置2系。外表施釉至足部。釉色深黄(图版二二五-1)。

M143：1,胎色浅黄,露胎处浅褐。釉剥落严重。2系残损。通高16.9、口径12.9厘米(图6-17)。

M143：4,胎色浅黄,露胎处浅灰。釉有剥落。2系缺失。通高17.1、口径12.1厘米。

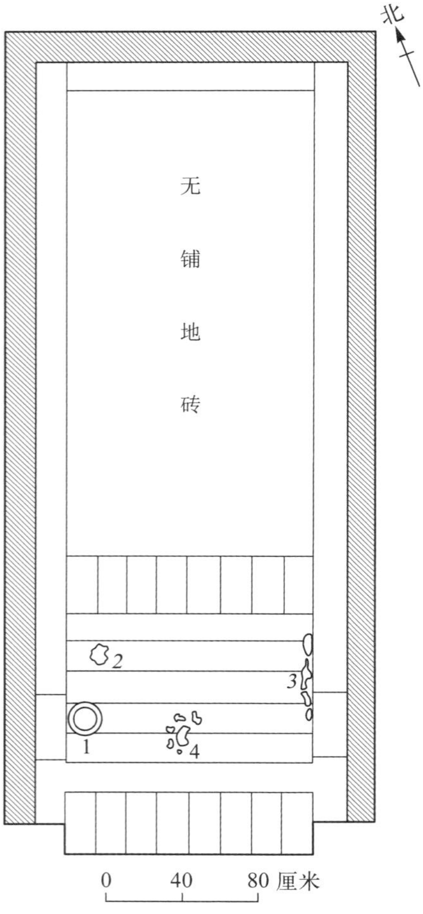

图6-16　桂子山 M143形制图

1.瓷大口罐　2.瓷片　3.瓷片　4.瓷大口罐

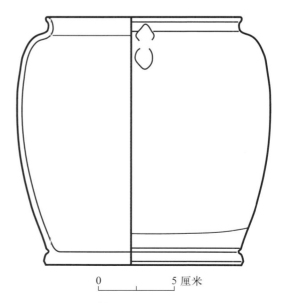

图6-17　桂子山 M143出土瓷大口罐

M143：1

桂子山M146

桂子山M146发掘完成时间为1955年9月22日,绘图者为游绍奇。

M146是一座长方形券顶砖室墓。墓上堆积厚1米,填土黄褐色。墓向150°。铺地砖仅存9块。无排水道。墓壁以砖二顺一丁砌筑,侧壁各有3小龛,小龛中出土瓷碗。M146通长3.39米,墓室底长3.02、宽0.87米(图6-18)。

本次整理涉及M146出土器物共4件。

瓷圆唇碗　4件。侈口,曲腹,饼足,足心内凹,足根处平削一周。胎质较粗。外表施釉不及底。釉下施化妆土(图版二二五-2)。

M146:2,口沿下有1道弦纹。胎与露胎处均深灰。釉剥落殆尽。化妆土浅灰。通高5.3、口径10.2厘米。

M146:3,口沿下有3道弦纹。露胎处深灰。釉色黄褐,剥落严重。化妆土浅褐。通高5.2、口径8.7厘米。

M146:4,口沿下有2道弦纹。胎色深灰,露胎处灰褐。釉色黄褐,有剥落。化妆土浅灰泛褐。口沿轻微残损。通高5.3、口径9.8厘米。

M146:5,口沿下有3道弦纹。露胎处深灰褐。釉剥落殆尽。化妆土浅红色。通高5.1、口径10.1厘米(图6-19)。

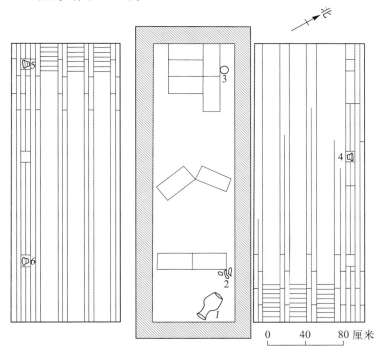

图6-18　桂子山M146形制图

1. 瓷罐　2. 瓷圆唇碗　3. 瓷圆唇碗　4. 瓷圆唇碗　5. 瓷圆唇碗　6. 瓷碗

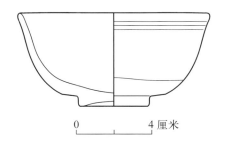

图6-19　桂子山M146出土瓷圆唇碗

M146:5

桂子山 M147

桂子山 M147 发掘完成时间为 1955 年 10 月 6 日,发掘者为游绍奇。

M147 是一座券顶砖室墓,墓室呈长方形,附甬道、一头龛与一对侧龛。侧龛位于墓室前部,券顶完好。墓上堆积厚 2 米。墓向 134°。墓室地面高于甬道,以素面砖二横二直铺地。甬道中部亦以素面砖二横二直铺地。封门底部有排水道。M147 侧壁以唐草纹砖三顺一丁砌筑,墓室两侧壁中各砌一块"龙纹"大砖,"龙纹"很可能即表现青龙与白虎。后壁砌筑方式不详。封门顺砖、丁砖混用,中砌一块"孔雀纹"砖,所谓"孔雀"应即朱雀。M147 通长 5.94 米,甬道底宽 1.52、进深 0.51 米,墓室底宽 1.89、进深 3.32 米,左侧龛宽 0.54、进深 0.55 米,右侧龛宽 0.53、进深 0.56、高 0.88 米,头龛宽 0.74、进深 0.54、高 1.18 米(图 6-20)。

本次整理涉及 M147 出土器物共 38 件,包括甲群 14 件、乙群 1 件。

生肖俑　7 件,端坐的男性形象,袖手于身前并捧一生肖,生肖单独烧制。俑头戴笼冠,身着交领宽袖长袍,腰系带。胎色均灰黄。

M147:28,戌狗。头部缺失,衣摆、狗四肢残损。残高 15 厘米(图 6-21-5;图版二二六-3)。

M147+1,亥猪。右侧衣摆、猪四肢残损。通高 20.8 厘米(图 6-21-1;图版二二六-1、图版二二六-2)。

M147:6,生肖缺失,身前衣摆残损。通高 21 厘米(图 6-21-4;图版二二六-4)。

M147:7,生肖缺失,左前臂残损。通高 20.7 厘米(图 6-21-3;图版二二六-4)。

M147:27,生肖缺失,笼冠残损。通高 20.5 厘米(图 6-21-7;图版二二六-5)。

M147:31,头部、生肖缺失,左侧衣摆残损。残高 15 厘米(图版二二六-4)。

M147:37,生肖难以辨认。笼冠、左肩、左侧衣摆、生肖残损。通高 21.2 厘米(图 6-21-2;图版二二六-1、图版二二六-2)。

甲士俑　1 件,M147:2。直立,双手于胸前握一物,所握物已佚。头戴兜鍪,兜鍪顶部向上开一圆孔,肩覆披膊,上着窄袖衣,腰系带,腰带下接膝裙,下穿大口袴,膝下缚袴,足蹬尖头履。胎色灰。左足经复原。通高 32.3 厘米(图 6-22-1;图版二二七-1)。

裲裆铠男立俑　2 件。直立,双手仗环首刀于身前,平背。头戴平巾帻,上着宽袖衣,外套裲裆铠,下穿裙,足蹬圆头履。胎色灰(图版二二七-2、图版二二七-3)。

M147:1,通高 40.3 厘米(图 6-22-3)。

M147:12,通高 40.2 厘米(图 6-22-4)。

袍服男立俑　1 件。M147:15,直立,双手持笏于身前。头戴双管形冠,上着交领宽袖袍,腰系带,下穿裙,足蹬高头履。胎色灰。冠部、鼻尖、左耳、右肩残损。通高 34.2 厘米(图 6-22-2;图版二二八-1)。

女立俑　1 件。M147:21,直立,左手叉腰。上着对襟窄袖衫,下穿裙,足蹬尖头履。胎色灰。

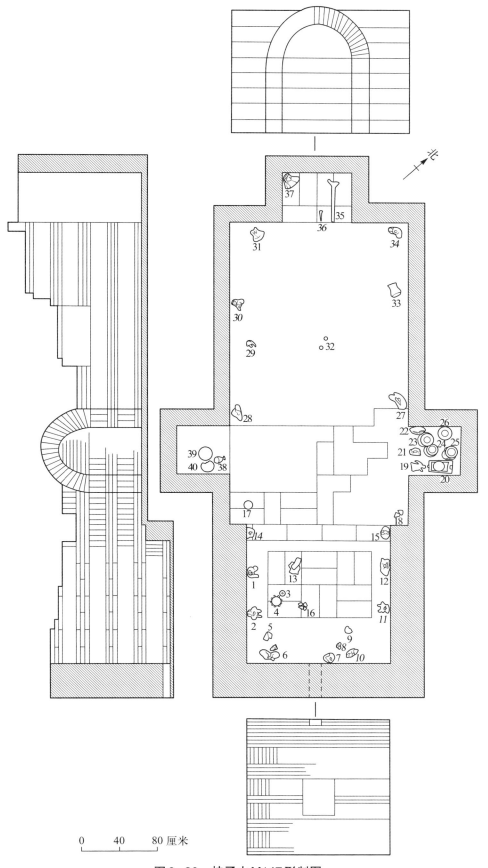

图6-20　桂子山M147形制图

1. 裲裆铠男立俑　2. 甲士俑　3. 瓷盂　4. 瓷多足砚　5. 瓷圆唇碗　6. 生肖俑　7. 生肖俑　8. 三彩残片　9. 瓷圆唇碗　10. 俑　11. 俑　12. 裲裆铠男立俑　13. 瓷盘口壶　14. 俑　15. 袍服男立俑　16. 瓷圆唇碗　17. 瓷圆唇碗　18. 瓷圆唇碗　19. 女吹火俑　20. 陶灶　21. 女立俑　22. 瓷双唇罐　23. 瓷双唇罐　24. 瓷双唇罐　25. 瓷双唇罐　26. 瓷双唇罐　27. 生肖俑　28. 生肖俑-戌狗　29. 瓷圆唇碗　30. 俑　31. 生肖俑　32. 开元通宝　33. 瓷盘口壶　34. 俑　35. 铜熨斗　36. 铁钉　37. 生肖俑　38. 银杯　39. 铅盘　40. 铅盘　+1. 生肖俑-亥猪　+2. 瓷多足砚　+3. 陶高足杯

图6-21　桂子山M147出土陶俑

1. 生肖俑-亥猪（M147+1）　2. 生肖俑（M147：37）　3. 生肖俑（M147：7）　4. 生肖俑（M147：6）　5. 生肖俑-戌狗（M147：28）
6. 女立俑（M147：21）　7. 生肖俑（M147：27）

头部、右臂、腹部残损。残高19.1厘米（图6-21-6；图版二二九-2）。

女吹火俑　1件。M147：19，蹲姿，右手撑地，左手撑于左膝，躯干前倾，面朝左。头梳圆髻，上着对襟窄袖衫，下穿长裙。胎色灰黄。通高8.6厘米（图6-23-2；图版二二八-2、图版二二九-1）。

陶灶　1件。M147：20，灶身近立方体，有底座但不封底。火门拱形，上有阶梯形挡火墙，灶面二圆形火眼，灶头上翘，向上开一长圆形出烟孔。胎色灰黄。通高14.2、底边长18厘米（图6-23-3；图版二二八-2）。

陶高足杯　1件，M147+3。圆唇，侈口，深曲腹，高足外撇。胎质细腻，火候高，胎色浅黄。通高6.2、口径5.1厘米（图6-25-1；图版二三〇-2）。

瓷盘口壶　2件。

M147：13，尖唇，盘口外敞，长颈，圆肩，鼓腹，平底，肩部以相同间隔横置5系。胎质较细腻，胎色灰，露胎处浅灰泛黄。外表施釉及肩。釉色黄褐，有剥落。口沿残损，器身近底处有变形。通高36.3、口径15.7、腹径20.7、底径13.2厘米（图6-24；图版二三〇-1）。

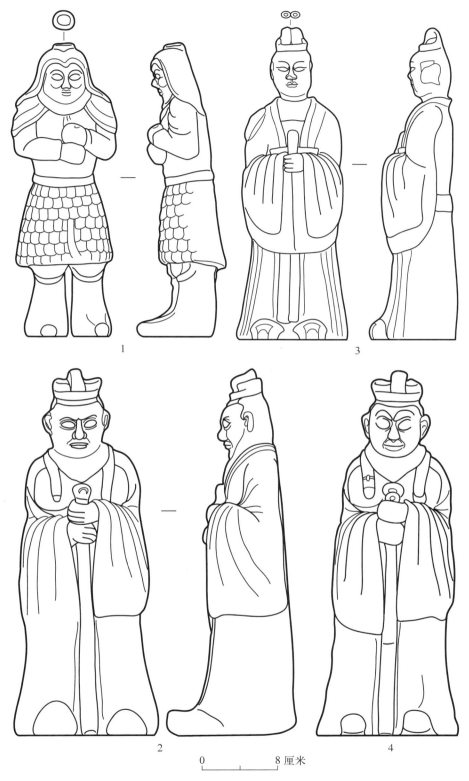

1　　　　　　　　　　3

0　　　　　8厘米

2　　　　　　　　　　4

图6-22　桂子山M147出土男立俑

1.甲士俑（M147：2）　2.袍服男立俑（M147：15）　3.裲裆铠男立俑（M147：1）　4.裲裆铠男立俑（M147：12）

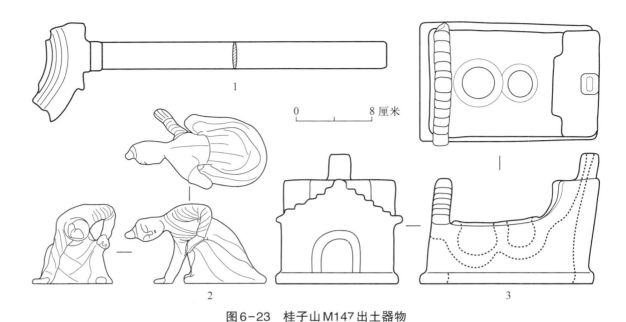

图6-23　桂子山M147出土器物

1. 铜熨斗（M147：35）　2. 女吹火俑（M147：19）　3. 陶灶（M147：20）

　　M147：33，仅存肩部以上。尖唇，盘口外敞，长颈，圆肩，肩部横置6系。胎质较细腻，胎色灰，露胎处浅灰泛红。外表施釉及肩。釉色青黄。盘口、诸系均残损。残高29厘米（图版二三二-1）。

　　瓷双唇罐　5件。内唇圆而内敛，外唇尖而外敞，溜肩，鼓腹，平底，肩部纵向置2系或3系。胎质较细腻，胎色灰。外表施釉及肩。

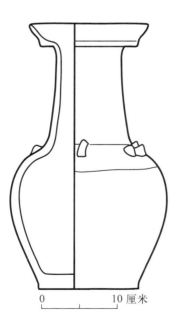

图6-24　桂子山M147出土
　　　　瓷盘口壶

M147：13

　　M147：22，肩部纵置2系，近底处有内凹1道。露胎处浅灰。釉色黄，有流釉现象。外唇略有残损。通高10.7、外口径9.5厘米（图版二三一-1）。

　　M147：23，肩部纵置2系。露胎处浅灰泛黄。釉色黄褐。1系缺失，外唇略有残损。通高11.8、外口径9.6厘米（图版二三〇-3）。

　　M147：24，肩部纵置3系，近底处有内凹1道。露胎处浅褐。有流釉现象。釉色青黄。外唇及1系略有残损。通高11、外口径9.3厘米（图6-25-3；图版二三一-1）。

　　M147：25，肩部纵置3系，近底处有内凹1道。胎质较细腻，胎色灰，露胎处灰红。釉色黄褐。外唇略有残损。通高11、外口径9.3厘米（图版二三一-1）。

　　M147：26，肩部纵置2系，近底处有内凹1道。露胎处浅灰。釉色青黄。1系缺失，外唇略有残损。通高11.4、外口径9.3厘米（图版二三〇-3）。

　　瓷圆唇碗　6件。曲腹，饼足，足心内凹，足根处平削一周。外表

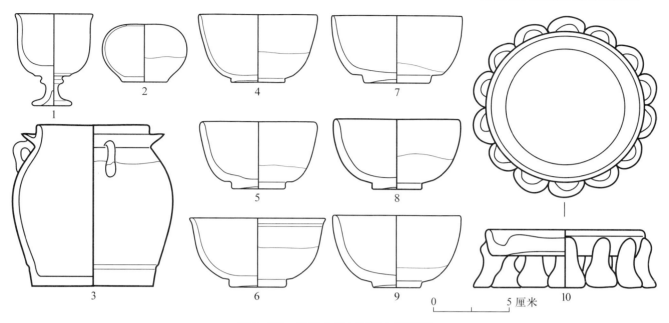

图6-25 桂子山M147出土陶瓷器

1. 陶高足杯（M147+3） 2. 瓷盂（M147：3） 3. 瓷双唇罐（M147：24） 4. 瓷圆唇碗（M147：5） 5. 瓷圆唇碗（M147：16）
6. 瓷圆唇碗（M147：18） 7. 瓷圆唇碗（M147：9） 8. 瓷圆唇碗（M147：17） 9. 瓷圆唇碗（M147：29） 10. 瓷多足砚（M147：4）

施釉不及底。施釉部分亦施化妆土。

M147：5，敞口。胎质细腻，胎色灰，露胎处红褐。釉面受侵蚀，剥落严重。化妆土浅黄。口沿残损。通高4.6、口径7.8厘米（图6-25-4；图版二三一-2）。

M147：9，敞口。胎质较细腻，胎色灰，露胎处灰褐。釉面受侵蚀，剥落殆尽。化妆土浅黄。口沿残损。通高4.5、口径8.7厘米（图6-25-7；图版二三一-2）。

M147：16，敞口。胎质较粗，胎色灰，露胎处深灰。釉色黄褐。化妆土浅灰。口沿残损。通高4.6、口径7.8厘米（图6-25-5；图版二三一-3）。

M147：17，敞口。胎质较粗，胎色灰，露胎处深灰。釉剥落殆尽。化妆土浅灰。口沿残损。通高4.8、口径8.2厘米（图6-25-8；图版二三一-3）。

M147：18，侈口，口沿下有2道弦纹。胎质较粗，胎与露胎处均灰褐。釉色黄褐，剥落严重。化妆土浅灰。口沿经复原、有残损。通高4.7、口径9厘米（图6-25-6；图版二三一-3）。

M147：29，敞口。胎质较细腻，露胎处灰红。化妆土浅灰。釉面受侵蚀，剥落严重。约一半经复原。通高4.9、口径8.5厘米（图6-25-9；图版二三一-2）。

瓷盂 1件。M147：3，方唇，敛口，鼓腹，平底。胎质细腻，胎色灰白，露胎处浅黄。外表施釉不及底。釉脱落殆尽。口沿残损。通高3.9、口径2.3厘米（图6-25-2；图版二三二-2）。

瓷多足砚 2件。砚平面呈圆形，砚身侧面附足，足上窄下宽。胎质较细腻。砚面与砚身底面不施釉，足底有粘釉痕迹。砚釉色均青褐，剥落严重。

M147：4，有十四足。露胎处灰黄。通高4、砚面直径10.6厘米（图6-25-10；图版二三二-3）。

M147+2，有十三足。露胎处黄褐。三足经复原。通高3.8、砚面直径10.4厘米（图版二三二-4）。

铜熨斗　1件，M147：35。尚存扁长的柄部，斗大部残损，据其形态判断应为熨斗。残长37.4厘米（图6-23-1；图版二三三-3）。

开元通宝　3枚，均有不同程度锈蚀或残损（图版二三三-4）。

M147：32-1，直径2.5厘米，重3.1克。

M147：32-2，直径2.5厘米，重3.37克。

M147：32-3，直径2.5厘米，重3.12克。

银杯　1件。M147：38，原记录作银杯，仅存银片8片，长1.2-4.1厘米（图版二三三-1）。

铅盘　2件，均仅存器底（图版二三三-2）。

M147：39，残长8.1厘米。

M147：40，残长8.8厘米。

桂子山 M148

桂子山M148发掘完成时间为1955年10月6日，记录者为游绍奇。

M148是一座长方形券顶砖室墓。墓上堆积厚0.8米，填土褐色。墓向193°。墓底以砖"人"字形平铺，上再以砖一横二直平铺出棺床。封门底部有两条排水道。墓壁以花纹砖三顺一丁砌筑，图案有唐草、武士等。侧壁上部残存小龛各1个，后壁有2个小龛。M148通长3.59米，墓底长3.23、宽0.95米（图6-26）。

本次整理涉及M148出土器物共22件，包括乙群7件。

女立俑　1件。M148：14，直立，双手持巾于身前。上着窄袖衫，外套圆领对襟马夹，下穿裙，足蹬尖头履。胎色浅灰泛红。头部缺失。残高22.2厘米（图6-27-2；图版二三四-1）。

陶禽　1件。M148：15，胎色浅黄。通高9.2厘米（图6-27-7；图版二三四-2）。

陶炉　1件。M148：2，圆唇，平沿外翻，曲腹，腹部附五兽爪形足。胎质致密细腻，胎色灰。一足残损。通高6.2、口径7.2厘米（图6-27-6；图版二三五-1）。

陶带鋬釜　1件。M148：4，圆唇，敛口，鼓腹，平底，腹部附8鋬。胎质致密细腻，胎色浅灰泛黄。一鋬缺失。通高3.6、口径3.5厘米（图6-27-1；图版二三五-2）。

陶盂　1件。M148：17，方唇，直口，圆肩，曲腹，底部内凹，口沿有一孔。胎质致密细腻，胎色浅灰泛黄。通高5.3、口径6.6厘米（图6-27-3；图版二三五-4）。

陶瓶　1件。M148：13，尖唇，侈口，长颈，溜肩，鼓腹，平底。胎色浅黄。通高7.2、口径2.4厘米（图6-27-4；图版二三五-3）。

陶杯　1件。M148：18，尖唇，直口，曲腹，饼足，平底。胎色浅黄。口沿轻微残损。通高4.8、口径4.8厘米（图6-27-5；图版二三五-3）。

瓷钵　1件。M148：8，圆唇，直口，曲腹，平底。胎质较粗，露胎处浅灰。器内外施釉均不及

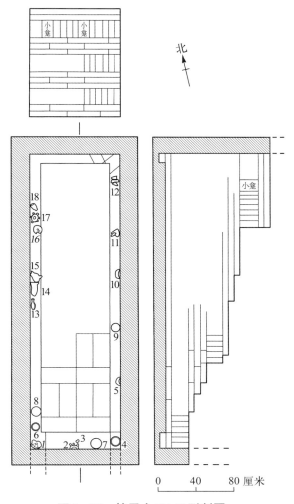

图6-26　桂子山M148形制图

1. 俑　2. 陶炉　3. 开元通宝　4. 陶带鋬釜　5. 瓷圆唇碗　6. 瓷方唇碗　7. 铜钵　8. 瓷钵　9. 瓷圆唇碗　10. 瓷方唇碗
11. 瓷圆唇碗　12. 瓷方唇碗　13. 陶瓶　14. 女立俑　15. 陶禽　16. 俑　17. 陶盉　18. 陶杯　+1. 瓷方唇碗　+2. 瓷方唇碗

底。釉剥落殆尽。通高5、口径10.8厘米（图6-28-6；图版二三六-3）。

　　瓷圆唇碗　3件。曲腹，饼足，足心内凹，足根处平削一周。胎质较细腻。外表施釉不及底。
釉下施化妆土（图版二三五-5）。

　　M148：5，敞口微侈。胎色灰，露胎处灰红。釉剥落殆尽。化妆土浅黄。通高4.7、口径9.4厘
米（图6-28-2）。

　　M148：9，侈口。口沿下饰4道弦纹。胎与露胎处均灰色。釉色青褐，剥落严重。化妆土浅
灰。通高5.2、口径10.5厘米（图6-28-9）。

　　M148：11，敞口。胎色灰，露胎处灰红。釉剥落殆尽。化妆土浅灰。通高4.4、口径9.6厘米
（图6-28-5）。

　　瓷方唇碗　5件。直口，曲腹，平底。仅口沿施釉。

图6-27　桂子山M148出土陶器

1. 陶带鍪釜（M148：4）　2. 女立俑（M148：14）　3. 陶盂（M148：17）　4. 陶瓶（M148：13）
5. 陶杯（M148：18）　6. 陶炉（M148：2）　7. 陶禽（M148：15）

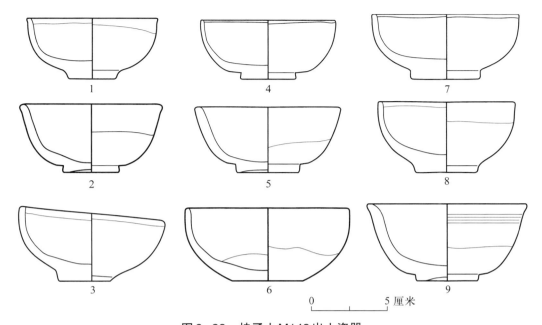

图6-28　桂子山M148出土瓷器

1. 瓷方唇碗（M148+2）　2. 瓷圆唇碗（M148∶5）　3. 瓷方唇碗（M148∶12）　4. 瓷方唇碗（M148∶6）　5. 瓷圆唇碗（M148∶11）
6. 瓷钵（M148∶8）　7. 瓷方唇碗（M148∶10）　8. 瓷方唇碗（M148+1）　9. 瓷圆唇碗（M148∶9）

M148∶6，足根处经修整成饼足。胎质较粗，胎与露胎处均灰色。釉完全剥落。口沿残损。通高4、口径8.9厘米（图6-28-4；图版二三六-2）。

M148∶10，足根处经修整成饼足。胎质较粗，露胎处灰色。釉完全剥落。通高4.4、口径9.6厘米（图6-28-7；图版二三六-1）。

M148∶12，下腹部自然收束成平底。胎质较粗，露胎处灰色。釉完全剥落。通高5、口径9.6厘米（图6-28-3；图版二三六-1）。

M148+1，下腹部自然收束成平底。胎质较粗，胎色灰，露胎处深灰。釉色深褐，有剥落。通高4.8、口径9.1厘米（图6-28-8；图版二三六-2）。

M148+2，下腹部自然收束成平底。胎质较细腻，露胎处红褐。釉剥落殆尽。通高4.1、口径8.6厘米（图6-28-1；图版二三六-2）。

铜钵　1件。M148∶7，仅剩器底。残长8.68厘米（图版二三六-4）。

开元通宝5枚。均有锈蚀、残损（图版二三七-1）。

M148∶3-1，直径2.5厘米，重2.79克。

M148∶3-2，直径2.5厘米，重2.45克。

M148∶3-3，直径2.4厘米，重1.9克。

M148∶3-4，直径2.4厘米，重2.91克。

M148∶3-5，直径2.4厘米，重3克。

桂子山 M149

　　桂子山 M149 发掘完成时间为1955年10月14日,记录者为游绍奇。

　　M149是一座券顶砖室墓,墓室平面呈长方形,墓室前部附一对侧龛,后部有一个头龛。墓上堆积厚1米。墓向157°。墓底以素面砖"人"字形平铺。墓侧壁近封门的位置平砌一对低矮的砖柱。封门底部有排水道,排水道外端支三铁钉。墓壁以素面砖三顺一丁砌筑,侧壁各开6个"凸"字形小龛以置俑,其上开3个方形小龛。M149通长3.96米,墓室底长3.21、宽0.81米,头龛宽0.38、进深0.39、高0.53米,左龛、右龛均宽0.27、进深0.17、高0.53米(图6-29)。

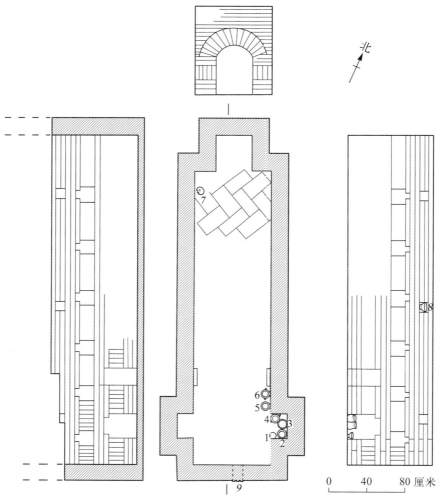

图6-29　桂子山 M149 形制图
1.瓷圆唇碗　2.瓷双唇罐　3.瓷双唇罐　4.瓷双唇罐　5.瓷双唇罐　6.瓷双唇罐　7.瓷碗　8.瓷碗　9.铁钉

本次整理涉及M149出土器物共6件。

瓷双唇罐　5件。内唇圆而内敛，外唇外敞，除M149：3为圆唇外，其余均尖唇，溜肩，鼓腹，平底，肩部纵置3系或4系。外表施釉及肩。

M149：2，肩部置3系。胎质较细腻，胎色浅灰，露胎处浅褐。釉剥落殆尽。外唇、2系残损。通高10.6、口径8.9厘米（图版二三七-4）。

M149：3，肩部置4系。胎质较细腻，胎色浅灰，露胎处浅灰泛黄。釉剥落殆尽。2系残损。通高10.3、外口径9厘米（图6-30-1；图版二三七-2）。

M149：4，肩部置3系。胎质较粗，胎与露胎处均浅灰。釉色青灰，有剥落。外唇残损。通高11、口径9.1厘米（图版二三七-4）。

M149：5，肩部置3系。胎质较粗，胎与露胎处均浅灰。釉剥落殆尽。1系残损。通高10.8、外口径9.3厘米（图6-30-3；图版二三七-4）。

M149：6，肩部置3系。胎质较细腻，胎与露胎处均浅灰。胎色青黄，剥落殆尽。外唇残损。通高10.3、口径9.2厘米（图版二三七-4）。

瓷圆唇碗　1件。M149：1，敞口，曲腹，饼足，足心内凹，足根处平削一周。胎质较细腻，露胎处红褐。外表施釉不及底。釉色黄褐，有剥落。釉下施浅褐色化妆土。通高4.7、口径8.9厘米（图6-30-2；图版二三七-3）。

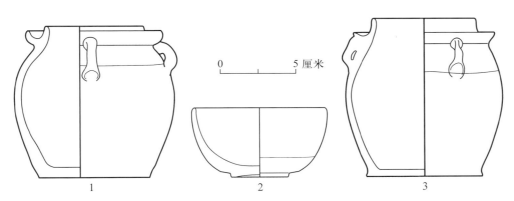

图6-30　桂子山M149出土瓷器

1.瓷双唇罐（M149：3）　2.瓷圆唇碗（M149：1）　3.瓷双唇罐（M149：5）

桂子山M161

桂子山M161发掘完成时间为1955年11月4日，记录者为游绍奇。

M161是一座券顶砖室墓，墓室平面呈长方形，附甬道、一头龛与一对侧龛。侧龛位于墓室前部。诸龛券顶保存完好。墓上堆积厚0.7米。墓向160°。墓室地面遭破坏，记录称甬道地面以"二横二直"砖平铺。各龛地面平铺二层砖。墓室封门底部有排水道。墓壁以花纹砖三顺一丁砌筑,纹饰有唐草纹、宝瓶纹。侧壁上部各有3个小龛,其上有一排凸砖。M161通长6.39米,甬道底宽1.64、进深1.79米,墓室底宽2.22、进深3.61米,头龛宽0.8、进深0.59、高1.34米,左龛宽0.65、进深0.5、高0.92米,右龛宽0.64、进深0.51米(图6-31)。

本次整理涉及M161出土器物共71件,包括甲群54件。

人面镇墓兽　1件。M161:44,人面兽身。蹲伏,挺胸,平视前方,头梳高髻。胎色灰。尾部缺失。通高32.7厘米(图6-32-1;图版二三八-1)。

兽面镇墓兽　1件。M161:46,兽面兽身。蹲伏,挺胸,平视前方,张口吐舌,尾部翻起贴于背部。胎色灰。左耳及尾部残损。通高36.5厘米(图6-32-2;图版二三八-2)。

人面兽身俑　1件。M161:47,蹲伏,躯干细长,弓起,挺胸,平视前方,头梳高髻,尾部翻起贴于背部。胎色橙红。左耳、尾部残损。通高23.4厘米(图6-33-1;图版二三九-1)。

人首鸟身俑　1件。M161:61,头梳高髻。胎色橙黄。双足缺失。残高16.1厘米(图6-33-2;图版二三九-2)。

生肖俑　9件。端坐于底座,袖手于身前捧一生肖。头戴笼冠,身着交领宽袖长袍。

M161:2,巳蛇。胎色灰。头部缺失,身前底座、蛇身残损。残高16.9厘米(图6-34-7;图版二四一-2)。

M161:9,子鼠。胎色灰。头部缺失。残高16.3厘米(图6-34-5;图版二四一-2)。

M161:12,戌狗。胎色灰。狗头缺失。通高21.5厘米(图6-34-4;图版二四一-1)。

M161:17,午马。胎色灰。马头缺失。通高20.7厘米(图6-34-1;图版二四〇)。

M161:20,未羊。胎色灰。通高22.9厘米(图6-34-2;图版二四〇)。

M161:1,胎色灰。头部缺失,生肖残损无法辨识。残高14.9厘米(图6-34-6;图版二四一-2)。

M161:3,胎色灰黄。仅存胸部以下。残高11.8厘米(图版二四二-1)。

M161:5,胎色灰黄。生肖残损无法辨认。通高21.3厘米(图6-34-3;图版二四一-1)。

M161:7,胎色灰。头部、生肖缺失。残高14.8厘米(图版二四二-1)。

裲裆铠男立俑　2件。直立,双手仗环首刀于身前。头戴平巾帻,上着宽袖袍,外套裲裆铠,腰系带,下穿裙,足蹬圆头履。胎色灰(图版二四三)。

M161:38,平巾帻残损。残高42.2厘米(图6-35-2)。

M161:64,平巾帻残损。残高41.1厘米(图6-35-1)。

袍服男立俑　2件。直立,双手执笏于身前。头戴双管形冠,上着交领宽袖袍,腰系带,下穿长裙,足蹬高头履。胎色灰(图版二四二-2)。

M161:13,头部缺失。通高27.1厘米。

M161:16,冠残损。通高35.6厘米(图6-36-1)。

持盾甲士俑　1件。M161:31,直立于方座,持长盾于身前,左手握盾顶部。头戴兜鍪,兜鍪顶部向上开一圆孔,上着窄袖衣,肩覆披膊,腰系带,腰带下接膝裙,下穿小口袴,膝下缚袴,足蹬尖头履。胎色灰。右手缺失。通高36厘米(图6-36-2;图版二四四-1)。

甲士俑　7件。直立于方座,双手持物于胸前,所持物已佚。头戴兜鍪,兜鍪顶部向上开一圆

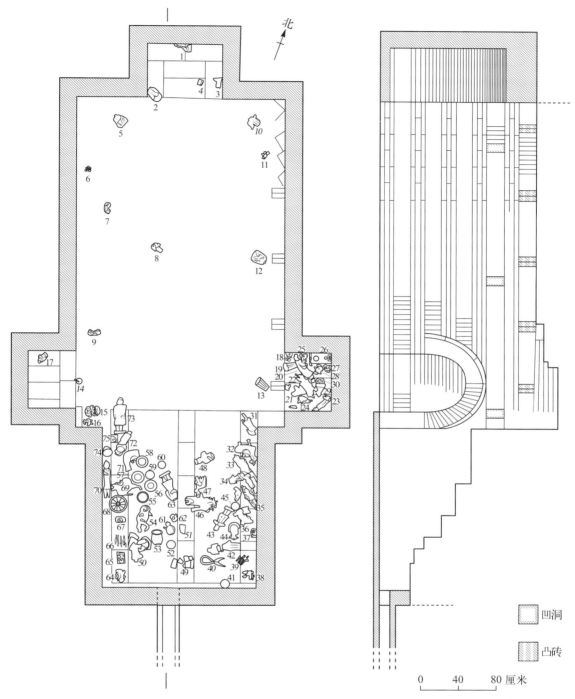

图6-31　桂子山M161形制图

1. 生肖俑　2. 生肖俑-巳蛇　3. 生肖俑　4. 俑　5. 生肖俑　6. 开元通宝　7. 生肖俑　8. 女踞坐俑　9. 生肖俑-子鼠　10. 俑
11. 瓷圆唇碗　12. 生肖俑-戌狗　13. 袍服男立俑　14. 铁器　15. 男坐俑　16. 袍服男立俑　17. 生肖俑-午马　18. 甲士俑
19. 女立俑　20. 生肖俑-未羊　21. 俑　22. 陶牛　23. 女立俑　24. 女立俑　25. 女踞坐俑　26. 陶灶　27. 甲士俑　28. 俑
29. 男坐俑　30. 陶磨　31. 持盾甲士俑　32. 马　33. 俑　34. 俑　35. 甲士俑　36. 陶鞍马　37. 女立俑　38. 裲裆铠男立俑
39. 铁钉　40. 铁剪　41. 瓷圆唇碗　42. 甲士俑　43. 甲士俑　44. 人面镇墓兽　45. 瓷尖唇碗　46. 兽面镇墓兽　47. 人面镇墓兽
48. 女立俑　49. 瓷盘口壶　50. 瓷瓶　51. 铜片　52. 瓷尖唇碗　53. 瓷四系双唇罐　54. 陶骆驼　55. 瓷四系双唇罐
56. 瓷四系双唇罐　57. 瓷四系双唇罐　58. 瓷四系双唇罐　59. 瓷圆唇碗　60. 瓷圆唇碗　61. 人首鸟身俑　62. 俑
63. 长衣男立俑　64. 裲裆铠男立俑　65. 甲士俑　66. 铁钉　67. 甲士俑　68. 陶轮　69. 马　70. 长衣男立俑　71. 陶鞍马
72. 长衣男立俑　73. 残立俑　74. 瓷圆唇碗　75. 俑　+1. 女立俑　+2. 瓷圆唇碗　+3. 男坐俑　+4. 女立俑　+5. 女立俑
+6. 陶磨　+7. 陶方座　+8. 披发男立俑　+9. 女立俑　+10. 女立俑

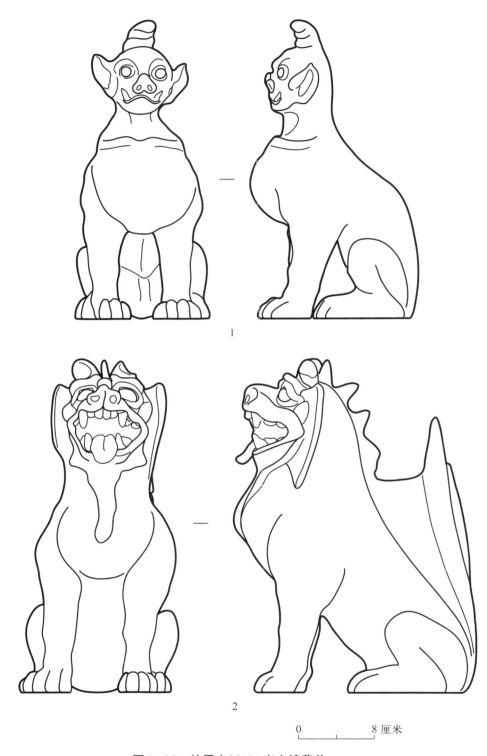

1

2

0 ⊢———⊢ 8 厘米

图6-32　桂子山M161出土镇墓兽

1. 人面镇墓兽（M161：44）　2. 兽面镇墓兽（M161：46）

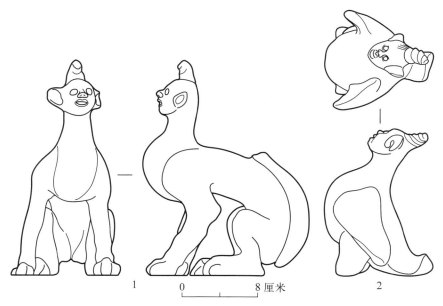

图6-33　桂子山M161出土神怪俑

1. 人面镇墓兽（M161：47）　2. 人首鸟身俑（M161：61）

孔，上着窄袖衣，肩覆披膊，腰系带，腰带下接膝裙，下穿大口袴或小口袴，膝下缚袴，足蹬尖头履。胎色灰。

M161：18，着大口袴。面部残损。通高35.3厘米（图版二四四-3）。

M161：27，着大口袴。兜鍪顶端残损。通高35.2厘米（图版二四四-3）。

M161：35，着小口袴。通高35.1厘米（图6-36-3；图版二四四-3）。

M161：42，着小口袴。通高35.2厘米（图版二四四-4）。

M161：43，着大口袴。通高35厘米（图版二四四-2）。

M161：65，着大口袴。底座残损。通高35.1厘米（图版二四四-4）。

M161：67，着大口袴。通高35.2厘米（图版二四四-4）。

长衣男立俑　3件。直立于方座。上身前倾，右手抚胸，左臂微抬。头戴幞头，上着圆领窄袖长衣，腰系带，下穿袴，足蹬尖头靴。胎色灰。

M161：63，幞头残损。通高35.3厘米（图6-37-2；图版二四五-1）。

M161：70，左手缺失，右手残损。通高37.5厘米（图6-37-3；图版二四五-2）。

M161：72，左手残损。通高34.3厘米（图6-37-1；图版二四五-3）。

披发男立俑　1件。M161+8，直立。上着圆领窄袖长衣，腰系带，下穿袴。胎色红褐。双臂、双足均缺失。残高20.6厘米（图6-38-1；图版二四五-4）。

男坐俑　3件。胎色橙红。或为说唱俑、乐俑。

M161：15，头戴幞头，上着圆领长衣，腰系带。双臂缺失，胡须残损，双腿经复原。通高22.5厘米（图6-38-3；图版二四六-1）。

1　　　　　　　　　　2

3　　　　　　　　　　4

5　　　　　　　　　6　　　　　　　　7

0 ⊢———————⊣ 8厘米

图6-34　桂子山M161出土生肖俑

1.生肖俑-午马(M161:17)　2.生肖俑-未羊(M161:20)　3.生肖俑(M161:5)　4.生肖俑-戌狗(M161:12)
5.生肖俑-子鼠(M161:9)　6.生肖俑(M161:1)　7.生肖俑-巳蛇(M161:2)

图6-35　桂子山M161出土裲裆铠男立俑

1. 裲裆铠男立俑（M161∶64）　2. 裲裆铠男立俑（M161∶38）

图6-36　桂子山M161出土男立俑

1. 袍服男立俑（M161∶16）　2. 持盾甲士俑（M161∶31）　3. 甲士俑（M161∶35）

图6-37　桂子山M161出土长衣男立俑

1. 长衣男立俑(M161：72)　2. 长衣男立俑(M161：63)　3. 长衣男立俑(M161：70)

M161：29，仅存躯干及右臂，右臂前伸。身着圆领窄袖上衣。残高15厘米(图版二四六-2)。

M161+3，前臂上举。头戴幞头，上着圆领长衣，腰系带。右手缺失，头部残损，双腿经复原。残高18.9厘米(图6-38-2；图版二四六-1)。

女立俑　10件。

M161：19，立姿，躯干前倾，左手抚于股部，右臂前伸，右手所持物难以辨认。头梳半翻髻，项饰珠串，上着窄袖衫，外套半臂，腰系带，下穿裙，足蹬尖头履。胎色灰。左足尖残损。通高26.7厘米(图6-39-4；图版二四六-3)。

M161：23，直立，右前臂向上抬起，左手叉腰。头梳半翻髻，项饰珠串，上着窄袖衫，外套圆领半袖，腰系带，下穿裙，足蹬尖头履。胎色灰黄。通高28.5厘米(图6-39-8；图版二四七-1)。

M161：24，直立，双手持帔于身前。上着圆领窄袖衫，肩披帔，帔经左肩下垂于身前，下穿裙。胎色灰黄。仅存躯干及股部，双臂残损。残高14.6厘米(图版二四七-2)。

M161：37，直立，左手叉腰，右上臂抬起。头梳高髻，上着窄袖衫，外套交领右衽半臂，腰系带，下穿裙，足蹬圆头履。胎色橙黄。右臂残损。通高27.7厘米(图6-39-5；图版二四七-3)。

M161：48，立姿，右足微抬，左手叉腰。头梳高髻，上着窄袖衫，外套对襟圆领半臂，腰系带，下穿裙，足蹬圆头履。胎色灰黄。右臂、发髻残损。通高26.6厘米(图6-39-1；图版二四七-4)。

M161+1，直立，微向右倾，双手持巾于身前。头梳半翻髻，项饰珠串，上着窄袖衫，外套半臂，

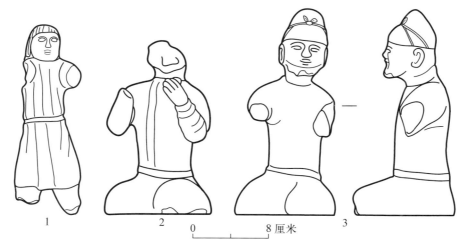

图6-38　桂子山M161出土男俑

1.披发男立俑（M161+8）　2.男坐俑（M161+3）　3.男坐俑（M161：15）

下穿长裙,足蹬圆头履。胎色灰,右肩、右足残损。通高27.5厘米（图6-39-3；图版二四八-1）。

M161+4,直立。头梳半翻髻,上着窄袖衫,肩披帔,腰系带,下穿裙。双臂残损,足部经复原。胎色黄褐。通高27.7厘米（图6-39-7；图版二四八-2）。

M161+5,直立,袖手捧包袱于胸前。项饰珠串,上着交领窄袖衫,肩披帔,腰系带,下穿裙,足蹬圆头履。胎色灰黄。头部缺失,左足残损。残高20厘米（图6-39-6；图版二四八-3）。

M161+9,直立。项饰珠串,上着圆领衫,腰系带,下穿裙,足蹬圆头履。胎色灰。双臂缺失,发髻残损。残高27厘米（图6-39-2；图版二四八-4）。

M161+10,仅存膝盖以下。穿裙,足蹬圆头履。胎色灰。残高12.7厘米（图版二四八-5）。

女踞坐俑　2件。头梳球形双髻,项饰珠串,上着窄袖衫,外套半臂,下穿裙,足蹬尖头履。胎色黄褐（图版二四九-1）。

M161：8,左手抚左膝,右臂下垂。外套对襟半臂。右前臂缺失。通高14.2厘米（图6-40-2）。

M161：25,双肘支于双膝,右手似握一物,所握物已佚。外套圆领半臂。左手缺失。通高14.5厘米（图6-40-1）。

残立俑　1件。M161：73,立于方座。仅存下半身。残高18.9厘米（图版二四八-6）。

陶鞍马　2件。攀胸、鞍、鞯、鞘、鞦等均有表现。胎色灰。

M161：36,仅存躯干。残高18.8厘米（图6-41-1；图版二五〇-1）。

M161：71,立姿,四足着地。右耳、尾部缺失。通高31.1厘米（图6-41-5；图版二四九-2）。

陶牛　1件。M161：22,立姿。胎色灰。双角缺失。通高16.8厘米（图6-41-2；图版二五〇-2、图版二五〇-3）。

陶骆驼　1件。M161：54,双峰驼,立姿。胎色灰。前驼峰、四肢残损。长27.5厘米（图6-41-4；图版二五〇-4）。

陶灶　1件。M161：26,平面为矩形,侧视近上大下小的梯形,有底座但不封底。火门券顶,

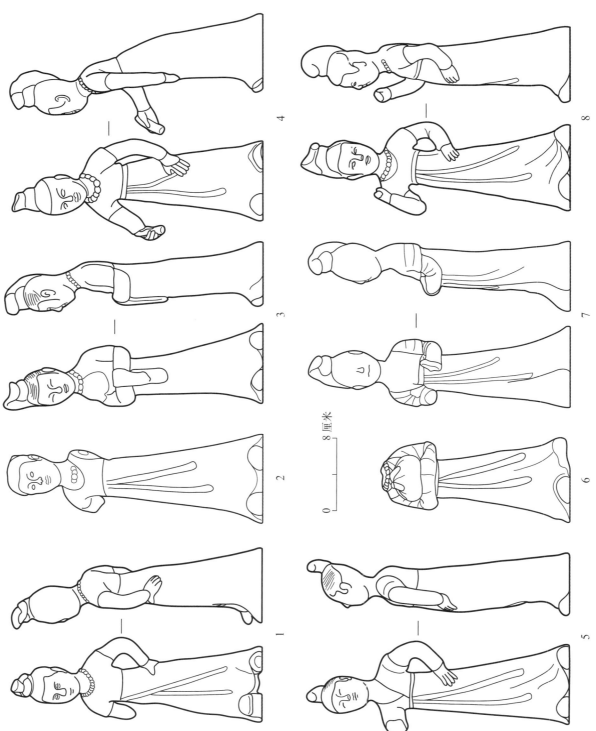

图6-39　桂子山M161出土女立俑

1. 女立俑（M161：48）　2. 女立俑（M161：9）　3. 女立俑（M161：1）　4. 女立俑（M161：19）　5. 女立俑（M161：37）　6. 女立俑（M161+5）
7. 女立俑（M161：23）　8. 女立俑（M161：4）

图6-40　桂子山M161出土女踞坐俑

1. 女踞坐俑（M161∶25）　2. 女踞坐俑（M161∶8）

外有尖拱门楣,上有阶梯形挡火墙,灶面二圆形火眼,灶头上翘,向后开一长圆形出烟孔。胎色灰。挡火墙顶端、右端残损。残高14.7、底边长23.6厘米(图6-41-9;图版二五一-1、图版二五一-2)。

陶磨　2件。均仅存上扇,未表现磨齿。投料槽较浅,被分隔为两半圆形,上表面边缘有三块梯形凸起。胎色灰黄(图版二五一-3)。

M161∶30,投料槽两半圆内各有一圆形投料孔,孔不贯通。直径12.3、通高2厘米(图6-41-3)。

M161+6,直径12.3、通高1.9厘米(图6-41-8)。

陶轮　1件。M161∶68,胎色灰黄。直径21.2、通高6.2厘米(图6-41-7;图版二五一-4)。

陶方座　1件。M161+7,下半方形,上半半球形,中有圆孔。胎色灰黄。底座残损。通高3.9厘米(图6-41-6;图版二五一-5)。

瓷盘口壶　1件。M161∶49,尖唇,盘口外敞,长颈,圆肩,鼓腹,平底,肩置间隔均匀的5系。胎质较细腻,胎色灰,露胎处浅灰泛黄。外表施釉至肩腹交界处。釉色黄褐,有剥落。口沿与诸系残损。通高52.2、口径18.4、腹径26.1、底径14.7厘米(图6-42-1;图版二五二-1)。

瓷四系双唇罐　5件。内唇圆而微敛,外唇圆而外敞,溜肩,腹略鼓,平底,肩横置4系。胎质较细腻。外表施釉及肩。

M161∶53,胎色灰,露胎处浅灰泛褐。釉色青黄,受侵蚀,有剥落。2系残损,表面有多处鼓起。通高12.8、外口径10.8厘米(图版二五二-2)。

M161∶55,胎色灰,露胎处浅灰泛黄。釉色黄褐,受侵蚀,有剥落。外唇轻微残损。通高12.5、外口径10.7厘米(图6-42-9;图版二五二-2)。

M161∶56,胎色灰,露胎处浅灰。釉完全剥落。一耳缺失,一耳及外唇残损。通高12.4、外口径10.6厘米(图版二五二-3)。

M161∶57,露胎处浅灰。釉色黄褐,有剥落。通高12.5、外口径10.3厘米(图版二五二-3)。

M161∶58,露胎处浅灰泛黄。釉色黄褐,有剥落。器身有变形。通高12.6、外口径10.5厘米(图版二五二-3)。

瓷圆唇碗　6件。敞口,曲腹,饼足,足心内凹,足根处平削一周。外表施釉不及底。

M161∶11,口微侈。胎质较细腻,胎色灰,露胎处浅灰。釉色黄褐,剥落较严重。口沿残损。

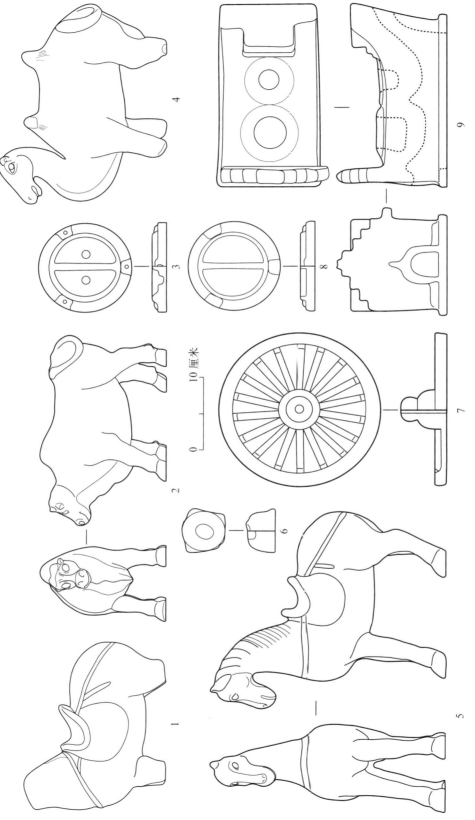

图6-41　桂子山M161出土陶动物、模型明器

1. 陶鞍马（M161∶36）　2. 陶牛（M161∶22）　3. 陶磨（M161∶30）　4. 陶骆驼（M161∶54）　5. 陶鞍马（M161∶71）
6. 陶方座（M161+7）　7. 陶轮（M161+6）　8. 陶碓（M161∶68）　8. 陶磨（M161+6）　9. 陶灶（M161∶26）

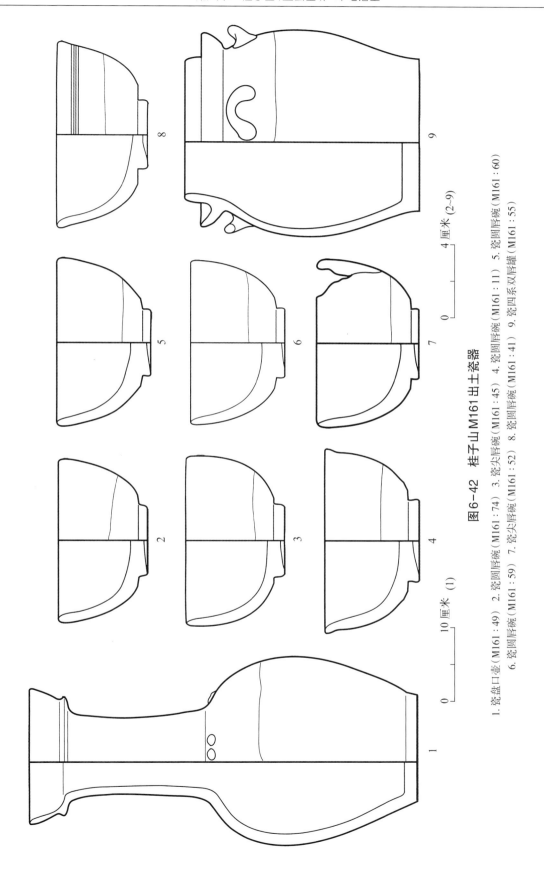

图6-42　桂子山M161出土瓷器

1. 瓷盘口壶（M161：49）　2. 瓷圆唇碗（M161：45）　3. 瓷尖唇碗（M161：11）　5. 瓷圆唇碗（M161：60）
6. 瓷圆唇碗（M161：59）　7. 瓷尖唇碗（M161：52）　8. 瓷圆唇碗（M161：41）　9. 瓷凹系双唇罐（M161：55）

通高5厘米,口径10厘米(图6-42-4;图版二五三-1)。

M161:41,口微侈。口沿下有4道弦纹。胎质较细腻,胎色灰,露胎处深灰。釉色青褐,有剥落。釉下施浅灰色化妆土。口沿残损。通高4.8、口径10.2厘米(图6-42-8;图版二五三-1)。

M161:59,胎质较细腻,露胎处蓝灰。釉色青褐。釉下施化妆土。通高5、口径9厘米(图6-42-6;图版二五三-2)。

M161:60,胎质较细腻,胎色灰,露胎处灰红。釉完全剥落。釉下施浅黄色化妆土。口沿残损。通高5、口径9.2厘米(图6-42-5;图版二五三-2)。

M161:74,胎质较细腻,露胎处红褐。釉受侵蚀,剥落殆尽。釉下施浅黄色化妆土。通高4.7、口径8.9厘米(图6-42-2;图版二五三-2)。

M161+2,胎质较粗,露胎处灰褐。釉色青褐。约一半经复原。通高6.2、口径8.2厘米(图版二五四-1)。

瓷尖唇碗　2件。直口,曲腹,饼足,足心内凹,足根处平削一周。胎质较细腻,胎色灰。釉色黄褐,剥落严重。釉下施浅灰色化妆土(图版二五四-2)。

M161:45,露胎处灰色。口沿残损。通高5.2、口径9.3厘米(图6-42-3)。

M161:52,露胎处浅灰泛黄。口沿残损,器身有鼓泡。通高5.5、口径8.7厘米(图6-42-7)。

开元通宝　2枚(图版二五四-3)。

M161:6-1,边沿轻微残损。直径2.4厘米,重2.22克。

M161:6-2,锈蚀严重。直径2.4厘米,重3.12克。

铁钉　1组。M161:66,共30枚。截面均正方形。锈蚀、变形严重。最长者35.1厘米(图版二五四-4)。

桂子山 M162

桂子山M162发掘完成时间为1955年11月9日,记录者为游绍奇。

M162是一座券顶砖室墓,墓室平面呈长方形,附甬道、头龛与一对侧龛。侧龛位于墓室前部,头龛与侧龛券顶保存完整。墓上堆积厚1.2米。墓向282°。墓底以二横二直砖平铺,墓室后部及头龛再平铺1层砖。封门底部有排水道。墓壁以花纹砖三顺一丁砌筑,纹饰以唐草纹为主。M162通长5.64米,甬道底宽1.51、进深1.34米,墓室底宽1.99、进深3.38米,头龛宽0.81、进深0.57米,左龛宽0.62、进深0.5、高0.79米,右龛宽0.61、进深0.51米(图6-43)。

本次整理涉及M162出土器物共43件,包括乙群36件。

人首兽身带翼俑　1件。M162:10,立姿,四足着地,抬头平视前方,展翅,尾部竖起。俑头生一角。胎色浅灰泛黄。尾端残损,左翼整体经复原。通高15.5厘米(图6-44-2;图版二五五-1)。

人首鸟身俑　1件。M162:28,蹲伏于方座,延颈,平视前方。头顶生一角。胎色浅黄。双翅、尾部残损。通高15.8厘米(图6-44-1;图版二五五-2)。

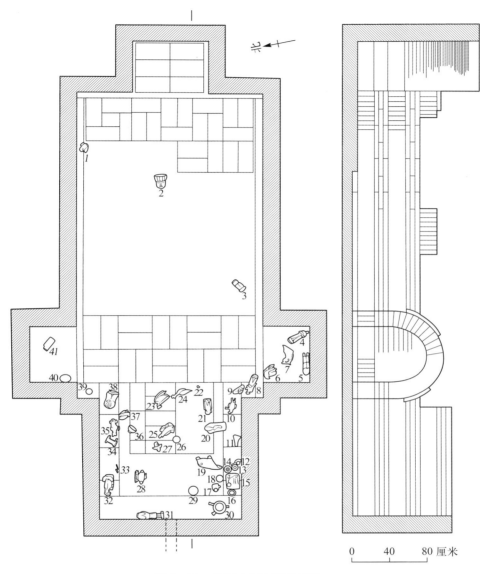

图6-43　桂子山M162形制图

1. 俑　2.生肖俑-子鼠　3.长衣男立俑　4.女立俑　5.女立俑　6.女骑俑　7.马　8.胡人男立俑　9.生肖俑-寅虎
10.人首兽身带翼俑　11.瓷圆唇碗　12.陶唾壶　13.陶釜　14.陶烛台　15.镇墓武士　16.陶多足砚　17.陶四系釜
18.陶粉盒　19.陶牛　20.陶鞍马　21.陶猪　22.铜钱　23.马　24.陶禽　25.陶狗　26.瓷方唇碗　27.俑头　28.人首鸟身俑
29.瓷钵　30.陶鼎　31.长衣男立俑　32.陶羊　33.铁钉　34.陶案　35.陶羊　36.瓷方唇碗　37.瓷盘口壶　38.生肖俑-巳蛇
39.瓷圆唇碗　40.瓷方唇碗　41.陶板　+1.女立俑　+2.陶盂　+3.陶灶　+4.生肖俑　+5.生肖俑-未羊　+6.生肖俑
+7.生肖俑-亥猪　+8.生肖俑　+9.生肖俑-戌狗

生肖俑　9件。生肖首人身,端坐,双手执笏于身前。上着交领右衽宽袖袍,腰系带,下穿裙。
M162:2,子鼠,胎色灰白。通高21厘米(图6-45-6;图版二五六-1)。
M162:9,寅虎,胎色灰白。底座缺失。残高19.4厘米(图6-45-1;图版二五六-2)。
M162:38,巳蛇,胎色浅黄。底座缺失。残高21.2厘米(图6-45-5;图版二五六-2)。
M162+5,未羊,胎色灰白。底座缺失。残高19.6厘米(图6-45-3;图版二五七-1)。

　　M162+7,亥猪,胎色灰白。底座缺失,右耳及吻部残损。残高20.4厘米(图6-45-2;图版二五七-1)。

　　M162+9,戌狗,胎色灰白。底座缺失,双耳、左侧衣摆残损。残高19.5厘米(图6-45-4;图版二五七-1)。

　　M162+4,胎色灰白。头部及底座缺失。残高16厘米(图版二五七-2)。

　　M162+6,胎色灰白。头部及底座缺失。残高16.7厘米(图版二五七-2)。

　　M162+8,胎色灰白。头部及底座缺失。残高15.8厘米(图版二五七-2)。

　　镇墓武士　1件。M162:15,直立于方座,整体微右倾,持长盾于身前,双手持盾顶部。头戴兜鍪,上着明光铠,下穿裙,足蹬尖头履,盾由上至下刻有牛头、兽面、龟图案。胎色浅黄。通高

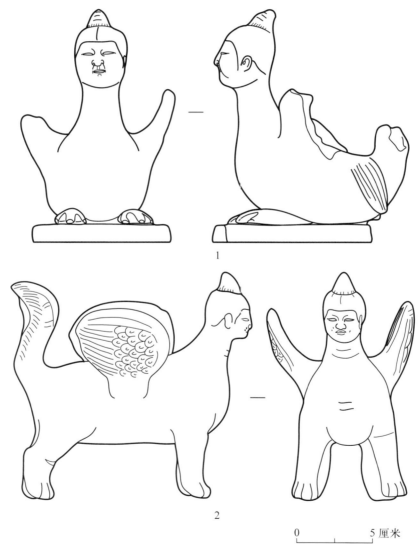

0　　　　5厘米

图6-44　桂子山M162出土神怪俑

1.人首鸟身俑(M162:28)　2.人首兽身带翼俑(M162:10)

0   8 厘米

图6-45　桂子山M162出土生肖俑

1. 生肖俑-寅虎（M162：9）　2. 生肖俑-亥猪（M162+7）　3. 生肖俑-未羊（M162+5）　4. 生肖俑-戌狗（M162+9）
5. 生肖俑-巳蛇（M162：38）　6. 生肖俑-子鼠（M162：2）

57.5厘米(图6-46;图版二五八)。

　　长衣男立俑　2件。直立于方座,持不同物品。头戴幞头,上着圆领窄袖长衣,腰系带,下穿裤,足蹬尖头靴。

　　M162:3,左前臂平举,持鞭于胸前。胎色浅黄。右臂经复原。通高32.8厘米(图6-47-1;图版二五九-1)。

　　M162:31,左臂下垂,微屈,右手持一靴于胸前。胎色浅灰泛黄。所持靴之靴尖残损,底座经复原。通高25.2厘米(图6-47-2;图版二五九-3)。

　　胡人男立俑　1件。M162:8,直立于方座,袖手于胸前。头戴幞头,上着圆领窄袖长衣,腰系

0　　　　　8厘米

图6-46　桂子山M162出土镇墓武士

M161:15

带,下穿裤。胎色浅黄。双足经复原。通高33.2厘米(图6-47-3;图版二五九-2)。

女骑俑　1件。M162:6,马四足着地,女俑正坐于马背,右手扶帽,左臂自然下垂。俑头戴席帽,上着窄袖衫,外套圆领对襟半臂,下穿裙,足蹬尖头履。马所附络头、攀胸、鞍、鞯、鞦等均有表现。胎色浅黄。马尾残损。通高36.6厘米(图6-48;图版二六〇)。

女立俑　3件。

M162:4,直立,左前臂平举,持莲蕊于胸前,右臂下垂,微屈。头梳高髻,上着窄袖衫,外套对襟马夹,下穿裙,足蹬尖头履。胎色浅黄。通高28.8厘米(图6-49-3;图版二六一-1)。

M162:5,直立,左前臂平举,持团扇于胸前,右臂下垂,微屈。上着交领右衽窄袖衫,外套对襟马夹,下穿裙,足蹬尖头履。胎色浅红泛灰。头部缺失,扇柄、足尖残损。残高22.7厘米(图6-49-2;图版二六一-2)。

M162+1,直立,袖手于身前。头梳双髻,上着交领右衽宽袖衫,胸际系带,下穿裙,足蹬高头履。胎色浅黄。通高25.1厘米(图6-49-1;图版二六一-3)。

陶鞍马　1件。M162:20,仅存躯干。身附鞍、鞯、鞦。胎色浅黄。残长22.2厘米(图6-50-5;图版二六二-2)。

陶牛　1件。M162:19,仅存头部与躯干,双角缺失。头部有革带。胎色浅黄。长26.3厘米(图6-50-1;图版二六二-1)。

陶猪　1件。M162:21,伏卧于方座,腹下有一泥丸支撑。胎色浅灰。吻部残损。通高8.9、底座长15.7厘米(图6-50-2;图版二六二-3)。

图6-47　桂子山M162出土男立俑

1. 长衣男立俑(M162:3)　2. 长衣男立俑(M162:31)　3. 胡人男立俑(M162:8)

0   8 厘米

图6-48　桂子山M162出土女骑俑

M162：6

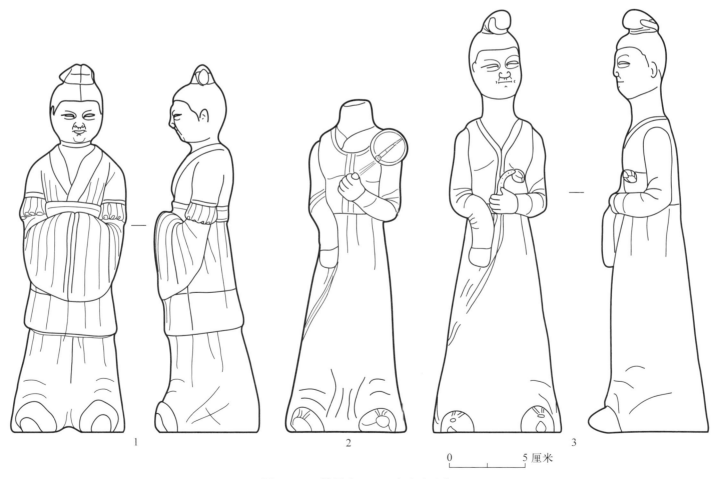

1   2   3

0   5 厘米

图6-49　桂子山M162出土女立俑

1. 女立俑（M162+1）　2. 女立俑（M162：5）　3. 女立俑（M162：4）

陶禽 1件。M162：24，胎色浅黄。喙残损。通高11.6厘米（图6-50-3；图版二六二-6）。

陶狗 1件。M162：25，伏卧于方座，右前肢叠于左前肢上。胎色浅灰。左耳缺失。通高9.4、底座长15.7厘米（图6-50-7；图版二六二-4）。

陶羊 2件。伏卧于方座，腹下有一泥丸支撑。胎色浅黄（图版二六二-5）。

M162：32，左耳、尾部缺失。通高11.8、底座长16.5厘米（图6-50-6）。

M162：35，双耳缺失，双角、右前肢、底座残损。通高13.6、底座长15厘米（图6-50-4）。

陶灶 1件。M162+3，整体呈船形。火门、挡火墙经复原，灶面有二圆形火眼，灶头上翘，有底

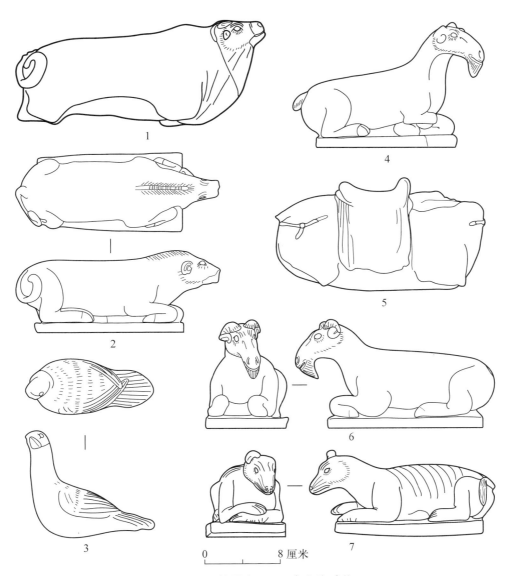

图6-50 桂子山M162出土陶动物

1.陶牛（M162：19） 2.陶猪（M162：21） 3.陶禽（M162：24） 4.陶羊（M162：35） 5.陶鞍马（M162：20）
6.陶羊（M162：32） 7.陶狗（M162：25）

座,封底。灶侧面刻划壶门。胎色浅黄。通高10.9、底座长18.3厘米(图6-51-3;图版二六二-7)。

陶案　1件。M162:34,案面两端上翘,双足宽扁,刻划直楞纹。胎色浅黄。通高4.8、长13.8厘米(图6-51-1;图版二六三-1)。

陶唾壶　1件。M162:12,尖唇,敞口,束颈,溜肩,垂腹,平底。胎色浅灰泛黄。通高4.5、口径3.6厘米(图6-51-5;图版二六三-7)。

陶釜　1件。M162:13,尖唇,敞口外折,曲腹,平底。胎色浅灰。通高3、口径4.4厘米(图6-51-4;图版二六三-7)。

陶烛台　1件。M162:14,由中柱与底座构成。中柱上部直筒型,下部外鼓。底盘宽大,作两圆饼交叠状。胎色浅红。通高5.9厘米(图6-51-8;图版二六三-4)。

陶多足砚　1件。M162:16,砚面圆形,附12水滴状足。胎色浅黄。二足缺失。通高2.2、口部直径6.8厘米(图6-51-9;图版二六三-3)。

陶四系釜　1件。M162:17,尖唇,侈口,口沿下收束,腹略鼓,平底,口沿下纵置4系。胎色浅红。2系经复原。通高5.1、口径5.7厘米(图6-51-2;图版二六三-7)。

陶粉盒　1件。M162:18,平面呈圆形,侧视呈圆角方形,盖与身由子母口咬合。胎色浅黄。

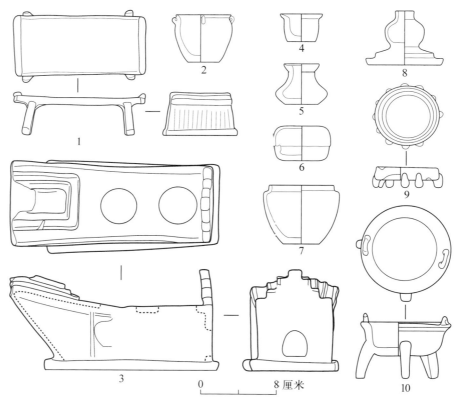

图6-51　桂子山M162出土模型明器、陶器

1.陶案(M162:34)　2.陶四系釜(M162:17)　3.陶灶(M162+3)　4.陶釜(M162:13)　5.陶唾壶(M162:12)
6.陶粉盒(M162:18)　7.陶盂(M162+2)　8.陶烛台(M162:14)　9.陶多足砚(M162:16)　10.陶鼎(M162:30)

子口残损。通高3.8厘米（图6-51-6；图版二六三-2）。

陶鼎　1件。M162：30，鼎身圆唇，侈口，曲腹，平底，口沿立耳一对，下腹部附三足。胎色浅灰。通高7、口径9.5厘米（图6-51-10；图版二六三-5）。

陶盂　1件。M162+2，圆唇，直口，丰肩，肩腹交界处近折，曲腹，平底。胎色浅黄。通高6.3、口径6.8厘米（图6-51-7；图版二六三-6）。

瓷盘口壶　1件。M162：37，圆唇，盘口外敞，长颈，圆肩，鼓腹，平底，肩部横置6系。胎质较细腻，胎色灰，露胎处浅灰泛黄。外表施釉至肩腹交界处。釉完全剥落。诸系均残损。通高46.2、口径18.2、腹径25.6、底径13.1厘米（图6-52-1；图版二六四-1）。

瓷钵　1件。M162：29，圆唇，直口，曲腹内折成平底。胎质较粗，胎色灰，露胎处浅灰褐。内外表施釉均不及底。釉色黄褐，剥落严重，有流釉。口沿残损。通高3.9、口径10厘米（图6-52-6；图版二六四-2）。

瓷圆唇碗　2件。曲腹，饼足，足心内凹，足根处平削一周。外表施釉不及底。釉下施浅灰色化妆土。

M162：11，敞口。胎质较细腻，露胎处灰褐。釉色青褐，有剥落。通高3.5、口径7.5厘米（图6-52-2；图版二六四-3）。

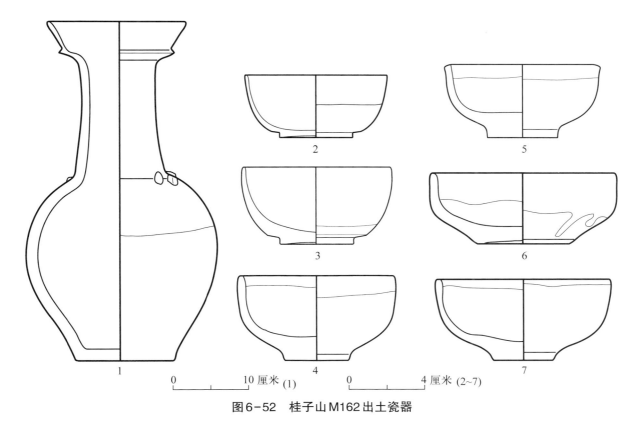

图6-52　桂子山M162出土瓷器

1. 瓷盘口壶（M162：37）　2. 瓷圆唇碗（M162：11）　3. 瓷圆唇碗（M162：39）　4. 瓷方唇碗（M162：26）
5. 瓷方唇碗（M162：40）　6. 瓷钵（M162：29）　7. 瓷方唇碗（M162：36）

M162：39，直口。胎质较粗，露胎处深褐。釉剥落殆尽。通高4.3、口径8厘米（图6-52-3；图版二六四-4）。

瓷方唇碗　3件。直口，曲腹自然收束成饼足，平底。胎质较细腻。仅口沿施釉（图版二六四-4）。

M162：26，露胎处红褐。釉全部剥落。通高4.7、口径8.4厘米（图6-52-4）。

M162：36，露胎处灰褐。釉色深褐，受侵蚀。通高4.4、口径9.4厘米（图6-52-7）。

M162：40，露胎处橙黄。釉剥落殆尽，有流釉。通高4、口径8.3厘米（图6-52-5）。

桂子山 M163

桂子山 M163 发掘完成时间为1955年11月11日，记录者为游绍奇。

M163是一座主体平面呈长方形、墓室前部附一侧龛的券顶砖室墓。侧龛位于墓室前部，券顶完好。墓上堆积厚0.6米。墓向165°。墓底人字形平铺，墓室后部再以砖纵向、横向交错平铺成棺床。封门底部有排水道。墓壁以花纹砖三顺一丁砌筑，纹饰以唐草为主。M163通长3.58米，墓室底长3.23、宽1.16米，侧龛宽0.6、进深0.55、高0.71米（图6-53）。

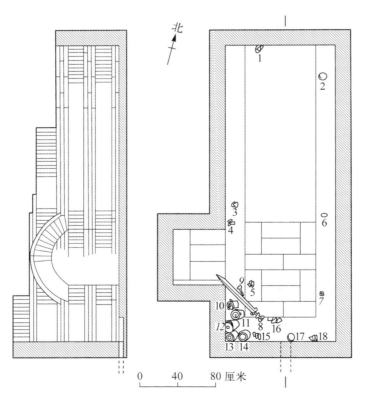

图6-53　桂子山M163形制图

1. 瓷圆唇碗　2. 瓷圆唇碗　3. 瓷圆唇碗　4. 瓷圆唇碗　5. 瓷圆唇碗　6. 铜体形器　7. *铜钱*　8. 铜剑　9. *铜匙*　10. 瓷四系双唇罐　11. 瓷四系双唇罐　12. *瓷罐*　13. 瓷四系双唇罐　14. 瓷四系双唇罐　15. 瓷圆唇碗　16. 瓷盘口壶　17. 瓷圆唇碗　18. 瓷圆唇碗

本次整理涉及 M163 出土器物共 15 件。

瓷盘口壶　1 件。M163：16，长颈，圆肩，鼓腹，平底，肩横置 6 系。胎质较细腻，胎色浅灰，露胎处浅灰泛黄。外表施釉至肩腹交界处。釉色黄褐，有剥落。口部缺失，诸系残损。残高 45、腹径 25.5、底径 13.5 厘米（图 6-54-1；图版二六五-1）。

瓷四系双唇罐　4 件。内唇圆而内敛，外唇外敞，溜肩，鼓腹，平底。肩横置 4 系。胎质较细腻，胎色浅灰，露胎处浅灰泛黄。外表施釉及肩（图版二六五-2）。

M163：10，外唇尖。釉剥落殆尽。1 系缺失，外唇轻微残损。通高 12.3、外口径 10.1 厘米。

M163：11，外唇尖。釉色青灰，受侵蚀，有剥落。外口沿轻微残损。通高 12、外口径 10.1 厘米（图 6-54-10）。

M163：13，外唇圆。釉色黄褐，有剥落。1 系施釉前即缺失，内唇残损。通高 11.7、外口径 11.1 厘米（图版二六六-1）。

M163：14，外唇尖。釉色青灰，有剥落。1 系缺失，双唇残损。通高 12.2、外口径 10.1 厘米。

瓷圆唇碗　8 件。曲腹，饼足，足心内凹，足根处平削一周。胎质较细腻。外表施釉不及底。

M163：1，敞口。胎色灰，露胎处深灰。釉色青褐，有剥落。釉下施灰白色化妆土。口沿残损。通高 4.8、口径 9.7 厘米（图 6-54-7；图版二六六-3）。

M163：2，敞口。胎色灰，露胎处灰中泛黄。釉色黄褐，有剥落。釉下施浅黄色化妆土。通高 5.2、口径 8.6 厘米（图 6-54-3；图版二六六-3）。

M163：3，敞口微侈。胎色灰，露胎处灰褐。釉面受侵蚀，剥落殆尽。釉下施灰白色化妆土。口沿残损。通高 4.9、口径 10.4 厘米（图 6-54-4；图版二六六-2、图版二六六-3）。

M163：4，敞口微侈。口沿下有 1 道弦纹。胎色灰，露胎处深灰。釉剥落殆尽。釉下施浅灰色化妆土。口沿残损。通高 4.4、口径 9.8 厘米（图 6-54-6；图版二六六-3）。

M163：5，侈口。口沿下有 3 道弦纹。胎色灰，露胎处灰褐。釉剥落殆尽。口沿残损，内壁覆盖铜绿。通高 5.3、口径 10 厘米（图 6-54-9；图版二六六-4）。

M163：15，敞口微侈。胎色灰，露胎处橙红。釉剥落殆尽。釉下施浅灰色化妆土。口沿残损。通高 4.9、口径 10.1 厘米（图 6-54-5；图版二六六-4）。

M163：17，敞口。胎色灰，露胎处浅灰。釉色黄褐，剥落严重。釉下施浅黄色化妆土。口沿残损。通高 4.6、口径 10.2 厘米（图 6-54-8；图版二六六-4）。

M163：18，侈口。胎色浅灰泛红，露胎处红褐。釉完全剥落。仅存一半。通高 5、口径 9.3 厘米（图版二六六-4）。

铜钵形器　1 件。M163：6，平面椭圆。方唇，敞口，腹壁斜直，平底。口最大径 4、通高 1.1 厘米（图 6-54-2；图版二六六-5）。

铜剑　1 件。M163：8，本次整理未见实物，发现有器物照片、线图。剑身有星象、四神与日月图案，两面图案顺序不同，分别为"星象—日月—朱雀—青龙白虎—玄武"与"星象—玄武—青龙白虎—朱雀—日月"，菱形剑格，二龙缠绕剑柄，覆莲形剑首。长约 70 厘米（图 6-55）。

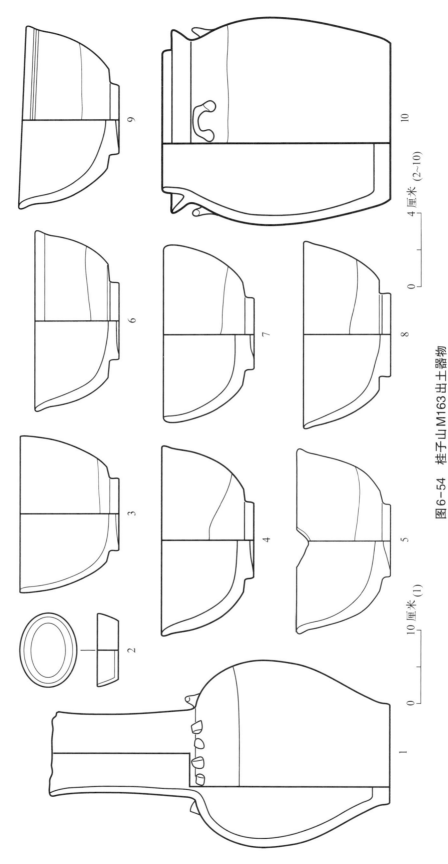

图6-54　桂子山M163出土器物

1. 瓷盘口壶（M163∶16）　2. 铜钵形器（M163∶6）　3. 瓷圆唇碗（M163∶2）　4. 瓷圆唇碗（M163∶3）　5. 瓷圆唇碗（M163∶15）　6. 瓷圆唇碗（M163∶4）
7. 瓷圆唇碗（M163∶17）　8. 瓷圆唇碗（M163∶1）　9. 瓷圆唇碗（M163∶5）　10. 瓷四系双唇罐（M163∶11）

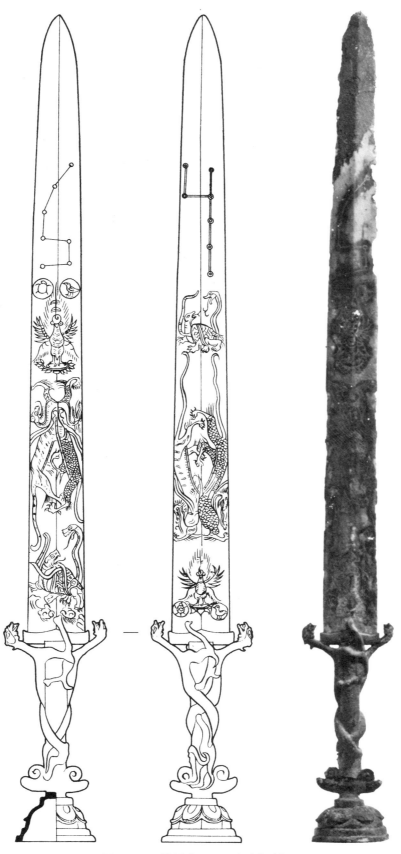

图6-55　桂子山M163出土铜剑

M163∶8

桂子山 M164

　　桂子山 M164 发掘完成时间为 1955 年 11 月 11 日，记录者为游绍奇。

　　M164 是一座平面近长方形的梯形券顶砖室墓。墓上堆积厚 0.7 米。墓向 175°。墓室后部高起成棺床，棺床仅以砖围绕一周，中间无砖。墓室前端用砖平铺。墓志置于墓室前端与棺床之间。墓壁以素面砖三顺一丁砌筑。M164 通长 3.73 米，墓室底长 3.43、宽 0.81—0.96 米（图 6-56）。

　　本次整理涉及 M164 出土器物共 22 件。

　　瓷四系罐　　1 件。M164：1，卷沿，短颈，圆肩，鼓腹，平底，肩部横置 4 系。胎质较粗，胎与露胎处均褐色。外表施釉及腹。釉色黑褐，有流釉现象。口沿、4 系经复原。通高 26.4、口径 10.9 厘米（图 6-57；图版二六七-2）。

　　瓷双系罐　　5 件。圆唇，侈口，高领，圆肩，鼓腹，饼足，肩部纵置 2 系。胎质较细腻，胎色浅

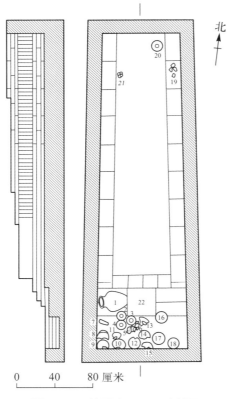

图 6-56　桂子山 M164 形制图

1. 瓷四系罐　2. 瓷双系罐　3. 瓷双系罐　4. 瓷双系罐　5. 瓷双系罐
6. 瓷双系罐　7. 瓷盏　8. 瓷盏　9. 瓷盏　10. 瓷盏　11. 瓷盏　12. 瓷盏
13. 瓷盏　14. 瓷盏　15. 瓷盏　16. 瓷盏　17. 瓷盏　18. 瓷盏
19. 瓷盏　20. 瓷盏　21. 铜钱　22. 墓志　+1. 瓷盏

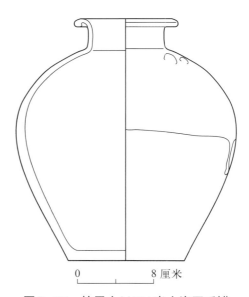

图 6-57　桂子山 M164 出土瓷四系罐

M164：1

灰,露胎处浅褐。外表施釉不及底。釉色黄褐,涂深褐色斑点,有不同程度剥落。釉下施化妆土。2系残损(图版二六八-1)。

M164:2,釉轻微剥落。口沿轻微残损。通高9.9、口径4.6厘米(图6-58-2)。

M164:3,釉轻微剥落。通高9.7、口径4.5厘米。

M164:4,釉剥落殆尽。化妆土浅灰。通高9.2、口径4.4厘米。

M164:5,口沿残损,经复原。通高9.6、口径4.5厘米。

M164:6,釉有剥落。口沿残损。通高9.2、口径4.7厘米。

瓷盏 15件。圆唇,敞口,腹微曲,玉璧底或饼足,足根处经修整。胎质较细腻。釉色黄褐。内壁满施化妆土,外表化妆土不及底。

M164:7,内底压圈,玉璧底。胎与露胎处均浅红。盏在四个方向上沾釉,使盏心有方形露胎。釉完全剥落。化妆土白中泛黄。口沿残损。通高3.9、口径14.9厘米(图版二六八-2)。

M164:8,内底压圈,玉璧底,外表近底处划1道弦纹。露胎处浅褐。盏在四个方向上沾釉,使盏心有方形露胎。釉有剥落。化妆土浅灰。通高3.7、口径15厘米(图版二六八-2)。

M164:9,内底压圈,玉璧底。露胎处浅红。盏在四个方向上沾釉,使盏心有方形露胎。釉剥落严重。化妆土浅黄。通高4、口径14.9厘米(图版二六九-1)。

M164:10,内底压圈,玉璧底。露胎处浅红。盏在四个方向上沾釉,使盏心有方形露胎。釉剥落严重。化妆土灰白。通高4、口径14.9厘米(图版二六九-1)。

M164:11,内底压圈,玉璧底。露胎处浅红。外表施釉不及底。釉剥落殆尽。化妆土灰白。通高4.7、口径15厘米(图版二七一-1)。

M164:12,内底压圈,玉璧底,外表有1道弦纹。胎与露胎处均浅褐。盏在四个方向上沾釉,使盏心有方形露胎。釉剥落严重。化妆土灰白。通高4.3、口径14.9厘米(图版二六九-2)。

M164:13,饼足,平底。露胎处浅褐。仅口沿施釉。釉剥落严重。化妆土浅灰。通高3.5、口径8.8厘米(图版二七一-2)。

M164:14,内底压圈,玉璧底。露胎处浅红。盏在四个方向上沾釉,使盏心有方形露胎。釉完全剥落。化妆土白中泛黄。通高4.2、口径15.1厘米(图版二六九-2)。

M164:15,内底压圈,玉璧底。露胎处浅红。盏在四个方向上沾釉,使盏心有方形露胎。釉有剥落。化妆土灰白。通高4、口径14.8厘米(图版二七〇-1)。

M164:16,内底压圈,玉璧底。胎与露胎处均浅褐。盏在四个方向上沾釉,使盏心有方形露胎。釉有剥落。化妆土灰白。口沿残损。通高3.7、口径14.8厘米(图版二七〇-1)。

M164:17,内底压圈,玉璧底。露胎处浅黄。外表施釉及足。釉轻微剥落。通高4.4、口径15.2厘米(图6-58-4;图版二七一-1)。

M164:18,内底压圈,玉璧底。露胎处浅黄。盏在四个方向上沾釉,使盏心有方形露胎。釉有剥落。通高3.9、口径14.9厘米(图6-58-1;图版二七〇-2)。

M164:19,内底压圈,玉璧底。露胎处浅红。盏在四个方向上沾釉,使盏心有方形露胎。釉受侵蚀,剥落严重。口沿经复原。通高3.8、口径14.8厘米(图版二七〇-2)。

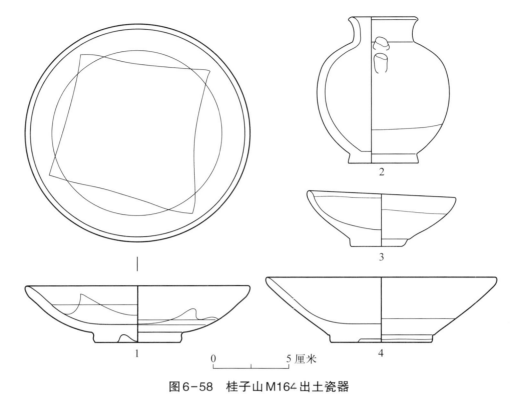

图 6-58 桂子山 M164 出土瓷器

1. 瓷盏（M164∶18） 2. 瓷双系罐（M164∶2） 3. 瓷盏（M164∶20） 4. 瓷盏（M164∶17）

M164∶20，饼足，平底。露胎处白中泛褐。仅口沿施釉。釉有剥落。化妆土灰白。通高3.8、口径9.8厘米（图6-58-3；图版二七一-2）。

M164+1，饼足，平底。露胎处浅红。仅口沿施釉。釉剥落殆尽。化妆土浅黄。口沿大部经复原。通高3.5、口径10.1厘米（图版二七一-2）。

墓志 1块。M164∶22，仅存志身，志文有纵向界格。长30.7、宽30.5、厚5.1厘米（图164-F1-2；图版二六七-1）。墓志的录文与考释详见附录一。

桂子山 M179

桂子山 M179发掘完成时间为1955年12月17日，记录者为游绍奇。

M179是一座券顶砖室墓，墓室平面呈长方形，附甬道、头龛与一对侧龛。侧龛位于墓室前部，头龛与侧龛券顶均完整。墓上堆积厚1.5米。墓向280°。墓底以砖"人"字形平铺，甬道中部以砖二横二直平铺，诸龛地面亦加铺1层砖。封门底部有排水道，外接排水沟。墓壁以花纹砖三顺一丁砌筑，纹饰以唐草为主。侧壁各有4个方形小龛与5个"T"形小龛。M179通长5.24米，甬道底宽1.53、进深1.28米，墓室底宽2.01、进深3.03米，头龛宽0.77、进深0.57、高1.16米，左龛宽

0.59、进深0.48、高0.69米,右龛宽0.61、进深0.47(图6-59)。

本次整理涉及M179出土器物共5件。

瓷盘口壶　2件。圆唇,盘口外敞,长颈,圆肩,鼓腹,平底,肩部横置6系。胎质较细腻,胎色

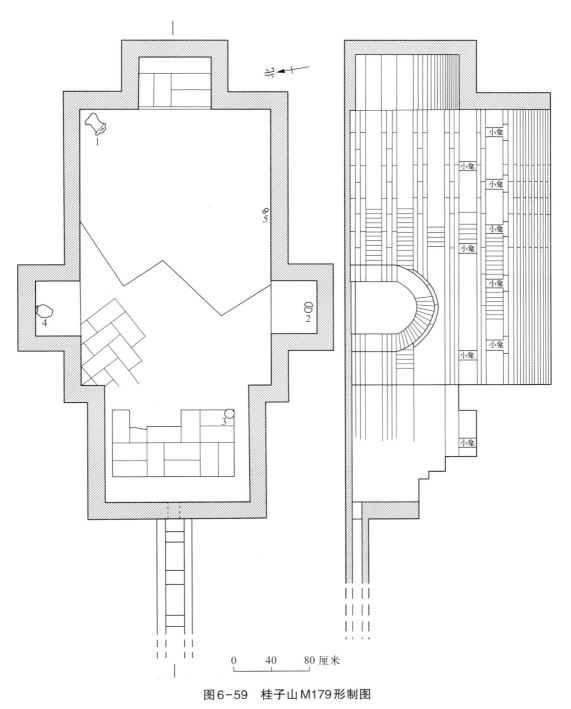

0　　40　　80 厘米

图6-59　桂子山M179形制图

1. 瓷盘口壶　2. 瓷圆唇碗　3. 瓷圆唇碗　4. 瓷双系双唇罐　5. 开元通宝　+1. 瓷盘口壶

浅灰。外表施釉及肩。釉色青黄。诸系残损,盘口经复原。

M179:1,露胎处浅褐。通高45.9、口径18.5、腹径25.7、底径15.9厘米(图6-60-2;图版二七二-1)。

M179+1,露胎处浅灰泛黄。釉略有剥落。通高35.9、口径17.1、腹径20.7、底径10.9厘米(图6-60-1;图版二七二-2)。

瓷双系双唇罐 1件。M179:4,内唇圆而内敛,外唇尖而外敞,溜肩,鼓腹,平底,肩部纵置2系。胎质较细腻,露胎处灰黄。外表施釉至肩腹交界处。釉色青中泛黄。通高11.6、口径9.8厘米(图6-60-5;图版二七二-3)。

瓷圆唇碗 2件。敞口微侈,曲腹,饼足,足心内凹,足根处平削一周。胎质较粗。口沿经复原(图版二七二-4)。

M179:2,胎色灰,露胎处深灰。外表施釉不及底。釉色青褐,受侵蚀,有剥落。通高4.9、口径10.3厘米(图6-60-3)。

M179:3,口沿下有1道弦纹。露胎处灰褐。内外施釉均不及底。釉色黄褐。施浅灰色化妆土,内壁施满化妆土,外表化妆土不及底。通高4.6、口径10.8厘米(图6-60-4)。

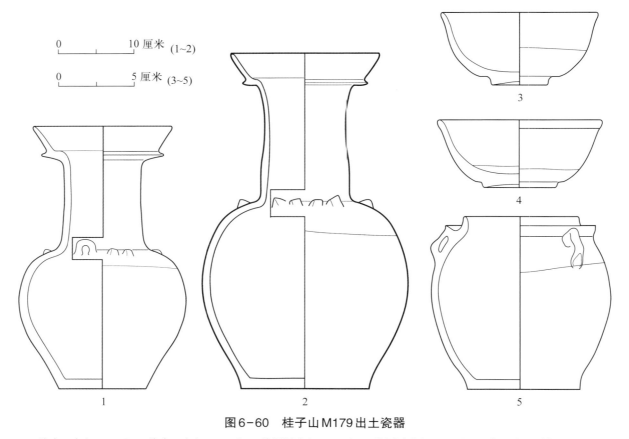

图6-60 桂子山M179出土瓷器

1.瓷盘口壶(M179+1) 2.瓷盘口壶(M179:1) 3.瓷圆唇碗(M179:2) 4.瓷圆唇碗(M179:3) 5.瓷双系双唇罐(M179:4)

桂子山 M191

桂子山M191发掘完成时间为1956年2月3日,记录者为郭冰廉。

M191是一座长方形券顶砖室墓。墓底距离当时地面2.3米,填土黄色。墓向130°。墓底以素面砖斜向错缝平铺。墓壁以素面砖三顺一丁砌筑,各面侧壁尚存5小龛。发掘时发现漆皮。M191通长3.71米,墓室底长3.36、宽0.99—1.02米(图6-61)。

本次整理共涉及M191出土器物共7件。

陶盆 1件。M191:1,卷沿,腹壁斜直,平底。胎色灰黄。口沿残损。通高6.6、口径21.8厘米(图6-62-3;图版二七三-1)。

陶盖 1件。M191:3,子口,尖圆形捉首。胎色灰褐。边沿残损。通高7.8、直径14.5厘米(图6-62-1;图版二七四-1)。

瓷盘 2件。圆唇,曲腹。胎质较细腻。外表施釉不及底。

M191:5,侈口,圈足。露胎处浅黄。釉剥落殆尽。口沿经复原。通高3.2、口径15.7厘米(图6-62-2;图版二七三-2)。

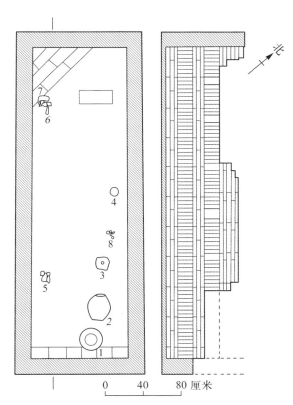

图6-61 桂子山M191形制图

1. 陶盆 *2. 陶壶* 3. 陶盖 4. 瓷器底 5. 瓷盘 *6. 铁钉* 7. 瓷盘 8. 铜钱

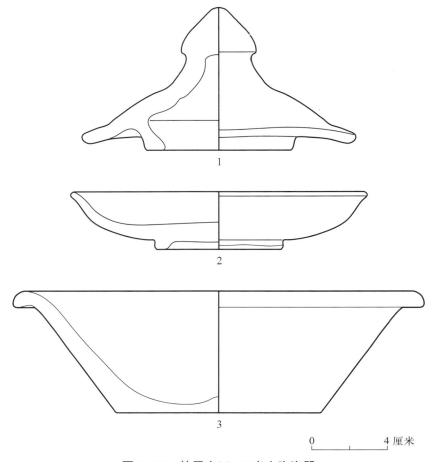

图6-62　桂子山M191出土陶瓷器

1.陶盖(M191∶3)　2.瓷盘(M191∶5)　3.陶盆(M191∶1)

M191∶7,折沿,饼足,足心内凹,足根处平削一周。露胎处灰白。釉色黄褐,有剥落。器身大部经复原。通高3.5厘米(图版二七四-3)。

瓷器底　1件。M191∶4,饼足,平底。胎质较细腻,胎与露胎处均浅黄。施釉情况不明。残高4.1厘米(图版二七四-2)。

开元通宝1枚。M191∶8-1,受侵蚀,边缘残损。直径2.4厘米,重1.89克(图版二七四-4)。

乾元重宝1枚。M191∶8-2,受侵蚀,边缘残损。直径2.4厘米,重1.7克(图版二七四-5)。

桂子山M192

桂子山M192发掘完成时间为1956年2月7日,记录者为郭冰廉。

M192是一座长方形券顶砖室墓。墓葬中部为晚期墓葬打破,受损严重。墓上堆积厚1米,填

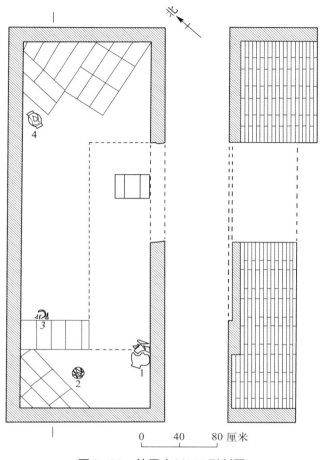

图6-63　桂子山M192形制图

1. 瓷四系罐　2. 瓷双系大口罐　3. 铁钩及铁钉　4. 瓷双系大口罐

土黄色。墓向228°。墓底以砖斜向平铺，墓室后半部高起成棺床。据平面图，M192以砖平砌而成，但原记录称此墓墓壁以砖三顺一丁砌筑，且有小龛。M192通长4.32米，墓室底长4.01、宽1.38米（图6-63）。

本次整理涉及M192出土器物共3件。

瓷四系罐　1件。M192∶1，仅存腹部以上。卷沿，短颈，圆肩，鼓腹，肩部横置4系。胎质较细腻，胎色灰褐，露胎处深灰。外表施釉及腹。釉色黑褐。残高28、口径13.2厘米（图6-64-1；图版二七五-1）。

瓷双系大口罐　2件。圆唇，高领，溜肩，鼓腹，平底，肩部纵置2系。胎质较细腻。外表施釉不及底（图版二七五-3）。

M192∶2，侈口。胎色浅黄，露胎处浅褐。釉面受侵蚀，剥落严重。口沿残损，腹部经复原。通高13.4、口径7厘米（图6-64-2）。

M192∶4，直口微侈。胎色浅黄，露胎处浅灰泛黄。釉色黄中泛青，剥落严重。口沿残损。通高13.8、口径8.9厘米（图6-64-3）。

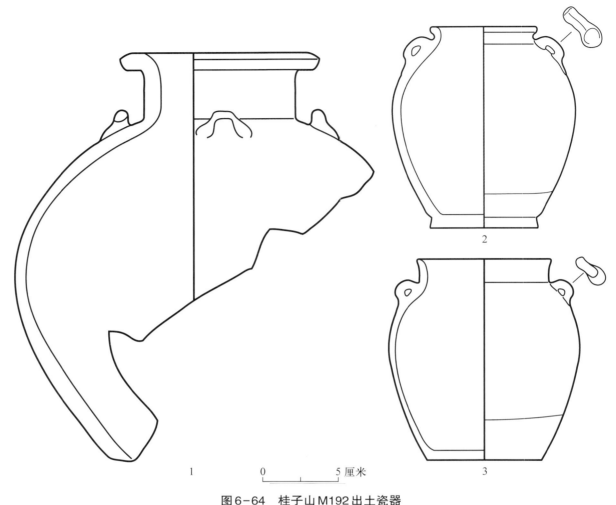

图6-64　桂子山M192出土瓷器

1. 瓷四系罐(M192:1)　2. 瓷双系大口罐(M192:2)　3. 瓷双系大口罐(M192:4)

桂子山M194

　　桂子山M194发掘完成时间为1956年2月18日,记录者为郭冰廉。

　　M194为一座主体呈梯形、带一头龛的券顶砖室墓。墓底距今地表1.75米。墓向160°。墓室前部以砖斜向平铺,上纵置4块砖,棺床部分则以砖横向平铺4行。墓壁以砖二顺一丁砌筑,侧壁各开5个长条形小龛。M194通长4.18米,墓室底长3.6、宽1.12-1.32米,头龛宽0.51、进深0.29米(图6-65)。

　　本次整理涉及M194出土器物共2件。

　　瓷瓜棱罐　1件。M194:4,圆唇、侈口、矮领、丰肩、鼓腹、饼足、平底,肩部纵置2系,腹部压出4道纵向凹槽。胎质较细腻,露胎处浅灰。外表施釉不及底。釉色黄中泛褐。通高15.8、口径12.5厘米(图6-66-2;图版二七五-2)。

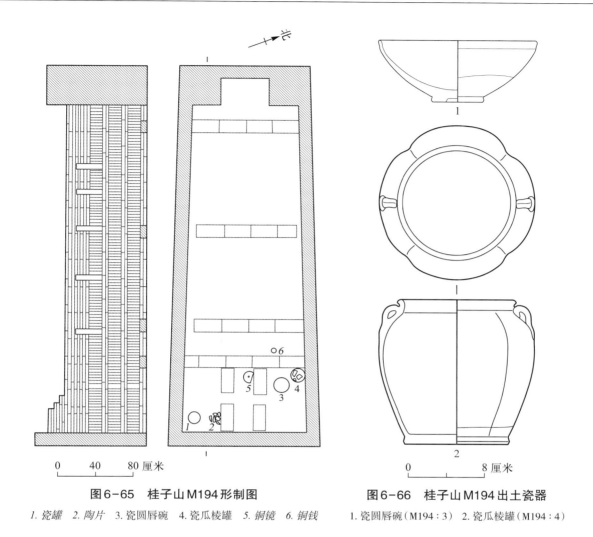

图6-65　桂子山M194形制图　　　　　　　图6-66　桂子山M194出土瓷器

1.瓷罐　2.陶片　3.瓷圆唇碗　4.瓷瓜棱罐　5.铜镜　6.铜钱　　　1.瓷圆唇碗（M194∶3）　2.瓷瓜棱罐（M194∶4）

瓷圆唇碗　1件。M194∶3，敞口，腹微曲，玉璧底。外表口沿下有1道凸弦纹。胎质较细腻，露胎处浅灰泛黄。外表施釉不及底。釉色黄中泛青。通高6.6、口径16.6厘米（图6-66-1；图版二七五-4）。

桂子山M457

桂子山M457发掘完成时间为1956年12月4日，记录者为游绍奇。

M457是一座券顶砖室墓，墓室平面呈长方形，附头龛与一对侧龛。侧龛位于墓室前部。墓上堆积厚1米，墓内填土黄色。墓向150°。墓底以素面砖"人"字形平铺，墓室中部再以砖二横二直平铺出棺床。诸龛地面均再平铺两块砖。封门底部有排水道。墓壁以唐草纹砖三顺一丁砌筑。墓室填土中见"双狮子花纹砖"。M457通长4.78米，墓室底宽1.13、进深3.51米，头龛宽0.6、

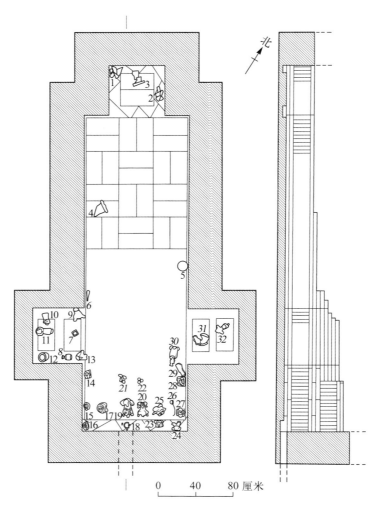

图6-67　桂子山M457形制图

1. 瓷四系双唇罐　2. 瓷四系双唇罐　3. 陶灶　4. 瓷盘口壶　5. 瓷钵　6. 铁钉　7. 铜钩　8. 铜杯　9. 女立俑　10. 长衣男立俑
11. 女立俑　12. 瓷四系双唇罐　13. 袍服男立俑　14. 兜鍪男立俑　15. 兜鍪男立俑　16. 兜鍪男立俑　17. 甲士俑　18. 釉陶多足砚
19. 兽面镇墓兽　20. 人面镇墓兽　21. 三彩残片　22. 开元通宝　23. 女坐俑　24. 胡人男立俑　25. 女坐俑　26. 铜勺
27. 长衣男立俑　28. 兜鍪男立俑　29. 双人首连体俑　30. 马　31. 马头　32. 马头

进深0.55米,左龛宽0.61、进深0.55米,右龛宽0.62、进深0.55米(图6-67)。

本次整理涉及M457出土器物共33件,包括甲群17件、丁群1件。

人面镇墓兽　1件。M457:20,蹲伏,头梳"丫"形髻,肩部凸出,蹄足,尾反翘贴于后背。胎色橙红。右肩残损。通高26.4厘米(图6-68-1;图版二七六)。

兽面镇墓兽　1件。M457:19,蹲伏,头生角,肩、项覆鬃毛,尾反翘贴于后背。胎色橙红。角、尾、左后肢残损。残高26.6厘米(图6-68-2;图版二七六)。

双人首连体俑　1件。M457:29,双人首相背,头梳"丫"形髻,蛇身相连。胎色橙红。躯干及一首残损。长29、通高13.8厘米(图6-69;图版二七七-1)。

甲士俑　1件。M457:17,直立。头戴兜鍪,上着铠甲,肩覆披膊,腰系带,下穿袴,足蹬圆头

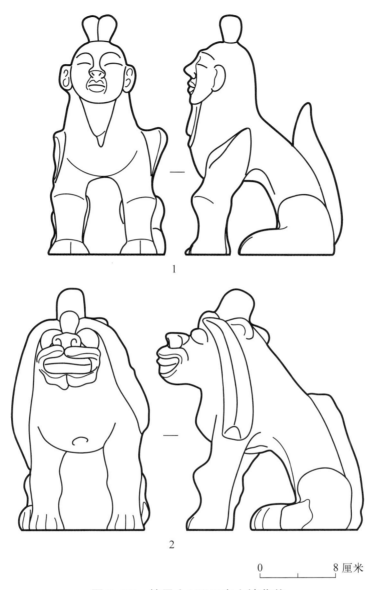

1

2

0　　　　　8厘米

图6-68　桂子山M457出土镇墓兽

1. 人面镇墓兽（M457：20）　2. 兽面镇墓兽（M457：19）

履。胎色灰黄。右臂残损，胸腹、左臂、左足经复原。通高37.3厘米（图6-70-4；图版二七七-2）。

　　兜鍪男立俑　4件。直立于方座，合手于身前持物，所持物已佚。头戴兜鍪，肩覆披膊，上着窄袖长衣，腰系带，下穿袴，足蹬尖头履。胎色橙红。

　　M457：14，兜鍪残损。通高24.9厘米（图版二七八-2）。

　　M457：15，双手、方座残损。通高25.9厘米（图版二七八-2）。

　　M457：16，通高25.4厘米（图版二七八-2）。

　　M457：28，通高26.9厘米（图6-70-1；图版二七八-1）。

　　袍服男立俑　1件。M457：13，直立，合手于身前持物，所持物已佚。头戴冠，上着交领宽

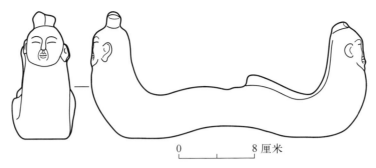

0   8 厘米

图6-69　桂子山M457出土双人首连体俑

M457：29

0   8 厘米

图6-70　桂子山M457出土男立俑

1. 兜鍪男立俑（M457：28）　2. 胡人男立俑（M457：24）　3. 袍服男立俑（M457：13）　4. 甲士俑（M457：17）

袖袍,腰系带,下穿裙,足蹬高头履。胎色橙红。双手、冠残损,左袖经复原。残高28.6厘米(图6-70-3;图版二七九-1)。

长衣男立俑　2件。直立于方座,拱手于身前。头梳环形髻,上着窄袖长衣,腰系带,下穿袴,足蹬尖头履。

M457:10,发髻缺失,双足与方座经复原。胎色红褐。通高24.9厘米(图版二七九-2)。

M457:27,胎色橙红。方座残损。通高24.3厘米(图6-71-3;图版二七九-2、图版二七九-3)。

胡人男立俑　1件。M457:24,跨步立于底座,上臂向两侧张开,右前臂上举。头戴胡帽,上着窄袖长衣,腰系带,下穿袴,足蹬尖头履。胎色橙红。左臂残损。通高21.8厘米(图6-70-2;图版二八〇-1)。

女立俑　2件。着裙。胎色橙红。

M457:9,跨步而立,躯干右弯。足蹬高头履。发髻、双臂缺失。残高21.5厘米(图6-71-2;图版二八〇-2)。

M457:11,直立,袖手于胸前。发髻、足部缺失。残高20.8厘米(图6-71-1;图版二八一-1)。

女坐俑　2件。垂足坐筌蹄之上。着裙,足蹬高头履。

M457:23,拍腰鼓。仅存躯干、下半身、腰鼓及筌蹄。胎色橙红。残高14厘米(图6-72-2;图版二八一-2、图版二八一-3)。

M457:25,弹琵琶。仅存躯干、右臂、下半身、琵琶及筌蹄。胎色红褐。琵琶、筌蹄残损。残高13.1厘米(图6-72-1;图版二八一-3)。

陶灶　1件。M457:3,仅存前半部。有拱顶火门、阶梯形火墙及一火眼。胎色橙红。通高13.3厘米(图6-73-1;图版二八二-1)。

釉陶多足砚　1件。M457:18,平面圆形,侧面附十一足。胎洁白细腻。砚身表面与底面不施釉。釉色绿。砚身残损,诸足或缺失或残损。砚面直径6、残高1.8厘米(图6-73-4;图版二八二-5)。

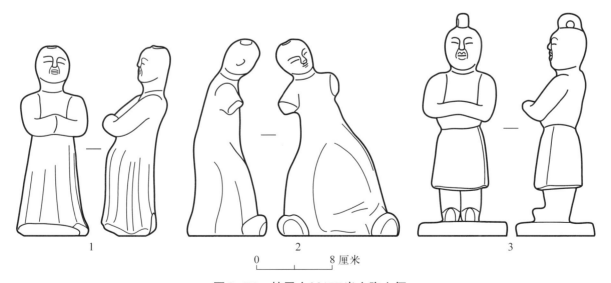

图6-71　桂子山M457出土陶立俑

1.女立俑(M457:11)　2.女立俑(M457:9)　3.长衣男立俑(M457:27)

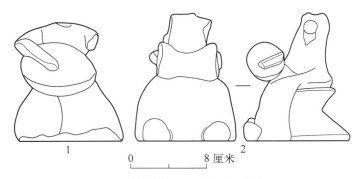

图6-72　桂子山M457出土女坐俑

1. 女坐俑（M457∶25）　2. 女坐俑（M457∶23）

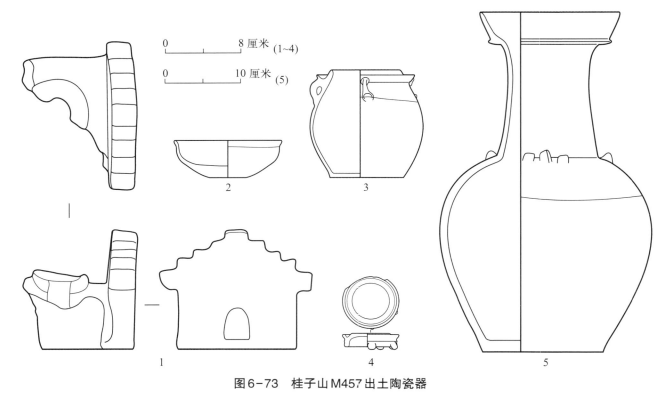

图6-73　桂子山M457出土陶瓷器

1. 陶灶（M457∶3）　2. 瓷钵（M457∶5）　3. 瓷四系双唇罐（M457∶12）　4. 釉陶多足砚（M457∶18）　5. 瓷盘口壶（M457∶4）

　　瓷盘口壶　1件。M457∶4，尖唇，盘口外敞，长颈，圆肩，鼓腹，平底，肩部横置6系。胎质较细腻，胎色灰，露胎处浅灰泛黄。外表施釉及肩。釉色青黄。口沿、诸系残损。通高47、口径18.7、腹径28.2、底径16厘米（图6-73-5；图版二八二-2）。

　　瓷四系双唇罐　3件。内唇圆而内敛，外唇外敞，溜肩，鼓腹，平底，肩部纵置4系。胎质较细腻。釉受侵蚀，有剥落。

　　M457∶1，外唇圆。胎色灰，露胎处浅灰。外表施釉及上腹。外唇残损，2系经复原。通高11.9、外口径10.2厘米（图版二八二-4）。

M457：2，外唇尖。胎色浅灰，露胎处浅灰泛黄。外表施釉及上腹。内唇残损。通高11.8、外口径9.9厘米（图版二八二-4）。

M457：12，外唇尖。胎与露胎处均浅灰。外表施釉及肩。外唇及1系残损。通高11.8、外口径10.4厘米（图6-73-3；图版二八二-3）。

瓷钵　1件。M457：5，圆唇，侈口，曲腹，平底。胎质较粗，露胎处浅灰泛黄。外表施釉仅及口沿以下。釉色青褐。口沿经复原。通高4.1、口径11.4厘米（图6-73-2；图版二八三-1）。

开元通宝　10件。均有不同程度锈蚀或残损。M457：22-9、M457：22-10有明显唐中期开元通宝特征（图版二八三-2、图版二八三-3）。

M457：22-1，直径2.3厘米，重1.89克。

M457：22-2，直径2.4厘米，重2.72克。

M457：22-3，直径2.4厘米，重2.41克。

M457：22-4，直径2.4厘米，重2.98克。

M457：22-5，直径2.3厘米，重2.24克。

M457：22-6，直径2.5厘米，重3克。

M457：22-7，直径2.4厘米，重2.91克。

M457：22-8，直径2.4厘米，重2.29克。

M457：22-9，直径2.4厘米，重3.02克。

M457：22-10，直径2.3厘米，重2.33克。

土公山 M494

土公山M494发掘完成时间为1957年3月13日，记录者为郭建安。

M494是一座券顶砖室墓，墓室平面呈长方形，附甬道、头龛与一对侧龛。侧龛位于墓室前部。墓向220°。墓底以莲花纹砖铺设，铺设方式不详。墓室中部砖砌高起的棺床，棺床前有砖台，甬道、诸龛均在地面上再以砖横向、纵向平铺成砖台。甬道前端砖砌排水口连通封门底部与墓外。墓壁以花纹砖三顺一丁砌筑。诸龛后壁均有龙纹"小龛砖"。M494通长7.37米，甬道底宽1.25、进深1.9米，墓室底宽2.01、进深4.16米，头龛宽0.88、进深0.61米，左龛宽0.88、进深0.62、高1.38米，右龛宽0.88、进深0.62米（图6-74）。

本次整理涉及M494出土器物共34件，包括甲群25件。

生肖俑　5件。为端坐的男性形象，生肖位于俑身前。头戴笼冠，上着交领宽袖袍，胸际系带，下穿裙。胎色灰。

M494：5，亥猪。笼冠残损。残高30.8厘米（图6-76-2；图版二八五-2）。

M494：13，辰龙。龙首缺失。通高31.7厘米（图6-76-3；图版二八五-3）。

M494：15，巳蛇。头部缺失。残高20.7厘米（图6-76-1；图版二八四-2）。

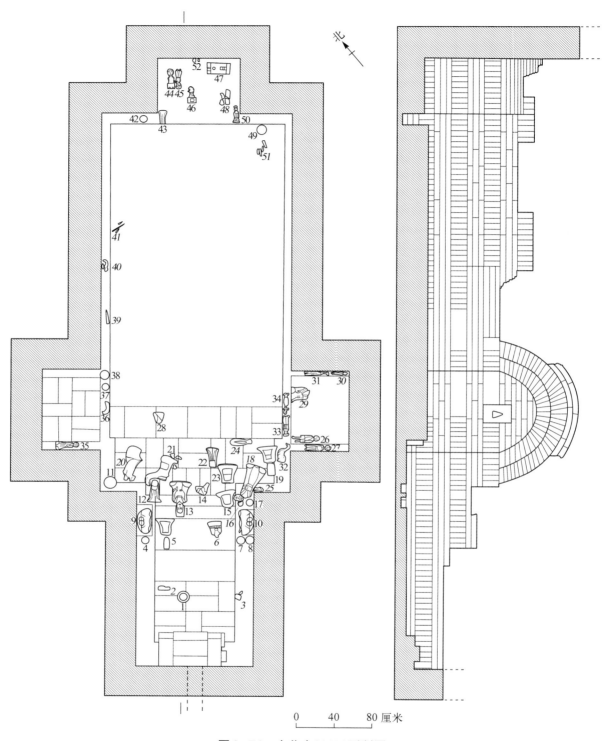

图6-74　土公山M494形制图

1. 瓷五足砚　*2. 兽足*　*3. 瓷碗*　4. 瓷圆唇碗　5. 生肖俑-亥猪　*6. 俑*　7. 瓷圆唇碗　8. 瓷圆唇碗　9. 裲裆铠男立俑
10. 裲裆铠男立俑　11. 瓷圆唇碗　12. 女立俑　13. 生肖俑-辰龙　14. 长衣男立俑　15. 生肖俑-巳蛇　*16. 瓷碗*　17. 瓷圆唇碗
18. 俑　19. 生肖俑-寅虎　20. 镇墓兽　21. 陶鞍马　22. 女立俑　23. 生肖俑　24. 陶器　25. 瓷碗　26. 胡人男立俑
27. 女立俑　28. 女坐俑　*29. 俑*　*30. 瓷碗*　31. 女立俑　32. 陶鸡　33. 女立俑　34. 陶牛　35. 女立俑　36. 陶狗　*37. 瓷碗*
38. 瓷圆唇碗　*39. 铁钉*　*40. 鸡*　41. 铁钉　42. 瓷圆唇碗　43. 女立俑　*44. 俑*　*45. 俑*　46. 女立俑　47. 陶灶　*48. 俑*
49. 瓷圆唇碗　50. 女立俑　*51. 铁钉*　52. 女跪俑

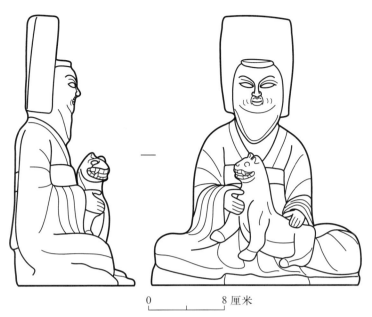

图6-75　土公山M494出土生肖俑-寅虎

M494：19

M494：19，寅虎。通高29.7厘米（图6-75；图版二八四-1）。

M494：23，生肖头部缺失，不可辨。通高30.6厘米（图6-76-4；图版二八五-1）。

裲裆铠男立俑　2件。直立，右前臂平举于身前。头戴平巾帻，上着宽袖袍，外套裲裆铠，胸际系带三周，下穿裙，足蹬高头履。胎色灰黄。

M494：9，双足间衣摆残损。通高69.9厘米（图6-77-2；图版二八六-1）。

M494：10，平巾帻顶部经复原。通高68厘米（图6-77-1；图版二八六-2）。

长衣男立俑　1件。M494：14，立姿，右臂向身侧微张。头戴头巾，上着翻领右衽长衣，袒右，腰系带，下穿袴，跣足。胎色灰黄。左臂缺失，左足经复原。通高21.7厘米（图6-78-1；图版二八六-3）。

胡人男立俑　1件。M494：26，立姿，右臂自然下垂，左上臂平举，前臂上屈。未戴冠，上身袒左，下穿袴，足蹬尖头靴。胎色灰。左臂残损。通高24.8厘米（图6-78-2；图版二八六-4）。

女立俑　9件。

M494：12，直立，右臂自然下垂，左臂微屈，左手抚腹部。头梳双髻双环，上着圆领窄袖衫，外套交领右衽宽袖衫，下穿裙，足蹬高头履。胎色灰。通高28.1厘米（图6-79-4；图版二八六-5）。

M494：22，直立，左臂自然下垂，右前臂贴身平举于身前。头梳双髻双环，上着圆领窄袖衫，外套交领右衽宽袖衫，下穿裙，足蹬高头履。胎色灰。通高28.6厘米（图6-79-5；图版二八七-1）。

M494：27，直立，右臂自然下垂，右手握裙，右侧宽袖挽起搭于右肩，左前臂贴身平举于身前。头梳双髻双环，上着窄袖衫，外套交领宽袖衫，胸际系带，下穿裙，足蹬高头履。胎色灰。通高28.8厘米（图6-79-7；图版二八七-2）。

M494：31，直立，左前臂贴身平举于身前。上着窄袖衫，外套交领右衽宽袖衫，胸际系带，下

图6-76   土公山M494出土生肖俑

1. 生肖俑-巳蛇（M494：15）   2. 生肖俑-亥猪（M494：5）   3. 生肖俑-辰龙（M494：13）   4. 生肖俑（M494：23）

穿裙，足蹬高头履。胎色灰。头部及右臂缺失。残高21厘米（图版二八七-3）。

M494：33，直立，左臂下垂，微屈，右上臂向外平举，前臂上屈。发髻宽扁，上着交领右衽窄袖衫，下穿裙，腰部收束。胎色灰。右手残损。通高21.6厘米（图6-79-1；图版二八七-4）。

M494：35，直立。双髻宽扁，上着交领右衽衫，下穿裙，腰部收束。胎色灰黄。双臂残损。通高25.1厘米（图6-79-6；图版二八八-1）。

0   10 厘米

图6-77　土公山M494出土裲裆铠男立俑

1. 裲裆铠男立俑（M494：10）　2. 裲裆铠男立俑（M494：9）

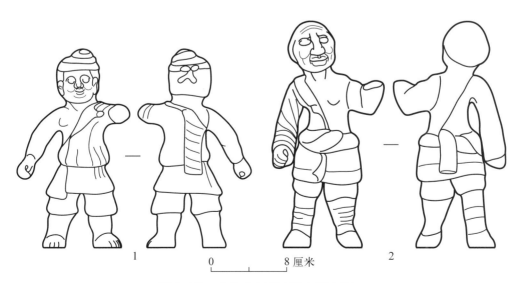

0   8 厘米

图6-78　土公山M494出土男立俑

1. 长衣男立俑（M494：14）　2. 胡人男立俑（M494：26）

　　M494∶43,直立。双髻宽扁,上着交领左衽窄袖衫,下穿裙,腰部收束,足蹬圆头履。胎色灰。双臂残损。通高24.7厘米(图6-79-3;图版二八七-5)。

　　M494∶46,直立。发髻宽扁,上着交领右衽衫,下穿裙,腰部收束,足蹬圆头履。胎色灰黄。双臂残损。通高22.5厘米(图6-79-2;图版二八八-2)。

　　M494∶50,立姿,右足前跨。发髻宽扁,上着交领左衽衫,下穿裙,腰部收束,足蹬圆头履。胎色灰黄,双臂、左足缺失。通高19.2厘米(图6-80-3;图版二八八-3)。

　　女坐俑　1件。M494∶28,垂足而坐。发髻宽扁,上着交领左衽衫,下穿裙,腰部收束。胎色

0　　　　　　8厘米

图6-79　土公山M494出土女立俑

1. 女立俑(M494∶33)　2. 女立俑(M494∶46)　3. 女立俑(M494∶43)　4. 女立俑(M494∶12)
5. 女立俑(M494∶22)　6. 女立俑(M494∶35)　7. 女立俑(M494∶27)

图6-80 土公山M494出土女俑

1. 女跪俑（M494∶52） 2. 女坐俑（M494∶28） 3. 女立俑（M494∶50）

灰黄。双臂缺失。通高18.3厘米（图6-80-2；图版二八八-5）。

女跪俑 1件。M494∶52，左膝跪地，躯干挺直，头向左倾。发髻宽扁，上着交领左衽衫，下穿裙，腰部收束，足蹬圆头履。胎色灰黄。双臂缺失，左膝残损。通高17.1厘米（图6-80-1；图版二八八-4）。

陶鞍马 1件。M494∶21，立姿。络头、攀胸、鞍、鞯、鞦等均有表现。胎色灰。尾部缺失，双耳及四肢残损。残高28厘米（图6-81-4；图版二八九-1）。

陶牛 1件。M494∶34，立姿。胎色灰黄，双角、双耳、四肢残损。长23.3厘米（图6-81-2；图版二八九-2）。

陶狗 1件。M494∶36，伏卧。胎色灰黄。双耳缺失，四肢残损。长13.7厘米（图6-81-3；图版二八九-4）。

陶鸡 1件。M494∶32，直立。胎色灰黄。头部及双足残损。残高14.6厘米（图6-81-1；图版二八九-3）。

陶灶 1件。M494∶47，平面矩形。火门拱顶通地，上有阶梯形挡火墙，灶面有二圆形火眼，灶头上翘。胎色灰。灶头、底边残损。通高17.4、底边长23.4厘米（图6-82；图版二九〇-1）。

瓷五足砚 1件。M494∶1，平面圆形，侧面附五足。胎质较粗，露胎处灰色。砚身表面及底面不施釉。釉色青褐，有剥落。釉下施白色化妆土。通高3.4、砚面直径13.3厘米（图6-83-7；图版二九〇-2）。

瓷圆唇碗 8件。曲腹，饼足，除M494∶11外均平底，足根处经修整。胎质较细腻。外表施釉不及底。除M494∶8外，均在釉下施灰白色化妆土。

M494∶4，直口。胎与露胎处均灰红。釉色黄中泛青，有剥落。口沿残损。通高3.5、口径7.8厘米（图6-83-4；图版二九一-1）。

M494∶7，直口，足根处因挤压而外凸。露胎处均灰褐。釉色青黄，有剥落。通高3.7、口径8.2厘米（图6-83-2；图版二九一-1）。

M494∶8，敞口。口沿下有3道弦纹，腹部有涡纹及2道弦纹。胎色灰，露胎处均浅灰泛黄。

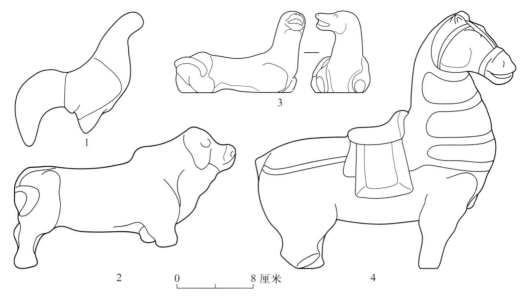

图6-81　土公山M494出土陶动物

1.陶鸡(M494：32)　2.陶牛(M494：34)　3.陶狗(M494：36)　4.陶鞍马(M494：21)

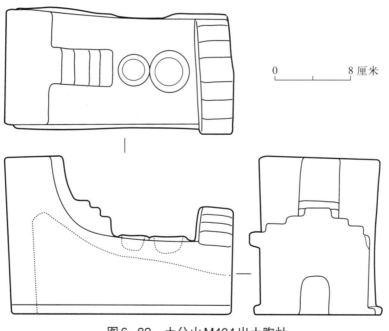

图6-82　土公山M494出土陶灶

M494：47

釉色青褐。口沿残损。通高4.8、口径8.5厘米(图6-83-3；图版二九〇-3)。

　　M494：11,敞口,足心内凹。胎色灰,胎与露胎处均灰色。内面施釉亦不及底。釉色青黄。口沿残损。通高6.1、口径13.9厘米(图6-83-6；图版二九〇-4)。

　　M494：17,直口,足根处因挤压而外凸。胎色灰.露胎处灰褐。釉色青黄。口沿残损。通高

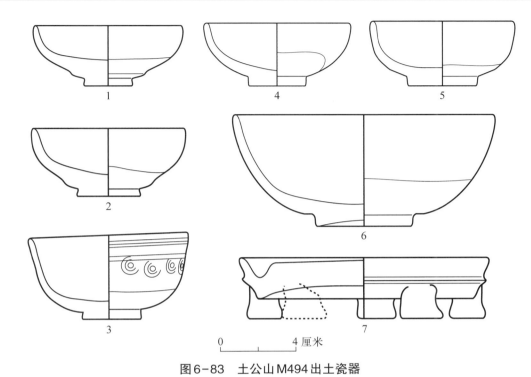

图6-83   土公山M494出土瓷器

1.瓷圆唇碗(M494:17) 2.瓷圆唇碗(M494:7) 3.瓷圆唇碗(M494:8) 4.瓷圆唇碗(M494:4) 5.瓷圆唇碗(M494:38)
6.瓷圆唇碗(M494:11) 7.瓷五足砚(M494:1)

3.3、口径7.7厘米(图6-83-1;图版二九一-2)。

　　M494:38,直口。胎色灰,露胎处灰褐。釉色黄褐,剥落严重。口沿残损。通高3.6、口径7.7
厘米(图6-83-5;图版二九一-2)。

　　M494:42,直口。胎色深灰褐,露胎处灰褐。釉剥落殆尽。仅存约一半。通高3.8、口径7.9
厘米(图版二九一-3)。

　　M494:49,直口。胎色深灰,露胎处灰褐。釉色青黄,有剥落。仅存约一半。通高3.9厘米
(图版二九一-3)。

广埠屯M534

　　广埠屯M534发掘完成时间为1958年9月25日,记录者为陈恒树。

　　M534是一座券顶砖室墓,墓室平面呈长方形,附甬道与一对侧龛。侧龛位于墓室前部。墓
上堆积0.84米。墓向50°。甬道地面以素面砖"人"字形平铺。墓室前部以砖二横二直铺出砖
台,后部则砌出棺床。侧龛地面亦加铺砖台。封门底部有排水道。墓壁以砖三顺一丁砌筑,侧壁
间用青龙、白虎、朱雀与人物题材画像砖。M534通长6.92米,甬道底宽1.34、进深1.84米,墓室底
宽2.06、进深4.35米,左龛宽0.75、进深0.57、高1.14米,右龛宽0.74、进深0.58米(图6-84)。

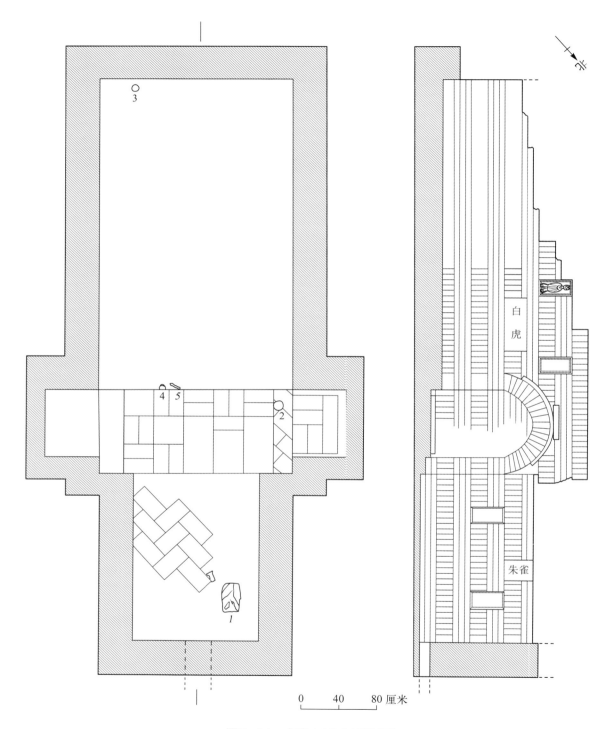

图 6-84 广埠屯 M534 形制图

1. 瓷瓶   2. 瓷钵   3. 瓷圆唇碗   4. 瓷圆唇碗   5. 铁钉

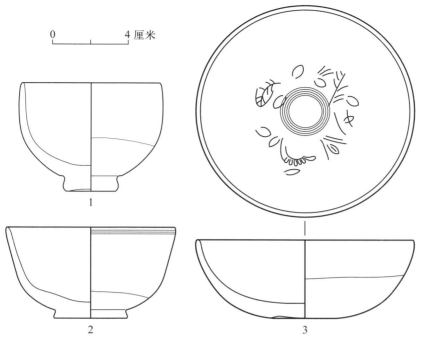

图6-85 广埠屯M534出土瓷器
1.瓷圆唇碗（M534∶4） 2.瓷圆唇碗（M534∶3） 3.瓷钵（M534∶2）

本次整理涉及M534出土器物共3件。

瓷圆唇碗 2件。曲腹，饼足。外表施釉不及底。釉色青黄（图版二九一－5）。

M534∶3，敞口，平底，足根处经修整，口沿下有3道弦纹。胎质粗，露胎处灰褐。釉剥落严重。釉下施浅灰色化妆土。通高4.9、口径8.9厘米（图6-85-2）。

M534∶4，直口，足心内凹，足根处刮削一周。胎质较细腻，露胎处浅灰泛黄。口沿经复原。通高5.9、口径7.4厘米（图6-85-1）。

瓷钵 1件。M534∶2，圆唇，敞口，曲腹，平底，底心刮削一周，内部饰同心环与草叶纹。胎质较粗，胎色褐，露胎处灰黄。外表施釉不及底。釉受侵蚀，剥落殆尽。釉下施浅黄色化妆土。通高4.3、口径11.5厘米（图6-85-3；图版二九一－4）。

第七章　大东门诸墓

大东门M202

M202位于武昌大东门外长春观,发掘完成时间为1956年3月7日,记录者为郭冰廉。

M202是一座平面近似长方形的梯形砖室墓。发掘时仅存底部。墓底距当时地表2.5米。墓向238°。墓底未铺砖。侧壁及后壁以砖三顺一丁砌筑。M202通长3.89米,墓室底长3.61、宽1–1.08米(图7-1)。

本次整理涉及M202出土器物共1件。

瓷四系长颈壶　1件。M202:1,圆唇,敞口,长颈,圆肩,鼓腹,平底,肩部纵置4系。胎质较粗,胎色灰,露胎处深褐。外表施釉不及底。釉色黑,受侵蚀。口沿、腹部经复原,诸系残损。通高35.7、口径19.1厘米(图7-2;图版二九二-1)。

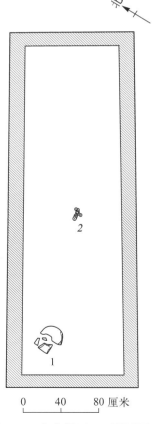

图7-1　大东门M202形制图

1. 瓷四系长颈壶　2. 开元通宝

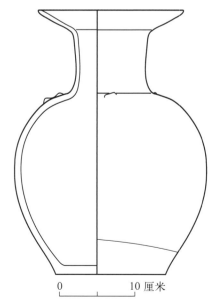

图7-2　大东门M202出土瓷四系长颈壶

M202:1

大东门 M331

M331位于大东门外武汉大桥跨线桥工地,发掘完成时间为1956年5月24日,记录者为郭建安。

M331是一座梯形券顶砖室墓。墓向160°。甬道以砖斜向错缝平铺,棺床除前缘纵向平铺一列外无底砖。墓壁以三至五层砖平砌后再以砖三顺一丁砌筑。M331通长3.94米,墓室底长3.72、宽1.12—1.29米(图7-3)。

本次整理涉及M331出土器物共2件。

瓷盘口壶 1件。M331∶2,圆唇,盘口外敞,长颈,圆肩,鼓腹,平底。胎质较粗,胎色灰褐,露胎处褐色。外表施釉不及底。釉剥落殆尽,有流釉现象。口沿残损。通高41.1、口径24.8厘米(图7-4-2;图版二九二-2)。

瓷圆唇碗 1件。M331∶1,敞口,曲腹,玉璧底,口沿下有1道弦纹。胎质较细腻,露胎处浅褐。外表施釉不及底。釉色黄中泛褐,有轻微剥落。通高7.8、口径19.9厘米(图7-4-1;图版二九二-3)。

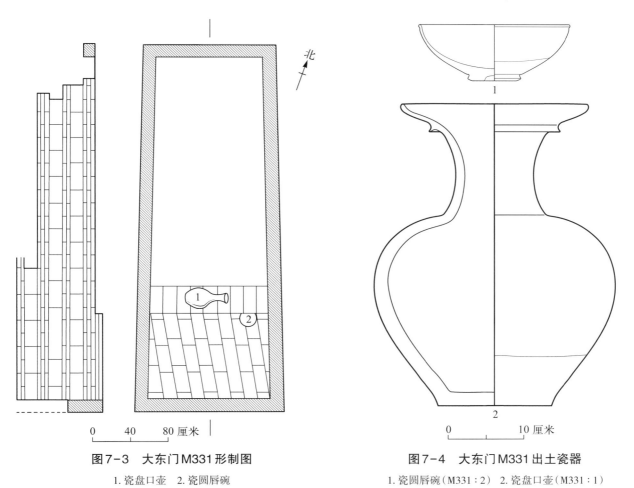

图7-3 大东门M331形制图
1.瓷盘口壶 2.瓷圆唇碗

图7-4 大东门M331出土瓷器
1.瓷圆唇碗(M331∶2) 2.瓷盘口壶(M331∶1)

第八章　何家垅、小龟山、姚家岭诸墓

何家垅M63

何家垅M63发掘完成时间为1953年10月9日,记录者为夏承彦。

M63是一座平面为"凸"字形的砖室墓,由甬道与墓室组成,仅存墓底。墓上堆积厚2米。墓向148°。甬道与墓室前部以砖斜向错缝平铺,墓室后部高起成棺床,棺床底部以砖纵向平铺。墓壁以砖三顺一丁砌筑。M63通长4.9米,甬道底宽0.95、进深0.91米,墓室底宽1.27、进深3.63米(图8-1)。

本次整理涉及M63出土器物共2件。

瓷尖唇碗　2件。敞口,曲腹,饼足,平底,足根处经修整。胎质较细腻,露胎处白中泛黄。外表施釉不及底。釉色青黄(图版二九三-1)。

M63:1,胎色白中泛黄。釉剥落殆尽。口沿残损。通高3.6、口径7.7厘米(图8-2-2)。

M63:2,胎色灰白。口沿经复原。通高3.6、口径7.8厘米(图8-2-1)。

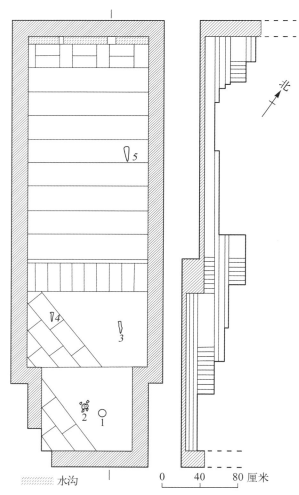

图8-1　何家垅M63形制图

1.瓷尖唇碗　2.瓷尖唇碗　3.铁钉　4.铁钉　5.铁钉

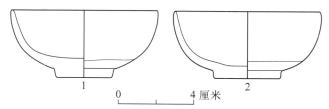

图8-2　何家垅M63出土瓷尖唇碗

1.瓷尖唇碗(M63:2)　2.瓷尖唇碗(M63:1)

何家垅 M64

何家垅 M64发掘完成时间为1954年10月10日，记录者为夏承彦。

M64是一座平面近长方形的梯形券顶砖室墓。被发现时墓顶与右后部已遭破坏。墓上堆积厚1.6米。墓向137°。墓底以砖"人"字形平铺，上以二横二直砖平铺成棺床，记录称铺地砖为莲花纹砖，不知具体所指。前壁底部有排水道连通墓外排水沟。墓壁以砖三顺一丁砌筑。M64通长3.93米，墓底长3.57、宽1.06—1.13米，排水沟残长0.45米（图8-3）。

本次整理涉及M64出土器物共1件。

瓷盘口壶　1件。M64：1，尖唇，盘口外敞，长颈，圆肩，鼓腹，平底，肩部横置6系。胎质较细腻，露胎处灰黄。外表施釉及腹。釉色青黄，有剥落。诸系均残损。通高45.4、口径17.5、腹径25.9、底径12.7厘米（图8-4；图版二九三-2）。

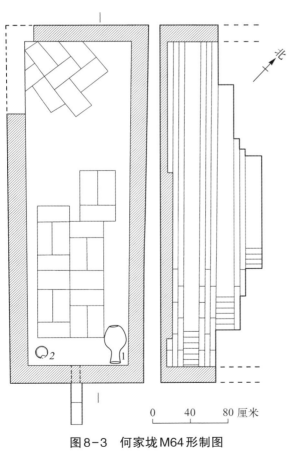

0　　40　　80厘米

图8-3　何家垅M64形制图

1. 瓷盘口壶　2. 瓷碗

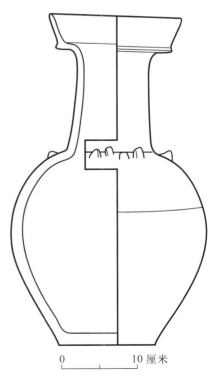

0　　　10厘米

图8-4　何家垅M64出土瓷盘口壶

M64：1

何家垅 M66

何家垅 M66 发掘完成时间为 1954 年 10 月 12 日，记录者为蓝蔚。

M66 是一座主体平面呈长方形、墓室前部附一侧龛的券顶砖室墓。墓向 135°。此墓记录极简短："长方形花纹砖墓，棺床高起。" M66 通长 3.97 米，墓室底长 3.65、宽 1.2 米，侧龛宽 0.38、进深0.29 米（图 8-5）。

本次整理涉及 M66 出土器物共 5 件。

瓷托炉　1 件。M66：1，由炉与托盘组成。炉身卷沿，折腹内收成小平底，腹内折处附五兽爪形足；托盘方唇，敞口，折腹，饼足，足根处刮削一周。胎质较细腻，露胎处浅黄。炉内部、托盘底部不施釉。釉色青褐，略有剥落。通高 10.1、炉口径 11、盘口径 14.6 厘米（图 8-6-5；图版二九四-1）。

瓷盒　1 件。M66：3，侧视呈圆角矩形，盖母口，身子口，盖表面有 3 道凸弦纹。胎质较细腻，露胎处浅黄。器内部不施釉，器盖外表施满釉，器身外表施釉不及底。通高 4.7 厘米（图 8-6-3；图版二九四-2）。

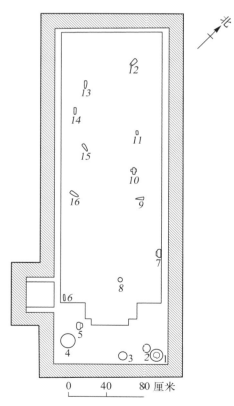

图 8-5　何家垅 M66 形制图

1. 瓷托炉　2. 瓷盒（盖，与 3 合并）　3. 瓷盒（身）　4. 瓷方唇碗　5. 瓷圆唇碗　6. 银钗　7. 瓷圆唇碗　8. 开元通宝
9. 铁钉　10. 铁钉　11. 铁钉　12. 铁钉　13. 铁钉　14. 铁钉　15. 铁钉　16. 铁钉

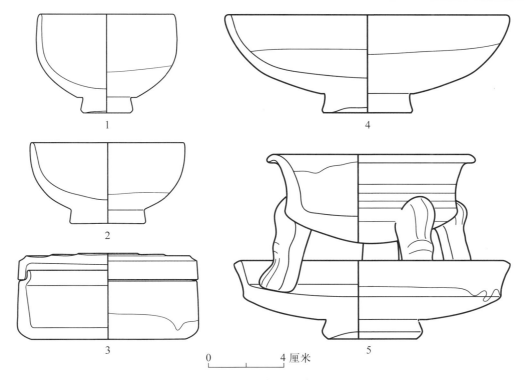

图8-6 何家垅M66出土瓷器

1. 瓷圆唇碗（M66∶7） 2. 瓷圆唇碗（M66∶5） 3. 瓷盒（身）（M66∶3） 4. 瓷方唇碗（M66∶4） 5. 瓷托炉（M66∶1）

瓷圆唇碗 2件。曲腹，饼足。外表施釉不及底。釉色青黄。

M66∶5，敞口，平底，足根处经修整。胎质较粗，胎色浅灰，露胎处灰色。釉有剥落。釉下施灰白色化妆土。口沿残损。通高4.4、口径8.2厘米（图8-6-2；图版二九四-4）。

M66∶7，直口，足心内凹，足根处刮削一周。胎质较细腻，露胎处浅褐。釉有剥落。口沿经复原。通高5.4、口径7厘米（图8-6-1；图版二九四-5）。

瓷方唇碗 1件。M66∶4，敞口，曲腹，饼足，足心内凹，足根处刮削一周。胎质较细腻，露胎处灰白。仅口沿内外施釉。釉色青黄。口沿经复原。通高5.4、口径15.1厘米（图8-6-4；图版二九四-3）。

何家垅 M76

何家垅M66发掘完成时间为1954年10月14日，记录者为夏承彦。

M76是一座券顶砖室墓，墓室平面呈长方形，附甬道、头龛与一对侧龛。侧龛位于墓室前部，券顶保存完好。墓上堆积厚1.6米。墓向148°。甬道底以砖"人"字形平铺。墓室高出甬道，墓室底部以砖"人"字形平铺，墓室后部再以砖横、纵向平铺成棺床。侧龛底部亦以砖平铺成砖台。封门底部有铅质水闸。墓壁以砖三顺一丁砌筑。根据草图，墓室侧壁多开小龛。M76通长7.57米，甬道底宽1.7、进深1.99米，墓室底宽2.03、进深4.38米，头龛宽0.91、进深0.74米，左龛宽0.81、

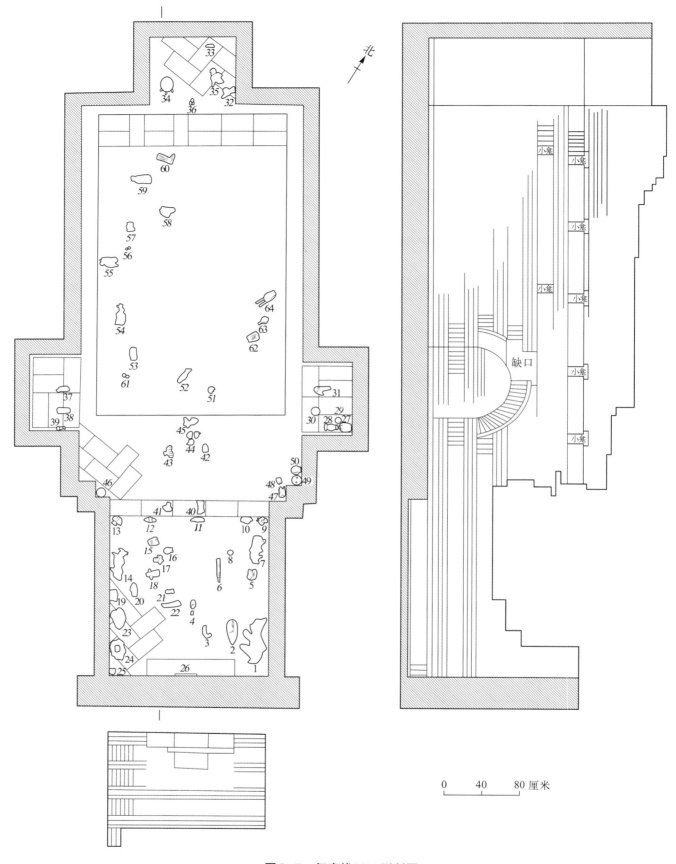

图8-7　何家坟M76形制图

1.陶骆驼　2.陶鸟（朱雀）　3.人首双身连体俑　4.俑　5.女坐俑　6.铁钉　7.陶鞍马　8.三彩盂　9.俑　10.长衣男立俑　11.俑　12.俑
13.兜鍪男立俑　14.陶鞍马　15.俑　16.俑头　17.袍服男立俑　18.俑　19.裲裆铠男立俑　20.长衣男立俑　21.俑头　22.俑　23.俑
24.瓷盘口壶　25.俑　26.水沟闸　27.瓷双唇罐　28.瓷双唇罐　29.碗　30.碗　31.陶千秋　32.俑　33.俑　34.陶玄武　35.俑　36.开元通宝
37.陶万岁　38.俑　39.铜鎏金高足杯　40.俑　41.俑　42.俑　43.俑　44.牛　45.俑　46.三彩炉　47.俑　48.俑头　49.瓷唾壶　50.瓷双唇罐
51.碗　52.俑　53.俑　54.俑　55.俑　56.开元通宝　57.俑　58.俑　59.俑　60.残女俑　61.开元通宝　62.男装女立俑　63.女立俑
64.胡人男立俑　65.男装女立俑　66.残女俑　67.残女俑　+1.兜鍪男立俑　+2.袍服男立俑　+3.裲裆铠男立俑　+4.陶骆驼　+5.长衣男立俑
+6.陶钵　+7.瓷圆唇碗　+8.瓷圆唇碗　+9.瓷圆唇碗　+10.瓷双唇罐　+11.瓷盂　+12.男装女立俑　（64-67未在形制图中标示）

进深0.53、高0.89米，右龛宽0.85、进深0.54米（图8-7）。

本次整理涉及M76出土器物共45件，包括丙群27件、丁群1件。

人首双身连体俑　1件。M76：3，人首兽身，双身同向，伏卧，躯干弯曲，平面呈半圆形。双身均着交领衣，头梳小髻。胎色灰褐。通高13.6厘米（图8-8；图版二九五）。

陶鸟（朱雀）　1件。M76：2，仅存躯干与尾部。据其与玄武的出土位置判断，此鸟应为朱雀。胎色灰褐。残长19.8厘米（图8-9-3；图版二九六-1）。

陶玄武　1件。M76：34，本次整理未见实物。据器物卡片可知此器物为灰陶。长19.3、宽14.2、高7.8厘米（图版二九六-2）。

陶千秋　1件。M76：31，伏卧挺胸。头部以下着交领衣，鸟身，兽爪。胎色灰褐。头部缺失，尾部残损，右爪经复原。残长21.5厘米（图8-9-1；图版二九六-3）。

陶万岁　1件。M76：37，伏卧挺胸。头似鹿，鸟身，兽爪。胎色灰褐。尾部缺失。通高11.4厘米（图8-9-2；图版二九六-4）。

兜鍪男立俑　2件。直立，屈臂，双手握拳紧贴于胸侧。头戴兜鍪，肩覆披膊，上着圆领窄袖长衣，下穿裤，足蹬尖头靴。胎色灰（图版二九六-5）。

M76：13，左脚残损。通高41.5厘米（图8-10-1）。

M76+1，右脚残损。通高42.1厘米。

裲裆铠男立俑　2件。直立，袖手于胸前。头戴小冠，上着交领宽袖长袍，内着窄袖衣，外套裲裆铠，腰系带，下穿裙。胎色灰（图版二九七-1）。

M76：19，小冠残损。通高44.3厘米（图8-10-2）。

M76+3，头部、躯干均经复原。通高43厘米。

袍服男立俑　2件。直立，袖手于胸前。头戴小冠，上着交领宽袖长袍，内着窄袖衣，腰系带，下穿裙。胎色灰（图版二九七-2）。

M76：17，小冠残损。残高45厘米（图8-10-3）。

M76+2，双足缺失。残高37厘米。

长衣男立俑　3件。头戴幞头，上着圆领窄袖长衣，腰系带，下穿裤，足蹬尖头靴。

M76：10，直立于方座，拱手于胸前。胎色灰褐。足与底座经复原。通高33.8厘米（图8-11-2；图版二九八-1）。

M76：20，直立，右臂微屈，左前臂平举，左手贴于胸前。胎色灰褐。右足残损。通高36厘米（图8-11-4；图版二九七-3）。

M76+5，直立于方座，袖手于胸前。胎色灰。左足残损。通高34.8厘米（图8-11-3；图版二九八-2）。

胡人男立俑　1件。M76：64，直立，左前臂平举贴于身侧，右臂自然下垂。头戴幞头，上着窄袖长衣，领口外翻，下穿裤，足蹬尖头靴。胎色灰褐。右手缺失，鼻尖、足尖残损。通高31.1厘米（图8-11-1；图版二九八-3）。

女立俑　1件。M76：63，直立，拱手于身前。头梳半翻髻，上着圆领窄袖衫，外套交领右衽半袖，

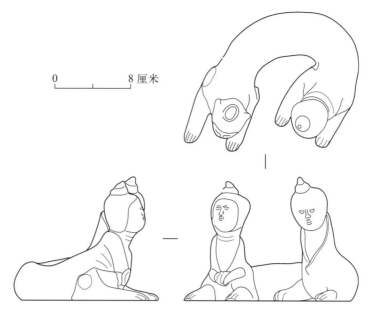

图 8-8　何家垅 M76 出土人首双身连体俑

M76：3

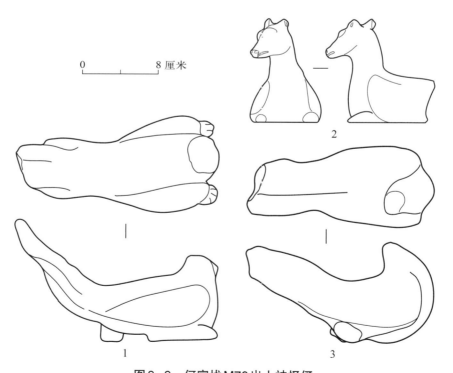

图 8-9　何家垅 M76 出土神怪俑

1. 陶千秋（M76：31）　2. 陶万岁（M76：37）　3. 陶鸟（朱雀）（M76：2）

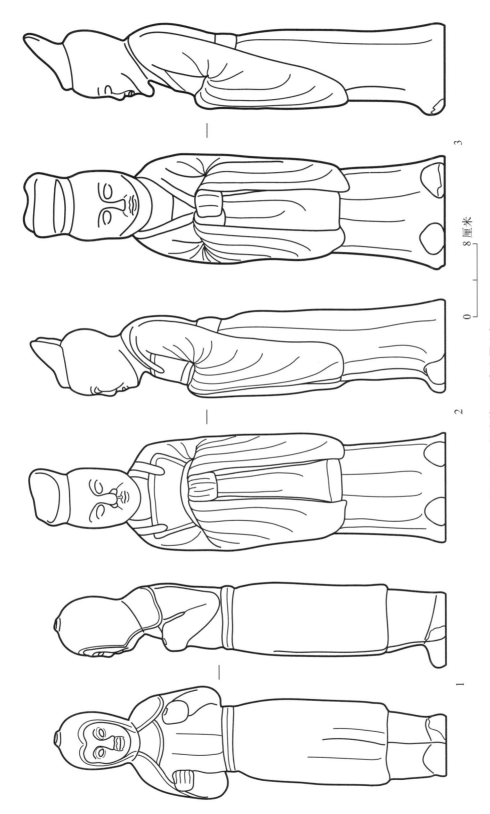

图8-10　何家垯M76出土男立俑

1. 兜鍪男立俑（M76：13）　2. 裲裆铠男立俑（M76：19）　3. 袍服男立俑（M76：17）

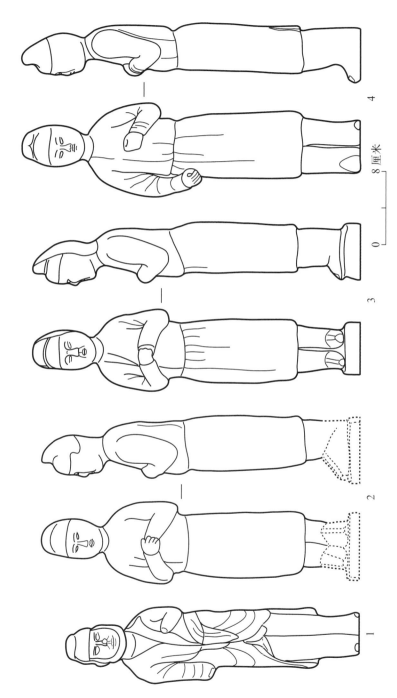

图8-11　何家垅M76出土男立俑

1.胡人男立俑（M76∶64）　2.长衣男立俑（M76∶10）　3.长衣男立俑（M76+5）　4.长衣男立俑（M76∶20）

肩披帔,下穿长裙,足蹬高头履。胎色灰。发髻残损。残高35.6厘米(图8-12-1;图版二九八-4)。

男装女立俑　3件。

M76∶62,直立,双手于胸前捧一方形物体。头梳双髻,上着交领窄袖长衣,领口外翻,腰系带,下穿袴,足蹬尖头靴。胎色灰。通高30.5厘米(图8-13-1;图版二九九-1)。

M76∶65,直立于方座,拱手于胸前。头梳小髻,上着圆领窄袖长衣,腰系带,下穿袴,足蹬尖头靴。胎色灰。通高33.6厘米(图8-13-3;图版二九八-5)。

M76+12,直立于方座,拱手于胸前。上着圆领窄袖长衣,腰系带,下穿袴,足蹬尖头靴。胎色灰褐。发髻残损。残高32.1厘米(图8-13-2;图版二九九-2)。

女坐俑　1件。M76∶5,端坐,袖手于下腹。头梳双髻双环,上着窄袖衫,外套交领左衽半袖,肩披帔,下穿长裙。胎色灰褐。发髻残损。通高23.4厘米(图8-12-4;图版二九九-3)。

残女俑　3件。均仅存胸部以上。头梳双髻,着交领左衽半袖,内着窄袖衫,外披帔。胎色灰褐(图版三〇〇-1)。

M76∶60,头部缺失。残高9.6厘米。

M76∶66,面部残损。残高15.9厘米(图8-12-3)。

M76∶67,发髻残损。残高15.2厘米(图8-12-2)。

图8-12　何家垸M76出土女俑

1.女立俑(M76∶63)　2.残女俑(M76∶67)　3.残女俑(M76∶66)　4.女坐俑(M76∶5)

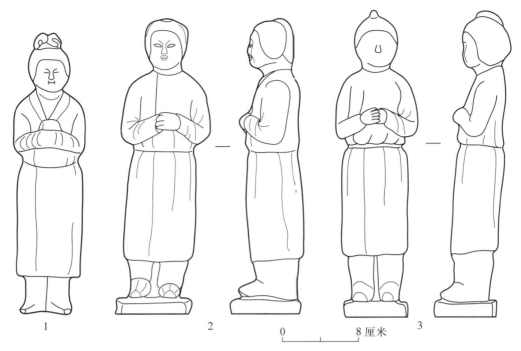

图8-13 何家垅M76出土男装女立俑

1.男装女立俑（M76:62） 2.男装女立俑（M76+12） 3.男装女立俑（M76:65）

陶鞍马 2件。体态丰壮。有鞍、鞯。胎色灰褐（图版三〇〇-2）。

M76:7,四肢、鞍、鞯、尾部残损。残高26.4厘米（图8-14-2）。

M76:14,四肢、鞍、鞯、尾部残损。残高25.9厘米。

陶骆驼 2件。

M76:1,双峰驼,驼峰间铺垫,上承货囊。胎色灰褐。四肢残损。通长33厘米（图8-14-1;图版三〇一-1）。

M76+4,仅存头、颈。胎色黄褐。残长22.2厘米（图版三〇一-2）。

三彩盂 1件。M76:8,圆唇,敛口,鼓腹,平底。胎质细腻,露胎处白中泛红。外表施釉不及底。釉有白、黄、绿三色。通高4.2、口径5.8厘米（图8-15-4;图版三〇一-3）。

陶钵 1件。M76+6,圆唇,敞口,腹斜直,平底,外表口沿下内凹形成1道弦纹。胎色白。通高3.1、口径9.3厘米（图8-15-2;图版三〇三-1）。

瓷盘口壶 1件。M76:24,圆唇,盘口外敞,颈部较长,圆肩,鼓腹,平底,肩横置6系。胎质较细腻,胎色灰,露胎处浅灰。外表施釉及腹。釉色黄褐,略有剥落。口沿与诸系均残损。通高42.5、口径16.8、腹径26.7、底径12.5厘米（图8-16;图版三〇二-1）。

瓷唾壶 1件。M76:49,圆唇,盘口,口沿外卷,束颈,鼓腹,饼足宽大。胎质细腻,胎色白,露胎处浅黄。外表施釉及下腹。釉色米黄。口沿残损。通高10.5厘米（图8-15-5;图版三〇一-4）。

瓷双唇罐 4件。内唇圆而内敛,外唇尖而外敞,溜肩,鼓腹,平底。除M76+10未见系外,其余3件于肩纵置3系。胎质较细腻。外表施釉及肩。

0 ⸺⸺ 8 厘米

图8-14　何家垅M76出土陶动物

1. 陶骆驼（M76：1）　2. 陶鞍马（M76：7）

M76：27，胎色浅灰，露胎处浅灰泛黄。釉面受侵蚀，有剥落。内外唇轻微残损。通高11.5、外口径9.5厘米（图版三〇二-3）。

M76：28，胎色浅灰，露胎处浅灰泛黄。釉面受侵蚀，有剥落。外唇轻微残损。通高11.6、外口径9.7厘米（图版三〇二-3）。

M76：50，胎色浅灰，露胎处灰褐。釉面受侵蚀，有剥落。外唇轻微残损。通高11.4、外口径8.8厘米（图8-15-8；图版三〇二-3）。

M76+10，胎色灰，露胎处灰红。釉剥落殆尽。多处经复原。通高12.4、口径10.5厘米（图版三〇二-2）。

瓷圆唇碗　3件。敞口，曲腹，饼足，足心内凹，足根处平削一周。胎质较细腻。外表施釉不及底。釉下施浅灰色化妆土（图版三〇三-2）。

M76+7，胎色灰，露胎处深灰褐。釉色青褐，剥落严重。口沿残损。通高4.9、口径9.5厘米

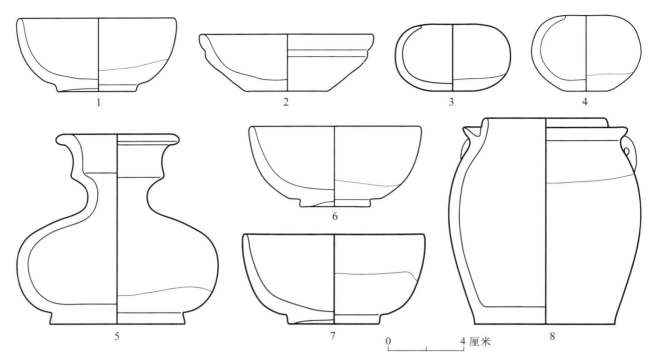

图8-15 何家垅M76出土陶瓷器

1.瓷圆唇碗（M76+8） 2.陶钵（M76+6） 3.瓷盂（M76+11） 4.三彩盂（M76：8） 5.瓷唾壶（M76：49） 6.瓷圆唇碗（M76+9）
7.瓷圆唇碗（M76+7） 8.瓷双唇罐（M76：50）

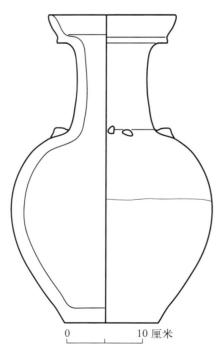

图8-16 何家垅M76出土瓷盘口壶

M76：24

（图8-15-7）。

M76+8，胎与露胎处均红褐。釉色黄褐，釉面受轻微侵蚀。口沿轻微残损。通高4、口径8.5厘米（图8-15-1）。

M76+9，胎色灰，露胎处红褐。釉面受侵蚀严重。口沿残损。通高4.5厘米。口径9.2厘米（图8-15-6）。

瓷盂 1件。M76+11，尖唇，敛口，鼓腹，平底。胎质细腻，露胎处灰红。外表施釉及下腹。釉剥落殆尽。釉下施浅褐色化妆土。通高3.6厘米（图8-15-3；图版三〇一-3）。

铜鎏金高足杯 1件。M76：39，侈口，曲腹，高圈足外撇。器表面以鱼子纹作底，饰以卷草纹。口径5.2厘米（图版三〇三-3）。

开元通宝 5件。均有不同程度锈蚀（图版三〇四）。

M76：56-1，1枚。直径2.4厘米，重1.77克。

M76：56-2，1枚，边缘残损。直径2.4厘米，重3.22克。

M76：56-3，1枚。直径2.4厘米，重2.98克。

M76：56-4，2枚粘连。直径2.4厘米，重4.64克。

M76：56-5，3枚粘连。直径2.5厘米，重6.4克。

何家垅 M84

何家垅 M84 发掘完成时间为 1954 年 10 月 23 日，记录者为夏承彦。

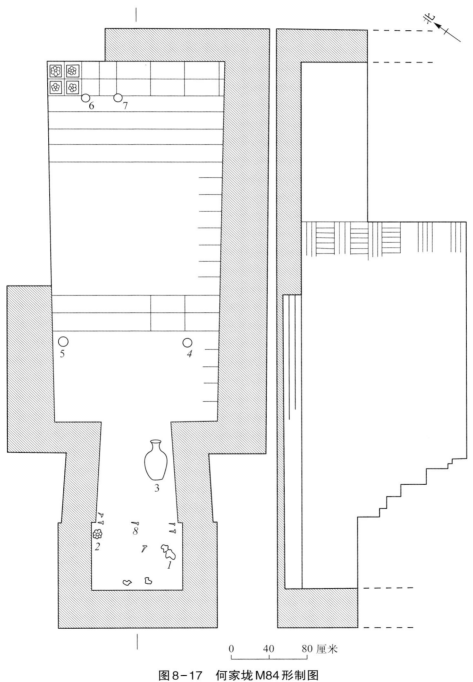

0　　40　　80 厘米

图 8-17　何家垅 M84 形制图

1. 瓷片　2. 陶莲花座　3. 瓷盘口壶　4. 瓷碗　5. 瓷方唇碗　6. 瓷方唇碗　7. 瓷方唇碗　8. 铁钉

M84是一座平面呈"凸"字形的券顶砖室墓，由前室、甬道与后室组成。前室较小，平面长方形，宽度与甬道仿佛，甬道平面呈梯形，后室平面为近似长方形的梯形。后室右后部被破坏。墓上堆积厚1米。墓向234°。墓底由莲花纹砖横向平铺。后室后部高起三层砖的厚度，形成棺床。墓壁以砖三顺一丁砌筑。M84通长6.58米，前室底宽0.96、进深0.72，甬道底宽0.74-0.87、进深1.1米，后室底宽1.72-1.88、进深3.97米（图8-17）。

本次整理涉及M84出土器物共4件。

瓷盘口壶　1件。M84:3，尖唇，盘口外敞，长颈，圆肩，鼓腹，平底，肩部横置6系。胎质较细腻，胎色浅灰，露胎处浅灰泛黄。外表施釉及下腹。釉色青黄。诸系均残损。通高41.1、口径16.5、腹径27.7、底径15.4厘米（图8-18-4；图版三〇五-1）。

瓷方唇碗　3件。直口，曲腹，饼足，足根处刮削一周。外表施釉不及底。釉色青黄。

M84:5，平底。下腹部有1道弦纹。胎与露胎处均浅黄。口沿残损。通高6.5、口径10.6厘米（图8-18-3；图版三〇五-2）。

M84:6，足心内凹。露胎处浅黄。通高5.3、口径7.8厘米（图8-18-1；图版三〇五-3）。

M84:7，足心内凹，划圈一周。胎色浅灰，露胎处浅灰泛黄。口沿残损。通高5.4、口径7.6厘米（图8-18-2；图版三〇五-3）。

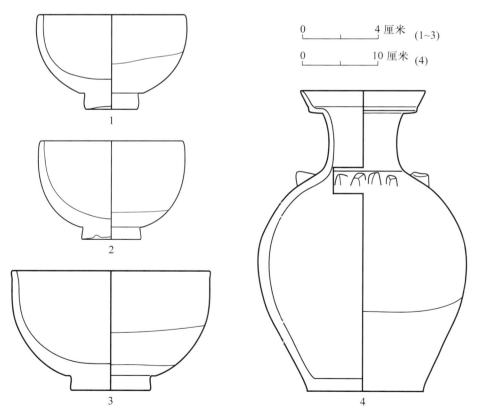

图8-18　何家垅M84出土瓷器

1. 瓷方唇碗（M84:6）　2. 瓷方唇碗（M84:7）　3. 瓷方唇碗（M84:5）　4. 瓷盘口壶（M84:3）

何家垅 M86

何家垅 M86 发掘完成时间为1954年10月23日,记录者为夏承彦。

M86是一座以平面长方形墓室为主体、附一对侧龛的砖室墓。侧龛位于墓室前部。墓上堆积厚1.25米。墓向238°。墓底以砖横向、纵向平铺。墓室前部有排水沟连通墓室底部排水道。墓壁以砖三顺一丁砌筑。M86通长3.72米,墓室底长3.34、宽1.19米,左龛宽0.52、进深0.47米,右龛宽0.56、进深0.48米(图8-19)。

本次整理涉及M86出土器物共9件。

瓷盘口壶　1件。M86∶2,尖唇,盘口外敞,长颈,圆肩,鼓腹,平底,肩部横置6系。肩腹交界处有1道弦纹。胎质较细腻,胎色浅灰,露胎处灰黄。外表施釉至肩腹交界处。釉色青黄。1系缺失,口沿及5系残损。通高54.7、口径20.6、腹径27.9、底径15.4厘米(图8-20-3;图版三〇六-1)。

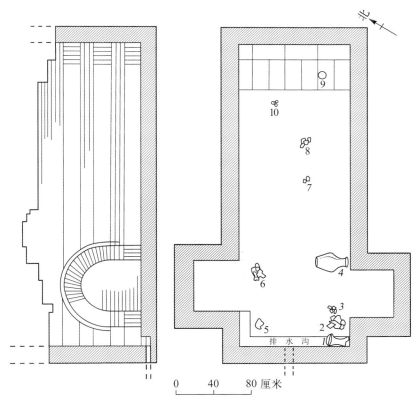

图8-19　何家垅 M86 形制图

1. 瓷瓶　2. 瓷盘口壶　3. 瓷片　4. 瓷瓶　5. 瓷方唇碗　6. 瓷圆唇碗　7. 铜片　8. 瓷方唇碗　9. 瓷方唇碗　10. 开元通宝

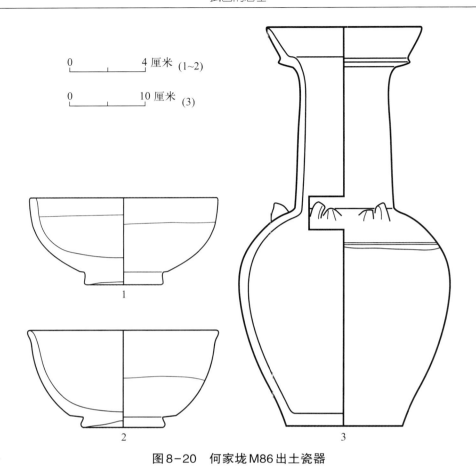

0 ____ 4 厘米 (1~2)

0 ____ 10 厘米 (3)

1

2

3

图8-20　何家垅M86出土瓷器
1. 瓷方唇碗（M86：9）　2. 瓷圆唇碗（M86：6）　3. 瓷盘口壶（M86：2）

瓷圆唇碗　1件。M86：6，侈口，曲腹，饼足，足心内凹，足根处平削一周。胎质较细腻，露胎处灰褐。外表施釉不及底。釉剥落殆尽。通高5.3、口径10.1厘米（图8-20-2；图版三〇六-2）。

瓷方唇碗　3件。直口，曲腹，饼足，平底，足根处经修整。胎质较粗。仅口沿施釉。釉色青褐，受侵蚀，有剥落（图版三〇六-3）。

M86：5，露胎处灰褐。通高5.1、口径10.1厘米。

M86：8，露胎处浅灰泛黄。口沿经复原。通高5、口径9.5厘米。

M86：9，胎色灰。通高4.7、口径10厘米（图8-20-1）。

开元通宝　4件。均为多枚粘连，锈蚀严重（图版三〇六-4）。

M86：10-1，5枚粘连。直径2.3厘米，重9.1克。

M86：10-2，4枚粘连，直径2.3厘米，重5.39克。

M86：10-3，3枚粘连，直径2.3厘米，重4.37克。

M86：10-4，2枚粘连，直径2.3厘米，重4.59克。

何家垅M107

何家垅M107发掘完成时间为1955年4月25日,记录者为蓝蔚。

M107是一座砖室墓,墓室平面呈长方形,附甬道与一对侧龛,侧龛位于墓室前部。M107发掘时仅存墓底,墓室后部与右龛被破坏,左龛保存较好,券顶尚存。墓底到当时地表4米。墓向260°。原记录对M107的描述过于简单。从墓葬图看,此墓墓底以砖斜向错缝平铺,墓室中部再以砖二横二直铺出棺床,甬道亦在墓底上加铺砖一层。封门外有排水沟。墓壁系平铺三或四层砖作为基础,上以砖二顺一丁砌筑。M107主体残长4.75米,甬道底宽1.49、进深1.23米,墓室底宽1.94、进深3.34米,左龛宽0.64、进深0.43米,右龛宽0.65、进深0.43米(图8-21)。

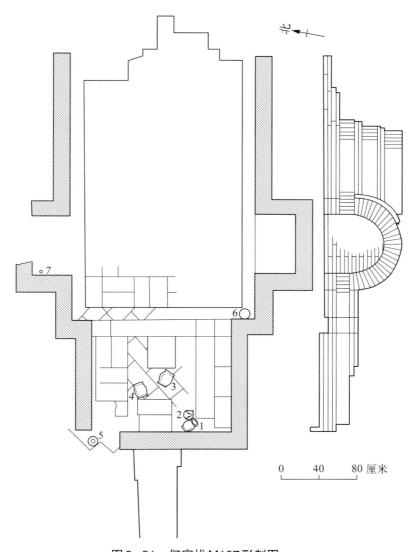

图8-21　何家垅M107形制图

1. 瓷双唇罐　2. 瓷双唇罐　3. 瓷双唇罐　4. 瓷罐　5. 瓷方唇碗　6. 瓷方唇碗　7. 开元通宝

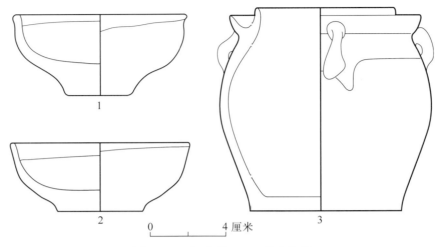

图8-22　何家垅M107出土瓷器

1. 瓷方唇碗(M107∶5)　2. 瓷方唇碗(M107∶6)　3. 瓷双唇罐(M107∶3)

本次整理涉及M107出土器物共5件。

瓷双唇罐　3件。内唇圆而内敛,外唇圆而外敞、溜肩,鼓腹,平底,肩部纵置3或4系。胎质较细腻。外表施釉及肩(图版三〇七-1)。

M107∶1,肩部纵置4系。胎与露胎处均浅褐。釉完全剥落。内唇残损。通高11.9、外口径9.9厘米。

M107∶2,肩部纵置3系。胎与露胎处均浅黄。釉剥落殆尽。2系缺失,外唇残损。通高11.5、外口径10.5厘米。

M107∶3,肩部纵置3系。胎色浅灰,露胎处浅褐。釉受侵蚀,有剥落。外唇残损。通高11.1、外口径10厘米(图8-22-3)。

瓷方唇碗　2件。敞口,曲腹收敛成饼足。胎质较粗。仅口沿施釉。釉色青褐(图版三〇七-2)。

M107∶5,胎色浅灰,露胎处灰黄。口沿残损。通高4.4、口径9.2厘米(图8-22-1)。

M107∶6,露胎处深灰褐。釉轻微剥落。通高3.7、口径9.4厘米(图8-22-2)。

何家垅M184

何家垅M184发掘完成时间为1956年1月9日,记录者为游绍奇。

M184是一座平面为"凸"字形的砖室墓,由甬道与墓室组成。M184发掘时仅存墓底。墓上堆积厚1.5米,填土黄黑色。墓向156°。墓底以砖"人"字形平铺,墓室后部以莲花纹砖二横二直砌出棺床。封门下有排水道。墓壁以花纹砖三顺一丁砌筑,纹饰以唐草为主,填土中有人物纹砖。M184通长6.3米,甬道底宽1.24、进深1.66米,墓室底宽1.91、进深4.13米(图8-23)。

本次整理涉及M184出土器物共8件。

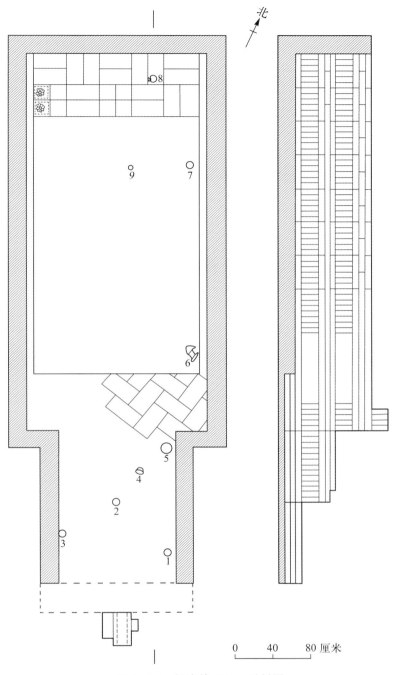

图8-23　何家垯M184形制图

1.瓷圆唇碗　2.瓷圆唇碗　3.瓷圆唇碗　4.瓷圆唇碗　5.瓷方唇碗　6.瓷盘口壶　7.瓷圆唇碗　8.瓷圆唇碗　*9.铜钱*

　　瓷盘口壶　1件。M184：6，圆唇，盘口外敞，颈部较长，圆肩，鼓腹，平底，肩部横置6系。胎质较细腻，胎色浅灰，露胎处灰黄。外表施釉及腹。釉色青黄。诸系残损。通高38.3、口径15.2、腹径25.4、底径13.2厘米（图8-24-4；图版三〇八-1）。

瓷圆唇碗　6件。直口，曲腹，饼足，平底，足根处经修整。外表施釉不及底。

M184：1，胎质粗，胎色灰，露胎处灰褐。釉色青黄。釉下施浅灰色化妆土。口沿残损。通高4、口径8.2厘米（图8-24-2；图版三〇七-3）。

M184：2，胎质较粗，胎色灰，露胎处褐。釉色青黄，有剥落。釉下施浅灰色化妆土。口沿残损。通高3.6、口径7.8厘米（图版三〇七-3）。

M184：3，胎质较粗，胎色灰，露胎处褐。釉色青黄，有剥落。釉下施浅灰色化妆土。口沿残损。通高3.5、口径7.7厘米（图版三〇八-3）。

M184：4，胎质粗，胎色灰褐，露胎处深褐。釉色黄，有剥落。口沿残损。通高4.1、口径8.1厘米（图版三〇八-3）。

M184：7，胎质较粗，胎色灰，露胎处灰黄。釉色黄，釉面受侵蚀，有剥落。釉下施灰白色化妆土。口沿残损。通高3.7、口径8厘米（图8-24-1；图版三〇七-3）。

M184：8，胎质较粗，胎色灰，露胎处浅灰泛褐。釉色青黄，受侵蚀，有剥落。釉下施灰白色化妆土。口沿残损。通高3.3、口径7.8厘米（图版三〇八-3）。

瓷方唇碗　1件。M184：5，直口，曲腹，饼足，足心内凹，足根处刮削一周。胎质较细腻，胎色浅灰，露胎处浅黄。仅口沿内外施釉。釉色青中泛黄。口沿轻微残损。通高6.9、口径12.6厘米（图8-24-3；图版三〇八-2）。

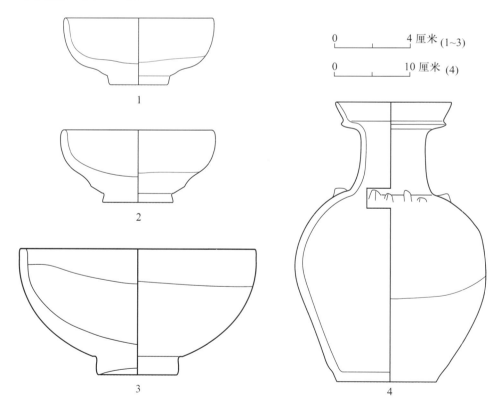

0 —————— 4 厘米 (1~3)

0 —————— 10 厘米 (4)

图8-24　何家垅M184出土瓷器

1.瓷圆唇碗（M184：7）　2.瓷圆唇碗（M184：1）　3.瓷方唇碗（M184：5）　4.瓷盘口壶（M184：6）

何家垅 M189

何家垅 M189 发掘完成时间为 1956 年 2 月 2 日，记录者为游绍奇。

M189 是一座砖室墓，墓室平面呈长方形，附甬道、头龛与一对侧龛。侧龛位于墓室中部偏前的位置。墓葬为"三层"晚期墓葬打破，墓上堆积厚 1.8 米，填土黄黑色。墓向 224°。甬道地面以砖"人"字形平铺。墓室砌棺床，棺床表面以一横二直砖平铺，棺床后部被毁。封门底部有排水道。墓壁以砖三顺一丁砌筑，多为素面砖，有个别唐草纹砖，填土中见青龙画像砖。M189 通长5.91 米，甬道底宽 1.42、进深 1.49 米，墓室底宽 2.06、进深 3.32 米，头龛宽 0.67、进深 0.7 米，左龛宽0.48、进深 0.37 米，右龛宽 0.48、进深 0.38 米（图 8-25）。

本次整理涉及 M189 出土器物共 18 件，包括丁群 10 件。

人面镇墓兽　1 件。M189：8，蹲伏于台座。人面大耳，头顶生角，肩生翼，兽身，蹄足。胎细腻洁白。外施褐、白、绿三色釉。右耳、右翼缺失。通高 66.5 厘米（图 8-26-1；图版三〇九）。

兽面镇墓兽　1 件。M189：13，蹲伏于台座。头顶生一戟并有鹿角一对，兽面两侧鬃毛外张，肩生翼，兽身，蹄足。胎细腻洁白。外施褐、白、绿三色釉。左侧鹿角、右翼缺失，台座经复原。通高 77.9 厘米（图 8-26-2；图版三一〇）。

天王俑　1 件。M189：3，立姿，左手叉腰，右臂上举作挥舞状，足踏牛，牛伏卧于台座。俑头戴鹖冠，上着窄袖衣，外套明光铠，下穿袴，外套护胫，足蹬尖头履。胎细腻洁白。颈部以下施黄、白、绿三色釉。鹖冠残损。残高 80.8 厘米（图 8-26-3；图版三一一-1）。

武官俑　1 件。M189：7，直立于台座，袖手于胸前。上着窄袖衣，外穿宽袖长衣，外套裲裆铠，腰系带，下穿裙，足蹬高头履。胎细腻洁白。外施黄、白、绿三色釉。头部缺失。残高 63.5 厘米（图 8-27-1；图版三一二-1）。

男俑头　1 件。M189：26，头戴幞头。胎色白。通高 7.7 厘米（图版三一一-2）。

男装女立俑　1 件。M189：4，直立，左前臂平举贴于腰间。头梳双髻双环，上着翻领右衽窄袖长衣，上衣前摆系与腰间，下穿裙，足蹬尖头靴。胎细腻洁白。颈部以下、靴以上施黄、绿色釉。右臂缺失，右肩经复原。通高 34.9 厘米（图 8-27-2；图版三一二-2）。

女俑头　1 件。M189：1，头梳反绾髻。胎细腻洁白。通高 10 厘米（图版三一一-3）。

三彩鞍马　1 件。M189：21，立于方座之上。鞍袱、鞍、韂、鞦均有表现。胎细腻洁白。鞍、韂与方座之外施黄、褐、绿三色釉。头、颈、胸均经复原。复原后高 48.9 厘米（图 8-27-3；图版三一二-3）。

釉陶碓　1 件。M189：24，平面长条形，一端圆弧、一端椭方。胎细腻洁白。施黄褐色釉。底长 13.2 厘米（图 8-28-4；图版三一三-3）。

三彩盖　1 件。M189：25，子口，盖沿圆唇，盖面隆起，正中有一半球形钮。胎细腻洁白。外

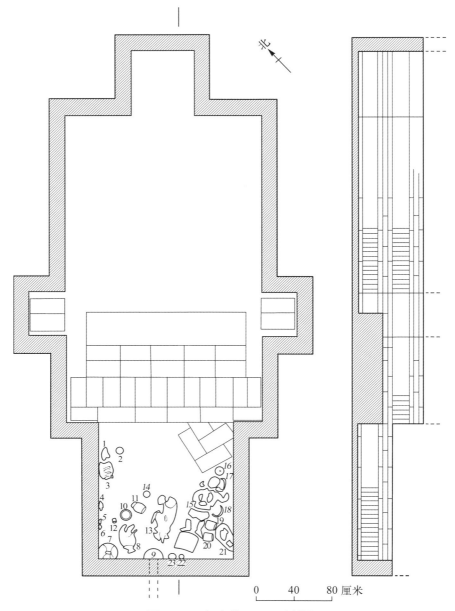

图8-25　何家垅M189形制图

1. 女俑头　2. 瓷尖唇碗　3. 天王俑　4. 男装女立俑　5. 女俑　6. 女俑　7. 武官俑　8. 人面镇墓兽　9. 瓶　10. 瓷三系双唇罐
11. 瓷三系双唇罐　12. 铅环　13. 兽面镇墓兽　14. 水盂　15. 天王俑　16. 瓷盖　17. 钳器　18. 钳器　19. 瓷三系双唇罐
20. 瓷三系双唇罐　21. 三彩鞍马　22. 小水盂　23. 银洗　24. 釉陶碓　25. 三彩盖　26. 男俑头　+1. 瓷罐（24—26未在图中标示）

表以浅绿色釉为地，点绘4个褐、绿相间的斑点。盖沿残损。直径6.8厘米（图8-28-1；图版三一三-4）。

瓷三系双唇罐　4件。内外均圆唇，内唇敛口，外唇敞口，溜肩，鼓腹，平底，肩纵置3系。胎质较细腻。外表施釉及肩。

M189：10，胎色灰，露胎处浅灰。釉色青黄，略有剥落。内唇残损。通高10.8、外口径9.2厘

图8-27　何家垅M189出土陶俑、陶动物

1.武官俑（M189：7）　2.男装女立俑（M189：4）　3.三彩鞍马（M189：21）

米（图版三一三-1）。

　　M189：11，胎色灰，露胎处浅灰泛黄。釉色青黄，受侵蚀，略有剥落。内唇残损。通高11厘米，外口径9厘米（图8-28-3；图版三一三-1）。

　　M189：19，露胎处浅灰。釉色青褐。通高10.2、外口径9.1厘米（图版三一三-2）。

　　M189：20，露胎处浅灰。釉色青褐。通高10.5、外口径9.7厘米（图版三一三-2）。

　　瓷罐　1件。M189+1，肿唇，敛口，高领，溜肩，鼓腹，平底。肩部有一刻画符号。胎质较细腻，胎色灰，露胎处红褐。外表施釉不及底。釉色黄褐。通高11.5、口径7.7厘米（图8-28-5；图版三一二-4）。

　　瓷尖唇碗　1件。M189：2，敞口，曲腹，饼足，足心内凹，足根处平削一周。胎质较细腻，胎色深灰，露胎处红褐。外表施釉不及底。釉色黄褐，剥落殆尽。釉下施浅灰色化妆土。通高5.2、口

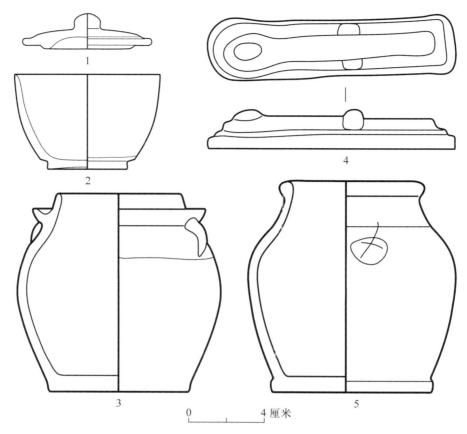

图8-28　何家垅M189出土陶瓷器

1. 三彩盖（M189∶25）　2. 瓷尖唇碗（M189∶2）　3. 瓷三系双唇罐（M189∶11）　4. 釉陶碓（M189∶24）　5. 瓷罐（M189+1）

径7.8厘米（图8-28-2；图版三一三-5）。

铅环　2件。截面为圆形,两头尖。均有锈蚀（图版三一三-6）。

M189∶12-1,最大径10.8厘米。

M189∶12-2,最大径11.3厘米。

何家垅 M196

何家垅M196发掘完成时间为1956年2月4日,记录者为游绍奇。

M196是一座砖室墓,至少被3座晚期墓葬打破,发现时仅存墓底,结构不明确。墓上堆积厚1.4米。墓向210°。墓室前部以砖"人"字形平铺,后部高起成棺床,棺床以砖一横二直平铺。墓葬残损部分所用砖皆素面,不过在填土中发现了玄武纹砖。封门底部有排水道。M196残长4.84米,墓底宽1.78米（图8-29）。

本次整理涉及M196出土器物共3件,包括乙群1件、丁群2件。

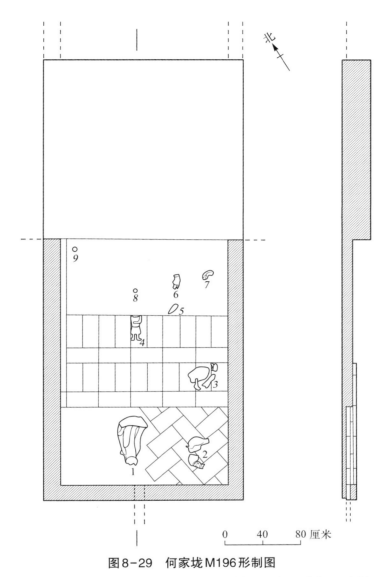

北

0 40 80 厘米

图8-29 何家垅M196形制图

1.三彩兽面镇墓兽 2.三彩鞍马 3.三彩武士俑 4.三彩俑 5.猪 6.陶羊 7.铜钱 8.金圈

三彩兽面镇墓兽 1件。M196:1,蹲伏于束腰岩座,岩座与本体可分离。头顶生一戟并有一对鹿角,兽面两侧鬃毛外张,肩生翼,兽身,蹄足。胎细腻洁白。外施褐、白、绿三色釉。戟、左侧鹿角残损。通高77.8厘米(图8-30;图版三一四-1)。

三彩鞍马 1件。M196:2,立姿。络头、攀胸、鞍袱、鞍、鞯、鞦、杏叶等均有表现。胎细腻洁白。鞍鞯以外施褐色釉。四肢残损。残高38.6厘米(图8-31;图版三一四-2)。

陶羊 1件。M196:6,伏卧。胎色橙黄。右角、尾部缺失,左前肢残损。残长14.1厘米(图8-32;图版三一四-3)。

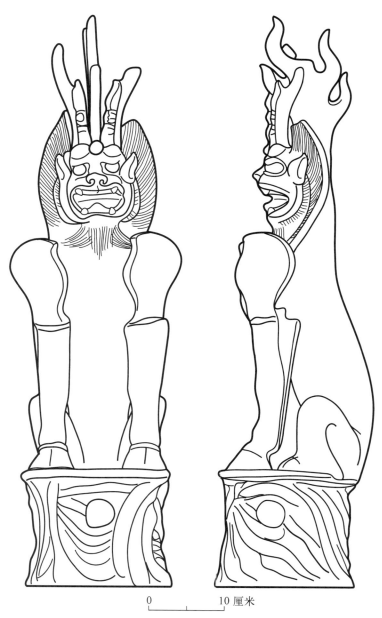

0   10 厘米

图8-30 何家垅M196出土三彩兽面镇墓兽

M196：1

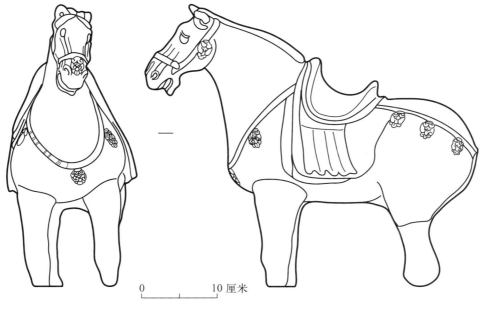

图8-31 何家垅M196出土三彩鞍马

M196∶2

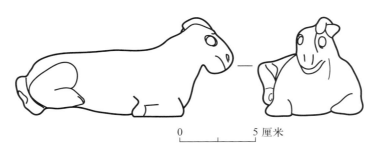

图8-32 何家垅M196出土陶羊

M196∶6

何家垅M247

何家垅M247发掘完成时间为1956年4月23日,记录者为郭冰廉。

M247是一座平面为"凸"字形的券顶砖室墓,由甬道与墓室组成。墓底距当时地面约2米。墓向230°。墓室地面高起,以砖"人"字形平铺。墓壁先平砌6层砖作为基础,上以砖二顺一丁砌筑。M247通长5.84米,甬道底宽1.47、进深0.97米,墓室底宽1.69、进深4.25米(图8-33)。

本次整理涉及M247出土器物共4件,包括甲群1件。

陶磨 1件。M247∶1,圆饼形,上下扇合一,上表面有刻划磨齿,中部有二半圆形投料槽,槽

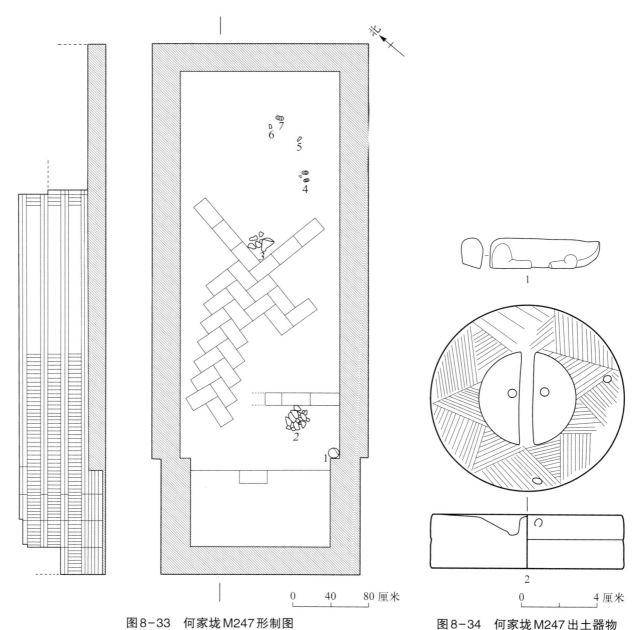

图8-33 何家垅M247形制图

1. 陶磨　2. 瓷片　3. 瓷片　4. 开元通宝　5. 滑石握　6. 滑石握　7. 五铢与开元通宝

图8-34 何家垅M247出土器物

1. 滑石握（M247:5）　2. 陶磨（M247:1）

中各有一圆孔，边缘有二小孔连通侧面小孔。侧面中间刻划1道弦纹。胎色浅褐。通高3、直径10.2厘米（图8-34-2；图版三一五-1）。

滑石握　2件。褐色（图版三一五-3）。

M247:5，伏卧的猪形。通长5.8、高1.7厘米（图8-34-1）。

M247:6，长条形。通长3.8、高1.4厘米。

开元通宝　1件。M247:4，锈蚀，边缘残损。直径2.5厘米，重3.54克（图版三一五-2）。

何家垅 M439

何家垅 M439 发掘完成时间为 1956 年 11 月 16 日,记录者为游绍奇。

M439 是一座券顶砖室墓,墓室平面呈长方形,附甬道与一对侧龛。侧龛位于墓室前部。M439 被近代墓打破。墓内填土褐色。墓向 244°。墓底以砖"人"字形平铺。甬道两侧各以 5 块砖平铺成砖台,中部则以两块砖纵向平铺。墓室地面高起,上再以砖纵横交错平铺成棺床。封门底部有排水道。墓壁以砖二顺一丁砌筑,有唐草纹砖。M439 通长 4.9 米,甬道底宽 1.08、进深 1.18 米,墓室底宽 1.57、进深 3.35 米,左龛宽 0.72、进深 0.64 米,右龛宽 0.72、进深 0.63 米(图 8-35)。

本次整理涉及 M439 出土器物共 54 件,包括乙群 46 件、丁群 1 件。

人面镇墓兽 1 件。M439:36,蹲伏,斜视左侧,头顶生角,尾反贴于背部。胎色浅黄。通高 31.2 厘米(图 8-36-2;图版三一六)。

兽面镇墓兽 1 件。M439:22,蹲伏,张口平视,鬃毛覆项,尾反贴于背部。胎色浅黄。右后肢残损。通高 29.6 厘米(图 8-36-1;图版三一六)。

人首双身连体俑 1 件。M439:17,人首兽身,双身相向,各自伏卧,躯干弓起呈环形。胎色白中泛黄。通高 12.7 厘米(图 8-37-3;图版三一七-1)。

龙首双身连体俑 1 件。M439:13,龙首兽身,双身相背,各自伏卧,躯干弓起。胎色浅黄。一侧双爪缺失。通高 10.1、长 16.3 厘米(图 8-37-2;图版三一七-2)。

人首兽身带翼俑 1 件。M439:8,立姿,四足着地,挺胸昂首,头生一角,双翼张开。胎色浅灰泛黄。尾部缺失,左翼整体经复原。通高 16.1 厘米(图 8-37-4;图版三一八-1)。

人首鸟身俑 1 件。M439:9,蹲伏于方座,挺胸昂首,头生一角,双翼张开,尾部反翘。胎色浅黄。通高 11.9 厘米(图 8-37-1;图版三一八-2)。

生肖俑 2 件。生肖首人身,端坐,双手持笏于身前。上着交领宽袖长袍,胸际系带,下穿裙(图版三一九-1)。

M439:14,酉鸡。胎色橙黄。鸡冠缺失。残高 19.9 厘米(图 8-38-1)。

M439:37,戌狗。胎色浅黄。双耳缺失。残高 20.6 厘米(图 8-38-2)。

镇墓武士 2 件。直立,双手于身前持长盾顶部。头戴兜鍪,上着铠甲,肩覆披膊,腰系带,腰带下接膝裙,下穿裙,足蹬尖头履。胎色浅黄(图版三一九-2)。

M439:21,兜鍪两侧半球形凸出缺失。通高 50 厘米(图 8-39-1)。

M439:24,胎色浅黄。通高 49 厘米(图 8-39-2)。

甲士俑 2 件。直立于方座。着长衣,外套铠甲,腰系带,足蹬尖头靴。胎色浅黄。

M439:27,头部、右臂缺失。残高 24.8 厘米(图 8-40-4;图版三二〇-2)。

M439:35,头戴兜鍪。方座残损。通高 30.2 厘米(图 8-40-3;图版三二〇-1)。

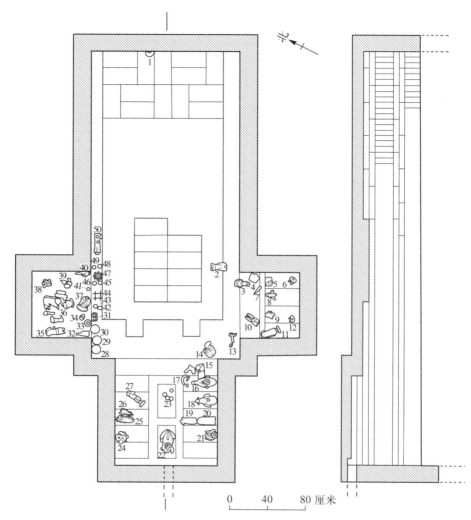

图8-35 何家垅M439形制图

1. 瓷圆唇碗　2. 袍服男立俑　3. 长衣男立俑　4. 女梳发俑　5. 陶屋　6. 女立俑　7. 铁钉　8. 人首兽身带翼俑　9. 人首鸟身俑
10. 袍服男立俑　11. 长衣男立俑　12. 修复不当立俑　13. 龙首双身连体俑　14. 生肖俑-酉鸡　15. 袍服男立俑　16. 陶骆驼
17. 人首双身连体俑　18. 女骑俑　19. 陶牛　20. 陶车厢　21. 镇墓武士　22. 兽面镇墓兽　23. 陶半球形器　24. 镇墓武士　25. 陶狗
26. 陶狗　27. 甲士俑　28. 瓷三系双唇罐　29. 瓷三系双唇罐　30. 瓷三系双唇罐　31. 陶碓　32. 陶鸡　33. 陶盒　34. 陶多足砚
35. 甲士俑　36. 人面镇墓兽　37. 生肖俑-戌狗　38. 男装女立俑　39. 陶磨　40. 陶鸡　41. 金器　42. 陶四系釜　*43. 陶四系釜*
44. 陶井　45. 陶杯　46. 陶杯　47. 带鋬陶釜　48. 陶甑　49. 陶杯　50. 陶灶　+1. 陶四足炉　+2. 袍服男立俑　+3. 胡人男骑俑
+4. 女立俑　+5. 陶骆驼

　　袍服男立俑　4件。直立，合手于身前，双手中有圆孔，原应持物。头戴平巾帻，上着交领右衽宽袖袍，胸际系带，下穿裙，足蹬尖头履。

　　M439：2，胎色浅灰泛黄。左足缺失。通高25.2厘米（图8-40-1；图版三二○-3）。

　　M439：10，胎色浅黄。通高26.8厘米（图8-40-2；图版三二一-1）。

　　M439：15，直立于底座。胎色浅黄。头部缺失，腹部残损。残高20厘米（图版三二一-1）。

　　M439+2，直立于方座。胎色浅黄。面部残损。通高27.2厘米（图版三二一-1）。

图8-36 何家垅M439出土镇墓兽

1. 兽面镇墓兽(M439：22) 2. 人面镇墓兽(M439：36)

　　长衣男立俑 2件。直立于方座。头戴幞头，上着圆领窄袖长衣，下穿袴，足蹬尖头靴。胎色浅黄。

　　M439：3，袖手于身前。衣摆残损。通高27.8厘米(图8-41-3；图版三二一-3)。

　　M439：11，右臂下垂，左前臂贴身上举。幞头、左臂残损。残高28.9厘米(图8-41-5；图版三二一-2)。

图8-37　何家垅M439出土神怪俑

1. 人首鸟身俑（M439:9）　2. 龙首双身连体俑（M439:13）　3. 人首双身连体俑（M439:17）　4. 人首兽身带翼俑（M439:8）

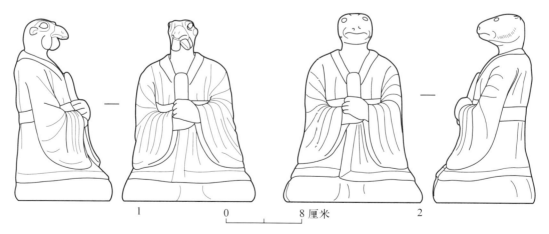

图8-38　何家垅M439出土生肖俑

1. 生肖俑-酉鸡（M439:14）　2. 生肖俑-戌狗（M439:37）

图 8-39　何家垅 M439 出土镇墓武士

1. 镇墓武士（M439：21）　2. 镇墓武士（M439：24）

　　胡人男骑俑　1件。M439+3，应为骑俑，坐骑已佚，仅存腰部以上。右手捋须。头戴幞头，身着圆领窄袖长衣，腰系带。胎色浅黄。左手缺失。残高19厘米（图8-41-2；图版三二一-4）。

　　女骑俑　1件。M439：18，女俑头梳高髻，上着交领窄袖衫，胸际系带，下穿裙，足蹬尖头履。马立姿，四足着地。络头、攀胸、鞍、鞯、跋尘、鞦等均有表现。胎色浅黄。通高34.9厘米（图8-42；图版三二二）。

　　女立俑　2件。上着对襟窄袖衫，下穿裙，足蹬尖头履。

　　M439：6，直立，双手持巾状物于身前。头梳小髻。胎色浅黄。通高25.9厘米（图8-43-1；图版三二三-1）。

　　M439+4，直立，合手于身前。头梳高髻。胎色灰黄。右手缺失。通高27.2厘米（图8-43-2；图版三二三-3）。

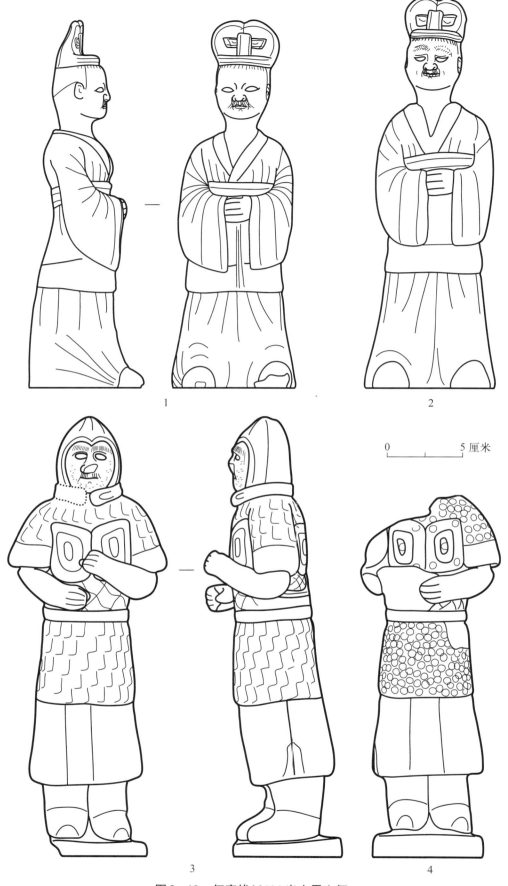

0   5 厘米

图8-40　何家垅M439出土男立俑

1. 袍服男立俑（M439：2）　2. 袍服男立俑（M439：10）　3. 甲士俑（M439：35）　4. 甲士俑（M439：27）

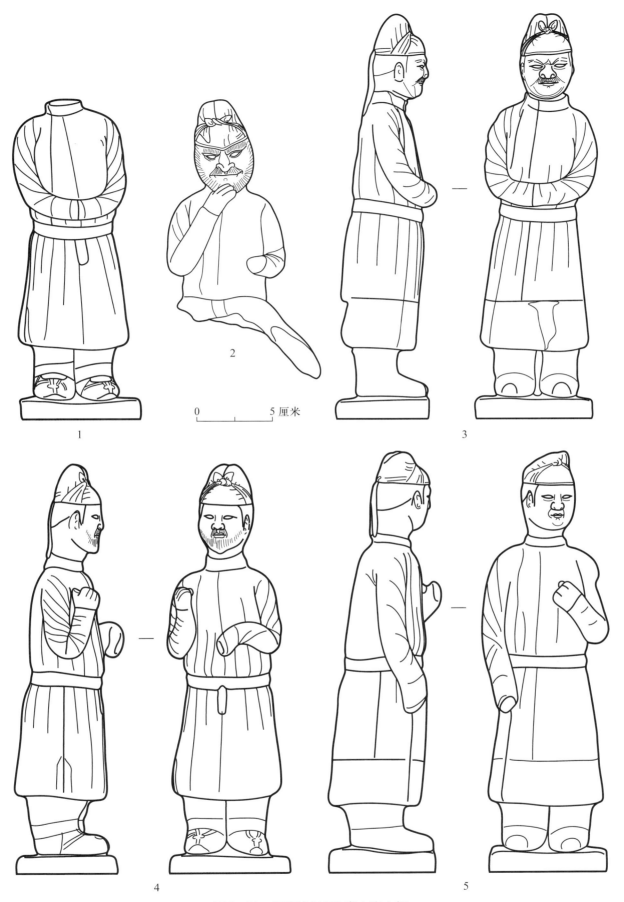

图8-41　何家垅M439出土陶立俑

1.男装女立俑（M439：38）　2.胡人男骑俑（M439+3）　3.长衣男立俑（M439：3）　4.修复不当立俑（M439：12）

5.长衣男立俑（M439：11）

图8-42　何家垅M439出土女骑俑

M439∶18

　　男装女立俑　1件。M439∶38,直立于方座,袖手于身前。上着圆领窄袖长衣,腰系带,下穿小口裤,足蹬尖头履。胎色浅黄。头部缺失。残高21.9厘米(图8-41-1;图版三二三-2)。

　　女梳发俑　1件。M439∶4,垂足而坐,双手梳理面前长发,左手持一梳,双足间有一篮,篮中有梳、钗与盂形物各一,底有方座。上着对襟窄袖衫,下穿长裙,足蹬尖头履。胎色浅黄。通高18.4厘米(图8-44;图版三二四、图版三二五-1)。

　　修复不当立俑　1件。M439∶12,足蹬女式尖头履,错配男俑头。底座残损。通高28.1厘米(图8-41-4;图版三二三-4)。

　　陶牛　1件。M439∶19,立姿,四足着地,昂首。头部有革带。胎色浅红。长22.1、通高16.1厘米(图8-45-1;图版三二五-2)。

图8-43　何家垅M439出土女立俑

1. 女立俑（M439∶6）　2. 女立俑（M439+4）

陶骆驼　2件。双峰驼。立姿,四足着地。胎色浅黄。尾部残损。

M439∶16,曲项回望,双峰间驮货囊。通高24.7厘米（图8-45-7;图版三二六-1）。

M439+5,头转向左侧。通高24.4厘米（图8-45-6;图版三二六-2）。

陶狗　2件。

M439∶25,侧卧于底座。胎色浅黄。长18.7厘米（图8-45-4;图版三二六-3）。

M439∶26,蹲伏于方座。胎色浅灰泛黄。通高12.9厘米（图8-45-2;图版三二六-4）。

陶鸡　2件。蹲伏于方座。胎色浅黄（图版三二七-1）。

M439∶32,公鸡。通高10厘米（图8-45-5）。

M439∶40,母鸡。底座残损。通高8.1厘米（图8-45-3）。

陶车厢　1件。M439∶20,卷棚顶,前檐上翘,前檐下有直棱窗,后檐下开门,有底座,封底,卷棚中部两侧各开二孔,前檐下底座两角各被削薄,底座两边各钻二孔,后檐下两角突出。胎色浅黄。后檐下一角缺失。通高9.8、底边长20.7厘米（图8-46-2;图版三二七-2）。

陶灶　1套。M439∶50,由灶与釜组成。灶整体呈船型。火门与门楣呈尖拱形,阶梯形挡火

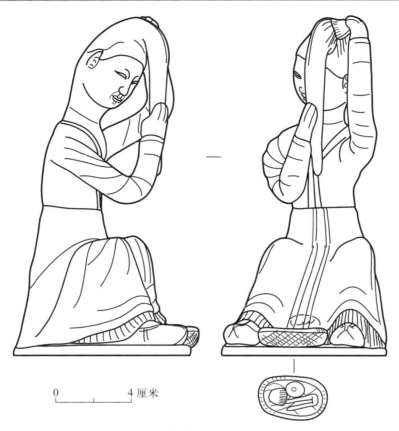

图8-44　何家垅M439出土女梳发俑

M439：4

墙，灶面有二圆形火眼，灶头上翘，向右开一圆形排烟孔，有底座，封底。火眼各有一釜，釜折沿、曲腹、平底。胎色浅红。挡火墙残损。灶通高8.9、底边长18.2厘米，前釜通高2.7、口径5.2厘米，后釜通高2.6、口径5厘米（图8-46-6；图版三二八-1）。

　　陶屋　1件。M439：5，悬山顶，有底座。胎色浅黄。通高10.4、底边长11.4厘米（图8-46-1；图版三二九-1）。

　　陶磨　1件。M439：39。仅存磨架。形如四脚方柜，一侧开一矩形出料口，磨架内部有4半圆形凸起承托磨盘。胎色浅黄。有出料口一侧经复原。通高7.5厘米（图8-46-3；图版三二八-2）。

　　陶井　1件。M439：44，平面呈方形，侧视呈梯形。井沿出头。胎色白中泛黄。约1/3经复原。通高4.4、底边长9.2厘米（图8-46-4；图版三三〇-2）。

　　陶碓　1件。M439：31，由底座与杵组成。底座平面矩形。表面有臼与一对承杵的支架，绕臼划出"凸"字形外框。杵平面"十"字形，两侧出榫，可安置于底座支架的圆形卯中，杵头正能落入臼窝内。胎色灰黄。底座长18.6、底座高5.1厘米（图8-46-5；图版三三〇-1）。

　　陶四系釜　2件。平沿，侈口，曲腹，平底，口沿下纵置4系。胎色灰，表面浅黄（图版

图8-45　何家坨M439出土陶动物

1. 陶牛（M439：19）　2. 陶狗（M439：26）　3. 陶鸡（M439：40）　4. 陶狗（M439：25）　5. 陶鸡（M439：32）
6. 陶骆驼（M439+5）　7. 陶骆驼（M439：16）

三二九-2）。

　　M439：42，2系、口沿、底部残损。通高3.9、口径5厘米（图8-47-1）。

　　M439：43，口沿残损，1系缺失。通高4.3、口径4.2厘米。

　　带鍪陶釜　1件。M439：47，圆唇，敛口，鼓腹，平底，腹部附8鍪。胎质致密细腻，胎色灰黄。通高3.6、口径3.5厘米（图8-47-3；图版三三〇-3）。

　　陶甑　1件。M439：48，方唇，敞口，曲腹，平底，底开一圆孔。胎色灰红。通高3.4、口径5.9厘米（图8-47-2；图版三三〇-4）。

　　陶杯　2件。圆唇，侈口，垂腹，饼足，平底（图版三二九-3）。

　　M439：46，胎色灰红。通高3.4、口径5厘米（图8-47-5）。

　　M439：49，胎色浅黄。口沿残损。通高3.2、口径4.6厘米。

　　陶盒　1件。M439：33，平面圆形，侧视呈圆角方形。胎色灰白。器盖残损。盖直径5.1、身

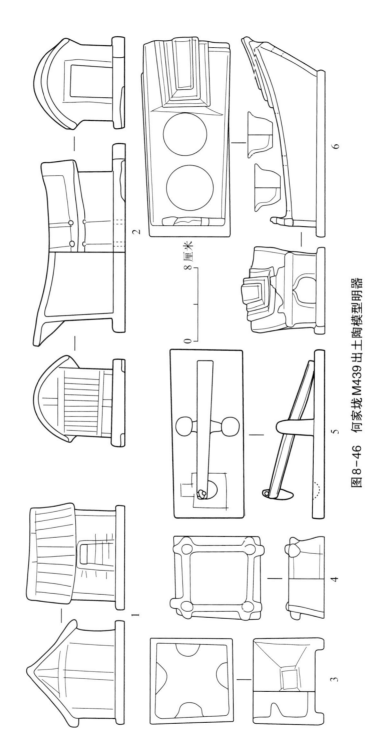

图 8-46　何家垅 M439 出土陶模型明器

1. 陶屋（M439：5）　2. 陶车厢（M439：20）　3. 陶磨（M439：39）　4. 陶井（M439：44）　5. 陶碓（M439：31）　6. 陶灶（M439：50）

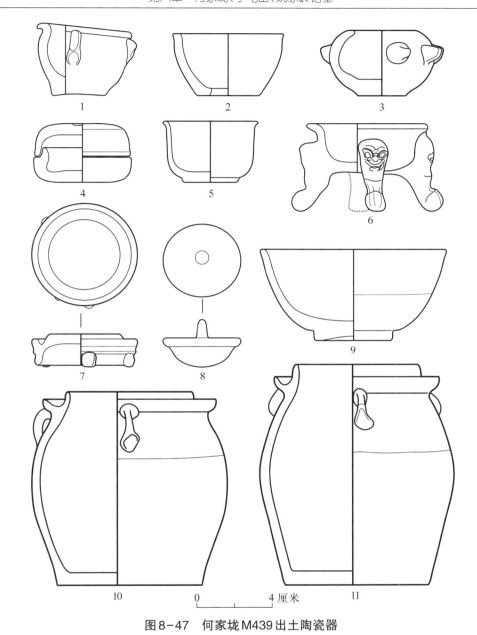

图8-47　何家垅M439出土陶瓷器

1.陶四系釜（M439：42）　2.陶甑（M439：48）　3.带鍪陶釜（M439：47）　4.陶盒（M439：33）　5.陶杯（M439：46）
6.陶四足炉（M439+1）　7.陶多足砚（M439：34）　8.陶半球形器（M439：23-1）　9.瓷圆唇碗（M439：1）
10.瓷三系双唇罐（M439：29）　11.瓷三系双唇罐（M439：28）

直径5.2、通高3.2厘米（图8-47-4；图版三三〇-5）。

陶四足炉　1件。M439+1，圆唇，平沿，曲腹，平底，附四足，足上半为兽面，下半为兽爪形。胎色浅黄。口沿、兽爪经复原。通高4.8、口径6.4厘米（图8-47-6；图版三三〇-6）。

陶多足砚　1件。M439：34，平面呈圆形，器侧面附多足，足上部呈兽面状。足或残损或缺失，总数不明。胎色白中泛黄。砚面直径5.6、残高1.8厘米（图8-47-7；图版三三〇-7）。

陶半球形器　3件。半球形,平面中央一尖突,整体如泡钉。胎色橙红(图版三三〇-8)。

M439:23-1,通高2.6、直径4.1厘米(图8-47-8)。

M439:23-2,边缘及尖突残损。残高2.3、直径4.1厘米。

M439:23-3,边缘及尖突残损。残高2、直径4.1厘米。

瓷三系双唇罐　3件。内唇圆而内敛,外唇尖而外敞,溜肩,鼓腹,平底,肩纵置3系。釉色青黄。

M439:28,胎质较粗,胎色灰,露胎处灰黄。外表施釉及上腹。双唇残损。通高12.2、外口径8.8厘米(图8-47-11;图版三三一-1)。

M439:29,胎质较细腻,胎色灰,露胎处灰黄。外表施釉至肩腹交界处。双唇残损。通高10.7、外口径9.2厘米(图8-47-10;图版三三一-2)。

M439:30,胎质较细腻,胎色浅灰,露胎处灰黄。外表施釉至肩腹交界处。双唇残损,1系缺失。通高11、外口径8.9厘米(图版三三一-2)。

瓷圆唇碗　1件。M439:1,敞口,曲腹,饼足,足心微凹,足根处平削一周。胎质较细腻,胎与露胎处均红褐。外表施釉不及底。釉色黄。釉下施浅黄色化妆土。口沿残损。通高5、口径9.9厘米(图8-47-9;图版三三一-3)。

何家垅 M441

何家垅M441发掘完成时间为1956年11月17日,记录者为游绍奇。

M441是一座砖室墓,墓室平面呈长方形,附甬道与一对侧龛。侧龛位于墓室前部。发掘时墓葬左前部已被毁。墓上堆积厚2米,墓内填土淡褐色。墓向250°。墓底以砖“人”字形平铺,墓室再以砖二横二直平铺砌出棺床。墓壁以砖三顺一丁砌筑。M441残长5.35米,甬道底宽1.26米,墓室底宽1.94、进深3.76米,头龛宽0.63、进深0.56,左龛宽0.51、进深0.5米,右龛宽0.53、进深0.5米(图8-48)。

本次整理涉及M441出土器物共11件,包括乙群10件。

龙首双身连体俑　1件。M441:9,龙首兽身,双身相背,各自伏卧,躯干弓起。胎色橙红。一侧龙下颌、一爪缺失。通高13.1、长24.3厘米(图8-49-6;图版三三四-1)。

生肖俑　4件。生肖首人身。端坐,双手持笏于身前。上着交领宽袖长袍,胸际系带,下穿裙。

M441+1,申猴。胎色橙红。通高22.4厘米(图8-49-8;图版三三二-1)。

M441+2,辰龙。胎色浅红。下半身复原不当。通高20.2厘米(图版三三二-2)。

M441+3,子鼠。胎色灰红。左侧衣摆经复原。通高19.4厘米(图8-49-1;图版三三二-2)。

M441+4,寅虎。胎色橙红。通高21厘米(图8-49-5;图版三三二-2)。

镇墓武士　1件。M441:1,仅存胫部以下。胎色灰红。残高24.5厘米(图版三三三-1)。

胡人男立俑　1件。M441:6,直立,屈臂贴身,双手置于胸前。头戴尖帽,上着翻领右衽上

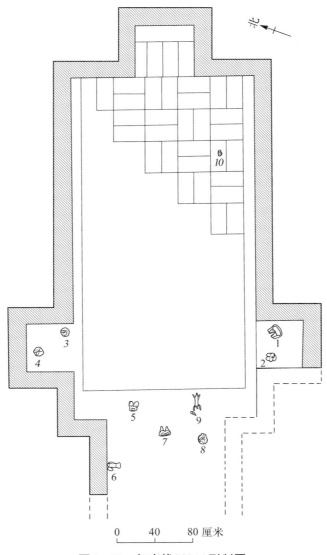

图8-48　何家垅M441形制图

1.镇墓武士　2.女坐俑　*3.俑　4.俑*　5.女坐俑　6.胡人男立俑　*7.俑　8.俑*　9.龙首双身连体俑　*10.铜钱*
+1.生肖俑-申猴　+2.生肖俑-辰龙　+3.生肖俑-子鼠　+4.生肖俑-寅虎　+5.瓷三系双唇罐　+6.陶甑

衣,下穿裙。胎细腻洁白。残高23.5厘米(图8-49-7;图版三三三-2)。

女坐俑　2件。端坐。上着对襟衫,胸际系带,下穿裙。

M441:2,仅存躯干及下半身。胎色橙红。残高13.8厘米(图版三三四-2)。

M441:5,胎色灰红。双臂缺失、发髻、嘴部残损。残高20.5厘米(图8-49-2;图版三三三-3)。

陶甑　1件。M441+6,方唇,敞口,曲腹,平底,底开一圆孔。胎色灰红。通高4、口径6.5厘米(图8-49-3;图版三三四-4)。

图8-49　何家垅M441出土器物

1. 生肖俑-子鼠（M441+3）　2. 女坐俑（M441：5）　3. 陶甑（M441+6）　4. 瓷三系双唇罐（M441+5）　5. 生肖俑-寅虎（M441+4）
6. 龙首双身连体俑（M441：9）　7. 胡人男立俑（M441：6）　8. 生肖俑-申猴（M441+1）

　　瓷三系双唇罐　1件。M441+5，内唇圆而内敛，外唇尖而外敞，溜肩，鼓腹，平底，肩纵置3系。胎质较细腻，胎与露胎处均灰色。外表施釉及肩。釉色青黄。外唇残损。通高11、口径9.5厘米（图8-49-4；图版三三四-3）。

何家垅M444

何家垅M444发掘完成时间为1956年11月22日,记录者为游绍奇。

M444是一座砖室墓,墓室平面呈长方形,附甬道、头龛与两对侧龛。一对侧龛位于甬道,另一对位于墓室前部。诸龛券顶均保存完好。M444被几座晚期墓打破。墓上堆积厚1.6米,填土黑红色。墓向260°。墓底应以砖"人"字形平铺,因受破坏,具体情况不详。封门底部有排水道。墓壁以素面砖三顺一丁砌筑,甬道侧壁有武士画像砖各一,墓室侧壁有青龙、白虎画像砖,墓室填土中发现朱雀、玄武画像砖。M444通长6.9米,甬道底宽1.69、进深2.13米,墓室底宽2.43、进深3.82米,头龛宽0.77、进深0.59、高0.93米,左前龛宽0.68、进深0.57、高0.75米,右前龛宽0.69、进深0.57米,左后龛宽0.7、进深0.54、高0.86米,右后龛宽0.7、进深0.54米(图8-50)。

本次整理涉及M444出土器物共37件,包括乙群29件。

人面镇墓兽　1件。M444:24,蹲伏。头顶生一角,背中生脊,尾反翘贴于背。胎色浅红泛灰。通高34.2厘米(图8-51-1;图版三三五)。

兽面镇墓兽　1件。M444:23,蹲伏。头顶生一角,鬃毛覆项,背中生脊,尾反翘贴于背。胎色浅黄。通高34.6厘米(图8-51-2;图版三三五)。

人首双身连体俑　1件。M444:27,人首兽身,双身相背,各自伏卧于方座,躯干弓起。胎色浅黄。方座均残损。通高14.5、长21.3厘米(图8-52-4;图版三三六-1)。

龙首双身连体俑　1件。M444:26,龙首兽身,双身相背,各自伏卧于方座,躯干弓起。胎色浅黄。一方座残损。通高15、长26.1厘米(图8-52-3;图版三三六-1)。

人首鸟身俑　1件。M444:25,伏于方座,头颈前倾,双翼张开,尾部上翘。胎色灰黄。方座、右翼经复原。通高16厘米(图8-52-2;图版三三六-2)。

生肖俑　7件。生肖首人身。端坐,袖手于胸前,手中有槽,原应持笏,已佚。上着交领宽袖长袍,胸际系带,下穿裙。

M444:5,寅虎。胎色浅黄。通高16.8厘米(图8-53-4;图版三三七-2)。

M444:6,辰龙。胎色灰黄。通高17.5厘米(图8-53-6;图版三三七-2)。

M444:9,戌狗。胎色浅黄。通高16.7厘米(图8-53-1;图版三三八-1)。

M444:12,酉鸡。胎色灰黄。通高17.3厘米(图8-53-3;图版三三八-1)。

M444:13,亥猪。胎色浅黄。通高15.8厘米(图8-52-1;图版三三八-2)。

M444:28,申猴。胎色灰黄。通高17.3厘米(图8-53-5;图版三三七-1)。

M444:29,子鼠。胎色浅黄。通高16.3厘米(图8-53-2;图版三三八-2)。

镇墓武士　2件。直立于方座,前臂平举于身前。头戴兜鍪,上身着铠甲,肩披领巾,腰带下接膝裙,下穿袴,外套护胫系于腰带,足蹬尖头履。

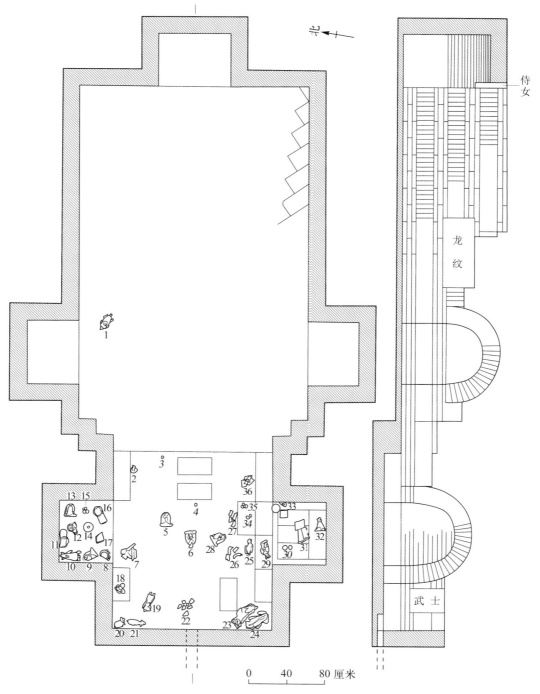

图8-50 何家垅M444形制图

1.陶骆驼　2.瓷钵　*3.金器*　*4.金器*　5.生肖俑-寅虎　6.生肖俑-辰龙　*7.灶*　8.瓷多足砚　9.生肖俑-戌狗　10.陶牛
11.男装女立俑　12.生肖俑-酉鸡　13.生肖俑-亥猪　14.陶轮　15.开元通宝　16.长衣男立俑　17.陶围棋盘　18.女坐俑
19.胡人男立俑　20.镇墓武士　21.陶牛　22.陶鞍马　23.兽面镇墓兽　24.人面镇墓兽　25.人首鸟身俑　26.龙首双身连体俑
27.人首双身连体俑　28.生肖俑-申猴　29.生肖俑-子鼠　*30.陶釜*　31.镇墓武士　32.女坐俑　33.陶磨　*34.瓷盂*
35.瓷盂　36.瓷四系双唇罐　+1.陶碓　+2.陶钵　+3.铜镜残块

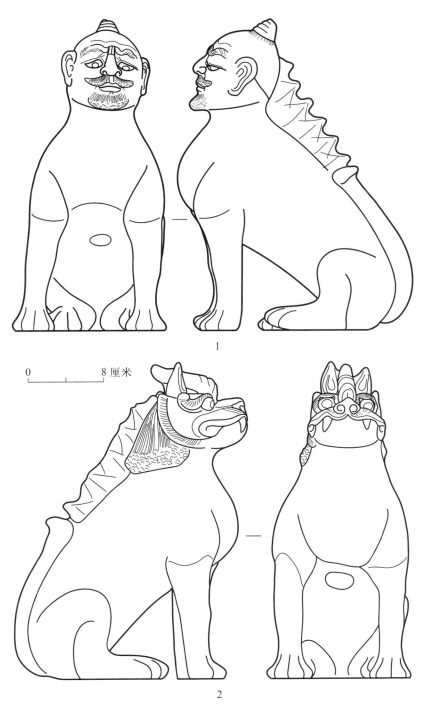

0   8 厘米

图 8-51　何家垯 M444 出土镇墓兽

1. 人面镇墓兽（M444：24）　 2. 兽面镇墓兽（M444：23）

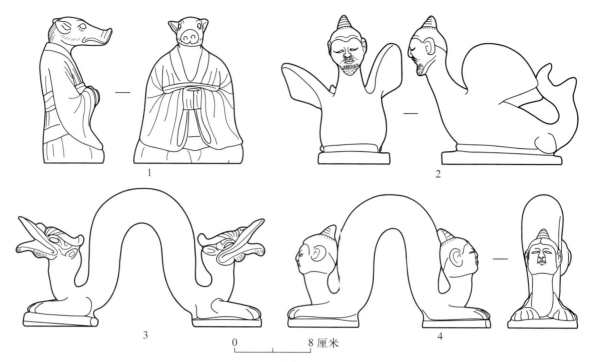

图8-52 何家垅M444出土陶俑

1.生肖俑-亥猪（M444：13） 2.人首鸟身俑（M444：25） 3.龙首双身连体俑（M444：26） 4.人首双身连体俑（M444：27）

M444：20，胎色灰红。通高56.3厘米（图8-54；图版三三九-1、图版三三九-2）。

M444：31，胎色灰褐。头部缺失，多处经复原。残高46.6厘米（图版三三九-1）。

长衣男立俑 1件。M444：16，直立于方座。头戴幞头，上着圆领窄袖长衣，腰系带，下穿袴，足蹬尖头靴。胎色灰黄。双臂残损，原双臂贴身处有划痕。通高28.1厘米（图8-55-2；图版三三九-3）。

胡人男立俑 1件。M444：19，直立于方座，左臂下垂、微屈，右前臂贴身平举。头戴幞头，上着圆领窄袖长衣，腰系带，下穿袴，足蹬尖头靴。胎色灰黄。通高28.7厘米（图8-55-3；图版三三九-4）。

男装女立俑 1件。M444：11，直立于方座，袖手于身前。头梳小髻，上着圆领窄袖长衣，腰系带，腰带左侧挂鞶囊，下穿袴。胎色灰褐。双足及底座经复原。通高27.7厘米（图8-55-1；图版三四〇-1）。

女坐俑 2件。端坐。头梳双髻双环，上着对襟窄袖衫，胸际系带，下穿裙。胎色浅黄。

M444：18，吹箫。衣摆经复原。通高17.2厘米（图8-56-1；图版三四〇-2）。

M444：32，左臂下垂、微屈。右臂缺失，左臂残损，左膝经复原。通高18.9厘米（图8-56-2；图版三四〇-3）。

陶鞍马 1件。M444：22，立姿。络头、攀胸、鞍、鞯、镫、跋尘、鞦等均有表现。胎色浅黄。四肢与尾部残损。长30厘米（图8-57-3；图版三四一-1）。

1　　　　　　　　　　　　2

3　　　　　　　　　　　　4

5　　　0　　　　8 厘米　　6

图8-53　何家垅M444出土生肖俑

1.生肖俑-戌狗(M444:9)　2.生肖俑-子鼠(M444:29)　3.生肖俑-酉鸡(M444:12)　4.生肖俑-寅虎(M444:5)
5.生肖俑-申猴(M444:28)　6.生肖俑-辰龙(M444:6)

陶牛　2件。立姿。

M444:10,四足着地,昂首。胎色灰红。尾部残损,右角、右耳及左侧双腿经复原。通高15.9
厘米(图8-57-2;图版三四二-1)。

M444:21,胎色灰,表面灰红。四肢中仅右前肢完整,双角、双耳、颈部、尾部残损。通高17.1
厘米(图版三四二-2)。

陶骆驼　1件。M444:1,双峰驼。立姿,四足着地。胎色浅黄。通高37.8厘米(图8-57-1;
图版三四一-2)。

陶轮　2件。平面圆形,刻划表现辐条。胎色浅黄(图版三四二-3)。

图8-54　何家垅M444出土镇墓武士

M444：20

M444：14-1，经复原。直径11.1厘米。

M444：14-2，通高2.4、直径11.1厘米（图8-58-7）。

陶磨　1件。M444：33，由圆饼状的上下两扇构成，磨面刻有磨齿。上扇表面投料槽较浅，内有二圆形投料孔，底面正中有一内凹，下扇正中原有一凸起与之相对应，现已缺失。上扇胎色灰黄，下扇胎色浅黄。上扇直径8.1、下扇直径8.4厘米（图8-58-1；图版三四二-4）。

陶碓　1件。M444+1，仅存底座，一端缺失，尚存部分平面近矩形。表面有臼与一对承杵的支架，绕臼划出"凸"字形外框。胎色浅灰，表面灰黄。残长17.6、通高6.6厘米（图8-58-8；图版三四二-6）。

陶围棋盘　1件。M444：17，平面方形，双足宽扁。胎色灰褐。通高2.3、边长9.2厘米（图

图8-55　何家垅M444出土陶立俑

1. 男装女立俑（M444∶11）　2. 长衣男立俑（M444∶16）　3. 胡人男立俑（M444∶19）

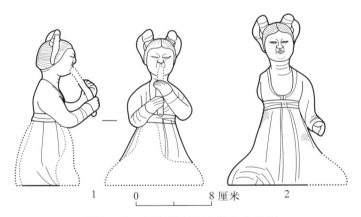

图8-56　何家垅M444出土女坐俑

1. 女坐俑（M444∶18）　2. 女坐俑（M444∶32）

8-58-4；图版三四二-5）。

　　陶钵　1件。M444+2，圆唇，直口，曲腹，平底。胎色浅黄。口沿大部经复原。通高4.2、口径11.2厘米（图8-58-3；图版三四二-7）。

　　瓷多足砚　1件。M444∶8，平面圆形，附十五足。胎质较细腻，胎色灰，露胎处灰中泛黄。砚面与砚身底部不施釉。釉色青褐，有剥落。通高4、砚面直径11.3厘米（图8-58-2；图版三四三-3）。

　　瓷四系双唇罐　1件。M444∶36，内唇圆而内敛，外唇尖而外敞，溜肩，鼓腹，平底，肩部纵置4系。胎质较细腻，胎与露胎处均浅黄。外表施釉至肩腹交界处。釉受侵蚀，有剥落。双唇及1

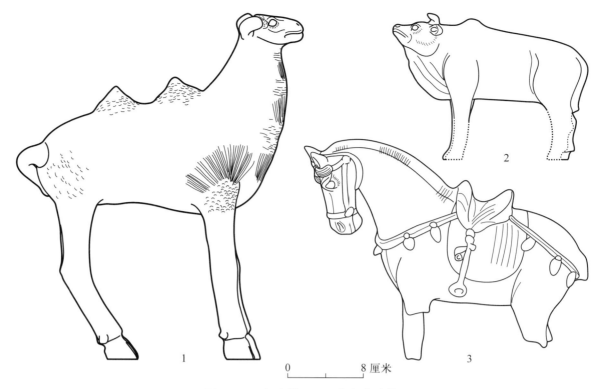

0   8厘米

图8-57   何家垲M444出土陶动物

1. 陶骆驼（M444∶1）   2. 陶牛（M444∶10）   3. 陶鞍马（M444∶22）

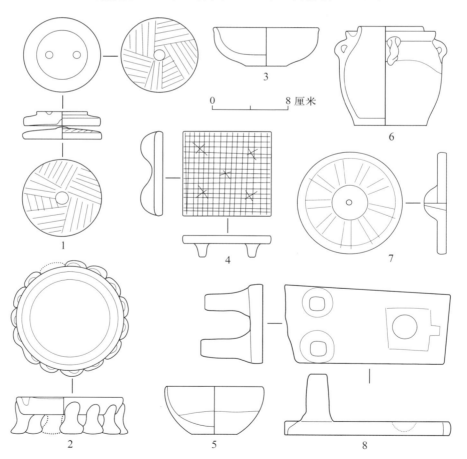

0   8厘米

图8-58   何家垲M444出土陶瓷器

1. 陶磨（M444∶33）   2. 瓷多足砚（M444∶8）   3. 陶钵（M444+2）   4. 陶围棋盘（M444∶17）   5. 瓷钵（M444∶2）
6. 瓷四系双唇罐（M444∶36）   7. 陶轮（M444∶14-2）   8. 陶碓（M444+1）

系残损。通高10.9、外口径9.5厘米（图8-58-6；图版三四三-1）。

瓷钵　1件。M444：2，圆唇，直口，曲腹，平底。胎质较细腻，露胎处灰褐。外表施釉不及底。釉色黄褐，有剥落。约一半经复原。通高5.2、口径10.1厘米（图8-58-5；图版三四三-2）。

开元通宝　4件。均有不同程度锈蚀、残损（图版三四三-5）。

M444：15-1，直径2.3厘米，重2.3克。

M444：15-2，直径2.3厘米，重1.85克。

M444：15-3，直径2.4厘米，重2.52克。

M444：15-4，直径2.5厘米，重2.82克。

铜镜残块　1组。M444+3，共2块。铜镜边缘残块，锈蚀严重。较长者长6.9、镜缘厚1.4、镜面厚0.4厘米（图版三四三-4）。

何家垅 M446

何家垅M446发掘完成时间为1956年11月26日，记录者为游绍奇。

M446是一座砖室墓，墓室平面呈长方形，附甬道与一对侧龛。侧龛位于墓室前部。M446被若干晚期墓葬打破，且地处斜坡，前部受损严重。墓上堆积厚1.2米，填土颜色不一。墓向270°。墓底以砖"人"字形平铺，墓室纵向平铺7列砖以为棺床。侧龛在墓底基础上再铺莲花纹砖。封门底部有排水道。墓壁以唐草纹砖三顺一丁砌筑，间用人物纹画像砖。M446通长5.85米，甬道底宽1.37、进深1.63米，墓室底宽2.09、进深3.86米，左龛宽0.61、进深0.52、高1.15米，右龛宽0.6、进深0.51米（图8-59）。

本次整理共涉及M446出土器物共5件。

瓷圆唇碗　4件。敞口，曲腹，饼足，平底，足根处经修整。胎质较粗。外表施釉不及底。釉下施灰白色化妆土。

M446：2，胎与露胎处均灰色。釉色青黄。口沿残损。通高4.2、口径9厘米（图8-60-2；图版三四四-3）。

M446：4，底部正中有一圆形内凹。胎色灰，露胎处灰褐。釉色黄褐，受侵蚀，有剥落。通高5.3、口径10.7厘米（图8-60-3；图版三四四-2）。

M446：7，胎与露胎处均浅灰。釉色青黄。口沿残损，经复原。通高4.2、口径8.4厘米（图8-60-1；图版三四四-3）。

M446：9，胎色灰，露胎处灰中泛黄。釉色青黄。通高4.3、口径8.5厘米（图版三四四-3）。

瓷钵　1件。M446：5，圆唇，敞口，曲腹，平底，内部有同心圆与草木纹。胎质较粗，胎色灰，露胎处灰黄。外表施釉不及底。釉色青黄，剥落严重。釉下施浅灰色化妆土。口沿残损。通高4.6、口径12.2厘米（图8-60-4；图版三四四-1）。

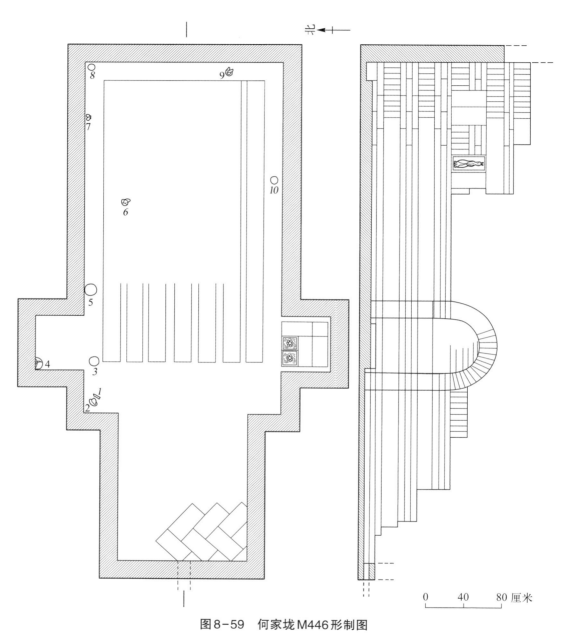

图 8-59 · 何家垅 M446 形制图

1. 铁钉　2. 瓷圆唇碗　3. 瓷碗　4. 瓷圆唇碗　5. 瓷钵　6. 瓷碗　7. 瓷圆唇碗　8. 瓷碗　9. 瓷圆唇碗　10. 瓷碗

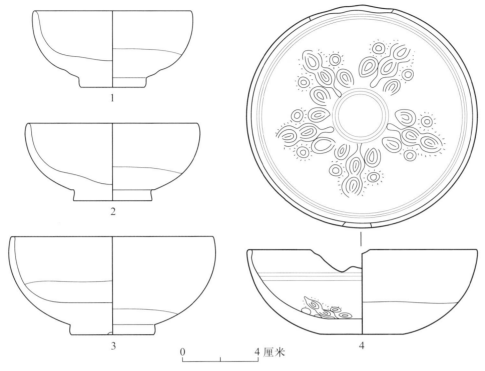

图8-60　何家垅M446出土瓷器

1. 瓷圆唇碗（M446∶7）　2. 瓷圆唇碗（M446∶2）　3. 瓷圆唇碗（M446∶4）　4. 瓷钵（M446∶5）

何家垅 M448

何家垅M448发掘完成时间为1956年11月29日，记录者为游绍奇。

M448是一座长方形券顶砖室墓。墓上堆积厚1.5米。墓向230°。墓底以砖"人"字形平铺。墓室前部以莲花纹砖二横二直砌出砖台。封门底部有排水道。墓壁以唐草纹砖三顺一丁砌筑。M448通长3.92米，墓室底长3.57、宽1.15米（图8-61）。

本次整理共涉及M448出土器物共10件。

瓷盘口壶　1件。M448∶1，仅存盘口与颈部。尖唇，盘口外敞，长颈。胎质较细腻，胎色浅灰。釉色青黄。残高19.6、口径18.1厘米（图版三四五-1）。

瓷圆唇碗　2件。直口，曲腹，饼足。外表施釉不及底。

M448∶2，足心内凹，足根处刮削一周。胎质较细腻，露胎处灰白泛黄。釉色青黄。通高7.8、口径10.8厘米（图8-62-2；图版三四五-3）。

M448∶4，平底，足根处经修整。胎质较粗，露胎处浅褐。釉色青灰。釉下施化妆土。口沿经复原。通高3.6、口径8.7厘米（图8-62-1；图版三四五-4）。

五铢　7件。有不同程度残损或锈蚀（图版三四五-2）。

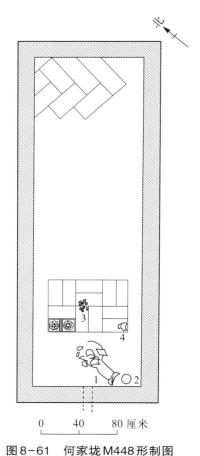

图 8-61　何家垅 M448 形制图
1.瓷盘口壶　2.瓷圆唇碗　3.五铢　4.瓷圆唇碗

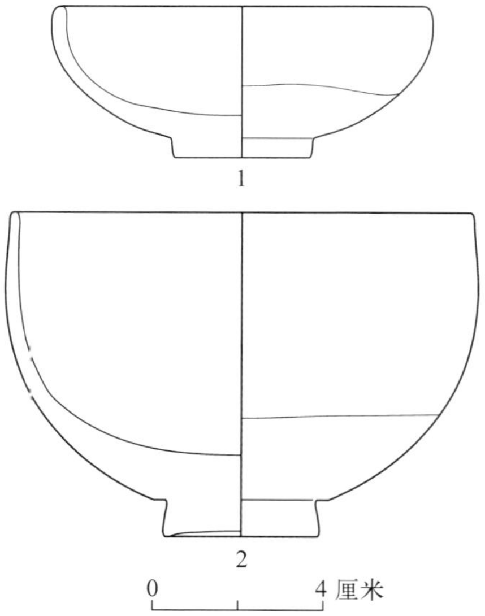

图 8-62　何家垅 M448 出土瓷圆唇碗
1.瓷圆唇碗（M448：4）　2.瓷圆唇碗（M448：2）

M448：3-1，直径2.3厘米，重2.2克。

M448：3-2，直径2.3厘米，重1.86克。

M448：3-3，直径2.4厘米，重1.92克。

M448：3-4，直径2.4厘米，重2.2克。

M448：3-5，直径2.3厘米，重1.61克。

M448：3-6，直径2.3厘米，重1.6克。

M448：3-7，两枚粘连。直径2.3厘米，重4.62克。

何家垅 M527

何家垅 M527发掘完成时间为1957年10月13日，记录者为徐松俊。

M527是一座券顶砖室墓，墓室平面呈长方形，附甬道与头龛。墓葬发掘时被严重破坏，仅存底部。墓向149°。墓底以砖"人"字形平铺。墓壁以砖三顺一丁砌筑。M527通长5.23米，甬道底宽1.63、进深1.5米，墓室底宽2.02、进深2.99米，头龛宽0.6、进深0.41米（图8-63）。

本次整理涉及M527出土器物共12件。

瓷盘口壶　2件。尖唇，盘口外敞，长颈，圆肩，鼓腹，平底，肩部横置5或6系。胎质较细腻，胎色浅灰，露胎处浅灰泛褐。外表施釉及肩。

M527：11，肩部横置6系。釉色青灰。3系、腹部残损，2系经复原。通高42.3、口径18.4、腹径24.8、底径14.4厘米（图8-64-1；图版三四六-1）。

M527：12，肩部横置5系。釉受侵蚀，严重剥落。1系、口沿残损，4系经复原。通高44.5、口

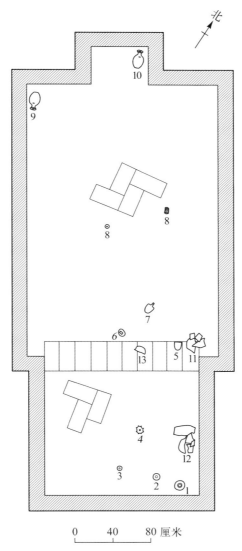

图8-63　何家垅M527形制图

1. 瓷四系盘口罐　2. 瓷钵　3. 瓷盂　4. 小八角铜镜　5. 铜鉈尾　6. 铜带銙　7. 铜带扣　8. 开元通宝　9. 瓷四系盘口罐　10. 瓷四系盘口罐　11. 瓷盘口壶　12. 瓷盘口壶　13. 瓷钵

径19.7、腹径26.3、底径14.4厘米（图8-64-5；图版三四六-2）。

瓷四系盘口罐　3件。圆唇，盘口低矮、外侈，短颈，圆肩，鼓腹，平底，肩部横置4系。胎质较粗。外表施釉及下腹（图版三四六-3）。

M527：1，胎色与露胎处均褐色。釉色黑，有缩釉现象。口沿残损，1系经复原。通高16.3、口径6厘米。

M527：9，露胎处灰褐。釉色青褐，有缩釉现象。1系经复原。通高16.8、口径6.6厘米（图8-64-2）。

M527：10，露胎处红褐。釉完全剥落。通高17.2、口径6.7厘米。

瓷盂　1件。M527：3，圆唇，敛口，鼓腹，平底。胎质较粗，胎色灰，露胎处灰褐，釉色黑。外表施釉及腹。釉受侵蚀，剥落严重。口沿残损，经复原。通高1.9、口径2.6、腹径4.1厘米（图8-64-3；图版三四七-3）。

瓷钵　2件。圆唇，直口，曲腹，足部近似低矮的饼足，平底。胎质较粗。仅口沿内外施釉。釉受侵蚀，有剥落（图版三四七-1、图版三四七-2）。

M527：2，露胎处灰褐。通高4.5、口径11.2厘米（图8-64-4）。

M527：13，胎色灰，露胎处红褐。口沿残损，经复原。通高4.2、口径11.1厘米。

铜铊尾　1件。M527：5，表面锈蚀。长3.1、厚0.6厘米（图版三四七-4）。

铜带扣　1件。M527：7，锈蚀严重，带舌缺失。残长3.8、厚0.7厘米（图版三四七-5）。

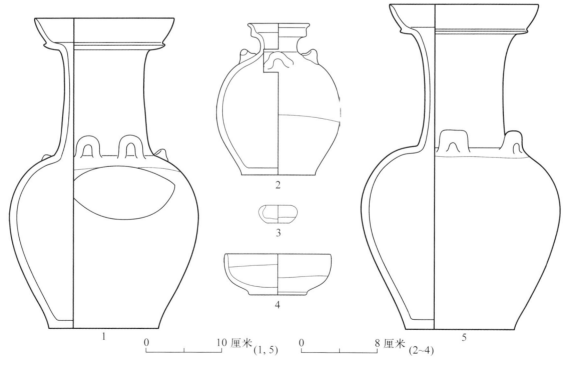

图8-64　何家垅M527出土瓷器

1. 瓷盘口壶（M527：11）　2. 瓷四系盘口罐（M527：9）　3. 瓷盂（M527：3）　4. 瓷钵（M527：2）　5. 瓷盘口壶（M527：12）

开元通宝　2件。均严重锈蚀（图版三四七-6）。

M527：8-1，直径2.5厘米，重2.83克。

M527：8-2，直径2.5厘米，重3.01克。

小龟山M434

小龟山M434发掘完成时间为1956年11月1日，记录者为游绍奇。

M434是一座券顶砖室墓，墓室平面呈长方形，附甬道、头龛与一对侧龛。侧龛位于墓室前部，诸龛券顶均完好。墓上堆积1.5米，填土淡黄黑色。墓向134°。墓底以素面砖"人"字形平铺，墓室较甬道高起，墓室以砖二横二直砌出棺床。诸龛地面以砖纵向、横向平铺。封门底部有排水道。墓壁以砖三顺一丁砌筑，少数为唐草纹砖。M434通长6.25米，甬道底宽1.51、进深1.61米，墓室底宽1.88、进深3.77米，头龛宽0.65、进深0.48、高0.83米，左龛宽0.55、进深0.47、高0.47米，右龛宽0.55、进深0.57米（图8-65）。

本次整理涉及M434出土器物共83件，包括乙群38件、丁群1件。

人面镇墓兽　1件。M434：40，蹲伏。头生角，背有脊，尾反翘，贴于背。胎色橙红泛灰。左后肢经复原。通高29.5厘米（图8-66-1；图版三四八-1）。

兽面镇墓兽　1件。M434：48，蹲伏。背有脊，尾反翘，贴于背。胎色橙红。双耳缺失。残高24.4厘米（图8-66-2；图版三四八-2）。

人首双身连体俑　1件。M434：31，人首兽身，头顶生角，双身相背，各自伏卧于方座，躯干弓起。胎色橙黄。通高9.9、长30.1厘米（图8-67-4；图版三五〇-1）。

龙首双身连体俑　1件。M434：57，龙首兽身，双身相背，各自伏卧于方座，躯干弓起。胎色灰褐。一底座残损。通高12.4、长34.7厘米（图8-67-1；图版三五〇-1）。

人首兽身带翼俑　1件。M434：38，伏卧于底座，抬头平视前方，头生一角，展翅，尾部反翘。胎色灰褐。左翼经复原。通高16.7厘米（图8-67-3；图版三四九-1）。

人首鸟身俑　1件。M434：60，蹲伏于方座，延颈昂首，双翼张开，尾部反翘，贴于后背。胎色橙红。底座经复原。通高17.4厘米（图8-67-2；图版三四九-2）。

生肖俑　12件。生肖首人身。端坐，袖手于胸前，手中有槽，原应持笏，已佚。上着交领宽袖长袍，胸际系带，下穿裙。

M434：5，酉鸡。胎色灰褐。通高22.1厘米（图8-69-4；图版三五二-2）。

M434：6，申猴。胎色灰，表面灰褐。通高21.3厘米（图8-69-3；图版三五二-1）。

M434：13，未羊。胎色橙红。右角缺失。通高20.7厘米（图8-69-2；图版三五二-1）。

M434：14，午马。胎色橙红。通高20.4厘米（图8-69-1；图版三五二-1）。

M434：20，巳蛇。胎色灰褐。通高19.4厘米（图8-68-6；图版三五一-2）。

M434：21，亥猪。胎色橙红。通高20.3厘米（图8-69-6；图版三五〇-2、图版三五二-2）。

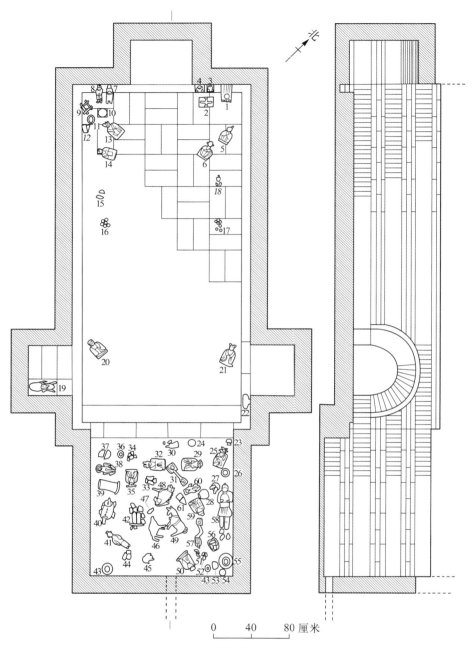

图8-65 小龟山M434形制图

1. 陶灶　2. 陶碓　3. 长衣男立俑　4. 女立俑　5. 生肖俑-酉鸡　6. 生肖俑-申猴　7. 女立俑　8. 男装女立俑　9. 陶井　10. 陶磨　11. 陶多足砚　*12. 陶片*　13. 生肖俑-未羊　14. 生肖俑-午马　15. 瓷钵　16. 开元通宝　17. 开元通宝　*18. 铜钩*　19. 陶骆驼　20. 生肖俑-巳蛇　21. 生肖俑-亥猪　22. 瓷圆唇碗　23. 瓷圆唇碗　24. 瓷钵　25. 生肖俑-丑牛　26. 瓷带系盘口罐　27. 瓷双唇罐　28. 瓷双唇罐　29. 生肖俑-辰龙　30. 女坐俑　31. 人首双身连体俑　32. 生肖俑-子鼠　33. 瓷双唇罐　34. 瓷带系盘口罐　35. 生肖俑-戌狗　36. 瓷盂　37. 瓷圆唇碗　38. 人首兽身带翼俑　39. 瓷盘口壶　40. 人面镇墓兽　41. 胡人男立俑　42. 镇墓武士　43. 三彩盖罐　44. 瓷双唇罐　45. 女坐俑　46. 陶牛　*47. 鸡*　48. 兽面镇墓兽　49. 陶鞍马　50. 生肖俑-卯兔　*51. 铁器*　*52. 陶片*　53. 瓷圆唇碗　54. 瓷圆唇碗　*55. 瓷瓶*　56. 女坐俑　57. 龙首双身连体俑　58. 镇墓武士　59. 生肖俑-寅虎　60. 人首鸟身俑　61. 陶风字形砚　+1. 女坐俑

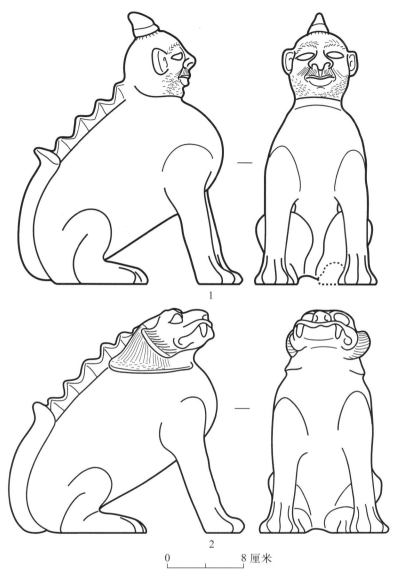

图8-66　小龟山M434出土镇墓兽

1. 人面镇墓兽（M434：40）　2. 兽面镇墓兽（M434：48）

M434：25，丑牛。胎色灰褐。通高20.6厘米（图8-68-2；图版三五一-1）。

M434：29，辰龙。胎色橙红。通高19.9厘米（图8-68-5；图版三五一-2）。

M434：32，子鼠。胎色橙红。衣摆后部残损。通高21.2厘米（图8-68-1；图版三五一-1）。

M434：35，戌狗。胎色灰红。通高20.3厘米（图8-69-5；图版三五二-2）。

M434：50，卯兔。胎色橙红。双耳缺失，右肩残损。通高20.3厘米（图8-68-4；图版三五一-2）。

M434：59，寅虎。胎色灰红。通高20.7厘米（图8-68-3；图版三五一-1）。

镇墓武士　2件。直立于方座，前臂平举于身前。头戴兜鍪，上身内衣袖挽于肘，外套铠甲，肩披领巾，腰系带，腰带下接膝裙，下穿袴，外套护胫系于腰带，足蹬尖头履（图版三五三）。

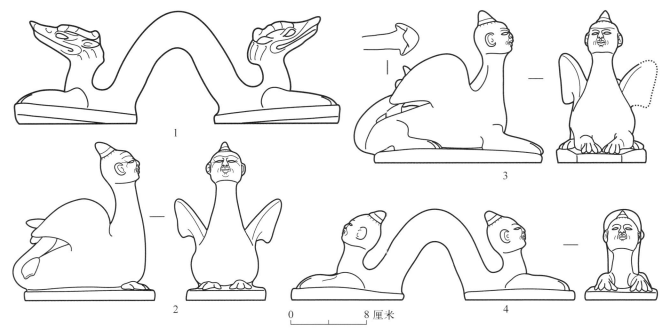

图8-67　小龟山M434出土神怪俑

1. 龙首双身连体俑（M434：57）　2. 人首鸟身俑（M434：60）　3. 人首兽身苻翼俑（M434：38）　4. 人首双身连体俑（M434：31）

　　M434：42，胎色灰红。胸部、背部残损。通高50.6厘米（图8-70-1）。

　　M434：58，胎色橙红。底座残损。通高50.7厘米（图8-70-2）。

　　长衣男立俑　1件。M434：3，直立于方座，右臂下垂，左前臂贴身上举于胸前。头戴幞头，上着圆领窄袖长衣，腰系带，下穿袴，足蹬圆头靴。胎色灰褐。通高31.8厘米（图8-71-2；图版三五四-1）。

　　胡人男立俑　1件。M434：41，直立于方座，右手叉腰。头戴幞头，上着圆领窄袖长衣，腰系带，下穿袴，足蹬尖头靴。胎色橙红。左臂、底座残损。通高31.2厘米（图8-71-1；图版三五四-2）。

　　女立俑　2件。直立。帔绕项，上着对襟窄袖衫，腰系带，下穿裙，足蹬尖头履。

　　M434：4，右臂自然下垂，左前臂平举于身前。胎色灰红。发髻缺失，右足残损。残高27.1厘米（图8-72-2；图版三五五-2）。

　　M434：7，双手抱于身前。胎色橙黄。发髻缺失，面部残损。残高26.8厘米（图8-72-1；图版三五五-1）。

　　男装女立俑　1件。M434：8，直立于方座，双手于胸前捧一包袱。头梳单髻单环，上着圆领窄袖长衣，腰系带，下穿小口袴，足蹬尖头履。胎色灰红。通高31.9厘米（图8-72-3；图版三五四-3）。

　　女坐俑　4件。端坐。头梳双髻双环，帔绕项，上着对襟窄袖衫，腰系带，下穿裙。胎色橙红。应均为乐俑。

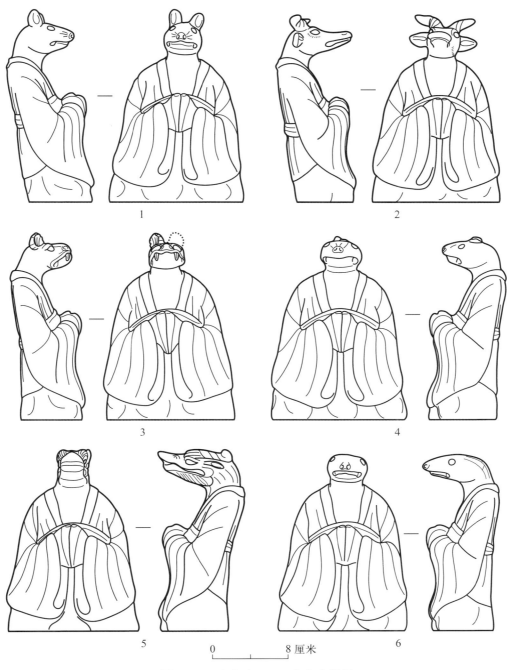

图 8-68　小龟山 M434 出土生肖俑

1. 生肖俑 - 子鼠（M434：32）　2. 生肖俑 - 丑牛（M434：25）　3. 生肖俑 - 寅虎（M434：59）
4. 生肖俑 - 卯兔（M434：50）　5. 生肖俑 - 辰龙（M434：29）　6. 生肖俑 - 巳蛇（M434：20）

　　M434：30，似演奏身前乐器，乐器已佚。双臂残损。通高 20.3 厘米（图 8-73-2；图版三五六-2）。

　　M434：45，右前臂向前平举，左前臂上举。左手缺失。通高 20.1 厘米（图 8-73-3；图版三五五-4）。

图8-69　小龟山M434出土生肖俑

1. 生肖俑-午马（M434：14）　2. 生肖俑-未羊（M434：13）　3. 生肖俑-申猴（M434：6）　4. 生肖俑-酉鸡（M434：5）
5. 生肖俑-戌狗（M434：35）　6. 生肖俑-亥猪（M434：21）

M434：56，双手拍身前腰鼓。头部经复原。通高20.4厘米（图8-73-1；图版三五六-1）。

M434+1，右侧发髻、右臂缺失，左臂残损。通高21.9厘米（图版三五五-3）。

陶鞍马　1件。M434：49，立姿，四足着地。攀胸、鞍袱、鞍、鞯、鞦等均有表现。尾部缺失，鞦

0　　　　　　8 厘米

图 8-70　小龟山 M434 出土镇墓武士

1. 镇墓武士（M434∶42）　2. 镇墓武士（M434∶58）

残损。胎色灰褐。通高27.9厘米（图8-74-1；图版三五六-3）。

陶牛　1件。M434∶46，立姿。左角及双耳缺失，四肢中除右后肢皆残损。胎色橙红。长24.4、通高19.7厘米（图8-76-1；图版三五七-2）。

陶骆驼　1件。M434∶19，双峰驼。立姿，四足着地，双峰间原有货囊，已佚。胎色橙红泛灰。通高33.1厘米（图8-74-2；图版三五七-1）。

陶灶 1套。M434∶1，由灶与甑组成。灶平面为矩形，侧视呈不规则四边形。火门拱形，上有阶梯形挡火墙，灶面有二圆形火眼，灶头上翘，向后开一椭圆形排烟孔，有底座，封底。甑方唇、敞口、曲腹、平底，底部有7孔。灶头、甑口沿残损。灶与甑胎色均橙红。灶通高15.7、底边长18.2厘米，甑通高5.6、口径5.6厘米（图8-75-2；图版三五八-1，图版三五八-2）。

陶磨　1件。M434∶10，由圆饼状的上下两扇构成，磨面刻有磨齿。上扇表面投料槽较浅，

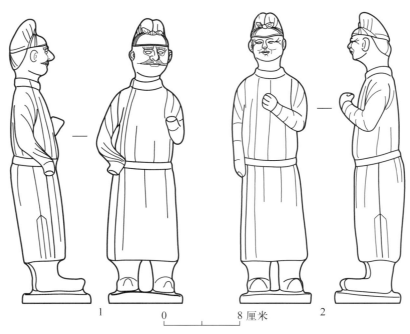

图8-71　小龟山M434出土男立俑

1. 胡人男立俑（M434：41）　2. 长衣男立俑（M434：3）

图8-72　小龟山M434出土女立俑

1. 女立俑（M434：7）　2. 女立俑（M434：4）　3. 男装女立俑（M434：8）

图8-73　小龟山M434出土女坐俑

1. 女坐俑（M434：56）　2. 女坐俑（M434：30）　3. 女坐俑（M434：45）

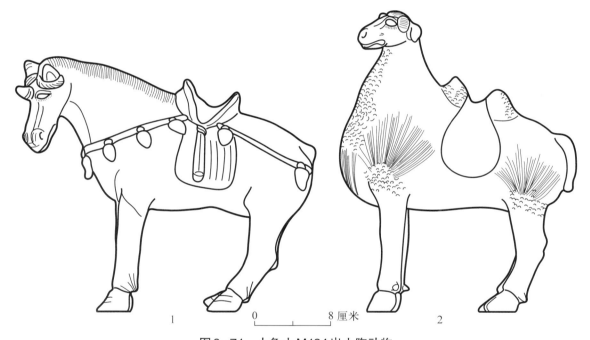

图8-74　小龟山M434出土陶动物

1. 陶鞍马（M434：49）　2. 陶骆驼（M434：19）

被中间条带分隔为两月牙形，内各有一圆形投料孔，底面正中有一内凹；下扇正中原有一凸起与之相对应，现已缺失。胎色橙红。上扇投料槽周边残损。上扇直径9.5、下扇直径9.7厘米（图8-75-1；图版三五七-4）。

　　陶井　1件。M434：9，平面为正方形，侧视呈梯形。井沿出头。胎色橙红。井沿残损。通高7.2、底边长13.6厘米（图8-76-3；图版三五七-3）。

　　陶碓　1件。M434：2，由底座与杵组成。底座平面呈矩形。表面有臼与一对承杵的支架。

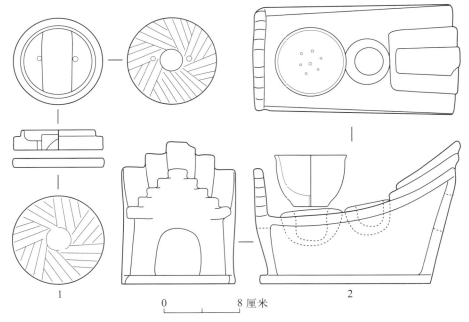

图8-75　小龟山M434出土模型明器

1.陶磨（M434：10）　2.陶灶（M434：1）

图8-76　小龟山M434出土陶器

1.陶牛（M434：46）　2.陶多足砚（M434：11）　3.陶井（M434：9）　4.陶风字形砚（M434：61）　5.陶碓（M434：2）

杵平面"十"字形,两侧出榫,可安置于底座支架的圆形卯中,杵头正落入臼窝内。胎色橙红。底座长19.1、高8.3厘米,杵长20.1厘米(图8-76-5;图版三五八-3、图版三五八-4)。

陶多足砚　1件。M434:11,砚身碟状,边缘凹槽一周,下有六足。胎色橙红。通高2.1、直径7厘米(图8-76-2;图版三五九-1)。

陶风字形砚　1件。M434:61,胎色灰。一端残损。残长12.5、高4.3厘米(图8-76-4;图版三五九-2)。

三彩盖罐　1件。M434:43,由盖与器身组成。盖面隆起,正中有球形钮。罐身敛口,鼓腹,平底。胎细腻洁白。罐身外表除平底外均施釉,内部不施釉;器盖外表施满釉。釉色褐、黄、绿,有剥落。通高7.5、腹径9厘米(图8-77-6;图版三五九-4)。

瓷盘口壶　1件。M434:39,仅存盘口与长颈。胎质较细腻,胎色浅灰。釉色青黄。残高21、口径18.7厘米(图版三五九-3)。

瓷双唇罐　4件。内唇圆而内敛,外唇尖而外敞,溜肩,鼓腹,平底,肩部置纵系。外表施釉及肩。

M434:27,肩尚存1纵系,原数量不明。胎质较细腻,露胎处灰褐。釉色青灰,有剥落。口沿大部经复原。通高12.5、外口径10.1厘米(图版三六〇-2)。

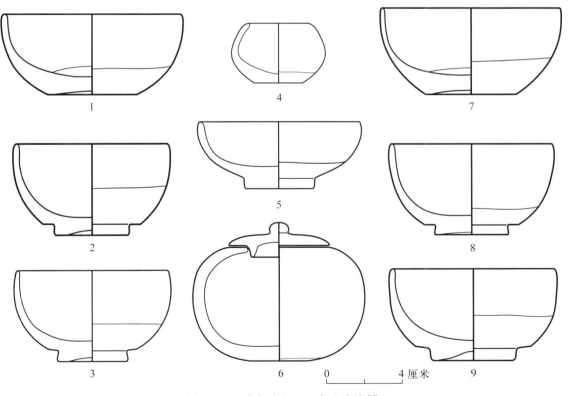

图8-77　小龟山M434出土陶瓷器

1.瓷钵(M434:24)　2.瓷圆唇碗(M434:54)　3.瓷圆唇碗(M434:23)　4.瓷盂(M434:36)　5.瓷圆唇碗(M434:22)
6.三彩盖罐(M434:43)　7.瓷钵(M434:15)　8.瓷圆唇碗(M434:37)　9.瓷圆唇碗(M434:53)

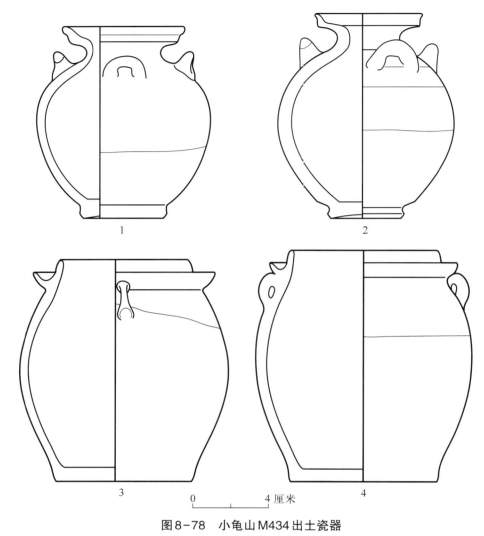

图8-78　小龟山M434出土瓷器

1. 瓷带系盘口罐（M434：26）　2. 瓷带系盘口罐（M434：34）　3. 瓷双唇罐（M434：28）　4. 瓷双唇罐（M434：33）

　　M434：28，肩纵置1系。胎质较细腻，胎色灰，露胎处灰红。釉色青黄，受侵蚀。外唇残损。通高12.3、外口径9.6厘米（图8-78-3；图版三六〇-3）。

　　M434：33，肩纵置2系。胎质较粗，胎色与露胎处均浅灰泛黄。釉面受侵蚀。内外唇均残损，器身有鼓起。通高12.8、外口径10厘米（图8-78-4；图版三六〇-3）。

　　M434：44，肩纵置3系。胎质较细腻，胎色灰，露胎处灰黄。釉剥落殆尽。双唇、1系残损。通高12.5、外口径10.2厘米（图版三六〇-2）。

　　瓷带系盘口罐　2件。圆唇，盘口低矮，短颈，圆肩，鼓腹，饼足，足心内凹，肩置横系。外表施釉不及底（图版三六〇-1）。

　　M434：26，盘口外侈，肩置4系。胎质细腻，露胎处浅黄。胎色青褐，受侵蚀。通高10.6、口径6.5厘米（图8-78-1）。

M434：34，盘口微敞，肩置3系。胎质较细腻，胎与露胎处均灰色。胎色青褐，剥落严重。盘口、腹部及1系均经复原。通高11.2、口径5.7厘米（图8-78-2）。

瓷钵　2件。圆唇，直口，曲腹，平底微凹。胎质较细腻。内、外表施釉均不及底。釉剥落殆尽。釉下施化妆土（图版三六一-3）。

M434：15，露胎处灰褐。化妆土浅灰。通高4.8、口径9.6厘米（图8-77-7）。

M434：24，露胎处灰红。化妆土浅褐。通高4.4、口径9.6厘米（图8-77-1）。

瓷圆唇碗　5件。直口，曲腹，饼足。外表施釉不及底。釉下施化妆土。

M434：22，平底，足根处经修整。胎质粗，露胎处灰色。釉色青黄，有剥落。化妆土浅黄。通高3.6、口径8.4厘米（图8-77-5；图版三六○-5）。

M434：23，足心微凹，足根处平削一周。胎质较细腻，露胎处灰褐。釉色黄褐，剥落殆尽。化妆土浅灰。口沿经复原。通高4.9、口径7.9厘米（图8-77-3；图版三六一-1）。

M434：37，足心微凹，足根处平削一周。胎质较细腻，露胎处深灰。釉完全剥落。化妆土浅灰。通高4.9、口径8.5厘米（图8-77-8；图版三六一-1）。

M434：53，足心内凹，足根处平削一周。胎质较细腻，胎与露胎处均灰色。釉色青褐，剥落严重。化妆土浅灰。口沿残损。通高5、口径8.7厘米（图8-77-9；图版三六一-2）。

M434：54，足心内凹，足根处平削一周。胎质较细腻，露胎处均灰红。釉面受侵蚀，剥落严重。化妆土浅褐。通高4.9、口径8厘米（图8-77-2；图版三六一-2）。

瓷盂　1件。M434：36，圆唇，敛口、鼓腹、平底。胎质较细腻，露胎处黑褐。外表施釉不及底。釉剥落殆尽。通高3.3、口径3.2厘米（图8-77-4；图版三六○-4）。

开元通宝29枚。有不同程度锈蚀或残损（图版三六一-4、图版三六二）。

M434：16-1，直径2.5厘米，重3.91克。

M434：16-2，三枚粘连。直径2.5厘米，重9.2克。

M434：17-1，直径2.5厘米，重4.13克。

M434：17-2，直径2.5厘米，重4.37克。

M434：17-3，直径2.5厘米，重4.18克。

M434：17-4，直径2.5厘米，重3.67克。

M434：17-5，直径2.4厘米，重3.31克。

M434：17-6，直径2.5厘米，重2.9克。

M434：17-7，直径2.5厘米，重4.57克。

M434：17-8，直径2.5厘米，重4.02克。

M434：17-9，直径2.5厘米，重4.47克。

M434：17-10，直径2.5厘米，重4.35克。

M434：17-11，直径2.4厘米，重2.95克。

M434：17-12，直径2.5厘米，重2.78克。

M434：17-13，直径2.5厘米，重4.17克。

M434∶17-14,直径2.5厘米,重4.49克。
M434∶17-15,直径2.5厘米,重3.52克。
M434∶17-16,直径2.5厘米,重4.03克。
M434∶17-17,直径2.5厘米,重3.22克。
M434∶17-18,直径2.5厘米,重3.24克。
M434∶17-19,直径2.5厘米,重3.97克。
M434∶17-20,直径2.5厘米,重3.55克。
M434∶17-21,直径2.5厘米,重4.36克。
M434∶17-22,直径2.5厘米,重3.68克。
M434∶17-23,直径2.4厘米,重3克。
M434∶17-24,直径2.5厘米,重2.22克。
M434∶17-25,直径2.5厘米,重3.58克。
M434∶17-26,直径2.5厘米,重3.87克。
M434∶17-27,直径2.5厘米,重3.57克。

姚家岭 M495

姚家岭 M495 发掘完成时间为1957年3月14日,记录者为陈恒树。

M495 是一座券顶砖室墓,墓室平面呈长方形,附甬道、头龛与两对侧龛。一对侧龛位于甬道中部,另一对位于墓室中部。墓葬填土浅黑色。墓向110°。墓底以砖"人"字形平铺。墓室中部砖砌高起的棺床,棺床顶部亦以砖"人"字形平铺。封门底部有排水道。墓壁以花纹砖三顺一丁砌筑。墓室侧龛券顶保存完好。M495 通长7.72米,甬道底宽1.28、进深2.54米,墓室底宽2.02、进深3.77米,头龛宽0.86、进深0.68、高1.01米,左前龛宽0.84、进深0.75米,右前龛宽0.84、进深0.75米,左后龛宽0.55、进深0.45、高0.88米,右后龛宽0.56、进深0.45米(图8-79)。

本次整理涉及 M495 出土器物共18件,包括丁群1件。

三彩三系小罐 1件。M495∶21,圆唇,直口,高领,圆肩,鼓腹,饼足,足心内凹,足根处平削一周,3纵系连接口沿与肩部,系间贴塑圆形模印纹饰。胎细腻洁白。外表施釉不及底。釉色褐、白、绿相间,有剥落。口沿残损。通高4、口径1.8、腹径4厘米(图8-82;图版三六三-1)。

陶盖 1件。M495∶7,圆饼形,有球形提手。胎色灰黄。通高4.3、直径12.2厘米(图8-80-8;图版三六三-2)。

瓷盘口壶 2件。尖唇,盘口,长颈,圆肩,鼓腹,平底,肩横置6系。胎质较细腻。

M495∶11,肩腹交界处划2道弦纹。胎色灰,露胎处灰黄。外表施釉及肩。釉色青黄。诸系残损,口沿整体经复原。通高46.8、口径17.6、腹径26.2、底径15.1厘米(图8-81-1;图版三六三-3)。

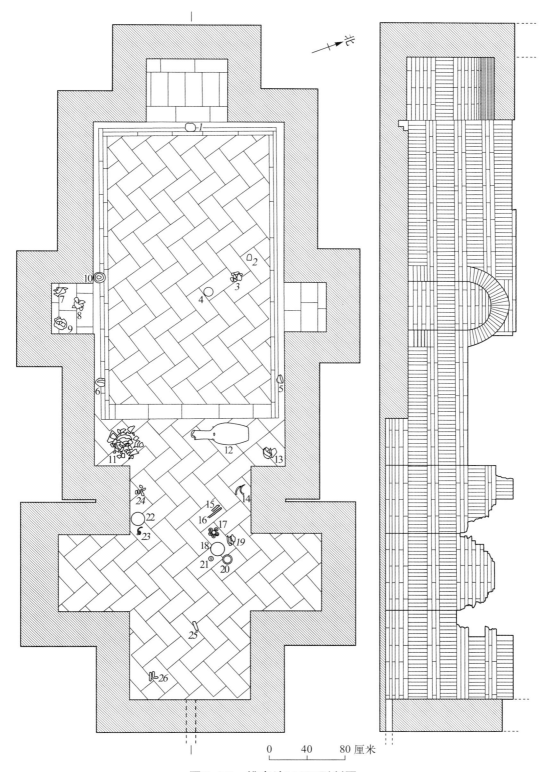

0　　40　　80 厘米

图8-79　姚家岭M495形制图

1. 铅器　2. 铜器　3. 瓷罐　4. 瓷圆唇碗　5. 瓷圆唇碗　6. 瓷圆唇碗　7. 陶盖　8. 瓷三系双唇罐　9. 瓷三系双唇罐
10. 瓷三系双唇罐　11. 瓷盘口壶　12. 瓷盘口壶　13. 瓷钵　14. 铅环　15. 银钗　16. 银钗　17. 瓷五连盂砚　18. 瑞兽葡萄镜
19. 漆器　20. 瓷盂　21. 三彩三系小罐　22. 瓷钵　23. 铅环　24. 铁钉　25. 铁钉　26. 铁钉

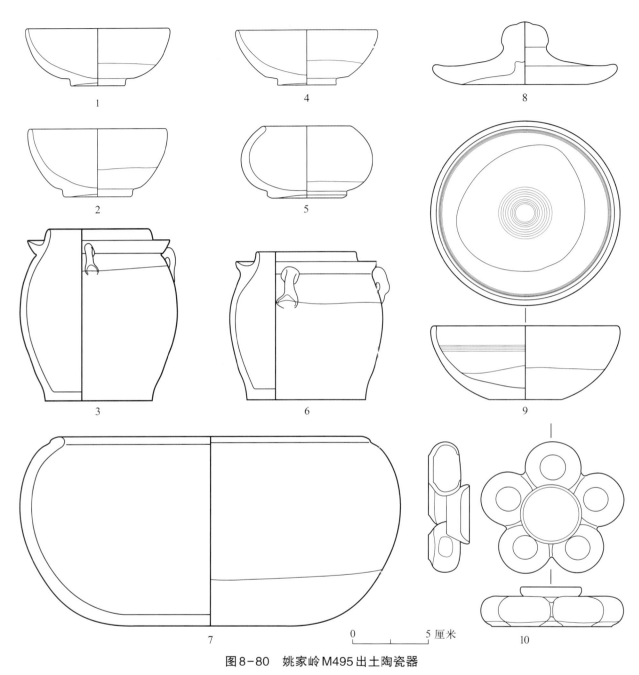

图8-80　姚家岭M495出土陶瓷器

1. 瓷圆唇碗（M495：5）　2. 瓷圆唇碗（M495：4）　3. 瓷三系双唇罐（M495：10）　4. 瓷圆唇碗（M495：6）　5. 瓷盂（M495：20）
6. 瓷三系双唇罐（M495：8）　7. 瓷钵（M495：13）　8. 陶盖（M495：7）　9. 瓷钵（M495：22）　10. 瓷五连盂砚（M495：17）

　　M495：12，肩腹各划1道弦纹。胎色浅灰，露胎处浅灰泛黄。外表施釉至肩腹交界处。釉色黄褐，受侵蚀，有剥落。诸系残损，口沿大部经复原。通高53.9、口径20.9、腹径29.5、底径15.8厘米（图8-81-2；图版三六三-4）。

　　瓷三系双唇罐　3件。内唇圆而内敛，外唇尖而外敞，溜肩，鼓腹，平底，肩纵置3系。胎质较

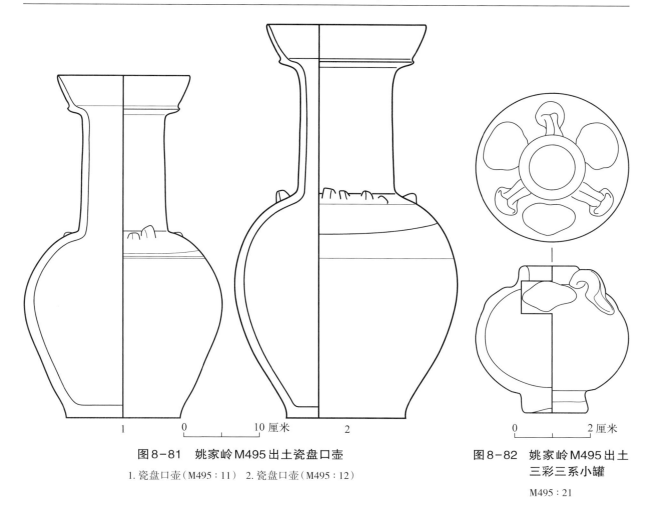

图8-81　姚家岭M495出土瓷盘口壶

1. 瓷盘口壶（M495∶11）　2. 瓷盘口壶（M495∶12）

图8-82　姚家岭M495出土
三彩三系小罐

M495∶21

细腻。外表施釉及肩（图版三六四-1）。

　　M495∶8，露胎处灰红。釉受侵蚀，有剥落。1系经复原。通高10.1、外口径9.3厘米（图8-80-6）。

　　M495∶9，胎与露胎处均浅黄。釉受侵蚀，剥落严重。双唇及1系残损。通高10.8、外口径9.6厘米。

　　M495∶10，胎与露胎处均浅灰。釉剥落殆尽。内唇残损。通高11.7、外口径9.4厘米（图8-80-3）。

　　瓷圆唇碗　3件。曲腹，饼足，足心内凹，足根处平削一周。胎质较细腻。外表施釉不及底。釉下施化妆土（图版三六四-2）。

　　M495∶4，直口。胎色灰，露胎处浅灰。釉完全剥落。化妆土浅褐。口沿残损。通高4.6、口径9.1厘米（图8-80-2）。

　　M495∶5，敞口。胎与露胎处均灰色。釉色青褐，有剥落。化妆土灰白。口沿残损。通高3.9、口径9.6厘米（图8-80-1）。

M495：6，敞口。胎色灰，露胎处灰红。釉色黄褐，有剥落。化妆土浅黄。口沿残损。通高3.8、口径9.4厘米（图8-80-4）。

瓷钵　2件。圆唇，平底。

M495：13，敛口，口沿下有1道弦纹，鼓腹。胎质细腻，露胎处浅褐。外表施釉不及底。釉色黄褐，剥落殆尽。釉下施浅黄色化妆土。通高13、口径20.1厘米（图8-80-7；图版三六五-1）。

M495：22，直口，内部有若干同心环，曲腹。胎质较细腻，胎色浅灰，露胎处红褐。内外表施釉均不及底。釉色黄褐，有剥落。釉下施浅黄色化妆土。口沿残损。通高5.1、口径12.6厘米（图8-80-9；图版三六五-2）。

瓷盂　1件。M495：20，圆唇，敛口，鼓腹，饼足低矮，足心内凹，足根处平削一周。胎质较细腻，露胎处深褐。外表施釉不及底。釉色黑。通高4.9、口径5.6厘米（图8-80-5；图版三六四-3）。

瓷五连盂砚　1件。M495：17，由5个圆唇、敛口、鼓腹、平底的盂围绕并承托圆饼状砚组成。胎质细腻，露胎处白。砚面不施釉，诸盂内部仅口沿以下施釉，外表施釉不及底。釉色青黄。通高2.7厘米（图8-80-10；图版三六五-3）。

瑞兽葡萄镜　1件。M495：18，边缘残损。直径14.1、边缘厚1.4厘米（图版三六五-4）。

银钗　2件。表面氧化（图版三六五-6）。

M495：15，长7.9厘米，重7.2克。

M495：16，长16.2厘米，重19.5克。

铅环　1件。M495：14，锈蚀严重。最宽处6.1厘米（图版三六五-5）。

第九章　万家湾、水果湖、周家大湾诸墓

万家湾 M2

M2位于万家湾王家坟，发掘时间为1953年5月12—13日，发掘者有程欣人等。

M2是一座长方形券顶砖室墓，发掘时仅存墓底。墓底距离当时地面2.7米，墓葬填土为灰黑色黏土。墓向60°。墓底以砖作"人"字形平铺，墓室后部以莲花纹砖二横二直砌出棺床。封门底层中部有排水道，外接以截面外方内圆的空心砖相接而成的排水管，排水管留存14节。侧壁底部平砌4层砖，上砌丁砖；封门则平砌4层砖，其上竖砌1层楔形砖。M2墓室部分残长4.38米，墓室底宽1.14、残长3.91米（图9-1）。

本次整理涉及M2出土器物共6件。

瓷圆唇碗　6件。直口，曲腹，饼足，身、足连接处经修整。外表施釉不及底。釉下施化妆土。

M2：1，平底。胎质较粗，露胎处浅褐。釉色青黄，有剥落。化妆土灰白。通高3.5、口径7.8厘米（图9-2-1；图版三六六-2）。

M2：2，平底。胎质较粗，胎色浅灰，露胎处灰中泛黄。釉剥落殆尽。化妆土灰白。口沿残损。通高3.6、口径7.7厘米（图版三六六-2）。

M2：3，足心内凹。胎质较细腻，露胎处浅黄。釉色青黄。口沿经复原。通高4.1、口径7.5厘米（图9-2-2；图版三六六-1）。

M2：4，平底。胎质较粗，胎与露胎处均灰色。釉剥落殆尽。化妆土浅黄。口沿残损。通高3.3、口径8厘米（图版三六六-3）。

M2：5，平底。胎质较粗，露胎处灰中泛黄。釉色青黄，剥落严重。化妆土灰白。通高3.5、口径7.8厘米（图版三六六-3）。

M2：6，平底。胎质较粗，胎色灰，露胎处深灰。釉完全剥落。化妆土灰白。口沿残损。通高4、口径7.6厘米（图版三六六-3）。

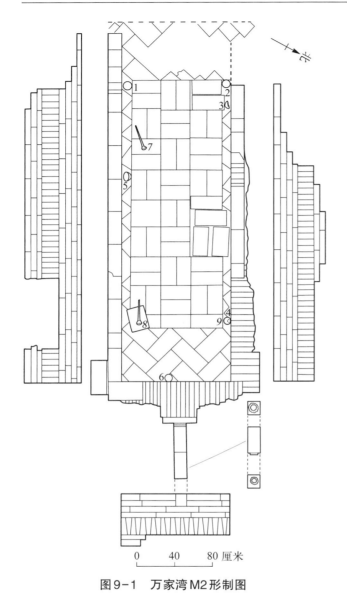

图9-1　万家湾M2形制图

1. 瓷圆唇碗　2. 瓷圆唇碗　3. 瓷圆唇碗　4. 瓷圆唇碗
5. 瓷圆唇碗　6. 瓷圆唇碗　7. 铁钉　8. 铁钉　9. 铜钱

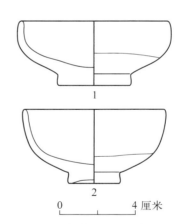

图9-2　万家湾M2出土瓷圆唇碗

1. 瓷圆唇碗（M2∶1）　2. 瓷圆唇碗（M2∶3）

万 家 湾 M5

　　M5位于万家湾王家坟、万家湾M2西北34米处，发掘时间为1953年5月27日，发掘者为沈畴春。

　　M5是一座长方形券顶砖室墓。墓上堆积厚2.03米。墓向230°。墓底以素面砖"人"字形平铺，墓室中部再以莲花纹砖二横二直砌出棺床。前壁底部开排水道。墓壁以花纹砖三顺一丁砌筑（图9-4）。墓室底长3.42、宽1.08米（图9-3）。

　　本次整理涉及M5出土器物共6件。

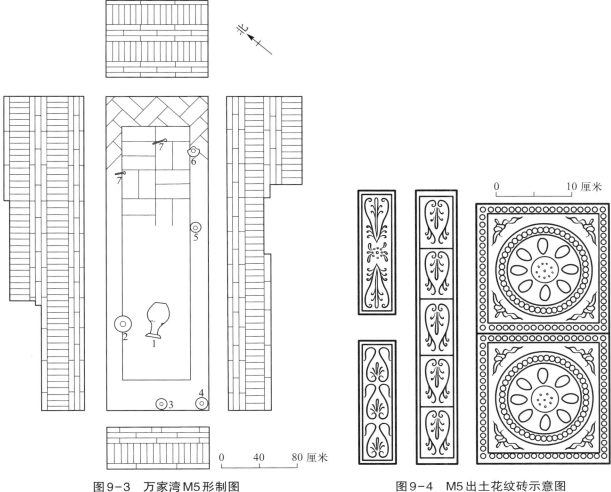

图9-3　万家湾M5形制图

1. 瓷盘口壶　2. 瓷方唇碗　3. 瓷方唇碗　4. 瓷方唇碗
5. 瓷方唇碗　6. 瓷方唇碗　7. 铁钉

图9-4　M5出土花纹砖示意图

瓷盘口壶　1件。M5:1,尖唇,盘口外敞,长颈,圆肩,鼓腹,平底,肩部横置6系。胎质较细腻,露胎处浅黄。外表施釉及腹。釉色青黄。通高41.6、口径16.4厘米(图9-5-4;图版三六七-1)。

瓷方唇碗　5件。直口,曲腹,饼足,足根处刮削一周。内外表施釉均不及底。

M5:2,直口微敞,足心内凹。胎质较细腻,胎色浅灰,露胎处浅黄。釉色青中泛黄。口沿残损。通高5.6、口径14.8厘米(图9-5-3;图版三六七-2)。

M5:3,足心内凹。胎质较细腻,露胎处浅灰泛黄。釉色黄褐。通高5.5、口径10.6厘米(图9-5-1;图版三六七-3)。

M5:4,平底。胎质较粗,胎色灰,露胎处灰褐。釉色青黄,有剥落。釉下施化妆土。口沿残损。通高6.2、口径14厘米(图9-5-2;图版三六七-2)。

M5:5,足心内凹。胎质较细腻,露胎处浅灰泛黄。釉色青中泛黄。通高5.4、口径10.2厘米(图版三六七-3)。

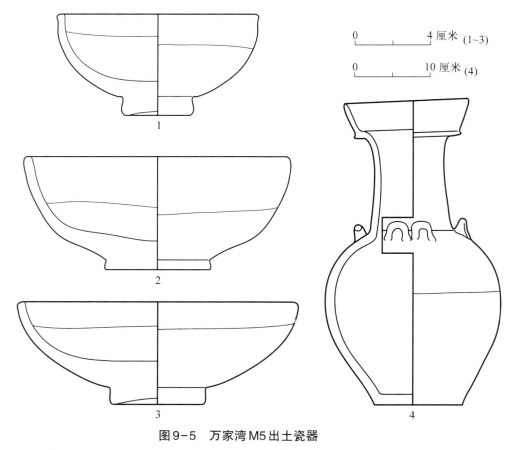

图9-5　万家湾M5出土瓷器

1. 瓷方唇碗（M5：3）　2. 瓷方唇碗（M5：4）　3. 瓷方唇碗（M5：2）　4. 瓷盘口壶（M5：1）

M5：6，足心内凹。胎质较细腻，露胎处灰色。釉色青中泛灰。口沿经修复。通高5.4、口径10.9厘米（图版三六七-3）。

万家湾 M127

万家湾M127发掘完成时间为1955年5月28日，记录者为夏承彦。

M127是一座长方形券顶砖室墓。墓上堆积厚1.5米。墓向不明。墓底以砖斜向平铺，墓室后部再以砖横向平铺成棺床。墓壁以唐草砖三顺一丁砌筑。M127通长4.11米，墓底长3.77、宽1.1米（图9-6）。

本次整理涉及M127出土器物共2件。

瓷圆唇碗　2件。直口，曲腹，饼足。胎质较粗，胎与露胎处均灰色。外表施釉不及底。釉下施灰白色化妆土。口沿残损（图版三六八-1）。

M127：1，平底，足根处经修整。釉色青黄。通高4.5、口径8.8厘米（图9-7-1）。

M127：5，足心内凹，足根处平削一周。釉色青灰。通高4.6、口径8.8厘米（图9-7-2）。

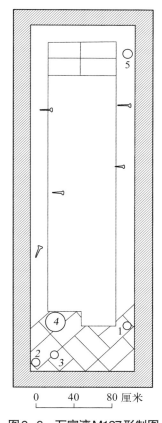

图9-6　万家湾M127形制图
1.瓷圆唇碗　2.瓷碗　3.瓷碗
4.瓷壶　5.瓷圆唇碗

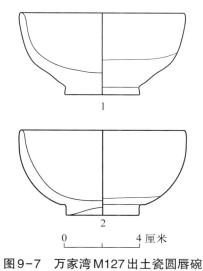

图9-7　万家湾M127出土瓷圆唇碗
1.瓷圆唇碗（M127∶1）　2.瓷圆唇碗（M127∶5）

水果湖M96

　　水果湖M96发掘完成时间为1954年11月18日，记录者为夏承彦。

　　M96是一座长方形券顶砖室墓。墓上堆积厚2米。墓向216°。墓底铺莲花纹砖并以砖二横二直平铺成棺床，前部有一横向凹槽。墓壁以砖三顺一丁砌筑，间用人物纹画像砖。M96通长4.08米，墓室底长3.71、宽1.05米（图9-8）。

　　本次整理涉及M96出土器物共2件。

　　瓷盘口壶　1件。M96∶1，尖唇，盘口外敞，长颈，圆肩，鼓腹，平底。胎质较细腻，胎与露胎处均浅灰泛黄。外表施釉不及底。釉色深黄，有剥落。口沿与1系残损。通高42.6、口径17.1、腹径25.9、底径13厘米（图9-9-2；图版三六八-2）。

　　瓷圆唇碗　1件。M96∶2，直口，曲腹，饼足，平底，足根处经修整。胎质粗，胎色灰，露胎处灰褐。外表施釉不及底。釉色青黄。釉下施灰白色化妆土。口沿残损。通高4.9、口径8.5厘米（图9-9-1；图版三六八-3）。

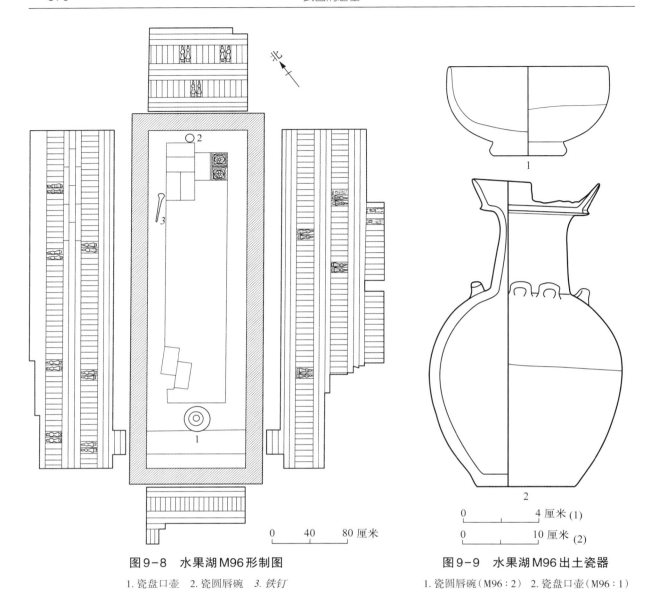

图9-8　水果湖M96形制图

1. 瓷盘口壶　2. 瓷圆唇碗　3. 铁钉

图9-9　水果湖M96出土瓷器

1. 瓷圆唇碗(M96∶2)　2. 瓷盘口壶(M96∶1)

水果湖M100

　　水果湖M100发掘完成时间为1954年12月4日,记录者为夏承彦。

　　M100是一座券顶砖室墓,墓室平面呈长方形,附甬道与一对侧龛。侧龛位于墓室前部,券顶完好。墓上堆积厚3.1米。墓向350°。墓底以砖人字形平铺,墓室后部以莲花纹砖横向平铺成棺床。棺床前以莲花纹砖横向平铺成祭台。侧龛地面亦以莲花纹砖平铺。封门底部有排水道。墓壁以砖三顺一丁砌筑,墓室侧壁各嵌3块人物纹砖,后壁嵌2块。M100通长6.15米,甬道底宽1.17、进深1.5米,墓室底宽2.01、进深3.89米,左龛宽0.69、进深0.73米,右龛宽0.7、进深0.67米(图9-10)。

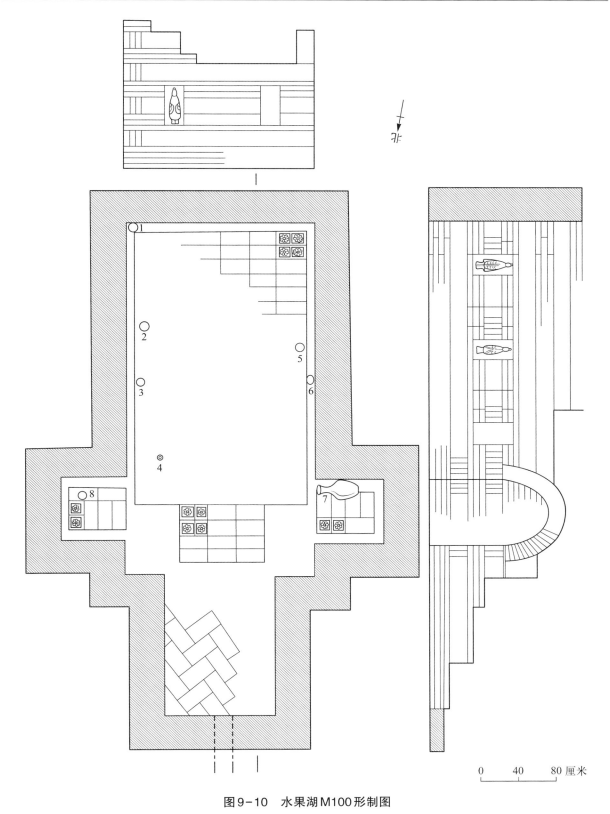

图9-10　水果湖M100形制图

1.瓷方唇碗　2.瓷方唇碗　3.瓷方唇碗　4.瓷盂　5.瓷方唇碗　6.瓷方唇碗　7.瓷盘口壶　8.瓷方唇碗

　　本次整理涉及M100出土器物共8件。

　　瓷盘口壶　1件。M100：7,圆唇,盘口外敞,长颈,圆肩,鼓腹,平底,肩部横置6系。胎质较细腻,胎色浅灰,露胎处浅灰泛黄。外表施釉及腹。釉色青黄。口沿轻微残损。通高43.3、口径15.5、腹径23.5、底径12.5厘米(图9-11-3;图版三六九-1)。

　　瓷方唇碗　6件。直口,曲腹,饼足,足心内凹,足根处刮削一周。胎质较粗。外表施釉不及底。釉色青褐,剥落较严重。

　　M100：1,露胎处浅灰。通高4.4、口径8.3厘米(图版三六九-3)。

　　M100：2,胎色浅灰,露胎处浅灰泛黄。口沿残损。通高4.6、口径8.4厘米(图版三六九-3)。

　　M100：3,露胎处浅灰。通高4.1、口径7.8厘米(图版三六九-3)。

　　M100：5,胎色浅灰,露胎处浅褐。口沿残损。通高4.7、口径8.3厘米(图9-11-2;图版三六九-4)。

　　M100：6,露胎处灰白。通高4.3、口径8.2厘米(图版三六九-4)。

　　M100：8,露胎处浅褐。通高4.9、口径8.1厘米(图版三六九-4)。

　　瓷盂　1件。M100：4,圆唇,敛口,鼓腹,饼足,足心内凹,足根处平削一周。口沿下有1道弦纹。胎质较细腻,胎色灰白,露胎处白中泛黄。外表施釉不及底。釉色青黄。口沿、腹部残损。通高3、腹径4.5厘米(图9-11-1;图版三六九-2)。

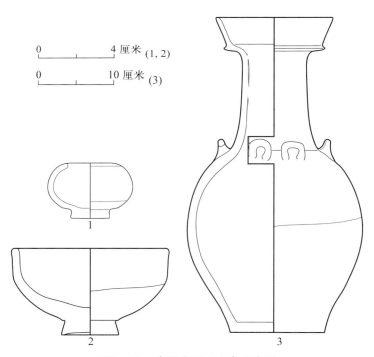

图9-11　水果湖M100出土瓷器
1.瓷盂(M100：4)　2.瓷方唇碗(M100：5)　3.瓷盘口壶(M100：7)

水果湖M180

水果湖M180发掘完成时间为1955年12月10日,记录者为夏承彦。

M180是一座长方形券顶砖室墓。墓上堆积厚1米。墓向45°。墓底以砖"人"字形平铺。墓前端有排水道。墓壁以花纹砖二顺一丁砌筑。M180通长4.05米,墓室底长3.73、宽0.76米(图9-12)。

本次整理涉及M180出土器物共7件,包括乙群2件、丁群1件。

长衣男立俑　1件。M180:9,直立于方座,袖手于胸前。头戴幞头,上着圆领窄袖长衣,腰系带,下穿袴,足蹬尖头靴。胎色浅红。通高30.3厘米(图9-13-2;图版三七〇-2)。

女立俑　1件。M180:7,直立,左臂自然下垂。上着圆领对襟窄袖衫,一帔绕于颈部并搭于左肩,胸际系带,下穿长裙,足蹬尖头履。胎色浅黄。头部、右臂缺失。残高23.1厘米(图9-13-1;图版三七〇-1)。

三彩杯　1件。M180:1,圆唇,侈口,曲腹,饼足,平底。胎洁白细腻。外表施釉至口沿以下。釉色绿、黄、褐。口沿残损。通高3、口径6厘米(图9-14-1;图版三七〇-6)。

瓷圆唇碗　1件。M180:8,直口,曲腹,饼足,足心内凹,足根处

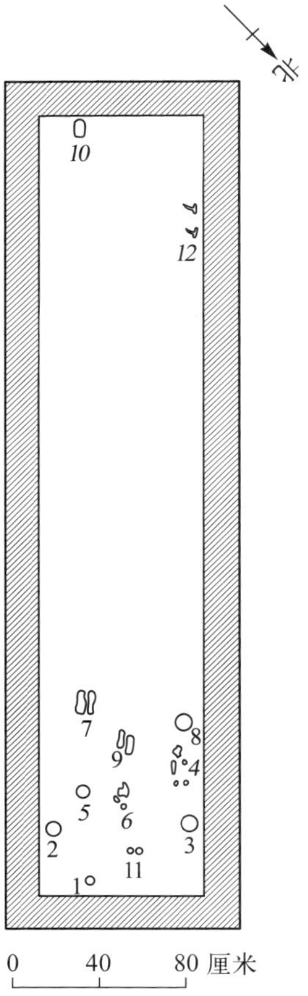

图9-12　水果湖M180形制图

1. 三彩杯　2. 瓷方唇碗　3. 瓷方唇碗
4. 马脚　5. 俑头　6. 陶片　7. 女立俑
8. 瓷圆唇碗　9. 长衣男立俑
10. 俑　11. 开元通宝　12. 铁钉

图9-13　水果湖M180出土陶俑

1. 女立俑(M180:7)　2. 长衣男立俑(M180:9)

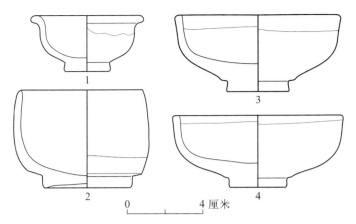

图9-14 水果湖M180出土陶瓷器

1. 三彩杯（M180：1） 2. 瓷圆唇碗（M180：8） 3. 瓷方唇碗（M180：2） 4. 瓷方唇碗（M180：3）

平削一周。胎质较细腻，胎色浅灰，露胎处深灰。外表施釉不及底。釉剥落殆尽。釉下施浅灰色化妆土。器身约一半残损。通高5.4厘米（图9-14-2；图版三七〇-3）。

瓷方唇碗 2件。直口微敞，曲腹，饼足，平底，足根处刮削一周。胎质较细腻。仅口沿施釉。釉剥落殆尽（图版三七〇-4）。

M180：2，露胎处红褐。通高4.2、口径8.8厘米（图9-14-3）。

M180：3，胎色灰，露胎处红褐。口沿残损。通高3.9、口径9厘米（图9-14-4）。

开元通宝 1件。M180：11，2枚粘连，锈蚀严重。直径2.5厘米，重3.94克（图版三七〇-5）。

周家大湾 M119

周家大湾M119发掘完成时间为1955年5月26日，记录者为游绍奇。

M119是一座长方形券顶砖室墓。墓上堆积厚3.3米，墓内填土黄褐色。墓向248°。墓底以莲花纹砖"人"字形平铺，墓室后部高起成棺床。墓壁以一组砖三顺一丁作底，上以多组砖二顺一丁砌筑，砖有唐草、武士两种纹饰。M119通长4.06米，墓底长3.72、宽1.16米（图9-15）。

本次整理涉及M119出土器物共10件。

瓷圆唇碗 5件。敞口，曲腹，饼足，足根处经修整。胎质较粗。内外施釉均不及底。

M119：2，平底。露胎处浅黄。釉色青黄。通高3.5、口径8厘米（图9-16-1；图版三七一-1）。

M119：3，平底。露胎处浅灰泛黄。釉色青灰，受侵蚀，有剥落。通高3.5、口径8.3厘米（图版三七一-1）。

M119：4，平底。胎色浅灰，露胎处浅褐。釉色青黄，有剥落。口沿残损，经复原。通高3.7、口径8.4厘米（图版三七一-2）。

M119：5，平底。胎色浅灰，露胎处浅褐。釉色青黄，有剥落。口沿残损，通高3.6、口径8.7厘

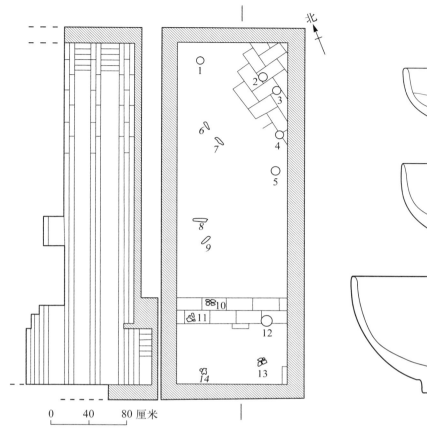

图9-15　周家大湾M119形制图

1. 瓷方唇碗　2. 瓷圆唇碗　3. 瓷方唇碗　4. 瓷方唇碗
5. 瓷方唇碗　*6. 铁钉　7. 铁钉　8. 铁钉　9. 铁钉*　10. 五铢
11. 瓷尖唇碗　12. 瓷尖唇碗　13. 瓷圆唇碗　*14. 瓷片*

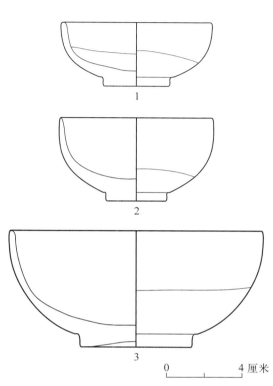

图9-16　周家大湾M119出土瓷器

1. 瓷圆唇碗（M119：2）　2. 瓷尖唇碗（M119：12）
3. 瓷圆唇碗（M119：13）

米（图版三七一－2）。

　　M119：13，足心内凹。露胎处灰色。釉剥落殆尽。釉下施灰白色化妆土。器身经复原。通高6.4、口径13.2厘米（图9-16-3；图版三七一－3）。

　　瓷尖唇碗　2件。直口，曲腹，饼足，平底，足根处经修整。胎质较粗。外表施釉不及底。釉剥落殆尽。釉下施浅黄色化妆土（图版三七一－4）。

　　M119：11，露胎处浅褐。口沿经复原。通高5.1、口径8.9厘米。

　　M119：12，胎与露胎处均深灰。口沿残损、经复原。通高4.6、口径8.1厘米（图9-16-2）。

　　瓷方唇碗　1件。M119：1，直口，曲腹，饼足，平底，足根处经修整。胎质较粗，露胎处红褐。内外施釉均不及底。釉色青黄，有剥落。经复原，通高3.6、口径8厘米（图版三七一－1）。

　　五铢　2件（组）。均锈蚀严重（图版三七一－5、图版三七一－6）。

　　M119：10-1，直径2.2厘米，重1.27克。

　　M119：10-2，共80枚，分为11组，每组由3至14枚五铢粘连而成。

周家大湾 M131

　　M131位于周家大湾三皇殿,发掘完成时间为1955年6月2日,记录者为蓝蔚。

　　M131是一座平面为"凸"字形的券顶砖室墓,由甬道与墓室组成。墓上堆积厚2米。墓向310°。墓底以砖"人"字形铺地。封门下有排水道连通墓外排水沟。除封门外诸墓壁均由花纹砖砌成,砌筑方式不详。M131通长5.46米,甬道底宽1.02、进深1.33米,墓室底宽1.74、进深3.81米(图9-17)。

　　本次整理涉及M131出土器物共4件。

　　瓷圆唇碗　3件。直口,曲腹,饼足,平底,足根处经修整。

　　M131:2,胎质较细腻,胎色浅灰,露胎处浅褐。外表施釉不及底。釉色青白泛黄。口沿大半残损。通高3.6厘米(图版三七二-1)。

　　M131:4,饼足低矮。胎质较细腻,胎色灰,露胎处浅褐。内外施釉均不及底。釉色青黄。口沿残损,经复原。通高3、口径8.3厘米(图9-18-1;图版三七二-3)。

　　M131:5,胎质粗,露胎处浅灰泛褐。外表施釉不及底。釉色青灰。釉下施灰白色化妆土。口沿大半经复原。通高4.2、口径8厘米(图9-18-2;图版三七二-2)。

　　瓷方唇碗　1件。M131:1,直口,曲腹,饼足,平底,足根处经修整。胎质较细腻,胎色浅灰,露胎处浅褐。外表施釉不及底。釉色青黄。口沿大半经复原。通高3.4、口径7.6厘米(图版三七二-1)。

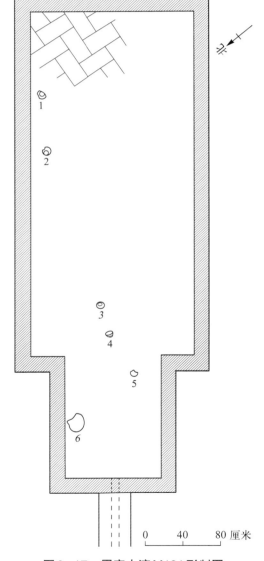

图9-17　周家大湾M131形制图

1.瓷方唇碗　2.瓷圆唇碗　3.瓷碗　4.瓷圆唇碗
5.瓷圆唇碗　6.瓷壶底

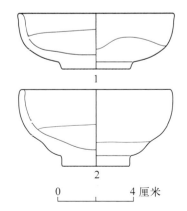

图9-18　周家大湾M131出土瓷圆唇碗

1.瓷圆唇碗(M131:4)　2.瓷圆唇碗(M131:5)

周家大湾 M142

　　M142位于周家大湾重型机具厂工地,发掘完成时间为1955年9月15日,记录者为陈恒树。

　　M142是一座券顶砖室墓,墓室平面呈长方形,附甬道、一头龛与一对侧龛。侧龛位于墓室前部。墓上堆积厚2.4米。墓向138°。墓底以砖"人"字形平铺,甬道部分再纵向平铺1层莲花纹砖,墓室后半部则纵向平铺若干条莲花纹砖,各条间距约10厘米,以此为棺床。龛后壁各有一"凸"字形小龛。墓葬封门下有两条排水道。墓壁以花纹砖三顺一丁砌筑,壁面用砖涂有朱砂。M142通长8.18米,甬道底宽1.41、进深2.28米,墓室底宽2.18、进深4.57米,头龛宽1.02、进深0.6米,左龛、右龛均宽0.77、进深0.63、高1.11米(图9-19)。

　　M142所用模印花纹砖尚存4块,具体有:

　　双龙纹砖,长36.4、宽18.7、厚5.8厘米(图版三七三-1)。

　　卷草宝瓶童子纹砖,一侧卷草纹、一侧宝瓶童子纹,长36.4、宽18、厚5.7厘米(图版三七三-2)。

　　执旗甲士纹砖,长20.8、宽18.2、厚5.8厘米(图版三七三-4)。

　　戴双管形冠人物纹砖,长19.6、宽18.1、厚5.7厘米(图版三七三-3)。

　　本次整理涉及M142出土器物共23件,包括甲群19件。

　　生肖俑　4件。为端坐的人物形象。上着交领右衽宽袖衫,下穿裙。

　　M142:9,巳蛇。右前臂向前平举,身前有一蛇。胎色灰褐。仅存躯干及右腿,身前蛇仅存尾部。残高16.9厘米(图9-20-1;图版三七四-2)。

　　M142:24,申猴。俑右膝上蹲一猴。胎色灰。仅存躯干、右膝,猴右臂缺失。残高18.4厘米(图9-20-2;图版三七四-1)。

　　M142:8,右手抚右膝,左前臂平举贴于胸前。胎色灰褐。头部及生肖缺失。残高19.2厘米(图9-20-4;图版三七五-1)。

　　M142:16,左臂下垂,右前臂平举贴于胸前。胎色灰褐。头部缺失,身前衣摆残损。残高18.4厘米(图9-20-3;图版三七四-3)。

　　裲裆铠男立俑　2件。直立,右手自然下垂,一手仗刀于身前。头戴平巾帻,上着宽袖长袍,外套裲裆铠,腰系带,下穿裙,足蹬高头履。胎色灰褐(图版三七五-2、图版三七六-1)。

　　M142:4,左手持刀。平巾帻、刀柄残损。通高46.9厘米(图9-21-2)。

　　M142:26,右手持刀。平巾帻残损、刀柄缺失。通高47.2厘米(图9-21-1)。

　　女立俑　3件。均直立。

　　M142:7,双臂自然下垂。头梳双髻,上着交领左衽宽袖衫,胸际系带,下穿裙。胎色灰。右臂及足部残损。残高31.6厘米(图9-22-3;图版三七六-3)。

　　M142:14,左臂自然下垂,右前臂上举。上着交领右衽宽袖衫,内着圆领衫,下穿裙,足蹬云头履。胎色灰褐。头部、右手缺失。残高28.8厘米(图9-22-1;图版三七六-2)。

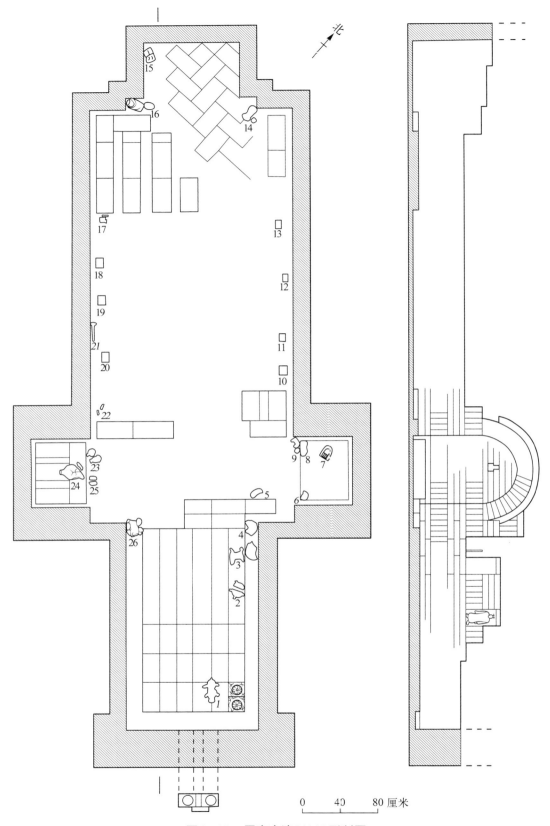

图9-19　周家大湾M142形制图

1.镇墓兽 　*2.瓷五足砚* 　*3.瓷盘口壶* 　4.裲裆铠男立俑 　5.残铭文镜 　*6 俑* 　7.女立俑 　8.生肖俑 　9.生肖俑-巳蛇
10.陶方座 　11.陶方座 　12.陶方座 　13.陶方座 　14.女立俑 　15.女立俑 　16.生肖俑 　17.陶方座 　18.陶方座 　19.陶方座
20.陶方座 　*21.铁钉* 　*22.铁钉* 　*23.俑头* 　24.生肖俑-申猴 　25.陶履 　26.裲裆铠男立俑 　+1.陶方座

图9-20　周家大湾M142出土生肖俑

1.生肖俑-巳蛇(M142：9)　2.生肖俑-申猴(M142：24)　3.生肖俑(M142：16)　4.生肖俑(M142：8)

　　M142：15，形制与M142：14近同，右臂下垂，左前臂上举。胎色灰褐。头部、左手缺失。残高27.9厘米(图9-22-2；图版三七六-2)。

　　陶履　2件。胎色红褐(图版三七七-3)。

　　M142：25-1，长8厘米(图9-23-2)。

　　M142：25-2，长8.1厘米。

　　陶方座　9件。平面呈矩形，侧视呈"冂"形，上表面四边斜杀。除M142：20胎色为灰褐外，其余胎色均为灰色(图版三七七-2)。

　　M142：10，通高6.1、长8.8、宽7.8厘米。

　　M142：11，通高5.9、长8.8、宽7厘米。

　　M142：12，通高6.3、长8.8、宽7.7厘米(图9-23-1)。

　　M142：13，通高6、长8.7、宽7.5厘米。

　　M142：17，一足经复原。通高6.3、长8.7、宽7.2厘米。

　　M142：18，通高6、长8.7、宽7.4厘米。

　　M142：19，一足残损。通高5.6、宽6.8厘米。

图 9-21　周家大湾 M142 出土裲裆铠男立俑

1. 裲裆铠男立俑（M142∶26）　2. 裲裆铠男立俑（M142∶4）

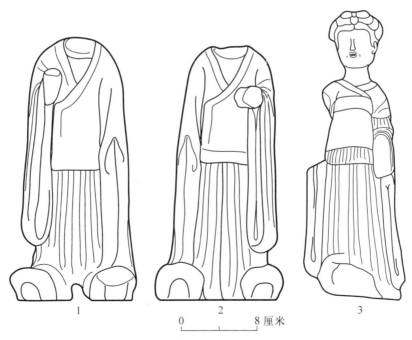

图 9-22　周家大湾 M142 出土女立俑

1. 女立俑（M142∶14）　2. 女立俑（M142∶15）　3. 女立俑（M142∶7）

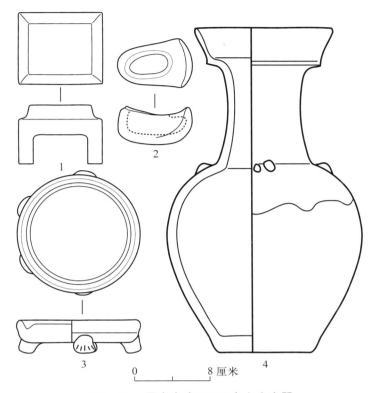

图9-23　周家大湾M142出土陶瓷器

1.陶方座（M142∶12）　2.陶履（M142∶25-1）　3.瓷五足砚（M142∶2）　4.瓷盘口壶（M142∶3）

M142∶20，通高5.8、长8.2、宽7.2厘米。

M142+1，2/3经复原。宽7.2厘米。

瓷盘口壶　1件。M142∶3，尖唇，盘口外敞，颈部较长，圆肩，鼓腹，平底，肩部横置4系。胎质较细腻，胎色浅灰，露胎处灰黄。外表施釉至肩腹交界处。釉色青黄，有剥落。口沿、4系残损，近底处有几处变形外鼓。通高35.1、口径14.6、腹径20.8、底径9.5厘米（图9-23-4；图版三七六-4）。

瓷五足砚　1件。M142∶2，砚面圆形，有五兽爪状足。胎质较粗，露胎处灰中泛黄。砚面与砚身底面不施釉，足底有粘釉痕迹。釉色青褐。通高3.6、直径13厘米（图9-23-3；图版三七七-1）。

残铭文镜　1件。M142∶5，仅存若干残块。钮呈半球形，外饰草叶纹，拼合后镜缘有“……种计时只得骂古羌……寻思……”等字。边缘锈蚀。直径13.5、边缘厚0.5厘米（图9-24；图版三七八）。

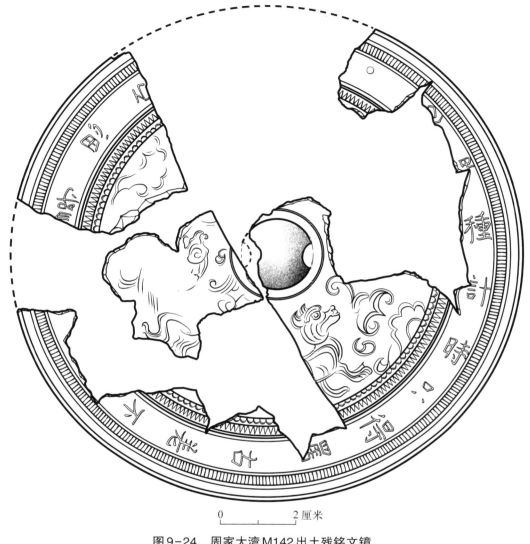

0 　　　　　　　2 厘米

图 9-24　周家大湾 M142 出土残铭文镜

M142：5

周家大湾 M176

周家大湾 M176 发掘完成时间为 1955 年 11 月 14 日，记录者为郭冰廉。

M176 是一座券顶砖室墓，墓室平面呈长方形，附甬道与一对侧龛。侧龛位于墓室前部。墓上堆积厚约 2 米，褐色。墓向 244°。墓底平铺素面砖，棺床平铺莲花纹砖。墓前端有排水沟。墓壁以花纹砖、人物纹砖砌筑，砌筑方式不详。M176 底长 5.96 米，甬道底宽 1.17、进深 1.77 米，墓室底宽 2.08、进深 4.19 米，左龛宽 0.73、进深 0.73 米，右龛宽 0.71、进深 0.75 米（图 9-25）。

本次整理涉及 M176 出土器物共 11 件，包括甲群 6 件。

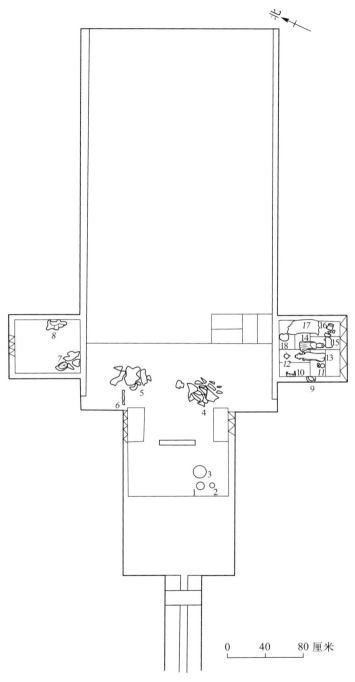

图9-25　周家大湾M176形制图

1. 瓷圆唇碗　2. 瓷盂　3. 瓷盘　4. 瓷盘口壶　5. 生肖俑-巳蛇　6. 铁钉　7. 俑　8. 俑　9. 瓷盖　10. 俑　11. 小铜盒
12. 铜器　13. 陶牛　14. 女立俑　15. 长衣男立俑　16. 陶屋　17. 灶　18. 女吹火俑

生肖俑　1件。M176：5，巳蛇。端坐，双手置于腰间，一蛇绕肩。头戴笼冠，上着交领宽袖衣，腰系带，下穿长裙。胎色灰黄。双手、蛇首尾缺失。通高34.2厘米（图9-26-6；图版三七九-1）。

长衣男立俑　1件。M176：15，立姿，身体前倾，右脚前迈。头戴幞头，上着圆领长衣，腰系带，下穿小口袴，足蹬尖头履。双臂缺失。胎色灰黄。通高29.2厘米（图9-26-2；图版三七九-2）。

女立俑　1件。M176：14，直立。头梳双髻，上着交领右衽窄袖衫，百褶长裙系于胸际，足蹬高头履。双臂残损。胎色灰褐。通高24.9厘米（图9-26-1；图版三七九-3）。

女吹火俑　1件。M176：18，蹲姿，仰头作吹气状，左臂前举。头梳宽大高髻，上着交领窄袖衫，下穿背带百褶长裙，腰部收束。胎色灰黄。右臂缺失。通高19.3厘米（图9-26-3；图版三八〇-1）。

陶牛　1件。M176：13，立姿。头部有革带。胎色灰。后肢残损。长27.1厘米（图9-26-4；图版三八〇-2）。

陶屋　1件。M176：16，悬山顶建筑，仅存屋顶部分。屋脊两头上翘。胎色灰褐。残高5.4、长6.4厘米。应为陶灶灶头部件（图9-26-5；图版三八〇-3）。

0　　　　　　　　10厘米

图9-26　周家大湾M176出土陶器

1.女立俑（M176：14）　2.长衣男立俑（M176：15）　3.女吹火俑（M176：18）　4.陶牛（M176：13）
5.陶屋（M176：16）　6.生肖俑-巳蛇（M176：5）

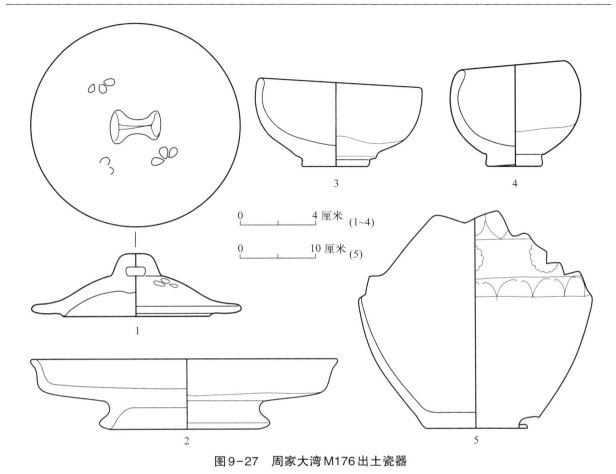

图 9-27　周家大湾 M176 出土瓷器

1. 瓷盖（M176：9）　2. 瓷盘（M176：3）　3. 瓷圆唇碗（M176：1）　4. 瓷盂（M176：2）　5. 瓷盘口壶（M176：4）

瓷盘口壶　1件。M176：4，仅存腹部以下。鼓腹平底。腹部印仰、覆莲纹各一周，中夹2道弦纹并印团花纹。胎质较细腻，胎色灰，露胎处浅红。外表施釉及腹。釉色青绿。残高29.3厘米（图9-27-5；图版三八一-4）。

瓷盖　1件。M176：9，子口，盖沿圆唇，盖面隆起，正中有一桥形钮。钮周围印花瓣纹。胎质较细腻，露胎处浅灰。盖内面不施釉。釉色青褐，釉面受侵蚀。直径10.9厘米（图9-27-1；图版三八〇-4）。

瓷盘　1件。M176：3，圆唇，侈口，折腹，圈足外撇。从盘心4处粘釉痕迹判断，瓷盘上原应有一多足炉。胎质细腻，胎与露胎处均白色。外表施釉及腹弯折处。釉色青黄。口沿残损。通高3.8、口径15.9厘米（图9-27-2；图版三八一-3）。

瓷圆唇碗　1件。M176：1，直口，曲腹，饼足，平底，足根处经修整。胎质较粗，露胎处灰黄。外表施釉不及底。釉色黄。釉下施浅黄色化妆土。通高4.7、口径8.5厘米（图9-27-3；图版三八一-1）。

瓷盂　1件。M176：2，圆唇，敛口，鼓腹，饼足，足心微凹，足根处平削一周。胎质细腻，露胎处浅灰泛黄。外表施釉不及底。釉色青黄，受侵蚀。约一半经复原。通高5.6、口径5.2厘米（图9-27-4；图版三八一-2）。

周家大湾 M209

周家大湾 M209 发掘完成时间为 1956 年 4 月 2 日,记录者为郭冰廉。

M209 是一座长方形券顶砖室墓。发掘时仅存底部。墓底距当时地表 1.5 米。墓向 160°。墓底以砖人字形平铺,墓室后部以莲花纹砖平砌成棺床。无排水设施。墓壁以砖三顺一丁砌筑。M209 通长 4 米,墓室底长 3.68、宽 1.02 米(图 9-28)。

本次整理涉及 M202 出土器物共 3 件。

瓷圆唇碗　3 件。直口,曲腹,饼足,平底,足根处经修整。外表施釉不及底。釉下施灰白色化妆土(图版三八二-1)。口沿残损。

M209:1,胎质粗,胎色灰,露胎处深灰。釉完全剥落。通高 5.4、口径 8.9 厘米。

M209:3,口沿下有 1 道弦纹。胎质较粗,胎色灰,露胎处浅灰。釉色青黄,有剥落。通高 4.8、口径 8.8 厘米(图 9-29)。

M209:4,胎质较粗,胎色灰褐,露胎处浅褐。釉完全剥落。通高 5、口径 8.9 厘米。

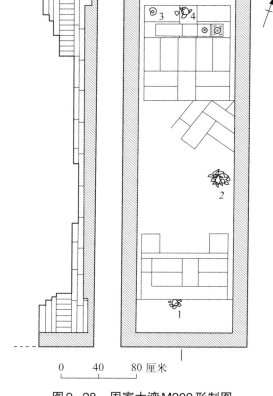

0　　40　　80 厘米

图 9-28　周家大湾 M209 形制图

1. 瓷圆唇碗　2. 瓷壶　3. 瓷圆唇碗　4. 瓷圆唇碗

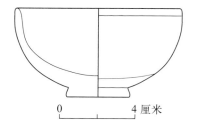

0　　　　4 厘米

图 9-29　周家大湾 M209 出土瓷圆唇碗

M209:3

周家大湾 M210

周家大湾 M210 发掘完成时间为 1956 年 4 月 2 日,记录者为郭冰廉。

M210 是一座主体平面呈长方形、墓室前部附一对侧龛的砖室墓。侧龛位于墓室前部。发掘时仅存底部。墓向 170°。墓底铺砖,墓室后部以二横二直砖平铺成棺床。有排水道。墓壁砌筑方式不详。M210通长3.77米,墓室底长3.26、宽1.1米,左龛、右龛均宽0.56、进深0.39米(图9-30)。

本次整理涉及M210出土器物共4件,包括丙群1件。

生肖俑 1件。M210:5,端坐,拱手于胸前。身着交领宽袖长袍。胎色灰。头部缺失,下半部残损严重。残高16.2厘米(图9-31;图版三八二-2)。

瓷盘口壶 1件。M210:1,尖唇,盘口外敞,长颈,圆肩,鼓腹,平底,肩部尚存3横系。胎质较细腻,胎色浅灰,露胎处灰黄。外表施釉及肩。釉色黄褐,有剥落。口沿、诸系残损。通高47.8、口径20.1、腹径28.5、底径14.8厘米(图9-32-1;图版三八二-3)。

瓷钵 1件。M210:2,圆唇,直口,曲腹,平底。碗心饰同心环。胎质较细腻,胎色灰,露胎处深灰。内外表施釉均不及底。釉色黄褐,剥落较严重。釉下施浅灰色化妆土。口沿残损。口径10、通高5厘米(图9-32-3;图版三八二-4)。

瓷尖唇碗 1件。M210:4,直口微敞,曲腹,饼足,足心微凹,足根处平削一周。胎质较细腻,露胎处橙红。外表施釉不及底。釉剥落殆尽。釉下施浅黄色化妆土。口沿经复原。通高4.6、口径8.8厘米(图9-32-2;图版三八二-5)。

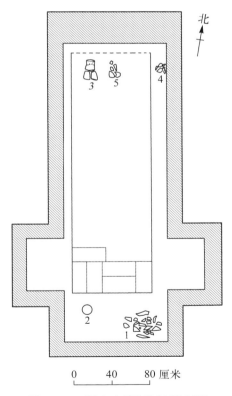

图9-30 周家大湾M210形制图
1.瓷盘口壶 2.瓷钵 3.俑 4.瓷尖唇碗 5.生肖俑

图9-31 周家大湾M210出土生肖俑
M210:5

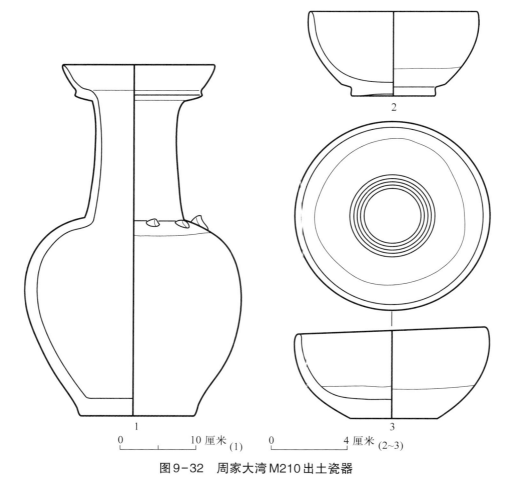

图 9-32　周家大湾 M210 出土瓷器

1. 瓷盘口壶（M210:1）　2. 瓷尖唇碗（M210:4）　3. 瓷钵（M210:2）

周家大湾 M243

　　周家大湾 M243 发掘完成时间为 1956 年 4 月 11 日，记录者为郭冰廉。

　　M243 是一座平面为"凸"字形的券顶砖室墓，由甬道与墓室组成。墓底距当时地面 1.2 米。墓向 277°。墓底以砖"人"字形平铺，墓室后部以纵向、横向砖砌出棺床。封门底部有排水道。墓壁以花纹砖三顺一丁砌筑，间用人物纹画像砖。M243 通长 6.09 米，甬道底宽 1.17、进深 1.4，墓室底宽 1.89、进深 3.95 米（图 9-33）。

　　本次整理涉及 M243 出土器物共 5 件。

　　瓷盘口壶　1 件。M243:1，圆唇，盘口外敞，长颈，圆肩，鼓腹，平底，肩部横置 6 系。胎质较细腻，胎色浅灰，露胎处浅黄。外表施釉至肩腹交界处。釉色青黄。盘口、腹部等处经复原，诸系残损。通高 42、口径 17.5、腹径 25.1、底径 12.4 厘米（图 9-34-2；图版三八四-1）。

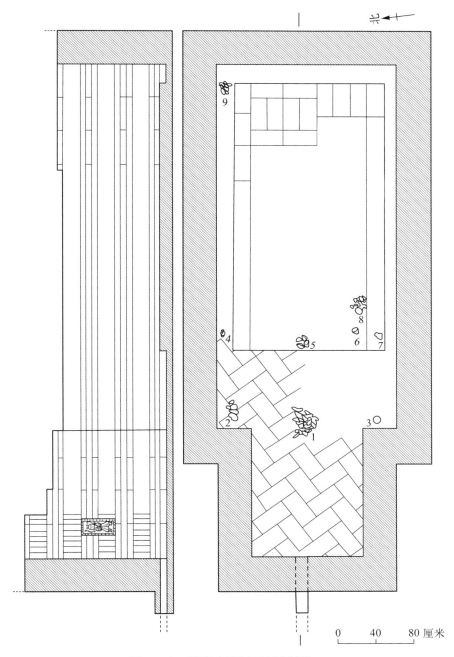

图9-33　周家大湾M243形制图

1.瓷盘口壶　2.瓷唾壶　3.瓷圆唇碗　4.*瓷碗*　5.*砚*　6.*瓷碗*　7.*瓷碗*　8.瓷唾壶　9.瓷圆唇碗

瓷唾壶　2件。

M243：2，仅存腹部与饼足。胎质较细腻，胎色浅灰，露胎处浅褐。外表施釉及下腹。釉完全剥落。残高6.4厘米（图版三八三-1）。

M243：8，圆唇，盘口，束颈，垂腹，饼足内凹并有2道凹弦纹。颈部有1道弦纹，上腹部模印一

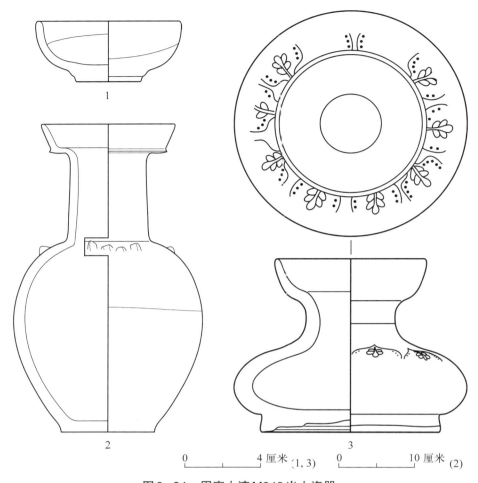

图 9-34　周家大湾 M243 出土瓷器

1. 瓷圆唇碗（M243：3）　2. 瓷盘口壶（M243：1）　3. 瓷唾壶（M243：8）

周莲瓣纹。胎质较细腻，胎色浅灰，露胎处浅褐。外表施釉及足。釉色黄，剥落严重。口沿残损，腹部经复原。通高9.6、口径8.1厘米（图9-34-3；图版三八三-1、图版三八三-2）。

瓷圆唇碗　2件。直口，曲腹，饼足，平底，足根处经修整。胎质较粗。内外施釉均不及底（图版三八三-3）。

M243：3，胎色灰，露胎处褐色。釉色青黄。口沿残损。通高3.3、口径7.7厘米（图9-34-1）。

M243：9，露胎处浅灰。釉面受侵蚀。器身约一半经复原。通高3.6、口径8.1厘米。

周 家 大 湾 M478

周家大湾 M478 发掘完成时间为1956年12月底，记录者为徐松俊。

M478是一座券顶砖室墓，墓室平面呈长方形，附甬道与一对侧龛。侧龛位于墓室前部。墓上堆积厚3米。墓向165°。墓底以砖"人"字形平铺，甬道与侧龛地面平铺1层二横二直砖，墓室则以1层丁砖为基础，上以二横二直砖平铺为棺床。封门底部有排水道。墓壁以花纹砖三顺一丁砌筑，甬道侧壁各有一块朱雀画像砖、一对人物画像砖，墓室左壁、右壁分别有青龙、白虎画像砖各一层，青龙画像砖"左角上方"刻有"大吉"二字，此外，墓室侧壁还有人物画像砖各三块。M478通长6.08米，甬道底宽1.17、进深1.48米，墓室底宽1.91、进深4.05米，左龛宽0.64、进深0.4米，右龛宽0.63、进深0.37米（图9-35）。

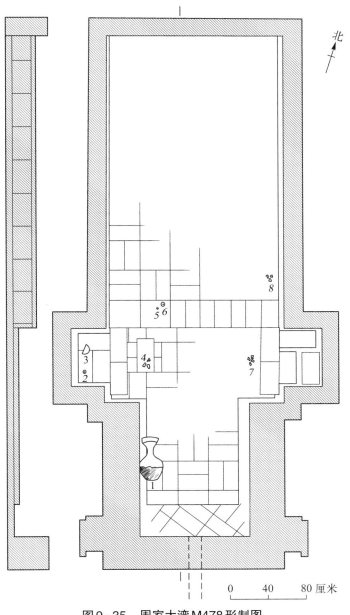

图9-35　周家大湾M478形制图

1.瓷盘口壶　2.五铢　3.瓷圆唇碗　4.铜片　5.白齿　6.陶扣　7.陶片　8.陶片

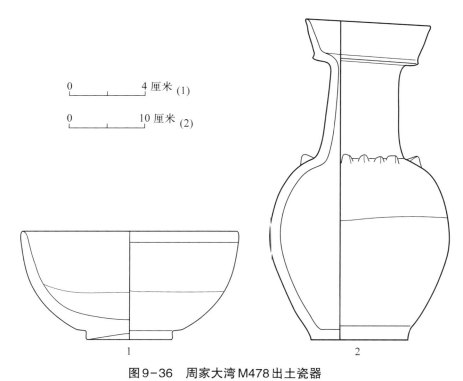

0 ＿＿＿＿＿ 4 厘米 (1)

0 ＿＿＿＿＿ 10 厘米 (2)

1　　　　　　　　　　　　　　2

图 9-36　周家大湾 M478 出土瓷器

1. 瓷圆唇碗（M478：3）　2. 瓷盘口壶（M478：1）

本次整理涉及 M478 出土器物共 2 件。

瓷盘口壶　1件。M478：1，尖唇，盘口外敞，长颈，圆肩，鼓腹，平底，肩部横置 6 系。胎质较细腻，胎色浅灰，露胎处浅黄。外表施釉及腹。釉色青黄。诸系、口沿残损。通高 43.7、口径 16.3、腹径 23.6、底径 12.7 厘米（图 9-36-2；图版三八四-2）。

瓷圆唇碗　1件。M478：3，敞口，曲腹，饼足，足心内凹，足根处平削一周，口沿下有 1 道弦纹。胎质较粗，胎色灰，露胎处灰黄。外表施釉不及底。釉色灰黄。釉下施灰白色化妆土。口沿残损，经复原。通高 6、口径 11.5 厘米（图 9-36-1；图版三八四-3）。

周家大湾 M528

周家大湾 M528 发掘完成时间为 1957 年 11 月 14 日，记录者为陈恒树。

M528 是一座平面近长方形的梯形券顶砖室墓。墓上堆积厚 2.94 米。墓向 190°。墓底后部高起成棺床，墓底仅棺床前沿平铺一行砖。墓壁以素面砖三顺一丁砌筑。侧壁各有 5 个小龛，后壁有 1 个小龛。M528 通长 4.21 米，墓底长 3.64、宽 1.05-1.18 米（图 9-37）。

本次整理涉及 M528 出土器物共 5 件。

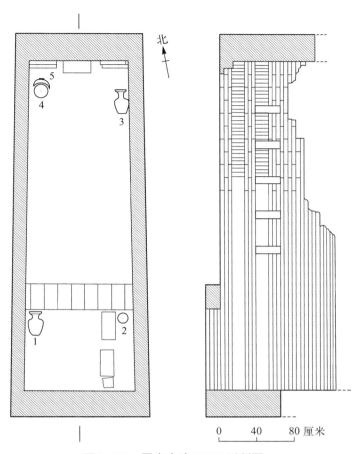

图9-37　周家大湾M528形制图

1. 瓷盘口壶　2. 瓷尖唇碗　3. 瓷盘口壶　4. 瓷盘口壶　5. 瓷盏

瓷盘口壶　3件。圆唇,盘口微敞,长颈,圆肩,腹微鼓,平底,口沿下有2道弦纹。胎质较细腻。外表施釉近底部(图版三八五-1)。

M528：1,露胎处浅褐。釉受侵蚀,剥落殆尽。通高25.9、口径14.2厘米。

M528：3,露胎处浅褐。釉剥落殆尽。通高25.7、口径14.6厘米。

M528：4,露胎处浅黄。釉色黄褐,有剥落。通高24.9、口径14.8厘米(图9-38-3)。

瓷盏　1件。M528：5,圆唇,敞口,腹微曲,玉璧底。胎质较细腻,胎色浅灰,露胎处浅黄。内外施釉均不及底。釉色黄褐。口沿残损。通高5.7、口径20厘米(图9-38-2;图版三八五-3)。

瓷尖唇碗　1件。M528：2,侈口近平沿,四花口,腹壁斜直,圈足。胎质细腻,露胎处灰白泛黄。外表施釉不及底。釉色浅青灰。通高5.4、口径12.7厘米(图9-38-1;图版三八五-2)。

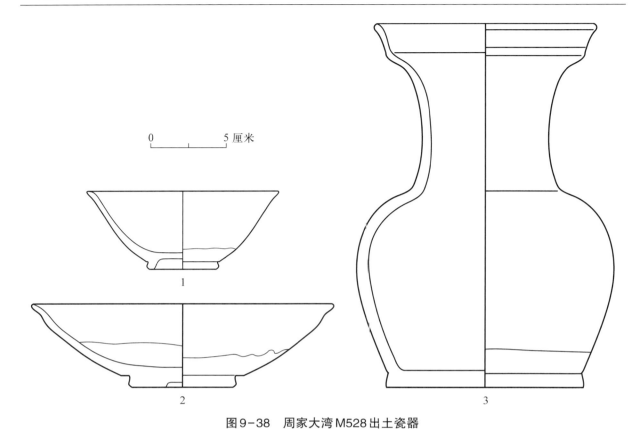

图9-38　周家大湾M528出土瓷器

1. 瓷尖唇碗（M528∶2）　2. 瓷盏（M528∶5）　3. 瓷盘口壶（M528∶4）

周家大湾 M530

　　周家大湾M530发掘时间为1957年11月18-20日，记录者为郭冰廉。

　　M530是一座平面为"凸"字形的券顶砖室墓，由甬道与墓室组成。发掘时已遭严重破坏。墓向230°。墓底铺砖方式不详。墓室以莲花纹砖二横二直铺出棺床，棺床前部与甬道相接处亦以莲花纹砖铺出砖台。封门底部有排水道。墓壁以卷草纹砖三顺一丁砌筑。侧壁各有一组四神纹画像砖，甬道与墓室各二组。填土中发现一块"弯背子母榫砖"，划有"大无"二字。M530通长6.08米，甬道底宽1.21、进深1.51米，墓室底宽1.85、进深3.87米（图9-39）。

　　本次整理涉及M530出土器物共5件。

　　瓷圆唇碗　5件。直口，曲腹，饼足，平底，足根处经修整。胎质较粗。外表施釉不及底。釉下施灰白色化妆土。

　　M530∶1，胎与露胎处均灰色。釉剥落殆尽。口沿残损。通高4、口径8.4厘米（图9-40-3；图版三八六-1）。

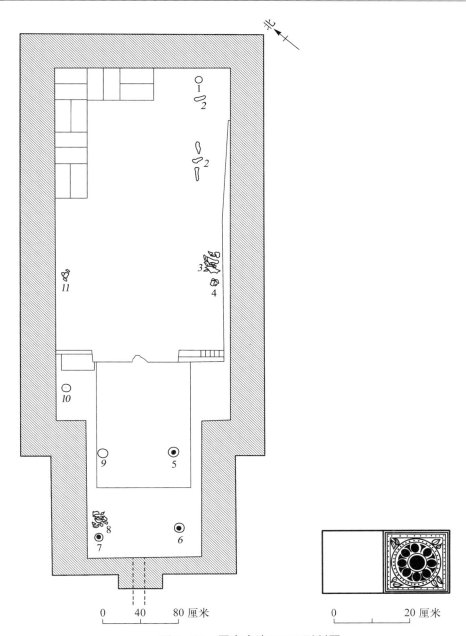

图9-39　周家大湾M530形制图

1.瓷圆唇碗　2.铁钉　3.瓷片　4.瓷圆唇碗　5.瓷圆唇碗　6.瓷碗　7.瓷圆唇碗　8.瓷圆唇碗　9瓷片　10.瓷碗　11.瓷片

M530∶4,露胎处浅灰泛黄。口沿经复原。通高4.1、口径8.4厘米(图版三八六-1)。

M530∶5,胎色灰,露胎处浅褐。釉色青黄。口沿残损。通高4.3、口径8.9厘米(图9-40-4;图版三八六-1)。

M530∶7,露胎处灰色。釉色青黄。口沿经复原。通高4、口径7.9厘米(图9-40-2;图版三八六-2)。

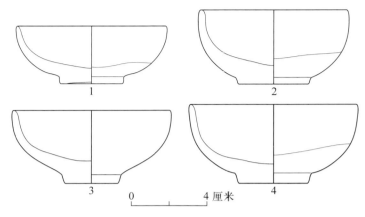

图9-40　周家大湾M530出土瓷圆唇碗

1. 瓷圆唇碗（M530：8）　2. 瓷圆唇碗（M530：7）　3. 瓷圆唇碗（M530：1）　4. 瓷圆唇碗（M530：5）

M530：8，胎色灰，露胎处灰褐。釉色青黄。口沿残损。通高3.1、口径8厘米（图9-40-1；图版三八六-2）。

周家大湾M531

周家大湾M531发掘时间为1958年4月4-6日，记录者为郭冰廉。

M531是一座券顶砖室墓，墓室平面呈长方形，附甬道与一对侧龛。侧龛位于甬道中部。发掘时仅存底部，后壁因挤压而内倾。墓向75°。墓底以砖"人"字形平铺。墓室地面高于甬道。墓室后部以莲花纹砖二横二直平铺成棺床。侧龛地面亦平铺砖台。封门底部有排水道。墓壁以卷草纹砖三顺一丁砌筑，间用人物画像砖。M531通长7.15米，甬道底宽1.06、进深2.86米，墓室底宽1.91、进深3.72米，左龛宽1.17、进深0.6米，右龛宽1.16、进深0.62米（图9-42、图9-41）。

本次整理涉及M531出土器物共12件，包括甲群11件。M531出土陶俑、陶动物俑均平背。

裲裆铠男立俑　4件。平背。

M531：18，直立，双手仗刀于身前。身着宽袖袍，外套裲裆铠，足蹬圆头履。胎色灰黄。左足缺失，冠部、右肩经复原。通高67.5厘米（图9-43-1；图版三八七-1）。

M531：1，仅存左足与刀尖，原形制应与M531：18相同。胎色灰黄。残高25.1厘米（图版三八八-3）。

M531：7，直立，双手仗刀于身前。头戴平巾帻，上着交领宽袖褶服，外套裲裆铠，胸际系带三周，下穿大口袴，膝下缚袴，足蹬履。胎色灰。平巾帻残损。通高34厘米（图9-44-4；图版三八七-2、图版三八七-3）。

M531：15，形制同M531：7。胎色灰。头部缺失。残高28.7厘米（图版三八七-2）。

图9-41 周家大湾M531发掘现场影像

袍服男立俑 3件。直立,袖手于身前。上着交领宽袖袍,胸际系带,下穿裙,足蹬高头履。平背。胎色灰(图版三八八-1)。

M531:2,发髻缺失。残高30.4厘米。

M531:3,头梳双球形髻。通高31.3厘米(图9-43-3)。

M531:5,头戴双管形冠。通高33.3厘米(图9-43-2;图版三八八-2)。

陶狗 1件。M531:17,立姿。胎色橙黄。耳部缺失,四肢残损。长33.3厘米(图9-44-3;图版三八九-2)。

陶禽 1件。M531:16,仅存躯干。胎色橙黄。残高12.2厘米(图9-44-1;图版三八九-3)。

陶莲座 2件。覆莲形,一角被削去,中有一贯通的圆孔。胎色灰(图版三八九-1)。

M531:4,通高5.5厘米(图9-44-2)。

M531:6,通高5.5厘米。

瓷盉 1件。M531:9,圆唇,直口,矮领,圆肩,鼓腹,圜底,肩部置一龙首形柄、二錾及一短直流,器底附三足。胎质较细腻,胎色浅灰泛黄,露胎处灰黄。器身内部仅口沿下方施釉,外表施釉及足中部。胎色青黄。二錾残损。通高14.3、口径7.1厘米(图9-45;图版三八九-4)。

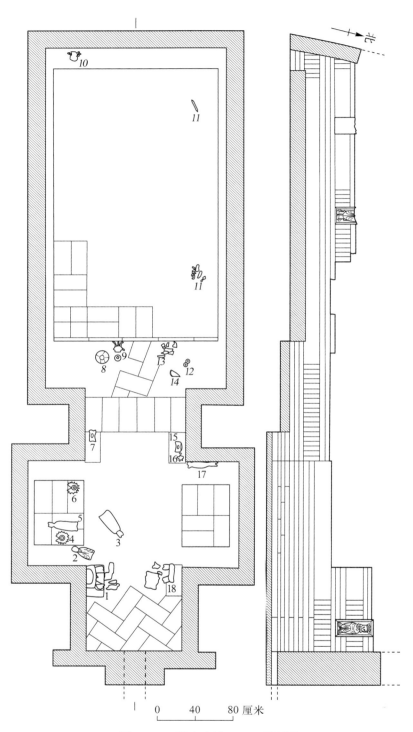

图9-42 周家大湾M531形制图

1. 裲裆铠男立俑 2. 袍服男立俑 3. 袍服男立俑 4. 陶莲座 5. 袍服男立俑 6. 陶莲座 7. 裲裆铠男立俑 *8. 瓷碗*
9. 瓷盉 *10. 铁器* *11. 五铢* *13. 瓷片* *14. 瓷片* 15. 裲裆铠男立俑 16.陶禽 17.陶狗 18.裲裆铠男立俑

1   0 ————— 8 厘米   3

图9-43 周家大湾M531出土男立俑

1.裲裆铠男立俑（M531：18）   2.袍服男立俑（M531：5）   3.袍服男立俑（M531：3）

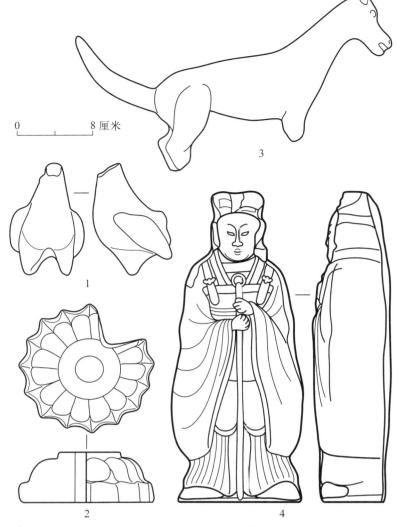

0   8 厘米

3

1

2   4

图9-44　周家大湾M531出土陶器

1.陶禽（M531：16）　2.陶莲座（M531：4）　3.陶狗（M531：17）　4.裲裆铠男立俑（M531：7）

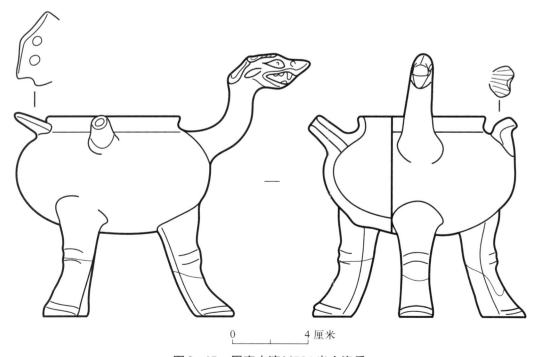

0   4 厘米

图9-45　周家大湾M531出土瓷盉

M531：9

第十章　大何家湾、傅家湾诸墓

大何家湾M151

M151位于大何家湾重具厂，发掘时间为1955年10月21-22日，记录者为郭冰廉。

M151是一座平面为"凸"字形的砖室墓，由甬道与墓室组成。墓向100°。墓底以二横二直砖平铺。墓室后部高出前部形成棺床。除封门用花纹砖外，墓葬其余均为素面砖或绳纹砖。墓壁砌筑方式不详。M151通长7.29米，甬道底宽1.11、进深1.43米，墓室底宽1.85、进深5.07米（图10-1）。

本次整理共涉及M151出土器物共2件。

瓷圆唇碗　2件。敞口，曲腹，饼足（图版三九〇-1）。

M151：1，足心内凹，足根处平削一周。胎质较细腻，胎色灰，露胎处深灰。外表施釉不及底。釉剥落殆尽。釉下施浅灰色化妆土。口沿残损。通高4.8、口径9.3厘米（图10-2-1）。

M151：3，平底，足根处刮削一周。胎质细腻，胎色白，露胎处白中泛黄。外表施釉及足。釉色青黄。口沿残损。通高4.4、口径9厘米（图10-2-2）。

大何家湾M153

M153位于大何家湾重具厂，发掘完成时间为1955年10月24日，记录者为郭冰廉。

M153是一座券顶砖室墓，墓室平面呈长方形，附甬道与一对侧龛。侧龛位于墓室前部。发掘时仅存墓底。墓上填土厚约3米。墓向112°。墓底以二横二直砖素面平铺。墓室后部砌棺床，系砌一层丁砖，再于其上平铺莲花纹砖。侧龛亦在墓底上平铺一层莲花纹砖形成砖台。封门下有排水道。墓壁以花纹砖三顺一丁砌筑，间用人物纹画像砖。M153通长6.49米，甬道底宽1.25、进深1.89米，墓室底宽2.13、进深4.23米，左龛、右龛均宽0.77、进深0.61米（图10-3）。

本次整理共涉及M153出土器物共8件。

瓷盘口壶　2件。长颈，圆肩，鼓腹，平底，肩部横置6系。胎质较细腻，胎色浅灰。

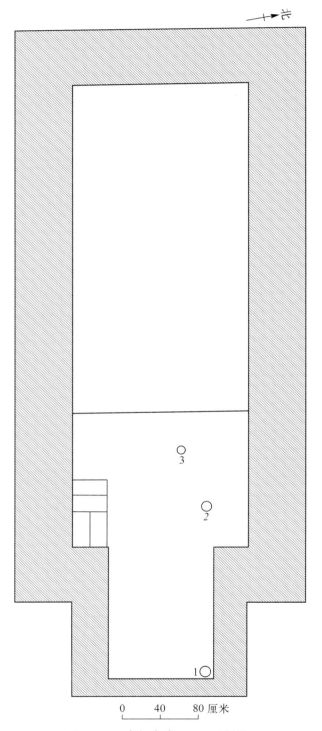

图10-1　大何家湾M151形制图

1. 瓷圆唇碗　*2. 瓷碗*　3. 瓷圆唇碗

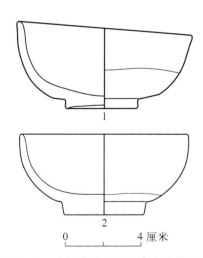

图10-2　大何家湾M151出土瓷圆唇碗

1. 瓷圆唇碗（M151：1）　2. 瓷圆唇碗（M151：3）

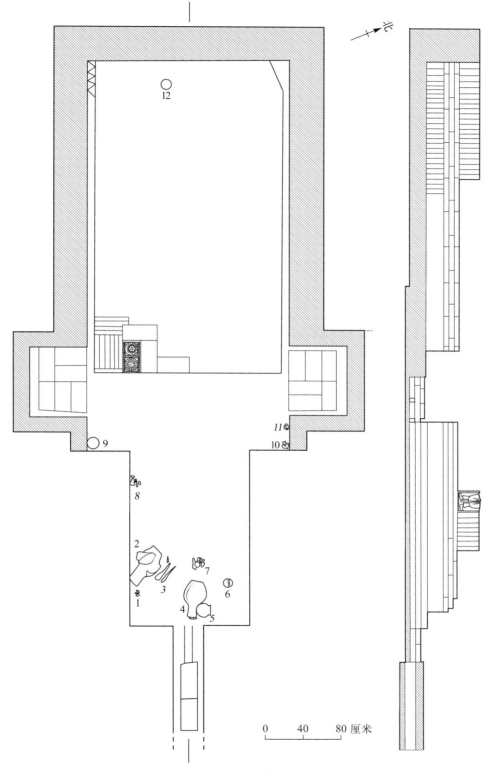

图 10-3　大何家湾 M153 形制图

1. 瓷方唇碗　2. 瓷盘口壶　*3. 铁钉*　4. 瓷盘口壶　*5. 瓷罐*　6. 瓷圆唇碗　7. 瓷钵　*8. 瓷碗*　9. 瓷圆唇碗
10. 瓷圆唇碗　*11. 瓷碗*　12. 瓷圆唇碗

　　M153:2,盘口缺失。露胎处浅黄。外表施釉及肩。釉色青黄。1系缺失,4系残损。残高43.5、腹径27.8、底径14.1厘米(图版三九〇-2)。

　　M153:4,圆唇,盘口外敞。露胎处浅灰泛黄。外表施釉及腹。釉色青中泛黄。2系及腹部残损。通高44、口径17.1、腹径23.3、底径11.9厘米(图10-4-5;图版三九〇-3)。

　　瓷圆唇碗　4件。圆唇,曲腹,饼足,平底,足根处经修整。釉下施化妆土。

　　M153:6,口微敛。胎质较粗,露胎处灰褐。外表施釉不及底。釉色青灰。约一半经复原。化妆土灰白。通高4、口径8.5厘米(图版三九一-4)。

　　M153:9,敞口。口沿下有2道弦纹。胎质较细腻,露胎处红褐。仅口沿内外施釉。釉色黄褐,受侵蚀,剥落严重。化妆土浅黄。口沿经修复。通高5.8、口径13.5厘米(图10-4-3;图版三九一-3)。

　　M153:10,口微敛。胎质较粗,露胎处灰褐。外表施釉不及底。釉色青黄。化妆土浅黄。口沿经复原。通高3.5、口径8.4厘米(图版三九一-4)。

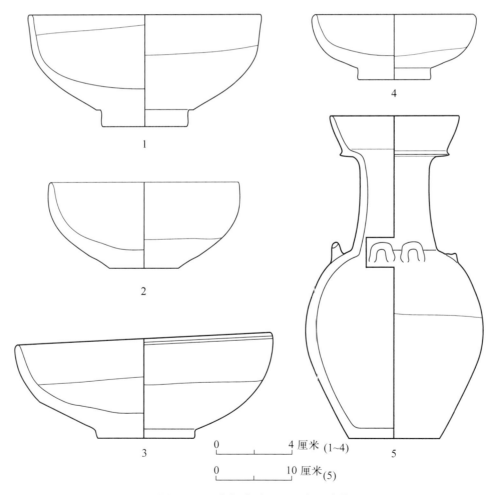

图10-4　大何家湾M153出土瓷器

1.瓷方唇碗(M153:1)　2.瓷钵(M153:7)　3.瓷圆唇碗(M153:9)　4.瓷圆唇碗(M153:12)　5.瓷盘口壶(M153:4)

M153：12，敞口。胎质较粗，露胎处灰褐，胎色灰。外表施釉不及底。釉色青灰。化妆土灰白。口沿残损。通高3.6、口径8.4厘米（图10-4-4；图版三九一-4）。

瓷方唇碗　1件。M153：1，直口，曲腹，饼足，足心内凹，足根处刮削一周。胎质较细腻，露胎处浅黄。仅口沿内外施釉。釉色青黄。口沿经复原。通高6.1、口径12.3厘米（图10-4-1；图版三九一-1）。

瓷钵　1件。M153：7，圆唇，直口，曲腹，平底。胎质较细腻，露胎处灰红。仅口沿内外施釉。釉色青黄，受侵蚀，有剥落。内部施满化妆土，外表则不及底，化妆土浅灰。口沿经复原。通高4.7、口径10厘米（图10-4-2；图版三九一-2）。

大何家湾M158

M158位于大何家湾重具厂，发掘完成时间为1955年10月24日，记录者为郭冰廉。

M158是一座平面为"凸"字形的砖室墓，由甬道与墓室组成。该墓被晚期墓葬打破，发掘时仅存墓底。墓底距当时地面3.5米。墓向173°。墓底铺莲花纹砖。墓室砌棺床，系砌一层丁砖，再于其上平铺莲花纹砖。棺床前铺一列莲花纹砖。甬道亦横向平铺一层莲花纹砖。墓前端有排水道。墓壁以砖三顺一丁砌筑。M158残长4.74米，甬道底宽0.98、进深0.91米，墓室底宽1.17、进深3.47米（图10-5）。

本次整理共涉及M158出土器物共2件。

瓷托炉　1件。M158：1，由炉与托盘组成。炉身圆唇，侈口，折腹内收成小平底，腹内折处附五兽爪形足，足上部为兽面；托盘尖唇，直口，折腹，圈足，足根处经修整，盘心有一圆孔。胎质较粗，露胎处浅褐。托盘底部不施釉。釉色黄褐，略有剥落。釉下施灰白色化妆土。通高8.7、炉口径10.3、托盘口径12.9厘米（图10-6-2；图版三九二-1、图版三九二-2）。

瓷钵　1件。M158：3，圆唇，敞口，曲腹，平底。盘心模印花瓣纹。胎质较粗，露胎处浅褐。外表施釉不及底。釉色青黄。口沿经复原。通高4、口径10.8厘米（图10-6-1；图版三九二-3）。

傅家湾M186

M186位于傅家湾重具厂，发掘完成时间为1956年1月26日，记录者为郭冰廉。

M186是一座券顶砖室墓，墓室平面呈长方形，附甬道与一对侧龛。侧龛位于墓室前部。墓底距地表约3米。墓向340°。墓底以砖人字形平铺。侧龛底部加铺一层莲花纹砖。封门下有排水道。墓壁以花纹砖三顺一丁砌筑。M186通长6.06米，甬道底宽1.39、进深1.74米，墓室底宽1.93、进深3.95米，左龛宽0.56、进深0.52米，右龛宽0.56、进深0.55米（图10-7）。

本次整理涉及M186出土器物共2件。

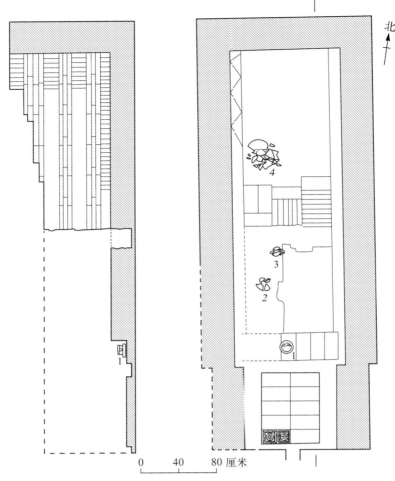

图10-5　大何家湾M158形制图

1.瓷托炉　*2.瓷碗*　3.瓷钵　*4.瓷罐*

北

0　　40　　80 厘米

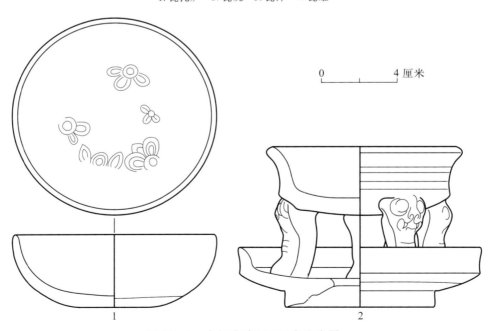

0　　　　　4 厘米

图10-6　大何家湾M158出土瓷器

1.瓷钵（M158：3）　2.瓷托炉（M158：1）

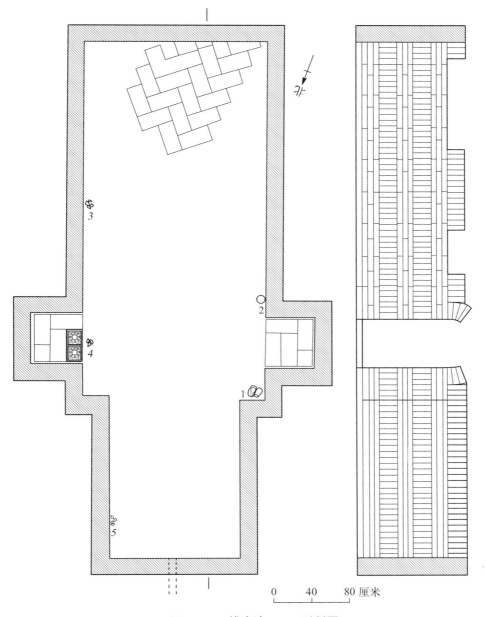

图 10-7　傅家湾 M186 形制图
1. 瓷盘口壶　2. 瓷圆唇碗　3. 瓷碗　4. 瓷碗　5. 瓷碗

　　瓷盘口壶　1件。M186：1，圆唇，盘口外敞，长颈，圆肩，鼓腹，平底，肩部横置6系。胎质较细腻，胎色浅灰，露胎处浅褐。外表施釉及腹。釉色青。口沿、1系经复原。通高43.4、口径16.8、腹径23.9、底径12厘米（图10-8-2；图版三九三-1）。

　　瓷圆唇碗　1件。M186：2，直口，曲腹，饼足，平底，足根处经修整。胎质较粗，胎色灰，露胎处深褐。外表施釉不及底。釉色青黄，有剥落。釉下施灰白色化妆土。口沿残损。通高3.1、口径7.7厘米（图10-8-1；图版三九三-2）。

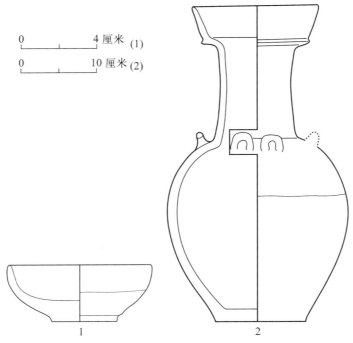

0 ————— 4 厘米 (1)
0 ————— 10 厘米 (2)

图10-8　傅家湾M186出土瓷器

1. 瓷圆唇碗（M186：2）　2. 瓷盘口壶（M186：1）

傅家湾 M395

　　傅家湾M395发掘完成时间为1956年8月17日，记录者为游绍奇。

　　M395是一座平面为"凸"字形的砖室墓，由墓室与头龛组成，发掘时仅存墓底。墓底距当时地表2.05米。墓向210°。墓底以砖"人"字形平铺。无排水道。墓壁以"十"字纹砖三顺一丁砌筑。M395通长3.8米，墓室底宽1.51、进深3.09米，头龛宽0.5、进深0.34米（图10-9）。

　　本次整理涉及M395出土器物共15件。

　　瓷盘口壶　1件。M395：6，尖唇，盘口外敞，长颈，圆肩，鼓腹，平底，肩部尚存3横系。胎质较细腻，胎色浅灰，露胎处浅灰泛黄。外表施釉至肩腹交界处。釉色青黄，剥落严重。口沿经复原。通高42.5、口径20.3、腹径24.9、底径15厘米（图10-10-7；图版三九三-3）。

　　瓷盘口罐　1件。M395：8，圆唇，盘口外敞，短颈，圆肩，鼓腹，平底，肩部尚存3纵系与1鋬。胎质较细腻，胎色浅灰，露胎处浅红。外表施釉不及底。釉色青黄。口沿残损，口沿、肩腹部经复原。通高30.4、口径17.8厘米（图10-10-6；图版三九三-4）。

　　瓷圆唇碗　1件。M395：4，敞口，曲腹，饼足，足心内凹，足根处平削一周。胎质较细腻，露胎处深灰。外表施釉不及底。釉色青褐，有剥落。釉下施浅灰色化妆土。通高4.4、口径8.6厘米（图10-10-1；图版三九四-4）。

瓷钵　8件。圆唇,敞口,曲腹,平底。胎质较细腻。内外施釉均不及底。釉下施化妆土。

M395:1,胎与露胎处均橙红。釉完全剥落。化妆土褐色。通高5.4、口径10.9厘米(图10-10-4;图版三九四-1)。

M395:2,露胎处深灰褐。釉剥落殆尽。化妆土浅灰。通高4.6、口径11厘米(图10-10-3;图版三九四-1)。

M395:3,胎色灰,露胎处深灰。釉剥落殆尽。化妆土浅灰。口沿残损。通高5.1、口径10.8厘米(图10-10-5;图版三九四-2)。

M395:9,露胎处灰褐。釉色黄褐,有剥落。化妆土灰白。通高3.4、口径10.2厘米(图10-10-2;图版三九四-2)。

M395:10,胎与露胎处均红褐。釉完全剥落。化妆土浅黄。口沿、底部残损。通高5、口径10.8厘米(图版三九四-3)。

M395:11,露胎处红褐。釉完全剥落。化妆土褐色。通高4.8、口径10.6厘米(图版三九四-1)。

M395:12,胎与露胎处均红褐。釉完全剥落。化妆土灰褐。口沿、底部残损。通高5、口径10.1厘米(图版三九四-3)。

M395:14,胎与露胎处均灰色。釉色青褐。化妆土浅灰。口沿残损。通高4.9、口径10.4厘米(图版三九四-2)。

开元通宝　4件。锈蚀较严重(图版三九四-5)。

M395:13-1,直径2.5厘米,重3.15克。

M395:13-2,直径2.4厘米,重4.01克。

M395:13-3,直径2.4厘米,重3.4克。

M395:13-4,直径2.4厘米,重2.63克。

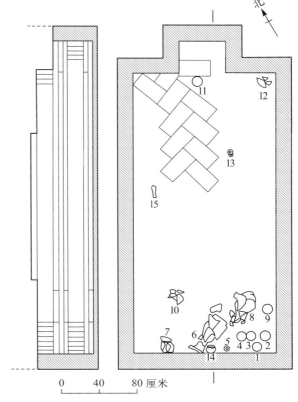

图10-9　傅家湾M395形制图

1. 瓷钵　2. 瓷钵　3. 瓷钵　4. 瓷圆唇碗　5. 开元通宝　6. 瓷盘口壶　7. 瓷片　8. 瓷盘口罐　9. 瓷钵　10. 瓷钵　11. 瓷钵　12. 瓷钵　13. 开元通宝　14. 瓷钵　15. 铁钉

图 10-10　傅家湾 M395 出土瓷器

1. 瓷圆唇碗（M395∶4）　2. 瓷钵（M395∶9）　3. 瓷钵（M395∶2）　4. 瓷钵（M395∶1）　5. 瓷钵（M395∶3）

6. 瓷盘口罐（M395∶8）　7. 瓷盘口壶（M395∶6）

第十一章 水利学院、天子岗诸墓

水利学院M128

水利学院M128发掘完成时间为1955年5月28日,记录者为夏承彦。

M128是一座砖室墓,墓室平面呈长方形,附甬道与两对侧龛,两对侧龛分别位于墓室前部与后部。墓上堆积厚5米。墓向不明。墓底以素面砖"人"字形平铺,墓室中部则以莲花纹砖二横二直平铺成棺床。封门底部有排水道,连通墓外排水管,发掘时排水管仍长达30米。墓壁砌筑方式不详。墓室侧壁各有5个小龛,后壁2个,原记录称其中发现有陶俑,应为生肖俑,但未能提取。M128通长5.71米,甬道底宽1.02、进深1.48米,墓室底宽1.4、进深3.59米,左前龛、右前龛均宽0.63、进深0.5米,左后龛宽0.55、进深0.5米,右后龛宽0.57、进深0.51米(图11-1)。

本次整理涉及M128出土器物共2件,包括甲群1件。

女立俑　1件。M128:4,直立。上着交领右衽衫,外套背带百褶裙,肩披帔。胎色红褐。头部与双臂缺失,腰间残损。残高19.3厘米(图11-2-2;图版三九五-1)。

瓷尖唇碗　1件。M128:1,直口,曲腹,饼足,平底,足根处经修整。胎质较细腻,胎色灰褐,露胎处灰黄。外表施釉不及底。釉剥落殆尽。釉下施白色化妆土。口沿残损。通高3.5、口径7.7厘米(图11-2-1;图版三九五-3)。

天子岗M506

天子岗M506发掘完成时间为1957年4月5日,记录者为李元魁。

M506是一座券顶砖室墓,墓室平面呈长方形,附甬道与两对侧龛。一对侧龛位于墓室前部,另一对位于墓室后部。墓向220°。墓底以砖"人"字形平铺,墓室中部以丁砖砌出棺床。甬道以莲花纹砖二横二直平铺出砖台,诸龛地面亦有砖台。封门底部有排水道。墓壁以花纹砖三顺一丁砌筑,间用画像砖。侧壁有小龛各7个,后壁有小龛4个。M506通长6.37米,甬道底宽1.19、进深1.6米,墓室底宽2.13、进深4.07米,左前龛宽0.71、进深0.61、高1.13米,右前龛宽0.72、进深

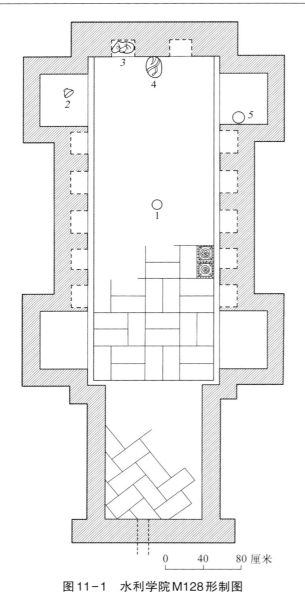

图 11-1　水利学院 M128 形制图

1. 瓷尖唇碗　2. 瓷碗　3. 生肖俑-戌狗　4. 女立俑　5. 磨

图 11-2　水利学院 M128 出土器物

1. 瓷尖唇碗（M128:1）　2. 女立俑（M128:4）

0.62 米，左后龛宽 0.74、进深 0.63、高 0.83 米，右后龛宽 0.74、进深 0.61 米（图 11-3）。

　　本次整理涉及 M506 出土器物共 3 件。

　　瓷盘口壶　1 件。M506:4，尖唇，盘口外敞，长颈，圆肩，鼓腹，平底，肩横置 6 系。胎质较细腻，胎色灰，露胎处黄褐。外表施釉及上腹。釉色青黄。口沿大部残损，3 系经复原，近底处有一处外鼓。通高 45.3、腹径 25.6、底径 12.3 厘米（图 11-4-3；图版三九五-2）。

　　瓷圆唇碗　1 件。M506:3，敞口，曲腹，饼足，平底，足根处刮削一周。胎质较粗，露胎处灰褐。外表施釉不及底。釉色青黄，有剥落。釉下施灰白色化妆土。通高 3.9、口径 8.5 厘米（图 11-4-1；图版三九六-1）。

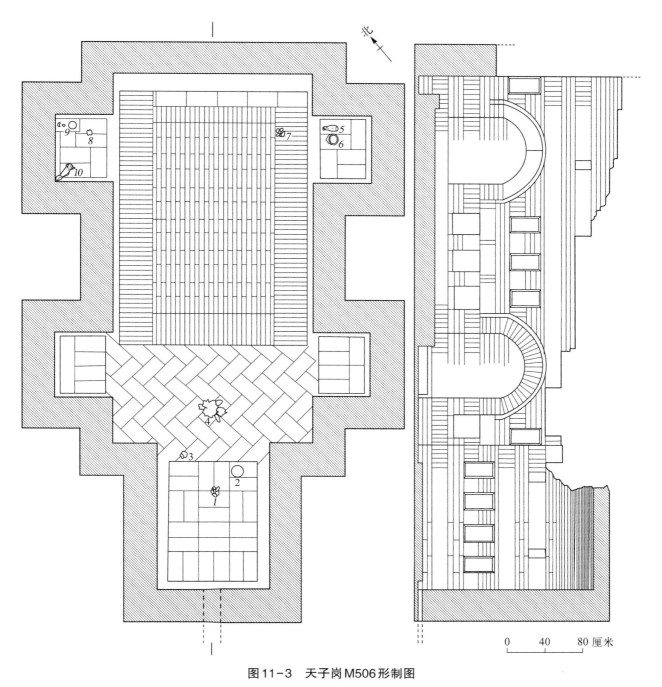

图 11-3　天子岗 M506 形制图

1. 瓷片　2. 瓷五足砚　3. 瓷圆唇碗　4. 瓷盘口壶　5. 牛　6. 磨　7. 瓷碗　8. 俑　9. 灶　10. 俑

　　瓷五足砚　1件。M506：2，平面圆形，底部附五兽爪形足。胎质较细腻，露胎处红褐。砚堂及砚底不施釉。釉色黄褐，有剥落。二足经复原。通高3.7、直径12.7厘米（图11-4-2；图版三九五-4）。

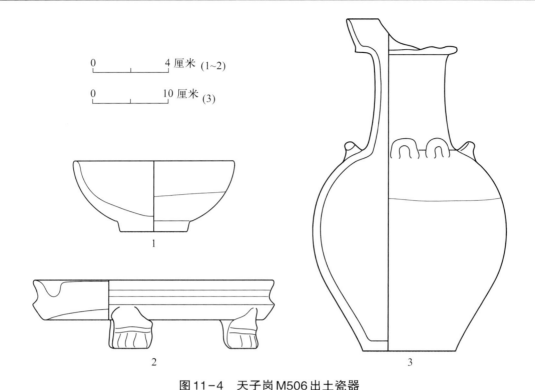

图11-4　天子岗M506出土瓷器

1. 瓷圆唇碗（M506：3）　2. 瓷五足砚（M506：2）　3. 瓷盘口壶（M506：4）

天子岗M513

天子岗M513发掘完成时间为1957年4月2日，记录者为陈恒树。

M513是一座平面近长方形的梯形券顶砖室墓。墓上堆积厚1.2米，填土黄黑色。墓向201°。墓底以砖"人"字形平铺，上以二层砖平铺出棺床，棺床上层用砖二横二直排列。记录中称"底砖花纹为莲花"。封门底部有排水道。墓壁以唐草纹砖三顺一丁砌筑，间用人物纹画像砖。M513通长4.05米，墓底长3.99、宽1.05-1.13米（图11-5）。

本次整理涉及M513出土器物共4件。

瓷方唇碗　3件。直口，曲腹，饼足，足心内凹，足根处刮削一周。胎质较细腻，胎色浅灰。外表施釉不及底。口沿残损（图版三九六-3）。

M513：1，露胎处灰白泛黄。釉色黄褐，剥落严重。通高4.6、口径8.2厘米（图11-6-3）。

M513：2，露胎处灰白泛黄。釉受侵蚀，剥落殆尽。通高4.3、口径8.1厘米（图11-6-2）。

M513：3，露胎处浅灰。釉色青黄。通高4.7、口径8.2厘米。

瓷盏　1件。M513：4，圆唇，敞口，曲腹，饼足，足心内凹，足根处刮削一周。胎质较细腻，露胎处浅黄。仅口沿施釉。釉色青黄，有流釉现象。通高4.5、口径16厘米（图11-6-1；图版三九六-2）。

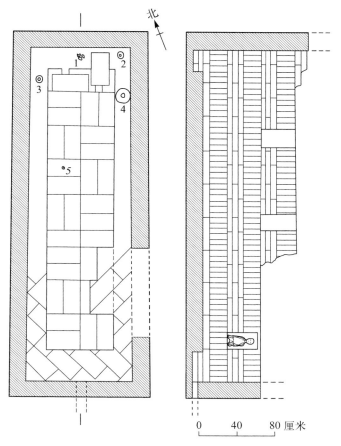

图11-5　天子岗M513形制图

1.瓷方唇碗　2.瓷方唇碗　3.瓷方唇碗　4.瓷盏　5. 铜钱

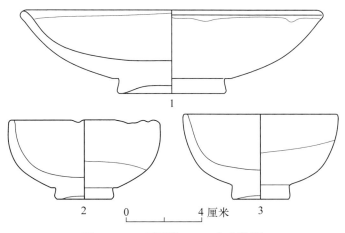

图11-6　天子岗M513出土瓷器

1.瓷盏（M513∶4）　2.瓷方唇碗（M513∶2）　3.瓷方唇碗（M513∶1）

天子岗 M517

　　天子岗 M517 发掘完成时间为 1957 年 4 月 15 日，记录者为陈恒树。

　　M517 平面为"凸"字形的券顶砖室墓，由甬道与墓室组成。墓上堆积厚 1.4 米。墓向 114°。墓底以砖"人"字形平铺，墓室以二层砖平铺出棺床，棺床上层用砖二横二直排列。封门底部有排水道。墓壁以砖三顺一丁砌筑。M517 通长 5.57 米，甬道底宽 1.21、进深 1.34 米，墓室底宽 1.8、进深 3.75 米（图 11-7）。

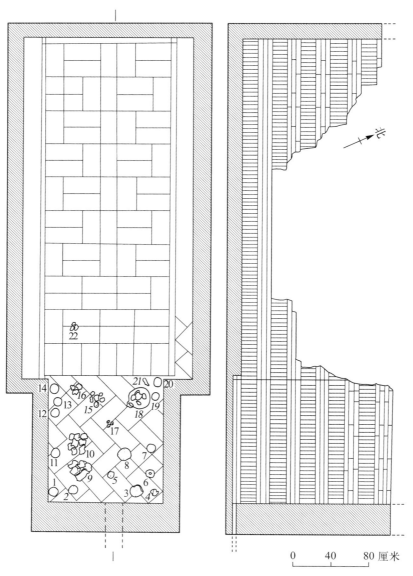

图 11-7　天子岗 M517 形制图

1. 瓷圆唇碗　2. 瓷碗　3. 瓷高足盘　4. 瓷碗　5. 瓷碗　6. 瓷圆唇碗　7. 瓷圆唇碗　8. 瓷方唇碗　9. 瓷片　10. 瓷盘口壶　11. 瓷圆唇碗　12. 瓷方唇碗　13. 瓷方唇碗　14. 瓷圆唇碗　15. 瓷片　16. 瓷片　17. 五铢　18. 瓷片　19. 瓷碗　20. 瓷圆唇碗　21. 银器　22. 瓷方唇碗

本次整理涉及M517出土器物共13件。

瓷盘口壶　1件。M517：10，尖唇，盘口微敞，长颈，圆肩，鼓腹，平底，肩部横置6系。胎质较细腻，胎色浅灰，露胎处浅黄。外表施釉至腹部。釉色黄中泛青。诸系、口沿残损。通高41.2、口径17.3、腹径26.6、底径14.6厘米（图11-8；图版三九七-1）。

瓷高足盘　1件。M517：3，圆唇，敞口，折腹，高圈足外撇，盘心模印模糊的纹饰。胎质较粗，胎色浅灰，露胎处浅褐。外表施釉及足。釉色青黄，有剥落。口沿残损，经复原。通高5.7、口径13.4厘米（图11-9-6；图版三九九-1）。

瓷圆唇碗　6件。直口，曲腹，饼足，足心内凹。外表施釉不及底。

M517：1，足根处经修整，胎质较粗，胎色灰，露胎处深灰。釉色青黄，有剥落。釉下施灰白色化妆土。口沿轻微残损。通高4.5、口径8.3厘米（图11-9-2；图版三九八-1）。

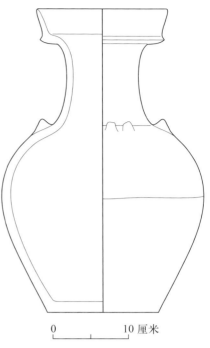

图11-8　天子岗M517出土瓷盘口壶
M517：10

M517：6，足根处经修整，口沿下有1道弦纹。胎质较粗，胎色灰，露胎处灰褐。釉剥落殆尽。釉下施浅灰色化妆土。通高5.2、口径8.2厘米（图版三九八-2）。

M517：7，足根处经修整，口沿下有1道弦纹。胎质较粗，胎色灰，露胎处深灰。釉完全剥落。釉下施灰白色化妆土。口沿残损。通高4.6、口径8.6厘米（图版三九八-1）。

M517：11，足根处经修整，胎质细腻，胎与露胎处均灰白。釉色青黄，有剥落。口沿轻微残损。通高6、口径8.3厘米（图11-9-3；图版三九八-3）。

M517：14，足根处刮削一周，口沿下有1道弦纹。胎质较粗，胎与露胎处均褐色。釉剥落殆尽。釉下施浅灰白化妆土。通高5.4、口径8.1厘米（图11-9-4；图版三九八-2）。

M517：20，足根处经修整，口沿下有1道弦纹。胎质较粗，露胎处灰色。釉完全剥落。釉下施灰白色化妆土。通高4.9、口径8.4厘米（图版三九八-1）。

瓷方唇碗　4件。曲腹，饼足，足心内凹。胎质较细腻，胎色浅灰。

M517：8，敞口，足根处刮削一周。露胎处灰白泛黄。仅口沿施釉，釉色青黄。口沿轻微残损。通高5.8、口径14.4厘米（图11-9-5；图版三九七-2）。

M517：12，直口，足根处刮削一周。露胎处浅黄。釉色青黄，有剥落。口沿轻微残损。通高5.8、口径8.4厘米（图版三九八-3）。

M517：13，直口，足根处刮削一周。露胎处均浅灰。釉色青黄，有剥落。口沿轻微残损。通高5.1、口径8.8厘米（图版三九八-3）。

M517：22，直口，足根处经修整。露胎处浅红。外表施釉不及底。釉受侵蚀，剥落殆尽。通

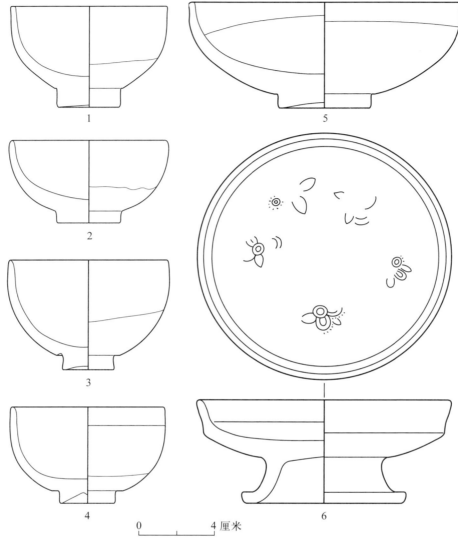

图11-9　天子岗M517出土瓷器

1.瓷方唇碗（M517∶22）　2.瓷圆唇碗（M517∶1）　3.瓷圆唇碗（M517∶11）　4.瓷圆唇碗（M517∶14）
5.瓷方唇碗（M517∶8）　6.瓷高足盘（M517∶3）

高5.5、口径8.3厘米（图11-9-1；图版三九七-3）。

五铢 1枚。M517∶17，锈蚀，边缘残损。直径2.15厘米，重1.26克（图版三九九-2）。

第十二章　武昌隋唐墓的分期与断代

建立分期框架、理清墓葬年代,是进一步研究武昌隋唐墓的基础。

权奎山的《南方隋唐墓的分区分期》与《武昌郊区隋唐墓出土陶俑的分期》、全锦云的《武昌隋唐墓葬出土陶瓷器初析》与《武昌唐墓所见铜官窑瓷器及其相关问题》,以及李梅田《长江中游地区六朝隋唐青瓷分期研究》[1],均涉及武昌隋唐墓的部分材料,对研究武昌隋唐墓年代有重要参考价值。

本报告第二章墓葬综述部分提到,武昌隋唐墓可以安史之乱为界分为早晚两期,两期墓葬存在明显差异。本章的主要工作即以此为基础,充实、细化武昌隋唐墓的年代框架。

除正文外,本报告附表一中也记录了武昌隋唐墓的基本信息,供读者参考。

一、早期(隋至安史之乱)墓葬的分期与断代

本期墓葬共102座。

武昌隋唐墓早期墓葬纪年材料匮乏,本地及周边地区可参考的同时期纪年材料也非常有限[2]。分析这批墓葬的年代,主要依赖类型学方法,分期、断代的主要根据在于出土遗物。这批墓葬形制变化相对有限,加之记录简略,故不作为墓葬年代判断的主要依据。在根据遗物对早期墓葬分期断代的基础上,下文也会对早期墓葬的形制演变作简要归纳。

---

[1] 载《华夏考古》2000年第4期,第83—99页。

[2] 两湖地区隋至唐前期纪年墓有湘阴大业六年(610年)陶智洪墓、安陆贞观年间吴王妃杨氏墓、郧县嗣圣元年(684年)李徽墓与开元十二年(724年)阎婉墓,诸墓简报发布时间均较早,信息量难以使今天的研究者满意,同时杨氏墓与郧县两墓墓主均属宗室,墓葬反映的所在地墓葬文化有限,对武昌隋唐墓断代工作帮助不大,详见:熊传新:《湖南湘阴县隋大业六年墓》,《文物》1981年第4期,第39—43页;孝感地区博物馆等:《安陆王子山唐吴王妃杨氏墓》,《文物》1985年第2期,第83—93页;湖北省博物馆等:《湖北郧县唐李徽、阎婉墓发掘简报》,《文物》1987年第8期,第30—42页。此外,万县永徽五年(654年)冉仁才墓随葬的瓷俑与武昌隋唐墓乙群产地相同,也有较大参考价值,详见四川省博物馆:《四川万县唐墓》,《考古学报》1980年第4期,第503—514页。

（一）瓷器的分期与断代

早期墓葬中，瓷器占出土遗物的大宗，除M3、M196、M247之外的墓葬均有出土。故厘清瓷器的特征与变化规律，是构建这批墓葬分期的一大切入点。根据瓷器的组合与特征，可较为清晰地将之分为两组，对应早晚两段，下试释之。

早期墓葬瓷器组合较稳定，盘口壶、碗与双唇罐最常见，另有钵、盂、托炉、砚、杯等器类。单种器类内部差异各不相同，如盘口壶、双唇罐面貌相对一致，而瓷碗面貌则相对复杂，可分为圆（尖）唇碗与方唇碗两类，且能作进一步的型式划分。

圆唇与尖唇当是碗成形过程中发生的个体差异，两者形态、特征差距不大，可作为一类处理。本报告以圆（尖）唇碗足根处的处理方式，将之分为A、B两型：

A型圆（尖）唇碗足根处经修整，部分标本在饼足根部刮削一周。此型碗一般为直口或微敞。根据腹部形态等特征可分为Aa与Ab两亚型：

Aa型圆（尖）唇碗腹部较浅，胎质较粗，多施化妆土，占A型圆（尖）唇碗的多数；

Ab型圆（尖）唇碗深腹，胎质较细腻，不施化妆土，数量较少，包括M21：7、M22：46、M66：7、M223：4、M448：2、M517：11与M534：4，共7件；

B型圆（尖）唇碗足根处则平削一周，平削处较宽，形成小平台状。根据口部形态可分为Ba与Bb两亚型：

Ba型圆（尖）唇碗敞口，部分唇部微敛；

Bb型圆（尖）唇碗口部微侈，且多在外表口沿下划弦纹。

A型圆（尖）唇碗与B型圆（尖）唇碗在胎釉上也有显著区别：A型碗胎色、露胎处颜色较浅，釉色以青黄、青灰为主，胎釉结合相对较好；B型碗胎色以灰色为主，露胎处亦偏灰、褐，总体较深，釉色则偏褐色，剥落严重。

上述圆（尖）唇碗A、B型的胎釉区别，在方唇碗上也有体现。本报告将早期墓中出土的瓷方唇碗分为A、B二型：

A型方唇碗胎与露胎处颜色较浅，多灰黄、浅黄、浅灰色，釉色以青黄为主，胎釉结合较好，多内外施釉均不及底的情况，但施釉范围较大，多能覆盖至中腹部，器型相对规整。有个别标本露胎处色深，或是烧制时窑炉气氛不稳定所致。根据腹部形态尺寸等特征可分为Aa与Ab两亚型：

Aa型方唇碗腹部较深，口径较小；

Ab型方唇碗腹部较浅，口径大，均超过14厘米，数量较少，包括M5：2、M66：4、M282：3、M350：10与M517：8，共5件。

B型方唇碗胎与露胎处颜色较深，多深灰、灰褐色，釉色亦较深，多青褐、黑褐，胎釉结合差，多见受侵蚀、剥落的现象，施釉范围小，常见仅口沿沾釉者，器型亦不及A型规整，有腹部直接收束成平底的情况。

将瓷碗作上述分类后，通过附表一可见以下现象：

A型圆（尖）唇碗与B型圆（尖）唇碗仅在M151与M434有同出的现象，A型方唇碗与B型方唇碗不同出,同时A型圆(尖)唇碗仅和A型方唇碗同出,B型圆(尖)唇碗仅和B型方唇碗同出。

瓷双唇罐仅与B型方唇碗同出;除去M434,瓷双唇罐仅与B型圆(尖)唇碗同出。

除去M434,A型圆(尖)唇碗、A型方唇碗与五铢同出,而B型圆(尖)唇碗、B型方唇碗与开元通宝同出。

基于上述现象,不难将早期墓葬分为两组,对应前后两段(表1):

早期早段墓葬,随葬瓷器以盘口壶、A型圆(尖)唇碗、A型方唇碗为主,另有钵、盂、托炉、高足盘、五足砚、盉等器类,与五铢同出,年代集中于隋代,以隋平陈的开皇九年(589年)为年代上限,个别墓葬年代或晚至唐初,如M100与M389,两墓出土的A型方唇碗胎釉结合差,胎的特征接近B型,墓葬年代可能已进入唐代。

早期晚段墓葬,随葬瓷器以盘口壶、双唇罐[1]、B型圆(尖)唇碗、B型方唇碗为主,另有钵、盂、带系盘口罐、五连盂砚等器类,与开元通宝同出,年代为唐初至安史之乱。

以此为基础,可归纳盘口壶的早晚特征。盘口壶在早期墓葬中广泛出土,形态、胎釉变化均不大,不过早期早段与早期晚段盘口壶存在一些细微差别,主要有三点:

其一,早段盘口壶肩部系的形态较圆润,截面呈椭圆形,而晚段盘口壶系截面近方形,棱角较明显;

其二,早段盘口壶最大径位置较低,多在腹部中间的位置,而晚段盘口壶最大径位置更高;

其三,早段盘口壶腹径与底径比值较大,超过2的占一半以上,无低于1.8者,而晚段盘口壶腹径与底径比值明显变小,低于1.8的占一半以上,无超过2者。

据此,可一定程度解决仅出土盘口壶墓葬的断代问题。

综合上述情况,可确定相关墓葬所属期段,详见附表一。

(二)基于四群随葬品的墓葬分期与断代

在对瓷器分期断代的基础上,参考墓葬中以陶俑与模型明器为核心的四群随葬品,可以进一步明确部分墓葬的年代。

本报告第二章中概述了武昌隋唐墓遗物分群情况。武昌隋唐墓四群随葬品的概念由权奎山在《武昌郊区隋唐墓出土陶俑的分期》中提出,是合理的、符合实际情况的,本报告从之。另一方面,此文也讨论了各群所涉墓葬的年代,结论有较高参考价值。只是受限于作者当时可掌握的材料,此文对部分武昌隋唐墓年代的认识存在可以商榷的余地。

本报告采取的思路是分析各群随葬品的演化过程,对相关墓葬进行分组,明确各组早晚顺序,

---

[1] 本报告所涉隋墓中不出双唇罐。武昌马房山隋墓出土有双唇罐,但形态与本报告双唇罐有明显不同,详见武汉市博物馆:《湖北武昌马房山隋墓清理简报》,《考古》1994年第11期,第997—1004页。而武汉测绘学院M32出土的双唇罐与本报告中的双唇罐形态类似,发掘者将M32定为隋代的根据是墓中出土的五铢,不过此墓形制显示其应为合葬墓,年代情况可能比较复杂,报告信息又较简略,故难以准确断代,详见武汉市文物管理处:《武汉测绘学院隋墓发掘简报》,《江汉考古》1984年第1期,第41—44页。要之,双唇罐在武昌地区的隋墓中有出现,但广泛流行于唐前期墓葬。

表1 武昌隋唐墓早期墓葬典型瓷器分段

器类 期段	盘口壶	碗 圆(尖)唇碗	碗 方唇碗	钵	带系 盘口罐	砚	托炉	高足盘	双唇罐
早期 早段	M5：1	Aa形 M494：4 Ab形 M448：2	Aa型 M136：3 Ab型 M66：4	M534：2	M21：15	M17：6 M142：2	M31：8	M21：10	—
早期 晚段	M495：12	Ba型 M161：45 Bb型 M359：54	B型 M180：3	M210：2	M434：26	M147：4 M495：17	—	—	M161：55

进而参考墓葬实际情况,与其他年代相对明确的墓葬进行类比,最终得出年代认识。就四群随葬品面貌复杂度而言,甲群为首,乙群次之,丙、丁二群相对简单,而四群在年代问题上则相反,丙、丁二群较清晰,乙群次之,甲群最复杂,故而这里以丁、丙、乙、甲的顺序,分析相关遗物、墓葬的年代。

丁群诸墓年代: 这里主要讨论M189、M196、M270与M495的年代,M189、M196与M270随葬品以三彩俑与模型明器为主,而M495出土的三彩三系小罐是此墓断代的主要依据。其他丁群器物与另三群随葬品同出,将在之后讨论中涉及。M189与M196出土的天王俑、镇墓兽与洛阳发现的长安三年(703年)张思忠墓[1]、景龙三年(709年)安菩墓[2]所出者近同(图12-1-1、图12-1-6)。M270发现的女立俑、男立俑、釉陶灶、釉陶鸭等器物均能在安菩墓中找到形制相似乃至同模的产品(图12-1-4、图12-1-5);开元六年(718年)洛阳李珣墓[3]出土的天王俑、镇墓兽与M270所出者形态基本一致,唯李珣墓所出者未上釉(图12-2-1);三彩抱鹅女俑则在景云元年(710年)长治李度墓有出土[4](图12-2-2)。巩义四三一处国库唐墓出土有与M495:21类似的三彩小罐[5](图12-2-3),此墓无纪年材料,但其镇墓兽、天王俑与M270出土者相同,年代亦应相差不大,简报中将巩义四三一处国库唐墓年代定为680—685年,过早。综合以上情况看,

图12-1　安菩墓出土部分文物

[1]　偃师县文物管理委员会:《河南偃师县隋唐墓发掘简报》,《考古》1986年第11期,第994—999页。
[2]　洛阳市文物考古研究院:《洛阳龙门唐安菩夫妇墓》,科学出版社,2017年。
[3]　中国社会科学院考古研究所:《偃师杏园唐墓》,科学出版社,2001年。李珣陶俑有可能是墓主神龙三年(707年)初葬时带入的。
[4]　长治市博物馆:《长治市西郊唐代李度、宋嘉进墓》,《文物》1989年第6期,第44—50页。
[5]　郑州市文物考古研究院等:《河南省储备局四三一处国库唐墓发掘简报》,《中原文物》2008年第3期,第14—22页。

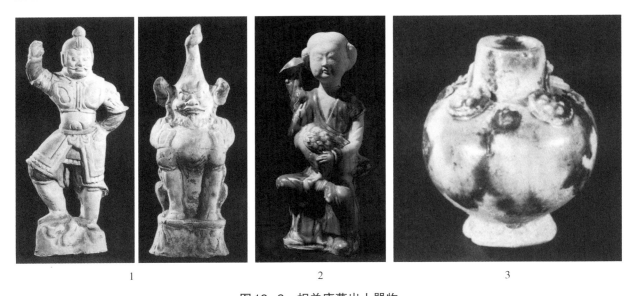

图12-2　相关唐墓出土器物

1. 李珣墓出土　2. 李度墓出土　3. 巩义四三一处国库唐墓出土

图12-3　扬州、无锡唐墓出土陶俑

1. 邗江杨庙唐墓出土　2. 高邮车逻唐墓出土　3. 无锡张子文墓出土

M189、M196、M270与M495年代均应在710年前后。

　　丙群诸墓年代：涉及M76、M210、M217与M253。这四座墓葬陶俑形态修长、风格相似，年代亦应相近。与丙群陶俑形态最接近者见于邗江杨庙唐墓[1]（图12-3-1）与高邮车逻唐墓[2]（图12-3-2），这两座扬州唐墓均无纪年，发表情况也不理想；另一方面，丙群陶俑与天宝二年（743

[1] 扬州市博物馆：《扬州邗江县杨庙唐墓》，《考古》1983年第9期，第799—802页。简报对此墓年代判断偏晚，有专文商榷，见东草：《关于〈扬州邗江县扬庙唐墓〉一文之商榷》，《东南文化》1986年第2期，第218—220页。
[2] 屠思华：《江苏高邮车逻唐墓的清理》，《考古通讯》1958年第5期，第36—37页。

年）吴县张子文墓[1]陶俑风格可属同类（图12-3-3），但区别较明显。换言之，扬州地区材料对研究丙群墓葬年代帮助有限。另一方面，M76、M253出土的唾壶、三彩盂、釉陶杯等非丙群能为这些墓葬的年代提供线索。M76出土的唾壶应为北方产品，与景龙三年（709年）安菩墓出土者相似度颇高（图12-1-2）。三彩盂在M76与M253中均有出土，巩义黄冶窑出土过不少类似器物[2]。M253的釉陶杯同样应为洛阳产品。与两者相似的遗物常见于洛阳唐墓，但报道并不充分，原因在于此类器物多为子母盘的一部分，简报、报告将之整体介绍，但对盘上的盂、杯等关照不足[3]，细言之，安菩墓出土的子母盘所承釉陶盂与M76：8、M253：2形态相同（图12-1-3），而长安三年（703年）张思忠墓、神龙二年（706年）崔沈墓[4]子母盘所承小杯则与M253：19近似。由是观之，M76与M253年代可能落在710年前后，M210、M217亦当如此。

乙群诸墓分组：权奎山在论文中将出土乙群陶俑的墓葬分为两组，大体可从。本报告在此基础上将相关墓葬分为三组，如下：

一组：M138、M148、M162、M276、M320与M439；

二组：M180、M280（与甲群同出）、M359（与甲群同出）与M401；

三组：M334、M378、M379、M434、M441与M444。

一组、三组俑的特征较鲜明，区别明显，体现在两点：第一，俑的形态，以镇墓武士为例，一组为持盾武士，如M162：15；三组镇墓武士则无盾牌，明光铠缀花形装饰，如M334：22；此外，三组陶俑细节刻划也不及一组者细致。第二，俑的胎色，一组中M138出瓷俑，其他墓葬陶俑则胎色浅，以白、浅黄为主；三组陶俑胎色明显更深，多灰红、灰黄。

本报告之所以单列二组，缘于此组诸墓所出乙群器物特征介乎一、三组器物之间。细言之，M401胎色整体接近一组，但形态上与一、三组同类器物都略有区别，例如M401出土3件袍服男立俑，这种陶俑不见于三组诸墓，而与M320、M439中的同类器物相比形态更为修长；又如，M401：99与M434：1同为持包袱男装女立俑，形态基本一致，但前者细节刻画优于后者。M180出土2件乙群俑，女立俑M180：7与M401：40、M401：73、M401：98相似，故这里也将此墓归入乙群二组。M280与M359则都存在甲乙群共存的情况。M280的乙群较特殊，胎色橙红，同时人物刻划细腻传神，造型与一、三组所出者均有不同。M359出土的乙群器物则为车、轮、甑等少量模型明器，特征不明显。为此，本报告也将这两座墓葬归入乙群二组。

甲群诸墓分组：甲群涉及墓葬最多，情况也最复杂。

早期早段墓葬所见陶俑与模型明器均属甲群，具体墓葬有M3、M17、M22、M31、M52、M128、M136、M142、M176、M282、M480、M494、M507与M531。换言之，上述墓葬年代大概率落于隋。

---

[1]　江苏省吴县文管会：《江苏吴县姚桥头唐墓》，《文物》1987年第8期，第49—51页。

[2]　河南省文物考古研究院：《巩义黄冶窑》，科学出版社，2016年，彩版六〇、六三。

[3]　此类子母盘在巩义芝田晋唐墓中出土多例，详见郑州市文物考古研究所：《巩义芝田晋唐墓葬》，科学出版社，2003年，第202—203页。遗憾的是，此报告体例存在缺陷，墓葬材料刊布不完整，且分期方案缺乏论证，有偏差，参考价值有限。

[4]　河南省文化局文物工作队：《河南偃师唐崔沈墓发掘简报》，《文物参考资料》1958年第8期，第64—66页。

　　这些墓葬中的陶俑有如下特征：体量偏大，譬如M52、M494、M176的生肖俑，完整者高度皆超过30厘米，M17、M52、M142、M494、M531均出土高大、沉重的裲裆铠男立俑；镇墓组合简单，出单个镇墓兽，造型多样，不见一人面、一兽面的成对镇墓兽；人物造型写实，比例较准确；女俑服饰风格统一，普遍着百褶裙。

　　M531陶俑较特殊，人物俑均半模制、平背，此墓所出鐎斗与大业六年（610年）湘阴陶智洪墓出土者相同，年代亦应为隋。

　　早期晚段的M8、M13、M49、M121、M147、M161、M216、M247、M280、M359、M382与M457亦出土甲组随葬品，面貌较复杂。M49与M247出土遗物太少，姑且不论，其他10座墓葬可分为以下几组：

　　一组：有M147、M161、M216、M121与M13。M147、M161、M216所出灰陶俑相似度甚高，生肖俑、甲士俑、持笏袍服男立俑等品类或为同模产品。M13的生肖俑与甲士俑做工较上述三墓更粗劣，但形态尚属一致。M121的生肖俑与M161等墓所出者同类，故这里也将其归入本组。

　　二组：有M280、M359与M382。这三座墓葬陶俑与模型明器情况较复杂。M280和M359均存在甲乙两群随葬品共存的情况，两墓中甲群胎以灰黄色为主，镇墓兽形态近似，人物风格有相似性，男女立俑刻划粗糙。M382的甲群则有两类，一类体量大，造型写实，接近早期早段墓葬所出陶俑，另一类包括M382：7、M382：11、M382：17与M382：18，尺寸小，造型欠细致，胎色亦为灰黄，其中女立俑M382：11与M359：41、M280：10形态接近，因此，这里姑且将M382归入此组。

　　三组：M8与M457。这两座墓葬出土甲群胎色以橙红为主，造型简略、抽象，风格相似，故归为一组。

　　甲群、乙群诸墓年代：上文列举了出土甲群的早期早段墓葬，它们应为隋墓，兹不赘述。

　　这里讨论出土甲群、乙群的早期晚段墓葬的年代问题。这些墓葬内涵丰富，但有年代标示意义的随葬品有限，两群随葬品还存在交叉的现象。基于这些情况，这里一并探讨它们的年代问题。

　　乙群情况相对清晰，故先以乙群入手。

　　乙群应产自湖南，该产地早期产品为瓷质，见于大业六年（610年）湘阴陶智洪墓、永徽五年（654年）万县冉仁才墓等处，两墓青瓷俑有一共同特点，即造型较稚拙。在之后发展中，瓷俑被胎色较浅的陶俑所取代，俑的造型水平得到提升，更写实、生动。何家垅M188随葬俑群，正是这一转变的写照，该墓瓷俑与陶俑同出，俑的形态也发生了明显变化，造型水平较陶洪智、冉仁才二墓瓷俑明显进步。

　　而将乙群一组陶俑与何家垅M188陶俑对比，不难发现两者相似度颇高，故而其年代亦应相近。值得一提的是，一组中M138瓷俑，形态较生动、写实，造型水平优于冉仁才墓瓷俑，与一组其他墓葬陶俑更接近，故M138年代应晚于冉仁才墓而近于何家垅M188。

　　乙群三组陶俑年代则更晚，俑胎色变深，偏灰、红，镇墓武士改变了样式，人物俑头部比例有缩小的趋势，整体不及一组陶俑细腻生动。三组诸墓中，M334出土的瓷五连盂砚还见于出

1 2 3

图12-4 相关唐墓出土文物

1. 崔拏墓出土 2. 白普珊墓出土 3. 巩义88HGZM112出土

土丁群器物的M270与M495;与M434出土的三彩盖罐类似者在永隆二年(681年)磁县白普珊墓[1]与长治崔拏墓[2]中有出土(图12-4-1、图12-4-2),就崔拏墓具体情况看,不排除此墓出土三彩盖罐的年代晚于墓志记载的永昌元年(689年)[3];M441∶6是洛阳产品,同模俑在巩义88HGZM112[4]中有出土(图12-4-3),此墓镇墓兽、男立俑似不多见,加之报道情况差强人意,具体年代难以确定,但应不至于晚到玄宗以后。综合这些线索,可推测乙群三组诸墓年代应落于武周至唐玄宗初年,即700年前后。

乙群一组诸墓年代应晚于冉仁才墓而早于三组诸墓。鉴于一组陶俑与三组陶俑面貌同大于异,故而这里推测一组诸墓年代接近三组诸墓而非永徽五年(654年)冉仁才墓,故而本报告将乙群一组诸墓年代推定为高宗晚期至武周时期,即680年前后。

换言之,武昌隋唐墓乙群的面貌相近,发展过程连贯,年代亦应较为集中。乙群一组与三组诸墓的年代可大体定为唐高宗晚期至玄宗初年这一区间,乙群二组诸墓年代也应不出这一范围。

乙群二组中的M280与M359同时属于甲群二组,同墓出土两群陶俑,需考虑墓中是否存在因合葬造成随葬品年代有先后的情况。遗憾的是,M280与M359原始记录信息量有限,墓主葬式、葬具信息阙如,遗物布局也受到扰动,故而可参考的信息有限。从陶俑与模型明器的种类观察,M280、M359中,甲、乙两群随葬品在品类上是互补的,并无重复、冲突的情况。就此,可认为基于

[1] 南水北调中线干线工程建设管理局等:《磁县双庙墓群考古发掘报告》,文物出版社,2017年。

[2] 长治市博物馆:《山西长治市北郊唐崔拏墓》,《文物》1987年第8期,第43—48页。

[3] 崔拏墓是一座祔葬墓,至少有6名墓主,三彩罐出土于西耳室前,很可能是西耳室中墓主迁葬时埋入的,不排除此器入葬时间晚于崔拏夫妇下葬时间的可能;无独有偶,此墓东耳室出土的方形铜镜也呈现出了较晚时期的风格。

[4] 郑州市文物考古研究所:《巩义芝田晋唐墓葬》。

乙群得出的M280、M359年代结论应不受影响。而M382出土两类甲群，均包含镇墓兽，有重复，因此两类随葬品年代应有先后。M382中体型高大、造型写实的一类陶俑，风格接近武昌隋唐墓隋代陶俑，年代应更早，不过镇墓兽M382：16外形似受到隋唐时期中原镇墓兽影响，与武昌隋唐墓中隋代镇墓兽不类，年代应稍晚，故这里推测M382中体型高大的一类陶俑年代为唐代初年，而M382：7、M382：11、M382：17与M382：18则较晚，与M280、M359中的甲群陶俑相同。故M382面貌最终形成的时间，也应在高宗晚期至玄宗初年这一区间内。

甲群一组有M147、M161、M216、M121与M13。M121与M13出红陶俑，做工较粗劣，应被视为M161等墓所出陶俑质量下降后的产品。换言之，M121与M13是本组墓葬中年代较晚的两座。M13出土三彩盂，即M76、M253出土三彩盂的同类产品。M121与M210形制相似，无甬道，属于武昌隋唐墓中规模最小的几座一类墓葬。由此看来，M13与M121年代可能与丙组墓葬相仿，在710年左右。而M147、M161与M216中，能帮助断代的器物更为匮乏。三墓早于M13与M121，考虑到原始记录称，M161与M216出土有三彩器或残片，故这里将这些墓葬年代定为三彩器流行的早期阶段，即690年前后。

甲群三组的M8与M457年代更难确定。两墓陶俑胎色均偏红，造型抽象，做工粗糙，观感类似M13、M121。M457与M13都出土了双人首连体俑，甲群遗物中仅此两件，或说明这种陶俑是受外地区影响、较晚出现的品种。参考M13与M121的断代，本报告姑且将M8与M457的年代定为710年左右。

行文至此，还需围绕武昌隋唐墓中两种器物的年代问题略作讨论，以解释上述墓葬年代分析中为何没有参考这两种器物。

一为小型多足砚，见于M276、M320、M359、M439、M457，砚面圆形，直径5厘米左右，胎色细腻洁白，除M439：34外均施绿色低温釉。就工艺特征看，这种器物很可能是洛阳产品。类似的釉陶砚还发现于扬州曹庄M2（萧后墓）[1]、贞观十七年（643年）朝阳蔡须达墓[2]、永徽六年（655年）朝阳孙则墓[3]、麟德元年（664年）固原史索岩墓[4]、神龙二年（706年）偃师宋祐墓[5]、神龙二年（706年）懿德太子墓[6]、巩义88HGZM13、92HGSM1[7]，这些例证多数尚存圈状底座，除宋祐墓出土者用黄褐色釉、92HGSM1出土者为三彩釉外，其他诸例均为绿色釉。可见，这种釉陶砚使用时间跨度大，对武昌隋唐墓的断代帮助有限。

二是开元通宝。开元通宝在不少唐墓简报、报告中被用作断代参考，诸家多引用徐殿魁的研

［1］　河南省文物考古研究院等：《黄淮七省考古新发现（2011—2017年）》，大象出版社，2019年，第608页。
［2］　辽宁省文物考古研究所等：《辽宁朝阳北朝及唐代墓葬》，《文物》1998年第3期，第4—26页。
［3］　辽宁省文物考古研究所等：《朝阳隋唐墓葬发现与研究》，科学出版社，2012年，第7—18页。
［4］　罗丰：《固原南郊隋唐墓地》，文物出版社，1996年，第31—54页。
［5］　中国社会科学院考古研究所：《偃师杏园唐墓》。
［6］　陕西省考古研究院等：《唐懿德太子墓发掘报告》，科学出版社，2016年。
［7］　郑州市文物考古研究所：《巩义芝田晋唐墓葬》。

究成果[1]，杜维善也持类似分期方案[2]。简言之，两家均将开元通宝分为早中晚三期，早期开元通宝以"辶"部左半作三小撇状为最大特征，中期开元通宝"辶"左半则连折或作似断非断状，晚期会昌开元背部铸产地。早期武昌隋唐墓中，中期开元通宝见于M434与M457[3]。徐殿魁与杜维善对中期开元通宝出现的时间的看法略有差异，徐殿魁认为中期开元通宝时间上限为天宝年间，而杜维善则定为开元年间。两家观点不统一，且两家观点提出的年代较早，未经后出的考古材料修正。就笔者目力所及，西安上塔坡村132号墓[4]与西安神功元年（697年）康文通墓[5]都出土了带有中期特征的开元通宝。从陶俑看，上塔坡村132号墓年代为唐高宗时期可能性颇大，几乎不可能晚到700年以后。由此，简单利用开元通宝的旧分期结论确定唐墓年代上限之举似不甚可靠，本报告不取。

（三）早期墓葬的形制演变

限于发掘时的记录水平，目前可掌握的武昌隋唐墓形制信息不甚详细，难以作为墓葬分期断代时的依据。不过，结合上述瓷器、陶俑的年代分析，今人也能获知早期武昌隋唐墓形制演变的一些规律，主要有两点。

其一，甬道宽度的变化。早期晚段墓葬甬道相较早段墓葬而言有加宽的趋势。早期早段墓葬甬道底宽平均值为1.18米，墓室底宽与甬道底宽比值的平均值为1.6，而早期晚段墓葬甬道底宽平均值提升到了1.43米，墓室底宽与甬道底宽比值的平均值降为1.38。

其二，墓室头龛的设置。早期早段墓葬中，设置头龛的做法仅见于M142、M480与M494。而在早期晚段墓葬中，设置头龛的情况相当普遍，53座早期晚段墓葬中，有30座墓葬设置头龛，超过了总数的一半。

武昌隋唐墓中，早期早段与晚段墓葬的形制确存在一些变化，但两者间的相似性、延续性是更为重要的方面。在分析同地区同时段其他墓葬的具体年代时，上述规律可供参考，但并不足以构成绝对的断代依据。

二、晚期（安史之乱至唐末）墓葬的分期与断代

武昌隋唐墓中，晚期墓葬有M110、M143、M164、M191、M192、M194、M202、M233、M331、

---

[1]　徐殿魁：《试论唐开元通宝的分期》，《考古》1991年第6期，第555—561页；徐殿魁：《唐代开元通宝的主要品类和分期》，《中国钱币》1992年第3期，第6—17页。
[2]　杜维善、顾小坤：《开元通宝系年汇考》，上海书画出版社，1996年。
[3]　具体为：M434∶17-28、M434∶17-29、M457∶22-2、M457∶22-2、M457∶22-7、M457∶22-9与M457∶22-10，此外，M247∶4也有中期开元通宝特征，但锈蚀严重，不能辨其期别。
[4]　西安市文物保护考古研究院：《西安南郊上塔坡村132号唐墓发掘简报》，《文博》2016年第1期，第23—28页。
[5]　西安市文物保护考古所：《唐康文通墓发掘简报》，《文物》2004年第1期，第17—30页。

表 2　武昌隋唐墓晚期墓葬出土瓷器器类

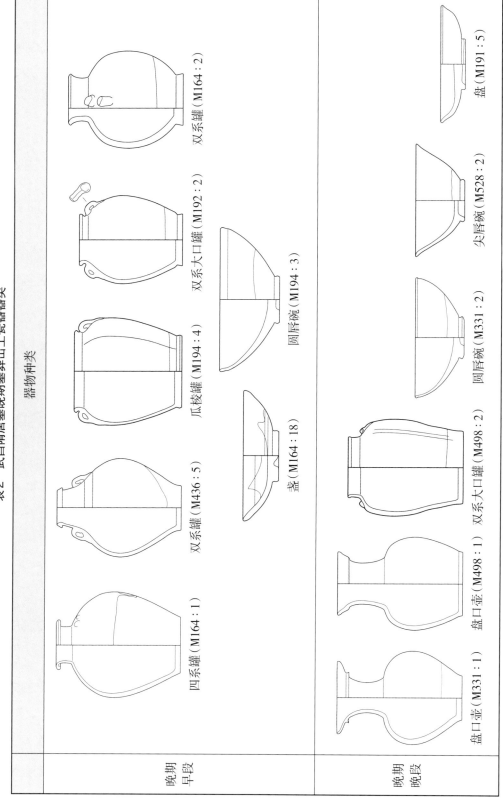

器物种类					
晚期早段	四系罐（M164：1）	双系罐（M436：5）	瓜棱罐（M194：4）	双系大口罐（M192：2）	双系罐（M164：2）
			盏（M164：18）	圆唇碗（M194：3）	
晚期晚段	盘口壶（M331：1）	盘口壶（M498：1）	双系大口罐（M498：2）	圆唇碗（M331：2）	尖唇碗（M528：2）	盘（M191：5）

M405、M432、M436、M498 与 M528，共 14 座。

　　晚期武昌隋唐墓的分期断代问题，权奎山《南方隋唐墓的分区分期》、全锦云《武昌唐墓所见铜官窑瓷器及其相关问题》及李梅田《长江中游地区六朝隋唐青瓷分期研究》均有所涉及，结论大体一致，可从。故本报告沿用既有的分期断代，不再作详细论证。

　　权奎山等学者的研究结论可被简单归纳为：根据盘口壶、瓜棱罐、双耳罐、瓷碗等长沙窑产品的变化（表 2），晚期武昌隋唐墓可分为早晚两段，在年代上以太和九年（835 年）甘露之变为界。

　　晚期早段墓葬有：M143、M164（贞元二十年，804 年）、M192、M194 与 M436；

　　晚期晚段墓葬有：M191、M331、M405、M498 与 M528；

　　而 M110、M202、M233 与 M432 中可帮助进一步断代的遗物有限，故不作细分。

第十三章 结 语

本报告涵盖了今武昌地区116座隋唐墓葬的资料，并讨论了这批墓葬的年代问题。报告最后将梳理这批墓葬的演变情况，总结其特殊性，并对武昌隋唐墓的产生背景与墓主身份作初步探讨。

一、武昌隋唐墓的演变

武昌隋唐墓总体可以安史之乱为界，分为早期墓葬与晚期墓葬。与早期墓葬相比，晚期墓葬规模缩小、形制单一，随葬品无论数量还是种类均有显著减少。在唐代其他地区，也普遍存在安史之乱后墓葬面貌大幅简化的情况。由此可见，武昌隋唐墓宏观上契合隋唐墓葬的整体演变趋势。

本报告中，早期墓葬占总数的近90%，内涵也较晚期墓葬更为丰富。早期墓葬可分为早、晚两段。形制方面，两段墓葬变化有限，主要区别体现在甬道宽度与头龛设置两方面。不过，在以俑群为主的随葬品上，早段墓葬与晚段墓葬之间发生了一些值得注意的变化。

早期早段墓葬仅见甲群，该时期甲群体态高大，人物造型准确、多样、生动，体现了较高的工艺水平。早期早段墓葬中瓷器种类多于晚段，且碗、钵、盘等器类的质量显著高于晚段同类器物。

早期晚段墓葬则出土甲、乙、丙、丁四群随葬品，这四群随葬品对应四个不同产地，使随葬品整体面貌呈现了更强的多样性。不过，本地生产的甲群较早期产品而言质量有显著下降，具体表现在陶俑尺寸缩水、造型水准下滑、风格单一等方面，举例言之，M147、M161、M216等墓葬出现了形态高度相似的模制陶俑，这些产品的模制痕迹非常明显，而在年代更晚的M8与M457中，陶俑制作水准进一步下降，堪称粗劣。同时，这一时期的武昌隋唐墓中，产自湖南的乙群数量上已与甲群相当，且制作工艺维持了较高水准。在瓷器方面，早期晚段墓葬中出土数量最多的碗、钵、双唇罐等器物普遍质量不佳，具体表现有造型不规整、胎色深、釉色偏褐、胎釉结合差等，工艺水准较早段墓葬中的同类器物有显著下降。

简言之，武昌隋唐墓的演变，宏观上契合了隋唐墓葬的整体变化历程，但武昌隋唐墓早期墓葬则显示出了鲜明而独特的变化轨迹。

二、武昌隋唐墓的特殊性

武昌隋唐墓的特殊性主要体现在以下三大方面。

其一，以隋至唐前期墓葬为主，是长江中游地区该时期墓葬最集中的发现。

武昌隋唐墓的年代集中于隋至唐前期，面貌上呈现了鲜明的地方特色。相比而言，在南朝时期长江中游的中心——江陵与襄阳，出土隋唐墓葬的数量远逊于武昌，内涵也不丰富。长沙是长江中游另一处隋唐墓葬集中出土的地区，发现逾500座[1]。不过，长沙隋唐墓以中晚唐时期土坑墓为主，隋至唐前期墓葬的数量与随葬品丰富程度亦不及武昌。即使放眼整个南方地区，武昌隋唐墓依旧是最集中、内涵最丰富的隋唐墓葬发现之一。

其二，墓葬面貌既延续南方传统，又体现了北方墓葬文化的影响。

武昌隋唐墓产生的大背景是南北方重归统一。在这批墓葬中，南方传统与北方影响均有明确体现。

墓葬形制突出体现了武昌隋唐墓继承南方传统的一面。武昌隋唐墓墓圹浅，采用的长方形券顶砖砌墓室，沿用了本地区南朝墓葬的流行做法，与同时期采用长斜坡墓道、土洞或穹窿顶砖室墓室的北方墓葬区别明显。墓志的使用情况也反映了武昌隋唐墓中的南方传统。武昌隋唐墓仅发现1方墓志，说明随葬墓志的做法在当时武昌一带仍未被广泛接受，本地区南朝墓葬的传统得到了延续。这与同时期北方墓葬中流行墓志的情况形成了鲜明反差。

武昌隋唐墓中的北方影响体现在以陶俑与模型明器为中心的随葬品上。长江中游地区南朝墓葬陶俑少见，而北朝墓葬俑群已颇为发达。相比南朝墓葬，武昌隋唐墓陶俑骤增，很可能是受北方葬俗影响的结果。不过，武昌隋唐墓俑的种类与同时期北方陶俑有明显区别，整体仪仗色彩淡薄，富有生活气息。可见，武昌隋唐墓并非简单照搬北方俑群。

其三，随葬品来源丰富。

本报告将武昌隋唐墓陶俑分为甲乙丙丁四群，每群陶俑特征鲜明，对应不同产地。目前看，这种现象在同时期墓葬中绝无仅有。该现象反映了入唐以后明器跨地区流通的繁盛。此类现象在以往未被深入讨论，是值得关注与深入的研究方向。[2]

三、武昌隋唐墓墓主身份

武昌隋唐墓出土文字材料匮乏，仅M52出土砖质买地券1块、M164出土石质墓志1方。这导

[1] 周世荣:《湖南古墓与古窑址》，岳麓书社，2004年，第137—155页。
[2] 就武昌隋唐墓的实际情况看，并无证据表明这些墓葬墓主主体为品官，故而这批墓葬中出现来自其他地区的随葬品，应该并非依据官方丧葬礼制进行调配的结果，而极可能系明器商品化流通的产物。

致今人难以知晓这批墓葬墓主的确切身份,只能在合理范围内做一些推测。

M52是早期早段的一座墓葬,出土残买地券1方,发掘记录称其年代为大业四年(608年)。买地券提及"前陈河东王宣毅府"。据《陈书》卷二八《高宗二十九王传》:"河东王叔献,字子恭,高宗第九子也。……太建五年(573年),立为河东王。七年,授宣毅将军,置佐史。"据此可推知M52墓主生前应系河东王陈叔献宣毅将军府的"佐史"之一,入隋后以前朝官吏的身份下葬[1]。这意味着即使无当朝官品,M52墓主在当时仍属地位较高、家庭条件较优越的阶层。本报告将所涉墓葬分为一、二两类,两类墓葬在规模、形制、随葬品丰富程度上均有显著不同,M52则是一座规模较大且出土器物数量、质量均甚可观的一类墓葬,可属厚葬。结合这些信息,可做一些推测,即:早期武昌隋唐墓中,一、二类墓葬可能对应两类墓主,一类墓葬墓主社会地位较高,应包括不少类似M52墓主的前朝官吏,他们家境也较殷实,能支持他们营建相对豪华的墓葬;二类墓葬相对简陋,墓主则属家庭条件普通的庶民阶层。亦即武昌隋唐墓中,一、二类墓葬的区别,应更多缘于墓主的社会地位与经济实力,目前看来,并无官僚系统中的等级作用其中的迹象。

M164出土"冯氏大娘"墓志1方,年代为贞元廿年(804)。冯氏生于官宦之家,其父为试光禄卿;兄长任汾州介休府折冲都尉;弟尚未入仕,为乡员明经。可见冯氏属于当时地位较高的阶层。而M164也是晚期武昌隋唐墓中出土遗物最丰富的一座。由此可推断,其他晚期墓葬墓主社会地位应不高于冯氏。

四、武昌隋唐墓出现的历史背景

武昌隋唐墓是一批特殊的考古材料,它们的出现离不开特定历史背景。然而,由于史料相对匮乏,这一特定历史背景尚不能得到完整复原。下文围绕此问题作初步讨论。

墓葬的集中出现,离不开对应的城市。刘宋孝武帝孝建元年,分荆、湘、江、豫四州之地立郢州,治所汝南县,地处夏口[2],即今武昌一带。"刘宋以汝南为江夏郡治。梁、陈因之。隋改置江夏县,鄂州治焉。大业初,又为江夏郡治。自是州郡皆治此。"(《读史方舆纪要》卷七六"江夏县")。可见自刘宋立郢州,今武昌地区一直保持了州郡治所的地位。这与该地所处战略位置紧密相关,如《南齐书》卷一五《州郡下》中称夏口"二州之中,地居形要,控接湘川,边带涢、沔"。

在南朝的大部分时间,长江中游地区的中心城市并非夏口,而是江陵与襄阳。然而在萧梁末期战争中,江陵与襄阳两大重镇为西魏攻陷,导致这种格局发生了改变。陈朝重建南方政权后,南北方转为划长江而治,夏口由内地转变为边陲重镇,战略地位上升。隋灭陈一役中,陈将周罗睺、荀法尚陈兵鹦鹉洲,与秦王俊率领的十万大军相持逾月,最终因建康陷落才投降杨隋[3],此即

---

[1]　权奎山在《武昌郊区隋唐墓出土陶俑的分期》中称M52墓主身份为"庶人"。
[2]　《宋书》卷三七《州郡三》:"汝南侯相,本沙羡土,晋末汝南郡民流寓夏口,因立为汝南县。沙羡令,汉旧县,吴省。晋武太康元年复立,治夏口。孝武太元三年,省并沙阳,后以其地为汝南实土。"
[3]　《隋书》卷六五《周罗睺传》、卷四五《文四子传》。

体现夏口重要性之一例。南朝晚期地缘格局的变化,是出现武昌隋唐墓的重要背景之一。

　　虽然长江中游格局在陈朝发生了变动,夏口一带地位提升,但武昌隋唐墓的出现,很难被简单归纳为当地因地位提升、实力凝聚导致的物质层面变化。参考《隋书》《通典》等史籍的记载,可知江夏的户口数要逊色于长沙、江陵与襄阳三地,如下表所示。由人口规模可以推测,在隋唐时期长江中游地区的大城市中,江夏的发展程度很可能并不突出。但在考古发现层面,江夏(即今武昌)发现的隋至唐前期墓葬,无论数量还是面貌,均超过了长江中游地区的其他城市。即使将考古发现的偶然性考虑在内,这种反差也是难以忽视的。

	江　夏	长　沙	南郡/江陵	襄　阳
《隋书·地理志》户数	13 771	14 275	58 836	99 577
《通典·州郡志》户数/口数	19 417/113 000	32 226/146 600	28 932/137 054	46 056/231 400

　　前文说到,武昌隋唐墓中,隋代的M52墓主很可能为前陈官吏。而武昌隋唐墓早期墓葬中,不乏与M52规模、随葬品数量相仿的一类墓葬。由此,可推测此类墓葬墓主身份与M52墓主类似。

　　将宏观层面变化与墓主身份相结合,可对武昌隋唐墓产生过程的历史图景作一些复原:侯景之乱,萧梁灭亡,陈朝继之,南北政权划江而治,夏口跃升为边境要地,成为汇聚人员、物资的地区中心,实力提升,以致隋平陈之后,此地遗留了一批身份类似M52墓主的前陈官吏。他们此时或许并无官品,但保持了较高的社会地位与优越的经济条件,他们根据自身需求,营建了规模大、结构复杂、随葬品丰厚的墓葬,以此引领了本地区墓葬面貌的变迁。同时,夏口作为通衢要津的独特区位,也为该地区墓葬兼容南北文化提供了非常有利的条件。在这些因素共同作用下,自隋代起,今武昌地区集中出现了一批形制结构等方面承续南朝传统,又在北朝墓葬影响下拥有发达俑群的独特墓葬[1]。

　　以上,尝试对武昌隋唐墓涉及的几个基本问题做了简单回答。武昌隋唐墓发掘于20世纪50年代,距今已近70载。纵观积累至今的南方隋唐墓葬,论材料之集中、内涵之丰富,武昌隋唐墓仍是其中翘楚。相较中原地区隋唐墓而言,南方隋唐墓的研究总体滞后,根源即在于材料的不足。因此,我们相信武昌隋唐墓的刊布,为南方隋唐墓研究的突破奠定了基础,必将发挥重大

---

[1]　相对而言,长江中游地区南朝时期的旧中心——江陵与襄阳则呈现出了另一番光景,两地在侯景之乱后为关中政权占领,《梁书》卷五《元帝本纪》称西魏攻陷江陵后“乃选百姓男女数万口,分为奴婢,驱入长安;小弱者皆杀之”。衣冠士族罹难、离散之事迹多见于史籍,可谓元气大伤,故而即使两地在之后人口有所回升,却已失去了产生新兴葬俗的社会与文化土壤。长沙的情况与江陵、襄阳略有不同,其作为湘州治所,在陈朝建立后是长江中游地区的中心之一,与夏口类似。《通典》卷一八三“潭州条”:“夫湘川之奥,人丰土辟,南通岭峤,唇齿荆雍,亦为重镇。梁、陈以来,皆因而不改。”相应的,长沙一带隋唐墓葬的发现也较为集中,只是隋至唐前期墓葬在数量、随葬品丰富程度等方面略逊武昌一筹。这一现象的成因或较复杂,尚需深入讨论。不过,两地区位的差异应是重要原因之一,以武昌沟通南北的地理位置,相对长沙而言更易获得其他地区生产的明器,也更有可能融汇南北,形成多样化的墓葬文化。

的学术作用。

　　从历史学的角度,基于文献史料对中国南方历史的研究,往往面临史料较少、"中原本位"的历史记载存在偏差等问题[1]。就武昌隋唐墓所处的时代而言,这两方面问题更是突出。在文献相对不足的情况下,考古材料无疑拥有了更高的史料价值。可见武昌隋唐墓的发表,对中古时期南方社会研究而言,也将是不可多得的重要材料。希望本书的出版能够成为一个契机,促使学界将更多目光投向隋唐时期广袤的南方。

---

[1]　鲁西奇:《中国历史的南方脉络》,收入氏著:《谁的历史》,广西师范大学出版社,2019年,第84—109页。

附表

武昌隋唐墓信息表[1]

墓号	出土地点	期段与年代	形制类型	结构	全长（米）/墓室底宽（米）/甬道底宽（米）/墓室宽	墓向（°）	墓壁	铺地情况	墓砖纹饰	排水设施	遗物数	遗物详情
2	万家湾	早早	二	仅墓室	4.38/1.14/—/—	60	—	√	棺床连花砖	√	9/6	Aa型瓷圆唇碗6
3	四眼井	早早	一	墓室+甬道+2对侧龛	6.39/2.04/1.14/1.79	153	三顺一丁	√	铺地连花砖	—	19/7	甲：陶磨2；陶盆1，双耳陶研钵1，带揖陶唇钵1，连瓣纹陶瓶1，连瓣纹陶钵1
5	万家湾	早早	二	仅墓室	3.42/1.08/—/—	230	三顺一丁	√	墓壁花纹砖，棺床连花砖	√	7/6	瓷盘口壶1（2.01），Aa型瓷方唇碗4，Ab型瓷方唇碗1
8	马房山	早晚	一	墓室+甬道+头对龛+2对侧龛	6.68/1.62/1.17/1.38	134	三顺一丁	√	墓壁花纹砖	—	25/26	甲：生肖俑6，男立俑3，女立俑3，女坐俑1，陶磨1，陶井1；瓷长颈壶1，瓷四系双唇罐4，Bb型瓷圆唇碗3；铜器1
9	马房山	早晚	二	墓室+1侧龛	3.32/1.19/—/—	233	三顺一丁	√	墓壁花纹砖，棺床连花砖	—	18/9	瓷双唇罐4，Ba型瓷圆唇碗2，Bb型瓷圆唇碗2，瓷唾壶1
13	马房山	早晚	—	—	—/—/—/—	—	—	—	—	—	—/14	甲：兽面镇墓兽1，双人首连体俑1，人首鸟身俑1，生肖俑2，甲土俑1，陶灶1；丁：三彩盂1；瓷鸡首壶1，瓷双唇罐2，Bb型瓷圆唇碗1，瓷钵2

[1] 本表格中，"全长"指墓葬除排水道以外的长度，带下划线者指墓室底长度，斜体者指墓室底宽度。"形制类型"一栏，一类墓葬带墓道，二类墓葬不带；"铺地情况"一栏指墓室底铺砖的情况，"√"指满铺，"√?"指具体情况不详，"—"指不满铺，"×"指不铺砖，"—"指情况不明；"遗物详情"一栏指本报告中报道的遗物数，之后的数字为原始记录中墓葬遗物数。"遗物数"一栏，之前的数字为原始报道的遗物数，斜体者指墓室出土盘口壶口径与底径比值。"遗物详情"一栏，早期墓葬出土盘口壶附腹径与底径比值。

续表

墓号	出土地点	期段与年代	形制类型	结构	全长(米)/墓室底宽(米)/甬道底宽(米)/墓室宽:甬道宽	墓向(°)	墓壁	铺地情况	墓砖纹饰	排水设施	遗物数	遗物详情
17	马房山	早早	一	墓室+1对侧龛	4.96/1.6/-/-	164	三顺一丁	√	墓壁花纹砖，棺床、砖合莲花砖	-	71/67	甲：镇墓兽1，生肖俑9，袍服男立俑2，女立俑2，长衣立俑1，陶鞍马1，陶灶1，瓷虎子1，瓷多足砚连座1，瓷高足盘12，Aa型瓷圆唇碗29，瓷高盂2，瓷杯3
21	马房山	早早	二	墓室+甬道	4.88/1.48/0.79/1.87	144	三顺一丁	√	墓壁波浪纹砖，人物砖	-	16/13	瓷罐1，瓷高足杯4，瓷高足盘3，Aa型瓷圆唇碗2，Ab型瓷尖唇碗1，瓷盂1，瓷钵1
22	马房山	早早	一	墓室+甬道+1对侧龛	5.98/1.87/1.14/1.64	132	三顺一丁	√	墓壁花纹砖，人物砖，铺地莲花砖	√	67/32	甲：裙服男俑1，卷发男立俑2，女立俑2，清洗女俑1，吹火女俑1，灶及操作女俑1，陶方仓1，陶台及操作女俑1，陶靴2，陶隐囊1，陶室形器1，陶槽形器1，陶饼足盘1，陶垂腹瓶1，陶长颈瓶1，陶灯1，陶禾明器1，陶多子榼2，陶砚1；瓷盘口壶1(2.03)，瓷盂2，Aa型瓷圆唇碗3，Ab型瓷圆唇碗1；五铢2
27	马房山	早早	二	墓室+甬道	4.59/1.53/0.93/1.65	200	-	√	墓壁人物砖，铺地莲花砖	-	12/8	瓷壶1，Aa型瓷方唇碗7
31	马房山	早早	-	-	-/-/-/-	-	-	-	-	-	-/17	甲：生肖俑5，女立俑2，陶白1；陶灶1，陶磨1，瓷多足砚1，瓷四耳盂2，瓷托炉1，Aa型瓷圆唇碗1，瓷杯1

续表

墓号	出土地点	期段与年代	形制类型	结构	全长(米)/墓室底宽(米)/甬道底宽(米)/墓室宽:甬道宽	墓向(°)	墓壁	铺地情况	墓砖纹饰	排水设施	遗物数	遗物详情
34	马房山	早早	二	仅墓室	3.4/0.58/-/-	206	一顺一丁	√	素面砖	-	1/1	Aa型瓷圆唇碗 1
49	桂子山	早晚	二	墓室+甬道	5.16/1.84/1.3/1.42	136	-	√		√	22/9	甲:袍服男立俑 1,男俑头 1;瓷盘口壶 1(1.79),瓷匜 1,Ba型瓷圆唇碗 1,Bb型瓷圆唇碗 1,瓷碗底 1,瓷钵 1
52	通湘门何家山	早早(608)	一	墓室+甬道+1对侧龛	8.64/2.52/1.38/1.83	168	三顺一丁	√	铺地莲花砖	√	47/38	甲:镇墓兽 1,生肖俑 12,裲裆铠男立俑 2,襦服男立俑 1,长衣男立俑 2,胡人男立俑 2,残男立俑 1,女立俑 8,陶鞍马 1,陶牛 2,陶磨 1;陶器 1,瓷盘口壶 1(2.52),Aa型瓷圆唇碗 2;砖买地券 1
63	何家垅	早早	二	墓室+甬道	4.9/1.27/0.95/1.34	148	三顺一丁	√	-	-	5/2	Aa型瓷尖唇碗 2
64	何家垅	早早	二	墓室+甬道	3.93/1.06—1.13/-/-	137	三顺一丁	√	铺地莲花砖	√	2/1	瓷盘口壶 1(2.04)
66	何家垅	早早	二	墓室+1侧龛	3.97/1.2/-/-	135	-	-	花纹砖	-	16/5	瓷托炉 1,瓷盒 1,Aa型瓷圆唇碗 1,Ab型瓷圆唇碗 1,Ab型瓷方唇碗 1

续表

墓号	出土地点	期段与年代	形制类型	结构	全长(米)/墓室底宽(米)/甬道底宽(米)/墓室宽(米):甬道宽	墓向(°)	墓壁	铺地情况	墓砖纹饰	排水设施	遗物数	遗物详情
76	何家垅	早晚	一	墓室+甬道+头龛+1对侧龛	7.57/2.03/1.7/1.19	148	三顺一丁	√		√	67/45	丙：人首双身连体俑1,陶鸟(朱雀)1,陶玄武1,兜鍪男立俑2,裲裆铠男立俑1,袍服男立俑2,长衣男立俑2,袍服胡人男立俑1,女立俑1,男装女立俑3,女坐俑1,残女俑3,陶鞍马2,陶骆驼2;丁：三彩盂1;陶钵1,瓷盘口壶1(1.72),瓷唾壶1,瓷双唇罐4,Ba型瓷圆唇碗3,瓷盂1；铜鎏金高足杯1,开元通宝5
84	何家垅	早早	二	墓室+甬道+前室	6.58/0.96(前室;1.72—1.88(后室)/0.74—0.87/1.98(最小值)	234	三顺一丁	√	铺地莲花砖	-	8/4	瓷盘口壶1(1.8),Aa型瓷方唇碗3
86	何家垅	早晚	一	墓室+1对侧龛	3.72/1.19/-/-	238	三顺一丁	√	-	√	10/9	瓷盘口壶1(1.81),瓷圆唇碗1,瓷方唇碗3;开元通宝4
96	水果湖	早早	二	仅墓室	4.08/1.05/-/-	216	三顺一丁	√	墓壁人物砖,棺床莲花砖	-	3/2	瓷盘口壶1(1.99),Aa型瓷圆唇碗1
100	水果湖	早早	一	墓室+甬道+1对侧龛	6.15/2.01/1.17/1.72	350	三顺一丁	√	墓壁人物砖,棺床,砖合连花砖	√	8/8	瓷盘口壶1(1.88),Aa型瓷方唇碗6,瓷盂1
107	何家垅	早晚	一	墓室+甬道+1对侧龛	4.75/1.94/1.49/1.3	260	二顺一丁	√	-	√	7/5	瓷双唇罐3,B型瓷方唇碗2

续表

墓号	出土地点	期段与年代	形制类型	结构	全长（米）/墓室底宽（米）/甬道底宽（米）:墓室底宽	墓向（°）	墓壁	铺地情况	墓砖纹饰	排水设施	遗物数	遗物详情
110	通湘门任家湾	晚	二	仅墓室	3.19/0.91—1.09/—/—	52	三顺一丁	√	—	—	9/12	陶罐1，陶盆1；滑石握2；开元通宝8
119	周家大湾	早早	二	仅墓室	4.06/1.16/—/—	248	二顺一丁	√	墓壁唐草砖，武土砖，铺地莲花砖	—	14/10	Aa型瓷圆唇碗5，Aa型瓷尖唇碗2，Aa型瓷方唇碗1，五处2
121	桂子山	早晚	一	墓室+头龛+1对侧龛	4.18/1.13/—/—	195	三顺一丁	√	墓壁花纹砖	√	46/42	甲：人面镇墓兽1，兽面镇墓兽1，生肖俑1，袍服男立俑4，女立俑10，女坐俑4，陶牛1，陶灶1，陶磨1；瓷盆口壶1(1.79)，瓷多足砚1，瓷四系双唇罐5，瓷圆唇碗3—Bb，B型瓷方唇碗1，瓷钵2
127	万家湾	早早	二	仅墓室	4.11/1.1/—/—	—	三顺一丁	√	墓壁唐草砖	—	5/2	Aa型瓷圆唇碗2
128	水利学院	早早	一	墓室+甬道+2对侧龛	5.71/1.4/1.02/1.37	—	三顺一丁	√	棺床莲花砖	√	5/2	甲：女立俑1；Aa型瓷尖唇碗1
131	周家大湾	早早	二	墓室+甬道	5.46/1.74/1.02/1.71	310	—	√	花纹砖	√	6/4	Aa型瓷圆唇碗3，Aa型瓷方唇碗1
136	桂子山	早早	一	墓室+甬道+1对侧龛	7.4/2.53/1.32/1.92	220	三顺一丁	√	墓壁花纹砖，人物砖，四神砖，棺床砖，合连花砖	√	24/20	甲：陶方座1；瓷盘口壶1(2.21)，瓷钵1，Aa型瓷圆唇碗9，Aa型瓷方唇碗1件，瓷盂1，五处6
138	桂子山	早晚	一	墓室+头龛+1对侧龛	4.44/2.04/—/—	230	三顺一丁	√	墓壁花纹砖，人物砖，四神砖	√	21/41	乙：瓷生肖俑4，瓷四系双唇罐1，B型瓷方唇碗4；开元通宝32

续表

墓号	出土地点	期段与年代	形制类型	结构	全长(米)/墓室底宽(米)/墓室底宽(米)/甬道宽:甬道宽	墓向(°)	墓壁	铺地情况	墓砖纹饰	排水设施	遗物数	遗物详情
142	周家大湾	早早	一	墓室+甬道+头龛+1对侧龛	8.18/2.18/1.41/1.55	138	三顺一丁	√	墓壁龙纹砖、人物砖、莲花砖	√	26/23	甲：生肖俑4、裲裆铠男立俑2、女立俑3、陶履2、陶方座9；瓷盘口壶1(2.19)、瓷五足砚1；残铭文镜1
143	桂子山	晚早	二	仅墓室	4.5/1.64/-/-	200	三顺一丁	\	-	-	4/2	瓷大口罐2
146	桂子山	早晚	二	仅墓室	3.39/0.87/-/-	150	二顺一丁	-	-	×	6/4	瓷圆唇碗4
147	桂子山	早晚	一	墓室+甬道+1对侧龛	5.94/1.89/1.52/1.24	134	三顺一丁	√	墓壁唐草砖、四神砖、铺地素面砖	√	40/38	甲：生肖俑7、甲土俑1、裲裆铠男立俑2、袍服男立俑1、女立俑1、女吹火俑1、陶灶1；乙：陶高足杯1；瓷盘口壶2(1.57)、瓷双唇罐5、Ba型瓷圆唇碗5、Bb型瓷圆唇碗1、瓷盂1、瓷多足砚1、铜熨斗1、开元通宝3、银杯1、铅盘2
148	桂子山	早晚	二	仅墓室	3.59/0.95/-/-	193	三顺一丁	√	墓壁唐草砖、武士砖	√	18/22	乙：女立俑1、禽1、陶炉1、陶带鋬盉1、陶盂1、陶瓶1、陶杯1；瓷杯1、Bb型瓷圆唇碗3、B型瓷方唇碗1、Bb型瓷圆唇碗5；铜碗1、开元通宝5
149	桂子山	早晚	一	墓室+头龛+1对侧龛	3.96/0.81/-/-	157	三顺一丁	√	素面砖	√	9/6	瓷双唇罐5、Ba型瓷圆唇碗1
151	大何家湾	早晚	二	墓室+甬道	7.29/1.85/1.11/1.67	100	-	√	封门花纹砖	-	3/2	Aa型瓷圆唇碗1、Bb型瓷圆唇碗1

续表

墓号	出土地点	期段与年代	形制类型	结构	全长（米）/墓室底宽（米）/甬道底宽（米）/墓室宽:甬道宽	墓向（°）	墓壁	铺地情况	墓砖纹饰	排水设施	遗物数	遗物详情
153	大何家湾	早早	一	墓室+甬道+1对侧龛	6.49/2.13/1.25/1.7	112	三顺一丁	✓	墓壁花纹砖、人物砖、砖合莲花砖	✓	12/8	瓷盘口壶2（1.96、1.97），Aa型瓷圆唇碗4，Aa型瓷方唇碗1，瓷钵1
158	大何家湾	早早	二	墓室+甬道	4.74/1.17/0.98/1.19	173	三顺一丁	✓	棺床莲花砖	✓	4/2	瓷托炉1，瓷钵1
161	桂子山	早晚	一	墓室+甬道+头龛+1对侧龛	6.39/2.22/1.64/1.35	160	三顺一丁	✓	墓壁唐草砖、宝瓶砖	✓	75/71	甲：人面镇墓兽1，兽面镇墓兽1，人面兽身俑1，人首鸟身俑1，生肖俑9，裲裆铠男立俑2，袍服男立俑2，持盾甲士俑1，甲士俑7，长衣男立俑3，披发男立俑1，男坐俑3，女立俑10，女踞坐俑2，残立俑1，陶鞍马2，陶牛1，陶骆驼1，陶灶1，陶磨2，陶碾1，陶轮1，陶方762；瓷盘口壶1（1.78），瓷四系双唇罐5，Ba型瓷圆唇碗4，Bb型瓷圆唇碗2，Ba型瓷尖唇碗2；开元通宝2，铁钉1
162	桂子山	早晚	一	墓室+甬道+1对侧龛	5.64/1.99/1.51/1.32	282	三顺一丁	✓	墓壁花纹砖	✓	41/43	乙：人首兽身带翼俑1，人首兽身俑1，生肖俑1，镇墓武士1，长衣男立俑2，胡人男立俑1，女骑俑1，女立俑2，鞍马1，陶牛1，陶羊2，陶猪1，陶狗1，陶鸡1，陶案1，陶睡壶1，陶烛台1，陶多足砚1，陶四系釜1，陶粉盒1，陶盂1；瓷盘口壶1（1.95），瓷钵1，Ba型瓷圆唇碗2，B型瓷方唇碗3

续表

墓号	出土地点	期段与年代	形制类型	结构	全长（米）/墓室底宽（米）/甬道底宽（米）/墓室宽：甬道宽	墓向（°）	墓壁	铺地情况	墓砖纹饰	排水设施	遗物数	遗物详情
163	桂子山	早晚	二	墓室+1侧龛	3.58/1.16/-/-	165	三顺一丁	√	墓壁花纹砖	√	18/15	瓷盘口壶1(1.92)、瓷四系双唇罐4,Ba型瓷圆唇碗2,Bb型瓷圆唇碗6；铜钵1铜剑1
164	桂子山	晚早(804)	二	仅墓室	3.73/0.81—0.96/-/-	175	三顺一丁	\	素面砖	-	22/22	瓷四系罐1,瓷双系罐5,瓷盖15；墓志1
176	周家大湾	早早	一	墓室+甬道+1对侧龛	5.96/2.08/1.17/1.78	244	-	√	墓壁花纹砖、人物砖、莲花砖	√	18/11	甲：生肖俑1、长衣男立俑1、女立俑1、女吹火俑1、陶牛1、陶屋1；残瓷壶1、瓷盖1、瓷盘1、Aa型瓷圆唇碗1、瓷盂1
179	桂子山	早晚	一	墓室+甬道+头龛+1对侧龛	5.24/2.01/1.53/1.31	280	三顺一丁	√	墓壁花纹砖	√	5/5	瓷盘口壶2(1.62,1.9)、瓷双系双唇罐1,Bb型瓷圆唇碗2
180	水果湖	早晚	二	仅墓室	4.05/0.76/-/-	45	二顺一丁	√	墓壁花纹砖	√	12/7	乙：长衣男立俑1、女立俑1；丁：三彩碗1；Ba型瓷圆唇碗1,B型瓷方唇碗2；开元通宝1
184	何家垅	早早	二	墓室+甬道	6.3/1.91/1.24/1.54	156	三顺一丁	√	墓壁花纹砖、人物砖、莲花砖	√	9/8	瓷盘口壶1(1.92),Aa型瓷圆唇碗6,Aa型瓷方唇碗1
186	傅家湾	早早	一	墓室+甬道+1对侧龛	6.06/1.93/1.39/1.39	340	三顺一丁	√	墓壁花纹砖、侧龛底莲花砖	√	5/2	瓷盘口壶1(1.99)、Aa型瓷圆唇碗1

续表

墓号	出土地点	期段与年代	形制类型	结构	全长（米）/墓室底宽（米）/甬道底宽（米）/墓室宽：甬道宽	墓向（°）	墓壁	铺地情况	墓砖纹饰	排水设施	遗物数	遗物详情
189	何家垅	早晚	一	墓室+甬道+头龛+1对侧龛	5.91/2.06/1.42/1.45	224	三顺一丁	√	墓壁唐草砖、四神砖	√	26/18	丁：人面镇墓兽1，兽面镇墓兽1，天王俑1，武官立俑1，男俑头1，女俑头1，三彩鞍马1，男装女立俑1，釉陶雌1，三彩罐1，瓷三系双唇罐4，瓷罐1，Ba型瓷尖唇碗1；铅环2
191	桂子山	晚晚	二	仅墓室	3.71/0.99—1.02/—/—	130	三顺一丁	√	素面砖	—	8/7	陶盆1，陶盖1，瓷盘2、瓷器底1；开元通宝1，乾元重宝1
192	桂子山	晚早	二	仅墓室	4.32/1.38/—/—	228	三顺一丁?	√		—	4/3	瓷四系罐1，瓷双系大口罐2
194	桂子山	晚早	二	墓室+头龛	4.18/1.12—1.32/—/—	160	二顺一丁	\	—	—	6/2	瓷瓜棱罐1，瓷圆唇碗1
196	何家垅	早晚	—	有墓室、甬道	4.84/1.78/—/—	210	—	√	墓壁四神砖	√	8/3	丁：兽面镇墓兽1，三彩鞍马1；陶羊1；乙：三彩罐1
202	大东门	晚	二	仅墓室	3.89/1—1.08/—/—	238	三顺一丁	×	—	—	2/1	瓷四系长颈壶1
209	周家大湾	早早	二	仅墓室	4/1.02/—/—	160	三顺一丁	√	棺床莲花砖	×	4/3	Aa型瓷圆唇碗3
210	周家大湾	早晚	一	墓室+1对侧龛	3.77/1.1/—/—	170	—	√	素面砖	√	5/4	丙：生肖俑1；瓷盘口壶1(1.93)、瓷钵1，Ba型瓷尖唇碗1

续表

墓号	出土地点	期段与年代	形制类型	结构	全长（米）/墓室底宽（米）/甬道底宽（米）/墓室宽：甬道宽	墓向（°）	墓壁	铺地情况	墓砖纹饰	排水设施	遗物数	遗物详情
216	钵盂山	早晚	一	墓室+甬道+头龛+2对侧龛	7.97/2.07/1.54/1.34	250	三顺一丁	√？	墓壁唐草砖	√	53/59	甲：人面镇墓兽1、兽面镇墓兽1、人面兽身俑1、勺1、生肖俑7、裲裆铠男立俑2、袍服男立俑2、持盾甲士俑2、甲士俑5、披发男立俑5、长衣男立俑4、男立俑5、女立俑5、女坐俑7、男装女立俑2、陶骆驼1、陶鞍马1、陶牛1、陶磨1、陶轮2、陶井1；瓷四系双唇罐1、Ba型瓷圆唇碗1；开元通宝1、铜带钧1
217	钵盂山	早晚	一	墓室+甬道+头龛+1对侧龛	7.5/2.28/1.63/1.4	220	三顺一丁	√	素面砖	√	–/18	丙：生肖俑2、兜鍪刀俑1、男俑头2；瓷盘口壶1(1.87)、瓷双唇罐4、瓷四系双唇罐1、Ba型瓷圆唇碗1；铜铫尾1、铜锉刀1、开元通宝4
219	钵盂山	早晚	一	墓室+1对侧龛	3.52/0.96/–/–	278	三顺一丁	√	素面砖	–	3/4	瓷双唇罐1、Bb型瓷圆唇碗1；开元通宝2
223	钵盂山	早早	一	墓室+甬道+1对侧龛	5.94/1.96/1.18/1.66	166	三顺一丁	√	墓壁唐草砖，墓底、棺床莲花砖	–	5/4	瓷五足砚1、Aa型瓷圆唇碗2、Ab型瓷圆唇碗1
232	钵盂山	早晚	二	仅墓室	3.8/1.14/–/–	240	三顺一丁	√	墓壁唐草砖	√	3/3	瓷盘口壶1(1.75)、B型瓷方唇碗2
233	钵盂山	晚	二	仅墓室	4.01/1.14/–/–	230	三顺一丁	\	素面砖	–	3/1	团花纹铜镜1

续表

墓号	出土地点	期段与年代	形制类型	结构	全长(米)/墓室底宽(米)/甬道底宽(米)/墓室宽	墓向(°)	墓壁	铺地情况	墓砖纹饰	排水设施	遗物数	遗物详情
236	钵盂山	早晚	二	仅墓室	3.38/0.66/-/-	150	三顺一丁	√	墓壁唐草砖、人物砖	-	6/6	瓷双唇罐4,Bb型瓷圆唇碗2
237	钵盂山	早晚	二	仅墓室	3.09/0.78/-/-	150	三顺一丁	√	墓壁唐草砖、人物砖	√	1/1	瓷盘口壶1(1.57)
243	周家大湾	早早	二	墓室+甬道	6.09/1.89/1.17/1.62	277	三顺一丁	√	墓壁花纹砖、人物砖	√	9/5	瓷盘口壶1(2.02),瓷唾壶2,Aa型瓷圆唇碗2
247	何家垅	早晚	二	墓室+甬道	5.84/1.69/1.47/1.15	230	三顺一丁	√	-	-	7/4	甲:陶磨1;滑石握2;开元通宝1
253	钵盂山	早晚		墓室+甬道+1对侧龛	5.82/1.95/1.21/1.61	230	三顺一丁	√	墓壁画像砖	√	40/31	丙:生肖俑7,持盾甲士俑2,裲裆铠男立俑1,袍服男立俑2,长衣男立俑1,女立俑3,男装女立俑2,女坐俑2,陶鞍马1,陶骆驼1,陶禽1;丁:釉陶碗1,三彩盂1;瓷盘口壶1(1.94),瓷四系双唇罐1,Ba型瓷圆唇碗1,Ba型瓷尖唇碗3
255	钵盂山	早晚	一	墓室+甬道+头龛+2对侧龛	7.41/1.63/1.09/1.5	230	三顺一丁	√	墓壁唐草砖、钱纹砖	-	10/6	瓷三系双唇罐5,Bb型瓷圆唇碗1
258	钵盂山	早晚	二	仅墓室	3.62/0.91/-/-	120	三顺一丁	√	墓壁花纹砖	√	9/6	瓷三系双唇罐1,B型瓷方唇碗1,铜带扣2,铜铊尾2

续表

墓号	出土地点	期段与年代	形制类型	结构	全长(米)/墓室宽(米)/甬道宽(米)/墓室底宽:甬道宽	墓向(°)	墓壁	铺地情况	墓砖纹饰	排水设施	遗物数	遗物详情
270	钵盂山	早晚	一	墓室+甬道+1对侧头龛	5.98/2.03/1.65/1.23	206	三顺一丁	√	墓壁四神砖	√	48/43	丁:人面镇墓兽1,天王俑1,文官俑1,长衣男立俑5,胡人男立俑1,女立俑3,抱鹅女坐俑1,三彩鞍马2,三彩骆驼3.釉陶羊1,釉陶鸭1,釉陶狗2,釉陶猪1,陶碓1,陶灶1,陶井1,陶粉盒1,陶杯1,釉陶碗2,三彩三足炉1;乙:陶杯1;瓷三系双唇罐2,瓷三系盘口执壶1,瓷五连盂碗2,瓷水盂1,B型瓷方唇碗4
275	钵盂山	早晚	二	墓室+甬道	4.66/1.57/1.11/1.41	140	三顺一丁	√	墓壁唐草砖,人物砖,宝瓶砖	√	7/7	瓷盘口壶2(1.56,1.98),B型瓷方唇碗3;开元通宝2
276	钵盂山	早晚	二	仅墓室	4.91/1.65/-/-	114	三顺一丁	√	墓壁花纹砖	-	23/25	乙:生肖俑3,昆仑奴男立俑1,女立俑1,残立俑1,陶牛1,女坐俑1,陶车厢1,陶灶1,陶磨1,陶四系盆2件,陶盆1,陶鼎2,陶杯3,陶高足杯1,陶盂1;丁:三彩多足砚1;瓷四系双唇罐3
280	钵盂山	早晚	一	墓室+甬道+2对侧头龛	7.72/1.98/1.48/1.34	112	三顺一丁	√	墓壁唐草砖,人物砖,四神砖,棺床莲花砖,狮子砖	√	31/34	甲:镇墓兽1,生肖俑9,袍服男立俑1,长衣男立俑1,女立俑4,残立俑2,陶莲座1;乙:镇墓武士1,袍服男立俑2,女立俑3,男装女立俑1,陶牛1,陶鞍马1,陶鸡2;瓷三系双唇罐1,B型瓷方唇碗2;石研钵1

续表

墓号	出土地点	期段与年代	形制类型	结构	全长（米）/墓室宽（米）/甬道底宽（米）/墓室宽：甬道宽	墓向（°）	墓壁	铺地情况	墓砖纹饰	排水设施	遗物数	遗物详情
282	钵盂山	早早	一	并列双墓室+1对侧龛	3.96/1.27（右）;1.13（左）/-/-	118	三顺一丁	√	墓壁唐草砖	√	13/7	甲：陶狗1；Aa型瓷圆唇碗2、Aa型瓷方唇碗2、Ab型瓷方唇碗1、瓷钵1
285	钵盂山	早晚	二	墓室+甬道	4.88/1.85/1.49/1.24	128	三顺一丁	√	墓壁唐草砖、人物砖	√	5/6	瓷盘口壶1、瓷广口罐2、Ba型瓷圆唇碗1、瓷钵1、瓷盖1
305	钵盂山	早晚	二	仅墓室	3.4/1/-/-	132	二顺一丁	×	素面砖	-	2/2	瓷盘口壶1（1.81）、瓷四系罐1
320	钵盂山	早晚	一	墓室+甬道+头龛+1对侧龛	6.48/2.09/1.58/1.32	112	三顺一丁	√	墓壁花纹砖	√	45/40	乙：人面镇墓兽1，龙首双身连体俑1，人首鸟身俑1，生肖俑1，袍服男立俑2，甲士俑2，长衣男立俑3，女立俑6，残立俑2，陶鞍马1，陶骆驼1，陶牛1，陶磨架1，陶灶1，陶禽1，陶方形连座1，陶盒1；丁：三彩多足砚2；瓷盘口壶1（1.81），瓷四系大口罐1、瓷盂2、Bb型瓷圆唇碗1
331	大东门	晚晚	二	仅墓室	3.94/1.12—1.29/-/-	160	三顺一丁	\	-	-	2/2	瓷盘口壶1、瓷圆唇碗1
334	钵盂山	早晚	一	墓室+甬道+头龛+1对侧龛	6.85/2.19/1.48/1.48	94	三顺一丁	√	墓壁花纹砖	√	33/23	乙：人面镇墓兽1、兽面镇墓兽1、龙首双身连体俑1、人首鸟身连体俑1、生肖俑1、镇墓武士1、长衣男立俑4、胡人男立俑1、男立俑1、女立俑1、陶牛1、装女立俑1、陶鞍马2、陶车厢1、陶围棋盘1、陶五连盂1、陶磨1、陶盂1；瓷五连盂砚1、Ba型瓷圆唇碗1；瑞兽葡萄镜1

续表

墓号	出土地点	期段与年代	形制类型	结构	全长（米）/墓室底宽（米）/甬道底宽（米）/墓室宽：甬道宽	墓向（°）	墓壁	铺地情况	墓砖纹饰	排水设施	遗物数	遗物详情
350	钵盂山	早早	一	墓室+甬道+2对侧龛	6.99/2.11/1.4/1.51	150	三顺一丁	√	墓壁宝瓶砖、人物砖、棺床莲花砖	√	11/22	Aa型瓷圆唇碗9、Ab型瓷方唇碗1、瓷碟12
359	钵盂山	早晚	一	墓室+甬道+头龛+2对侧龛	9.81/2/1.48/1.35	150	三顺一丁	√	墓壁唐草砖、人物砖、"米"字纹砖、四神砖、棺床狮子砖	√	55/60	甲：镇墓兽2、生肖俑11、袍服男立俑2、持盾甲士俑1、甲士俑2、胡人男立俑1、昆仑奴男立俑1、女立俑7、女坐俑4、女跪俑1、陶鞍马2、陶牛2、陶骆驼1、陶灶1；乙：陶车桶1、陶轮1、陶四系罐1、陶瓶1、陶杯1；丁：三彩多足砚1；瓷盘口壶2（1.72、1.78）、瓷钵1、Bb型瓷圆唇碗9、B型瓷方唇碗3；铜带扣1
378	钵盂山	早晚	一	墓室+甬道+1对侧龛	6.31/2/1.54/1.36	270	三顺一丁	√	墓壁唐草砖	√	4/5	乙：女立俑1；Ba型瓷圆唇碗2；开元通宝2
379	钵盂山	早晚	一	墓室+甬道+头龛+1对侧龛	5.97/1.81/1.09/1.66	190	三顺一丁	√	素面砖	√	28/34	乙：兽面镇墓兽1、龙首双身连体俑1、人首鸟身连体俑1、人首鸟身俑1、生肖俑12、镇墓武士2、胡人男立俑1、女立俑1、男装女立俑3、残立俑2、陶鞍马1、陶骆驼1、陶羊1、陶井1、陶轮1、陶灶1、陶磨1；瓷盘口壶1（1.65）、Ba型瓷圆唇碗1

续表

墓号	出土地点	期段与年代	形制类型	结构	全长（米）/墓室底宽（米）/甬道底宽（米）/墓室宽：甬道宽	墓向（°）	墓壁	铺地情况	墓砖纹饰	排水设施	遗物数	遗物详情
382	钵盂山	早晚	一	墓室+甬道+头龛+2对侧龛	10.59/2.19/1.62/1.35	140	三顺一丁	√	墓壁唐草砖,人物砖,"米"字纹砖,四神砖,棺床莲瓣砖	√	21/16	甲：人面镇墓兽1,兽面镇墓兽2,生肖俑3,袍服男立俑2,女立俑2,陶猪1；瓷烛台1,B型瓷方唇碗4
389	钵盂山	早早	一	墓室+甬道+1对侧龛	5.17/1.5/1.17/1.28	270	三顺一丁	√	墓壁唐草砖	√	11/8	瓷盘口壶1(1.9),Aa型瓷方唇碗3,瓷盂1,瓷盏1；铜铰形器1,残铜器1
395	傅家湾	早晚	二	墓室+头龛	3.8/1.5/-/-	210	三顺一丁	√	墓壁"十"字纹砖	×	15/15	瓷盘口壶1(1.66),瓷盘1,Ba型瓷圆唇碗1,瓷钵8；开元通宝4
398	钵盂山	早早	一	墓室+甬道+1对侧龛	6.31/1.82/1.13/1.61	140	三顺一丁	√	墓壁花纹砖,棺床"梅花"砖	√	8/3	Aa型瓷圆唇碗2；铜钵1
401	钵盂山	早晚	一	墓室+头龛+甬道+1对侧龛	8.4/3.41/-/-	108	三顺一丁	√	墓壁大型画像砖	√	102/89	乙：兽面镇墓兽1,龙首双身连体俑1,人首双身连体俑1,人首兽身鸟首俑1,生肖带翼俑1,人首鸟身俑1,袍服男立俑3,女立俑6,胡人男立俑2,女立俑6,男装女立俑2,残立俑1,陶路驼1,陶鞍马3,陶牛2,陶猪2,陶鸡2,陶鸭3,陶狗2,陶轮2,陶屋形器1,陶灶1,陶磨1,陶屋1,陶井1,陶案2,陶围棋盘1,陶双陆棋盘1,陶四系金1,陶三足器1,陶杯1,陶盆2,陶盘2,陶甑2,陶罐1,陶砚1,陶烛台1；瓷盘口壶2(1.77、1.95),瓷罐1,B型瓷方唇碗3；开元通宝7

续表

墓号	出土地点	期段与年代	形制类型	结构	全长（米）/墓室底宽（米）/甬道底宽（米）/墓室宽：甬道宽	墓向（°）	墓壁	铺地情况	墓砖纹饰	排水设施	遗物数	遗物详情
403	钵盂山	早早	二	仅墓室	3.91/1.1/-/-	150	-	√	-	-	5/3	Aa型瓷圆唇碗 2，瓷碗底 1
405	通湘门晒湖堤	晚晚	二	并列双墓室+2头龛	4.87/2.84/-/-	180	三顺一丁	√	-	-	6/3	陶盖 1，瓷圆唇碗 1；开元通宝 1
425	莲溪寺	早早	二	仅墓室	3.29/0.7/-/-	240	三顺一丁	√	墓壁唐草砖	-	3/2	瓷五足砚 1；铜柿蒂纹镜 1
432	瓦屋垅	晚	二	墓室+甬道	3.54/0.9—1.02/-/-	250	二顺一丁	\	素面砖	-	7/11	陶盆 1，陶盖 1，瓷大口罐 1；铜素面镜 1，铜镞 1，开元通宝 6
434	小龟山	早晚	一	墓室+甬道+头龛+1对侧龛	6.25/1.88/1.51/1.25	134	三顺一丁	√	墓壁唐草砖	√	61/83	乙：人面镇墓兽 1，兽面镇墓兽 1，人首双身连体俑 1，龙首双身连体俑 1，人首兽身带翼俑 1，人首鸟身俑 1，生肖俑 12，镇墓武士 2，长衣男立俑 1，胡人男立俑 1，女立俑 3，男装女立俑 1，女坐俑 4，陶骆驼 1，陶鞍马 1，陶牛 1，陶骆驼 1，陶柱 1，陶磨 1，陶井 1，陶碓 1，陶多足砚 1；丁：三彩盖罐 1；陶风字形砚 1，瓷盘口壶 1，瓷盘口罐 1，瓷双唇罐 4，瓷带系罐 2，瓷钵 2，Aa型瓷圆唇碗 4，瓷盂 1，Ba型瓷圆唇碗 1；开元通宝 28
436	瓦屋垅	晚早	二	仅墓室	3.5/0.97—1.08/-/-	157	二顺一丁	\	-	-	5/3	瓷瓜棱罐 1，瓷双系大口罐 1，瓷双系罐 1

续表

墓号	出土地点	期段与年代	形制类型	结构	全长（米）/墓室底宽（米）/甬道底宽（米）/墓室宽∶甬道宽	墓向（°）	墓壁	铺地情况	墓砖纹饰	排水设施	遗物数	遗物详情
439	何家垅	早晚	一	墓室＋甬道＋1对侧龛	4.9/1.57/1.08/1.45	244	三顺一丁	√	墓壁唐草砖	√	50/54	乙：人面镇墓兽1，兽面镇墓兽1，人首双身连体俑1，龙首双身连体俑1，人首兽身带翼俑1，人首兽身俑1，生肖俑1，镇墓武士2，甲士俑1，袍服男立俑4，长衣男立俑2，胡人男骑俑1，女骑俑1，女立俑2，男装女立俑1，女俑1，修复不当立俑1，陶牛1，陶路驼2，陶狗2，陶鸡2，陶车厢1，陶灶1，陶屋1，陶磨1，陶井1，陶碓1，陶四系釜2，带釜陶盆1，陶甑1，陶杯2，陶盒1，四足炉1；丁：陶多足砚1；陶半球形器3，瓷三系双唇罐3，Bb型瓷圆唇碗1
441	何家垅	早晚	一	墓室＋甬道＋头龛＋1对侧龛	5.35/1.94/1.26/1.54	250	三顺一丁	√	-	-	10/11	乙：龙首双身连体俑1，生肖俑4，镇墓武士1，胡人男立俑1，女坐俑2，陶甑1，瓷三系双唇罐1；瓷三系双唇罐1
444	何家垅	早晚	一	墓室＋甬道＋头龛＋2对侧龛	6.9/2.43/1.69/1.44	260	三顺一丁	√?	墓壁人物砖、四神砖	√	36/37	乙：人面镇墓兽1，兽面镇墓兽1，人首双身连体俑1，龙首双身连体俑1，人首兽身俑1，生肖俑1，镇墓武士2，长衣男立俑1，胡人男立俑1，男装女立俑1，女坐俑2，陶路驼1，陶鞍马1，陶牛2，陶路驼1，陶碓1，陶围棋盘1，瓷碗1；丁：陶多足砚1，瓷四系双唇罐1，瓷钵1；开元通宝4，铜镜残块1

续表

墓号	出土地点	期段与年代	形制类型	结构	全长（米）/墓室底宽（米）/甬道宽（米）/墓室宽：甬道宽	墓向（°）	墓壁	铺地情况	墓砖纹饰	排水设施	遗物数	遗物详情
446	何家垅	早早	一	墓室+甬道+1对侧龛	5.85/2.09/1.37/1.53	270	三顺一丁	√	墓壁唐草砖、人物砖、侧龛底连花砖	√	10/5	Aa型瓷圆唇碗4、瓷钵1
448	何家垅	早早	二	仅墓室	3.92/1.15/-/-	230	三顺一丁	√	墓壁唐草砖、砖合连花砖	√	4/10	瓷盘口壶1、Aa型瓷圆唇碗1、Ab型瓷圆唇碗1；五铢7
457	桂子山	早晚	一	墓室+头龛+1对侧龛	4.78/1.13/-/-	150	三顺一丁	√	墓壁唐草砖	√	32/33	甲：人面镇墓兽1、兽面镇墓兽1、双人首连体俑1、甲士俑1、兜鍪男立俑4、袍服男立俑1、长衣男立俑1、胡人男立俑2、女立俑2、女坐俑1、陶灶1；丁：三彩多足砚1；瓷盘口壶1（1.76）、瓷四系双唇罐3、瓷钵1；开元通宝10
466	莲溪寺	早早	二	仅墓室	3.94/1.14/-/-	230	三顺一丁	√	墓壁唐草砖、棺床连花砖	√	6/3	Aa型瓷圆唇碗3
478	周家大湾	早早	一	墓室+甬道+1对侧龛	6.08/1.91/1.17/1.63	165	三顺一丁	√	墓壁人物砖、四神砖	√	8/2	瓷盘口壶1（1.86）、Aa型瓷圆唇碗1
480	瓦屋垅	早早	一	墓室+甬道+头龛+1对侧龛	7.88/2.33/1.37/1.7	250	三顺一丁	√	墓壁唐草砖、画像砖、甬道合连花砖	√	24/14	甲：褐釉铠男立俑1、长衣男立俑2、胡人男俑2、男俑头3、残女俑1；瓷盘口壶2（1.94,1.98）、瓷盂1、瓷粉盒1；柿蒂纹镜1

续表

墓号	出土地点	期段与年代	形制类型	结构	全长（米）/墓室底宽（米）/甬道底宽（米）/墓室宽	墓向（°）	墓壁	铺地情况	墓砖纹饰	排水设施	遗物数	遗物详情
494	土公山	早早	一	墓室+甬道+1对侧龛	7.37/2.01/1.25/1.61	220	三顺一丁	√	墓壁花纹砖、龙纹转；墓底莲花砖	√	52/34	甲：生肖俑5、裲裆铠男立俑2、长衣男立俑1、胡人男立俑2、女立俑9、女跪俑1、女坐俑1、陶鞍马1、陶狗1、陶牛1、陶鸡1、陶壮1；瓷五足砚1，Ba型瓷圆唇碗8
495	姚家岭	早晚	一	墓室+甬道+2对侧龛	7.72/2.02/1.28/1.58	110	三顺一丁	√	墓壁花纹砖	√	26/18	丁：三彩三系小罐1；陶盖1、瓷盘口壶2（1.74、1.87）、瓷三系双唇罐3、Ba型瓷圆唇碗3、瓷杯2、瓷盂1、瓷五连盂砚1；端兽葡萄镜1、银钗2、铝环1
498	瓦屋垅	晚晚	二	仅墓室	4.05/0.95—1.06/-/-	120	二顺一丁	\	素面砖	-	4/3	陶盘口壶1、瓷双系厂口罐2
506	天子岗	早早	一	墓室+甬道+2对侧龛	6.37/2.13/1.19/1.79	220	三顺一丁	√	墓壁花纹砖、画像砖、甬道砖台莲花砖	√	10/3	瓷盘口壶1（2.08）、Aa型瓷圆唇碗1、瓷五足砚1
507	瓦屋垅	早早	二	仅墓室	4.19/1.11/-/-	157	三顺一丁	-	墓壁唐草砖、人物砖	√	19/25	甲：生肖俑3、残俑1、陶牛1；陶杯1、瓷盘口壶1（2.03）、瓷方唇碗1；五铢17
513	天子岗	早早	二	仅墓室	4.05/1.05—1.13/-/-	201	三顺一丁	√	墓壁唐草砖、人物砖、墓底莲花砖	√	5/4	Aa型瓷方唇碗3、瓷盏1

续表

墓号	出土地点	期段与年代	形制类型	结构	全长(米)/墓室底宽(米)/甬道底宽(米)/墓室宽:甬道宽	墓向(°)	墓壁	铺地情况	墓砖纹饰	排水设施	遗物数	遗物详情
517	天子岗	早早	二	墓室+甬道	5.57/1.8/1.21/1.49	114	三顺一丁	√	—		√	22/13	瓷盘口壶1(1.82),瓷高足盘1,Aa型瓷圆唇碗5,Ab型瓷圆唇碗3,Aa型瓷方唇碗1,Ab型瓷方唇碗1;五铢1
527	何家垅	早晚	二	墓室+甬道+头龛	5.23/2.02/1.63/1.24	149	三顺一丁	√	—		—	13/12	瓷盘口壶2(1.72,1.83),瓷四系罐3,瓷盂1,瓷钵2;铜铊尾1,铜带扣1,开元通宝2
528	周家大湾	晚晚	二	仅墓室	4.21/1.05—1.18/-/-	190	三顺一丁	\	素面砖		×	5/5	瓷盘口壶3,瓷盂1,瓷尖唇碗1
530	周家大湾	早早	二	墓室+甬道	6.08/1.85/1.21/1.53	230	三顺一丁	√	墓壁唐草砖、四神砖,棺床、砖台莲花砖		√	11/5	Aa型瓷圆唇碗5
531	周家大湾	早早	一	墓室+甬道+1对侧龛	7.15/1.91/1.06/1.8	75	三顺一丁	√	墓壁卷草砖、人物砖;墓底连花砖		√	18/12	甲:襕裆铠男立俑4,袍服男立俑3,陶狗1,陶禽1,陶莲座2;瓷盂1
534	广埠屯	早早	一	墓室+甬道+1对侧龛	6.92/2.06/1.34/1.54	50	三顺一丁	√	墓壁四神砖、人物砖		√	5/3	Aa型瓷圆唇碗1,Ab型瓷圆唇碗1,瓷钵1

附录

武昌隋唐墓出土文字材料考释[1]

何月馨（中国妇女儿童博物馆）

一、通湘门何家山M52出土买地券

图F1-1　通湘门何家山M52出土砖买地券

M52：38

---

[1]　为了更好地反映史料原貌，录文以繁体字的形式呈现。

录文：

……食宿合天仓谨啓……

……又當路将军地下二石万八千軍……

……弍里前陳河東王宣毅（毅）府里五曹

……江夏郡江夏縣黄鵠山西罡上

……龍西至白虎南至朱雀北至玄

……去者買上地主爲奴僕使

……錄付傳之以武夷（夷）王□□

……固李定度蓏分明地□

地券为砖质、阴刻，残损严重，以下作一简要释读。

"食宿合天仓"，"天仓"之名可从字面理解，江西南昌大顺元年（890年）熊氏十七娘墓出土的柏人墨书作"□契天苍……木盟当圹"等，并随柏人觅食"[1]，"食宿合天仓"的内涵应与之相似，即是对亡者死后前往天仓就食的祈愿。

"地下二石万"应为"地下二万石"之误，买地券中常见的是"地下二千石"，其与"当路将军"，均是卖地的神祇。

亡者姓名不知，"弍里"前应是生前住址，"前陈河东王宣毅府"一句，是亡者生前所任职务，券文称"前陈"，当葬于隋代。而"江夏郡江夏县黄鹄山西罡上"为亡者具体的葬地，该墓位于通湘门何家山，可知该地隋时为黄鹄山西岗。

"龙西至白虎南至朱雀北至玄"是买地券中常见关于墓地四至的表述，即标识墓地的四至为青龙、白虎、朱雀、玄武。

"武夷王"在常见的买地券中，与当路将军、地下二千石等是并列的地下神祇，本券文出现在墓地四至之后，似乎其并不限于"卖地"的职能，也可见买地券样式的多样性和复杂性。

"固、李定度"即张坚固、李定度，是买地券中的保人与见证人。

二、桂子山M164出土贞元廿年冯氏墓志

录文：

大唐故馮氏墓志銘并序

馮氏大娘，先長樂人也。自　高祖已來，係屬鄂州蒲圻縣吉

……義里，即試光禄寺□（卿?）馮□之□女，汾州介休府

折衝都尉馮震之女弟，鄉員明經馮霈之長姊（姊）。生知禮

教，……數，至於機巧之功，……絲柱，聲

---

[1]　吴钢主编：《全唐文补遗》第7辑，三秦出版社，2000年，第430页。

图F1-2　桂子山M164出土墓志

M164：22

韻宮□，洞明音律，貞規天假，□□良人。豈意□（微？）……

……無應，旬日之内，俄然告終。嗚呼，生之禮未□

……唐貞元廿年甲申歲建辰月旬十□

……江夏縣長樂鄉中和坊私第，享年卅。以其年

……葬于黃鶴山東南隅　曾祖懷□（穆？）塋

之……人世多故，特勒斯銘，以表泉

……

……何日,生守閨闥,死鎖丘渚,

……滅□,□于自持,記銘幽□。

该合墓志为砖质、阴刻,边长30厘米。制作较为粗糙,加上年代久远,磨蚀严重。

据志文,墓主"冯氏大娘",即冯氏长女。

冯氏祖籍冀州长乐,自高祖以来世居鄂州蒲圻县。蒲圻县为东吴时"分沙羡县置"[1],到唐代,属鄂州江夏郡所辖之上县[2]。

墓主冯氏生于官宦之家,其父为从三品试光禄卿;兄长冯震任汾州介休府折冲都尉,官正四品上阶;其弟冯霈尚未入仕,为乡员明经。

冯氏卒于德宗贞元廿年(804)甲申岁建辰月(三月),享年三十岁,可知其约生于代宗大历十年(775)。墓志未记其婚姻状况,应当未行婚配即逝世,故葬于本家世居之地。

志文提及墓主的葬地为"黄鹤山东南隅",这里的"黄鹤山"又名"黄鹄山",最早见载于《水经注》:

> 江之右岸有船官浦……船官浦东即黄鹄山……山下谓之黄鹄岸,岸下有湾,目之为黄鹄湾。黄鹄山东北对夏口城,魏黄初二年,孙权所筑也。[3]

《太平御览》"黄鹤山条"云:

> 《江夏图经》曰:(黄鹤山)在县东九里,其山断绝,无连接。旧传云:昔有仙人控黄鹤于山,因以为名。故梁湘东王《晋安寺碑》云"黄鹤从天之夜响"是。[4]

唐代,黄鹤山范围并不方,黄鹤楼与黄鹤山也并不在一地。永泰时人阎伯里《黄鹤楼记》载:"州城西南隅有黄鹤楼者,《图经》云:费祎登仙,尝驾黄鹤返憩于此。遂以名楼。"[5]而黄鹤山则在鄂州江夏"县东九里"[6],诗人李白过江夏,也曾留下"东望黄鹤山,雄雄半空出。四面生白云,中峰倚红日"[7]的诗句。可知黄鹤楼位于鄂州城西南隅,而黄鹤山则远在城东九里,二者一西一东。

---

[1] [后晋]刘昫等撰:《旧唐书》卷四十《志第二十·江南西道》,中华书局点校本,1975年,第1610页。

[2] [宋]欧阳修、宋祁撰:《新唐书》卷四十一《志第三十一·江南道》,中华书局点校本,1975年,第1068—1069页。

[3] [北魏]郦道元撰,陈桥驿点校:《水经注》卷三十五《江水》,上海古籍出版社,1990年,第660页。

[4] [宋]李昉等撰:《太平御览》卷四十八《地部一三·黄鹤山》,中华书局,1960年,第232页。

[5] [宋]李昉等编:《文苑英华》卷八一○《黄鹤楼记》,中华书局,1966年,第4279页。《全唐文》作阎伯理。

[6] [唐]李吉甫撰;贺次君点校:《元和郡县图志》卷第二十七《江南道三·鄂州·江夏》,中华书局,1983年,第644页。

[7] [唐]李白:《望黄鹤山》,李白撰;瞿蜕园、朱金城校注:《李白集校注》,上海古籍出版社,1980年,第1244页。

　　宋代以后，黄鹤山的范围有所扩大。《舆地纪胜》记黄鹄山"在江夏县，起东九里，至县西北"[1]。至明代开始有蛇山的俗称，万历《湖广总志》称黄鹄山在"县西南，山形蜿蜒，俗呼蛇山"，此时的黄鹤山，已经包括了长江东岸绵延蜿蜒的大小峰丛。

　　M164位于桂子山华中师范大学工地，地处长江东岸、黄鹤楼之东、洪山东南，与唐代文献及墓志的记载是一致的。此外，结合何家山M52买地券文的"黄鹄山"及本墓志中的"黄鹤山"来看，隋唐时期，黄鹤山一带已是有名的葬地。

---

［1］［南宋］王象之撰：《舆地纪胜》卷六十六，中华书局影印本，1992年，第2270页。

ABSTRACT

1. Discovery and Distribution of the Tombs

Wuhan is the capital of Hubei Province, China. The Yangtze river and Hanjiang River divide Wuhan into three parts: Wuchang, Hankou and Hanyang. From 1953 to 1958, Hubei Provincial Cultural Relics Management Committee excavated more than 500 tombs from the Han Dynasty to the Song Dynasty in the eastern suburb of the old Wuchang City (now Wuchang District and Hongshan District of Wuhan) to support the city's construction. The archaeological materials have not been systematically collated. Since December 2018, Hubei Provincial Museum, Hubei Provincial Institute of Cultural Relics and Archaeology as well as the College of Archaeology and Museology of Peking University cooperated to sort out the materials of 116 Sui and Tang tombs. This book is an archaeological excavation report on these tombs.

When the tombs were excavated, the eastern suburb of old Wuchang City had not been incorporated into the urban area. It was the burial area of the past dynasties, and the landform was continuous low hills. The Sui and Tang tombs of Wuchang distributed along the slope, which can be roughly divided into the northern and southern branches: the northern branch started from Dadongmen, and went northeast passing Hejalong, Xiaoguishan, Yaojialing, Zhoujiadawan and other locations. The easternmost distribution of the northern branch was Dahejiawan and Fujiawan area, which was near Hubei Provincial Museum today. The south branch started from Tongxiangmen, went east passing Shaihudi, Lianxisi, Boyushan, Mafangshan, Wawulong, Siyanjing and other locations, and easternmost to Guizishan, Tugongshan and Guangfutun area, which was now Central China Normal University.

2. Periodization and Age of the Tombs

The 116 tombs in this book all belonged to the Sui and Tang Dynasties, including 2 chronological tombs, namely M52 (the 4th year of Daye period of the Sui Dynasty, 608 A.D.) and M164 (the 20th year of Zhenyuan period of the Tang Dynasty, 804 A.D.). The age of these tombs can be roughly divided into two periods with the An-Shi Rebellion as the dividing line.

Tombs of the early period dated from the Sui Dynasty to the An-Shi Rebellion, totaling 102. There were various tomb shapes, and no lack of large tombs with complex structures. Burial objects were in a large quantity and a great variety, with a lot of pottery figurines and mortuary models unearthed. These tombs can be further divided into the early and late stages with the early Tang Dynasty as the dividing line.

Tombs of the late period dated from the An-Shi Rebellion to the end of the Tang Dynasty, totaling 14. These tombs were simple in structure and small in scale. The number of burial objects decreased sharply, and the types were relatively simple, which were mainly ceramic wares. These tombs can be further divided into the early and late stages with the Ganlu Incident (835 A.D.) as the dividing line.

3. Tomb Shapes and Burial Furniture and Styles

The 116 tombs were all brick-chambered tombs, 113 of which were of definite shapes. The tombs were constructed with small bricks, and the use of brick reliefs and decorated bricks was pretty common. The tombs mainly faced south. The plane shapes were all rectangular or nearly rectangular, while some tombs had facilities such as tomb aisles, side niches and head niches. The report divides the tombs into two categories, according to whether or not they had paired side niches.

The first type of tombs had paired side niches, totaling 56. Such tombs were relatively large in size, with an average length of 6.37 meters. The tomb structures were relatively complex, with one or two pairs of side niches, and most with aisles. The shapes of M359 and M382 were the most complex, with an aisle, a head niche and two pairs of side niches, as well as short passages between the side niches, the head niches and the tomb chambers. The first type of tombs all belonged to the early period.

The second type of tombs didn't have pairs of side niches, totaling 57. Such tombs were relatively small in size, with an average length of 4.37 meters. The tomb structures were simple, among which rectangular brick-chambered tombs with vaulted roofs occupied a large proportion. Some of the tombs had head niches, aisles or single side niches. The second type dated through the Sui and Tang Dynasties.

Due to the influence of burial environment and preservation, information about the burial furniture and styles was very scarce. There were only a few iron nails associated with burial furniture found, and there was no evidence that burial furniture other than wooden coffins was used. Only scattered human bones were found in the tombs, which made it impossible to reconstruct the burial style of the tomb owners.

4. Burial Objects

A total of 1799 pieces (groups) of burial objects were unearthed from the Sui and Tang tombs of Wuchang, which can be roughly divided into ceramic objects, metal objects, as well as brick and stone objects. Ceramic objects were the most abundant, including figurines, morturary models and wares.

Pottery figurines and morturary models were the most important burial objects. This report follows the classification of the pottery figurines by Quan Kuishan in his paper *"The Periodization of the Pottery Figurines Unearthed from the Sui and Tang Tombs of Wuchang Suburb"*, where the pottery figurines and morturary models were divided into four groups: *Jia* (甲), *Yi* (乙), *Bing* (丙) and *Ding* (丁), with different origins.

Objects of group *Jia* were pottery figurines and morturary models produced locally. They were all made of clay, with various colours of gray, grayish brown, grayish yellow and orange red. These products were fired at a relatively low temperature. Most of them were molded into shapes, and some had vague facial details. Burial objects of group *Jia* can be divided into four categories: tomb-guarding genies, figures, animals and models. Tomb-guarding genies mainly included tomb-guarding beasts and Chinese zodiac figurines, along with a small number of human-headed and bird-bodied figurines and double-human-head-conjoined figurines. From some of the tombs large pottery standing male figurines over 50 centimeters tall were unearthed, holding blades or wearing *Liangdang* armour, which may also have the meaning of tomb guarding. Figures included warriors, standing males and females, sitting males and females, the Hu people, working figures, and so on. Animals were pommelled horses, cows, camels, pigs, dogs, chickens, and so on. Models were mainly stoves and mills.

Objects of group *Yi* were produced in Hunan, and not limited to figurines and morturary models. They were made of pottery and porcelain. The pottery objects were of clay body, with generally light colours, mainly light yellow, light red, orange red and grayish red. These products were fired at a relatively high temperature and of hard texture. Porcelain objects were only found in M138, which were celadon with grey body. In terms of technique, molding traces of the burial objects in this group were not obvious. Techniques of kneading and splicing can be seen at the arms and other parts of the figurines. In addition, the method of carving was used on objects of group *Yi* after shaping to modify the details. Objects of group *Yi* were rich in variety. The combination of tomb-guarding genies was stable, consisting of paired tomb-guarding beasts, double-dragon-head-conjoined figurines, double-human-head-conjoined figurines, human-headed and beast-bodied figurines with wings, human-headed and bird-bodied figurines, Chinese zodiac figurines, as well as paired standing tomb-guarding warriors. Figures included warriors, standing males and females, sitting females, the Hu people, working figures, and so on. Animals included pommelled horses, cows, camels, sheep, pigs, dogs, chickens, ducks, and so on. Models included carts, stoves, houses, mills, wells, *Dui* (a treadle-operated tilt hammer for hulling rice), tables, chessboards, and so on. Some relatively small *Fu*-cauldrons and *Zeng*-steamers can also be included in the classification of models. Moreover, in Group *Yi*, there were also multi-feet inkstones, candlesticks, cups, goblets, plates and other objects which cannot be classified as models.

Objects of group *Bing* were probably produced in Yangzhou, only found in M76, M210, M217 and M253. These products were of clay body and molded into shape, with the colours mainly being grayish yellow and grayish brown. The figurines of group *Bing* were slender, obviously different from those of group *Jia*. There were double-human-head-conjoined figurines, *Qianqiu*- figurines, *Wansui*-figurines, four-gods figurines, Chinese zodiac figurines, standing males and females, sitting females, pommelled horses, camels and so on.

Objects of group *Ding* were mainly composed of tri-coloured glazed pottery, along with single-coloured glazed pottery and a few unglazed objects, which were produced in Luoyang. Tri-coloured glazed figurines and models were unearthed from M189, M196 and M270, the same or similar shapes of which can all be seen in the Tang tombs of Luoyang. M441:6 was a clay white-bodied figurine of the Hu people, and products using the same model were also found in the Tang tombs of Luoyang. Glazed pottery and tri-coloured glazed wares such as inkstones, *Yu*-jars and pots with lids were more widely distributed in the Sui and Tang tombs of Wuchang.

The Sui and Tang tombs of Wuchang where figurines and models were unearthed all belonged to the early period. Among the four groups, only group *Jia* existed from the Sui Dynasty to the Tang Dynasty, while the other three groups all dated to the Tang Dynasty. There were also cases that figurines of different groups coexisted in the same tomb.

Ceramics other than the four groups were mostly porcelain wares. Porcelain combinations and features were quite different between the early and late tombs. In the early tombs, there were usually pan-mouthed ewers, double-lipped pots, bowls, alms bowls, *Yu*-jars, and so on, with the colours of the body mainly being light gray and gray. The colour and quality of the body were related to the ware types. The body of pan-mouthed ewers and double-lipped pots was lighter in the colour and more smooth in the quality, while the body of bowls and alms bowls was darker in the colour and rougher in the quality, with the application of make-up soil being more common. Glaze colours were mainly greenish yellow, greenish brown and yellowish brown. The combination of the glaze and the body was relatively poor, with the phenomenon of glaze-spalling being common, and the situation of the glaze spalling off completely sometimes occurring. In the late tombs, there were porcelain of Changsha kiln, including pan-mouthed ewers, big-mouthed pots, bowls and small cups, the body of which was thin and delicate. Body colours were mainly light gray, light red and light yellow, while glaze colours were mainly light yellow and yellowish brown.

There were only a small number of pottery wares in the Sui and Tang tombs of Wuchang, which were made of clay and fired at a low temperature. A brick land certificate was unearthed in M52.

The metal objects unearthed from the Sui and Tang tombs of Wuchang were mainly bronze coins, which were all *Wuzhu* and *Kaiyuan Tongbao* except for one *Qianyuan Zhongbao*. In addition to bronze coins, there were also bronze mirrors, bronze swords, bronze goblets, bronze irons, bronze bowls, bronze belt accessories, silver hairpins, lead rings, lead plates, iron nails and so on.

Epitaphs, steatite gripping objects, mortars and other stone wares were also unearthed from the Sui and Tang tombs of Wuchang.

5. The Owners of the Tombs

Among the Sui and Tang tombs of Wuchang, only M52 and M164 had literal evidence of the tomb owners.

M52 dated to the 4th year of Daye period of the Sui Dynasty (608 A.D.), which was an early tomb among the Sui and Tang tombs of Wuchang. On the land certificate unearthed in M52 there were words "前陈河东王宣毅府", suggesting that the tomb owner was an official of the former dynasty when he was buried. M52 was a large tomb with rich burial objects, which belonged to the first type of tombs defined in this report. According to M52, it can be inferred that in the early Sui and Tang tombs of Wuchang, the first type and the second type of tombs may correspond to two types of tomb owners. Tomb owners of the first type had higher social status, including many former officials like the tomb owner of M52, and their families were relatively wealthy, which could support them to construct more luxurious tombs. The second type of tombs were more simple, and the tomb owners may belong to the common people class of ordinary family conditions.

M164 dated to the 20th year of Zhenyuan period of the Tang Dynasty (804 A.D.), which was a late tomb among the Sui and Tang tombs of Wuchang. The epitaph of "冯氏大娘"(Aunt Feng) unearthed in M164 proved that Feng was born in an official family. M164 was also one of the tombs where the most abundant relics were unearthed. It can be inferred that the social status of the owners of other late tombs should not be higher than that of Feng.

6. The Particularity and Historical Background of the Tombs

The particularity of the Sui and Tang tombs of Wuchang was mainly reflected in three points. Firstly, the tombs were intensively distributed and rich in connotation. So far, the Sui and Tang tombs of Wuchang still compose one of the most intensive and rich burial discoveries of the Sui and Tang tombs within the whole South China.

Secondly, the tombs reflected the influence of the Northern and Southern burial cultures. The background of the Sui and Tang tombs of Wuchang was the reunification of the North and the South, and the tradition of the South and the influence of the North were manifested clearly. The shapes of the tombs reflected the Southern tradition, while the Northern influence was shown in the burial objects centered on pottery figurines and morturary models.

Thirdly, the burial objects were of abundant sources. Burial objects in the Sui and Tang tombs of Wuchang came from at least four production places. This phenomenon was unique among the contemporary burials.

The Sui and Tang tombs of Wuchang were a batch of particular archaeological materials, whose appearance cannot be separated from the specific historical background.

Changes of the geographical pattern in the late Southern Dynasties were one of the important backgrounds for the appearance of the Sui and Tang tombs of Wuchang. Through most time of the Southern Dynasties, central cities in the middle reaches of the Yangtze River were Jiangling and Xiangyang rather than the present-day Wuchang area which was then called Xiakou. However, during the war at the end of the Liang Dynasty, Jiangling and Xiangyang were captured by the Western Wei. After the Chen Dynasty rebuilt the political power in the South, the North and the South were divided by the Yangtze River, making Xiakou transform from an inland area into an important border strategic town gathering personnel and materials, and thus its strategic position rose. After the Sui unified the North and the South, a group of officials of the former dynasty were left in Xiakou, whose identity were similar to the owner of M52. They maintained high social status and superior economic conditions. According to their own needs, they constructed tombs with large scale, complex structure and rich burial objects, thus leading the transformation of the tomb appearance in this region. Meanwhile, the particular location of Xiakou as a thoroughfare city also created favorable conditions for the compatibility of the Northern and Southern cultures in the area.

后　记

《武昌隋唐墓》的出版，是集体努力的成果。

湖北省文物考古研究所所长、湖北省博物馆馆长方勤与北京大学考古文博学院孙庆伟、雷兴山两任院长对《武昌隋唐墓》的关心与全方位支持贯穿整项工作始终，为报告的问世提供了坚强后盾。

武昌隋唐墓发掘记录与早年实习报告的查对、扫描、录入工作，由北京大学考古文博学院博士后徐斐宏与湖北省文物考古研究所馆员田晴完成，湖北省文物考古研究所陈丽新研究员、凡国栋研究员，北京大学考古文博学院信息中心方笑天、陈冲、刘易珈女士与本科生陈鑫、周昕语同学给予了热情帮助。

武昌隋唐墓遗物保存于湖北省博物馆，遗物的测量、记录是整理工作最主要的部分，由徐斐宏与保管部馆员贾贵平、方丁玉、胡艺具体执行。这项工作得到了保管部主任蔡路武研究员的鼎力支持与热心指导；保管部王晓钟、翁蓓研究员即使工作繁忙，也尽可能为整理团队提供便利的工作条件；武汉大学历史学院的张丹妮同学也参与了工作，为提高工作效率作出了贡献。

《武昌隋唐墓》涉及大量线图绘制工作。这方面，南开大学历史学院王音女士功不可没，她牺牲了大量业余时间，完成了报告中绝大部分器物线图。许鑫涛先生和马霄女士负责墓葬平剖面图的清绘，并绘制了M142∶5的器物图。报告图版的摄制工作由徐斐宏完成。

报告主体部分由徐斐宏执笔。中国社会科学院考古研究所安家瑶研究员、李鑫先生，北京大学考古文博学院韦正教授、魏正中教授、刘未副教授，中国人民大学历史学院李梅田教授拨冗通览了报告初稿，提出了不少富有建设性的修改意见。中国妇女儿童博物馆何月馨女士完成了报告中出土文字材料的录文。方勤所长、雷兴山教授百忙之中审阅了报告书稿。

上海古籍出版社吴长青先生、宋佳女士、缪丹女士为本书付出了辛勤而专业的劳动，使本书能顺利出版。

囿于编写者的水平与能力，报告谬误、疏漏在所难免，敬请读者批评指正！

武昌隋唐墓从发掘到报告出版，时隔近70年，历经波折与坎坷。就在2020年初报告书稿即将完成之际，武汉遭遇了新冠肺炎疫情的冲击。在这种不利局面下，湖北省文物考古研究所、湖北省博物馆同仁们克服种种困难，力保本报告尽快出版。这里，谨向他们致以诚挚的谢意与敬意。

谨将此书献给武汉——一座历史悠久、文化璀璨的城市，一座英雄的城市！

编写组

武昌隋唐墓

湖北省文物考古研究所
湖北省博物馆　　编著
北京大学考古文博学院

下　册

上海古籍出版社

图　版

墓　號	M0.189 正	記錄者 游邨寿	1956年2月2日
位　置	武昌何家墩军区营建工地		擾亂否 已扰
繪圖號		照像號	

墓	形　狀		方　向	南偏西44°	
	墓口		長：	寬：	
	墓底	深0.70m	長：5.50m	寬：2.06m	
	填土	1.80m			

室 结构

长方形前后室并而驱一道室券顶砖砌的墓前庭铺瓦砖一层人字形砖室是棺床
高27cm二小口平神惠有一横二古但右面壅到那怀，四壁为三年小口和後缝砖有荐草
但只有立方槐，以外都是里和後，但乱碑失有荐见寿龙大碑可能是四种砖，此墓
上稜有躁以仏的高少为三层，仍代不同的墓壁在上面的以伬摄很乱。土丝也很
近付某门间片。於土为麦里色闲土。

墓	形　狀		上端口長：	寬：	深：
道	位　置		下端口長：	寬：	深：

人	數　目		面　向	
	葬　式			
架	保存狀況		採集否	性　別

葬　具

随葬品

1.偷头，2.周杯，3.半剑偷果，4.女俑，5.女俑，6.奻俑，7.大女偷，8.周骆驼，
9.颓破，10.周罐，11.罐，12.铜圆，13.镂新，14.木禹，15.壶土相，16.周壶，
17.钳写，18.钳器，19.周罐，20.周罐，21.周壶，22.小水禹，23.银洗。
共23件。

時　代	

备 记

此墓芽完足渊二凡三彩刻民府等竞的惊这煠教訓我们感到調查的作甚做
一點，但因工地急需我们不能抽出名多的闲殩工作是我们歪次工作的
失败，三彩大偶也是武汉第一次发见的。

武漢市人民政府文物管理委員會

何家垅 M189 发掘记录

图版一

镇墓兽（M52∶1）

图版二

1. 生肖俑－申猴（M52：41）

2. 生肖俑－寅虎（M52+6）

3. 生肖俑－辰龙（M52+7）

图版三

1. 生肖俑－午马（M52+8）

2. 生肖俑－戌狗（M52+9）

3. 生肖俑－丑牛（M52+10）

4. 生肖俑－子鼠（M52+11）

1. 生肖俑-酉鸡（M52+12）

2. 生肖俑-卯兔（M52+13）

3. 生肖俑-巳蛇（M52+14）

4. 生肖俑（M52+15）

5. 生肖俑（M52+16）

图版五

裲裆铠男立俑（M52：14、M52：6）

图版六

1. 褶服男立俑（M52+20）

2. 长衣男立俑（M52：20）

图版七

1. 长衣男立俑（M52+21）

2. 胡人男立俑（M52+3）

图版八

1. 胡人男立俑（M52+18）

2. 残男立俑（M52+24）

3. 女立俑（M52：11）

图版九

1. 女立俑（M52∶17）

2. 女立俑（M52+1）

1. 女立俑（M52+2）

2. 女立俑（M52+17）

3. 女立俑（M52+19）

4. 女立俑（M52+23）

5. 女立俑（M52+22）

图版一一

陶鞍马（M52∶8）

图版一二

1. 陶牛（M52：9）　　　　　　　2. 陶牛（M52+4）

3. 陶磨（M52：24）　　　　　　4. 陶器（M52+5）

5. 瓷圆唇碗（M52：37、M52：44）

图版一三

瓷盘口壶（M52：28）

图版一四

1. 砖买地券（M52：38）

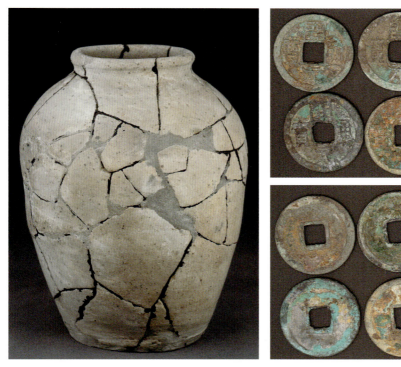

2. 陶罐（M110：2）

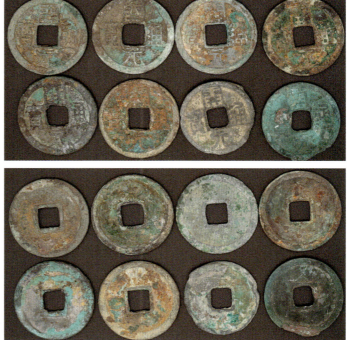

3. 开元通宝（上排M110：3-1～4，下排M110：3-5～8）

1. 滑石握（M110：4、M110：5）

2. 陶盆（M110：1）

3. 瓷圆唇碗（M405：1）

4. 瓷圆唇碗（M405：1）

5. 陶盖（M405：5）

图版一六

1. 开元通宝（M405：3）　　　　　　2. 铜柿蒂纹镜（M425：3）

3. 瓷五足砚（M425：2）

4. 瓷圆唇碗（M466：1、M466：5、M466：2）

1. 人面镇墓兽（M216：30）

2. 兽面镇墓兽（M216：31）

图版一八

1. 人面兽身俑（M216：21）

2. 陶鸟（M216：22）

图版一九

1. 生肖俑（M216：12、M216：25）

2. 生肖俑（M216：12、M216：2）

图版二〇

1. 生肖俑（M216：29、M216：49）

2. 生肖俑（M216：2、M216：42、M216：50）

图版二一

1. 裲裆铠男立俑（M216：3）

2. 裲裆铠男立俑（M216：6）

图版二二

1. 袍服男立俑（M216：15、M216：48）

2. 持盾甲士俑（M216：16、M216+5）

图版二三

1. 甲士俑（M216+1）　　　　　　　　　2. 甲士俑（M216：7）

3. 甲士俑（M216+2、M216+3、M216+4）

图版二四

1. 长衣男立俑（M216：41）

2. 长衣男立俑（M216：45）　　　3. 长衣男立俑（M216+9）　　　4. 长衣男立俑（M216：46）

图版二五

1. 披发男立俑（M216：11）

2. 披发男立俑（M216：17）

图版二六

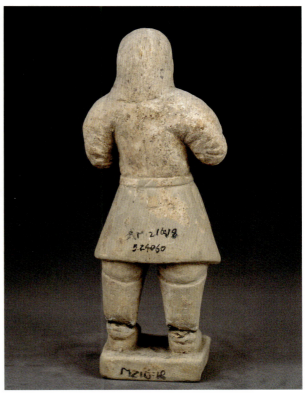

1. 披发男立俑（M216∶18）

2. 披发男立俑（M216∶19、M216∶27）

图版二七

1. 男坐俑（M216：4、M216+8、M216+7）

2. 男坐俑（M216+7）

3. 男坐俑（M216：37、M216：38）

图版二八

1. 女立俑（M216：10、M216+6）

2. 女立俑（M216：24、M216：47）　　　　　3. 女立俑（M216+10）

图版二九

1. 女立俑（M216∶9、M216∶26）

2. 女立俑（M216∶9）

3. 男装女立俑（M216∶8、M216∶36）

图版三〇

1. 女坐俑（M216：28）

2. 女坐俑（M216：39）

图版三一

1. 女坐俑（M216+11）

3. 陶骆驼（M216：32）

2. 陶鞍马（M216：40）

4. 陶牛（M216：20）

图版三二

1. 陶轮（M216：44-1、M216：44-2）

2. 陶磨（M216：43）

3. 陶井（M216：52）

4. 瓷四系双唇罐（M216：51）

5. 瓷圆唇碗（M216：35）

6. 开元通宝（M216：33）

7. 铜带銙（M216：34）

图版三三

1. 兜鍪男俑（M217+8）

2. 生肖俑（M217+9、M217+10）

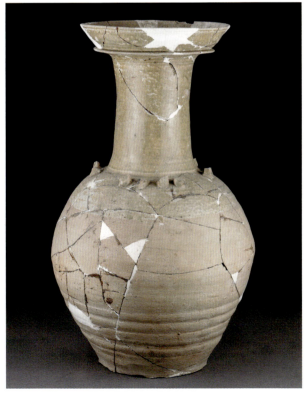

3. 瓷盘口壶（M217+1）

图版三四

1. 男俑头（M217+11、M217+12）

2. 瓷圆唇碗（M217+7）

3. 瓷四系盘口罐（M217+6）

4. 铜锉刀（M217+14）

5. 铜铊尾（M217+13）

6. 瓷双唇罐（M217+2、M217+3、M217+4、M217+5）

图版三五

1. 开元通宝（M217+15-1～4）

2. 瓷双唇罐（M219：2）

3. 瓷圆唇碗（M219：1）

4. 开元通宝（M219：3-1～2）

图版三六

1. 瓷圆唇碗（M223：1、M223：3）

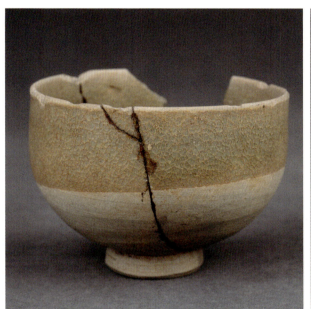

2. 瓷圆唇碗（M223：4）

3. 瓷五足砚（M223：5）

图版三七

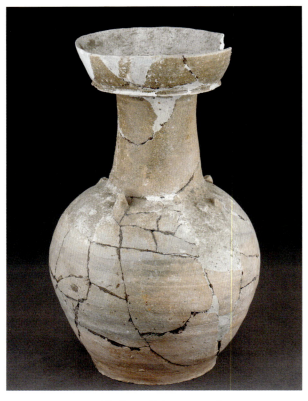

1. 瓷盘口壶（M232：3）　　　　2. 团花纹铜镜（M233：3）

3. 瓷方唇碗（M232：1、M232：2）

图版三八

1. 瓷双唇罐（M236：1、M236：4）

2. 瓷双唇罐（M236：2、M236：3）

3. 瓷圆唇碗（M236：5、M236：6）

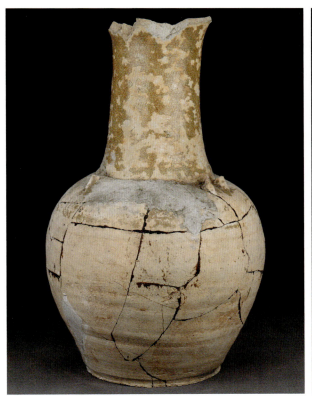

4. 瓷盘口壶（M237：1）

图版三九

2. 生肖俑（M253：38）

3. 生肖俑（M253+1、M253：34）

1. 生肖俑（M253：10、M253：40）

4. 生肖俑（M253：3、M253：16）

1. 持盾甲士俑（M253：18、M253：32）　　　　2. 持盾甲士俑（M253：32）

3. 裲裆铠男立俑（M253：23）　　　　4. 长衣男立俑（M253：4）

图版四一

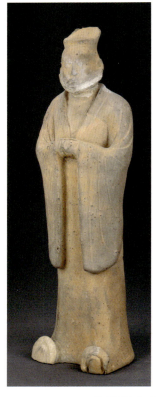

1. 袍服男立俑（M253：25）　　　　　2. 袍服男立俑（M253：33）

3. 女立俑（M253：8）　　　　4. 女立俑（M253：14）　　　　5. 女立俑（M253＋2）

图版四二

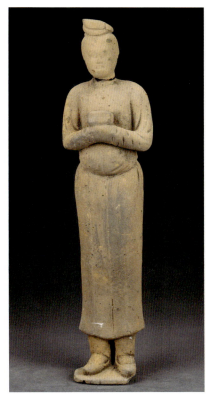
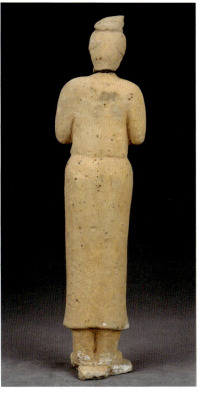

1. 男装女立俑（M253：12）

2. 男装女立俑（M253：9）

3. 女坐俑（M253：15）

4. 女坐俑（M253：28）

1. 陶鞍马（M253：21）

2. 陶骆驼（M253：24）

图版四四

1. 陶禽（M253：26）

2. 三彩盂（M253：20）

3. 釉陶杯（M253：19）

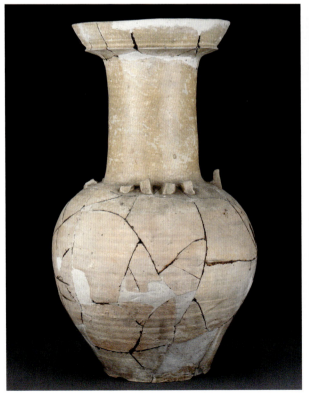

4. 瓷盘口壶（M253：31）

5. 瓷四系双唇罐（M253：6）

图版四五

1. 瓷尖唇碗（M253：2、M253：5）

2. 瓷碗（M253：17、M253：30）

图版四六

1. 瓷三系双唇罐（M255：3）

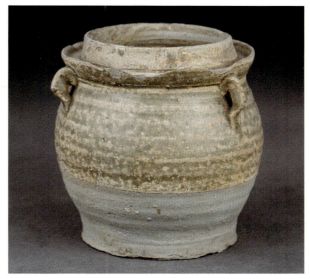

2. 瓷三系双唇罐（M255：10）

3. 瓷三系双唇罐（M255：1、M255：2、M255：4）

4. 瓷圆唇碗（M255：5）

图版四七

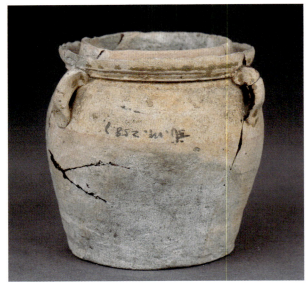

1. 瓷三系双唇罐（M258：7）　　　　　　2. 瓷方唇碗（M258：9）

3. 铜带扣（M258：1-1～2）

4. 铜鉈尾（M258：2-1～2）

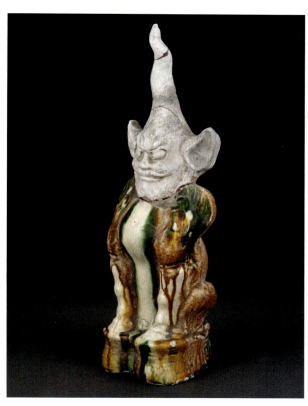

1. 人面镇墓兽（M270∶20）

2. 天王俑（M270∶19）

图版四九

1. 文官俑（M270∶39）　　　　　　2. 胡人男立俑（M270∶26）

3. 长衣男立俑（M270∶1）　　　　　4. 长衣男立俑（M270+1、M270+5）

图版五〇

1. 长衣男立俑（M270：2、M270：45）

2. 女立俑（M270：3、M270：7）

3. 女立俑（M270：3）

4. 女立俑（M270+6）

图版五一

1. 抱鹅女坐俑（M270+7）

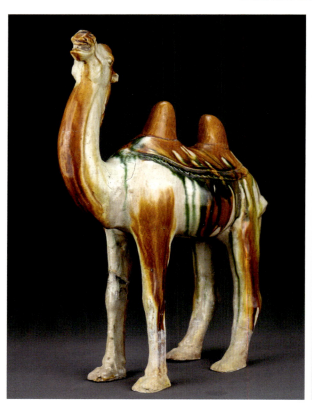

2. 三彩骆驼（M270：47）

图版五二

1. 三彩鞍马（M270：44）

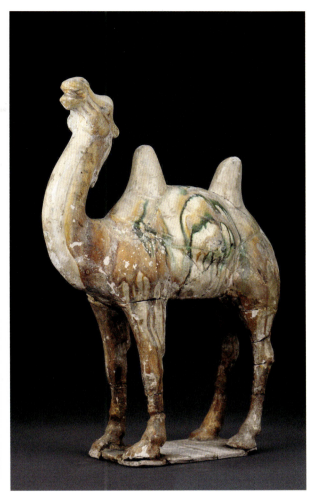

3. 三彩骆驼（M270：24）

2. 三彩鞍马（M270：48）

4. 三彩骆驼（M270+3）

图版五三

1. 釉陶羊（M270：11）　　　　　　　　2. 釉陶鸭（M270：5）

3. 釉陶狗（M270：12、M270：4）

4. 陶猪（M270：10、M270+4、M270：9）

图版五四

1. 釉陶碓（M270：8）

2. 陶灶（M270：14）

3. 陶井（M270：15）

4. 陶粉盒（M270：13）

5. 陶杯（M270：35）

6. 陶杯（M270：41）

7. 釉陶碗（M270：6、M270：42）

8. 釉陶碗（M270：6）

1. 三彩三足炉（M270+2）

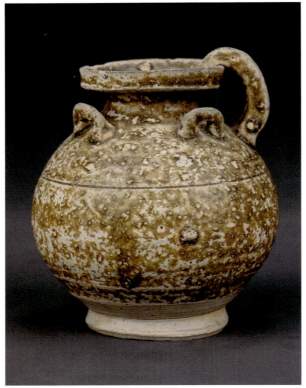

2. 瓷三系盘口执壶（M270∶46）

3. 瓷盂（M270∶40）

4. 瓷三系双唇罐（M270∶17、M270∶38）

5. 瓷五连盂砚（M270∶34）

1. 瓷方唇碗（M270：29、M270：32）

2. 瓷方唇碗（M270：25、M270：33）

3. 瓷方唇碗（M275：3、M275：4、M275：5）

图版五七

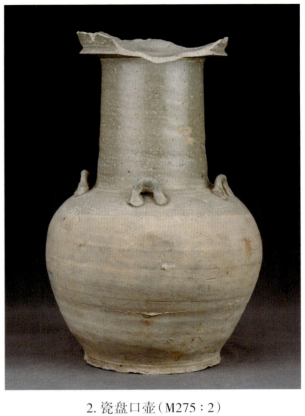

1. 瓷盘口壶（M275：1）

2. 瓷盘口壶（M275：2）

3. 瓷盘口壶（M275：1）

4. 瓷盘口壶（M275：2）

5. 开元通宝（M275：7-1～2）

图版五八

1. 生肖俑（M276：20、M276：18）

2. 生肖俑-亥猪（M276：18）

3. 生肖俑-卯兔（M276+1）

图版五九

1. 昆仑奴男立俑（M276：22）

2. 女立俑（M276+2）

3. 女坐俑（M276：21）

图版六〇

1. 残立俑（M276：4）　　　　　2. 陶牛（M276：17）

3. 陶灶（M276：1）

4. 陶灶（M276：1）　　　　　5. 陶车厢（M276：16）

图版六一

1. 陶磨（M276：8）

2. 陶磨（M276：8）

3. 陶四系釜（M276：7、M276：10）

4. 陶盘（M276：5）

5. 陶鼎（M276：15、M276：6）

图版六二

1. 陶杯（M276：12、M276：13、M276：9）

2. 陶盂（M276：14）

3. 陶高足杯（M276：11）

4. 瓷四系双唇罐（M276：3）

5. 釉陶多足砚（M276：23）

6. 瓷四系双唇罐（M276：2、M276：19）

图版六三

1. 镇墓兽（M280：1）

2. 镇墓武士（M280+5）

图版六四

1. 生肖俑（M280：21）

2. 生肖俑（M280：3、M280+1）

图版六五

1. 生肖俑（M280∶8、M280∶17）

2. 生肖俑（M280+4、M280∶9）

图版六六

1. 生肖俑（M280+2、M280+3）

2. 袍服男立俑（M280+12、M280+13）

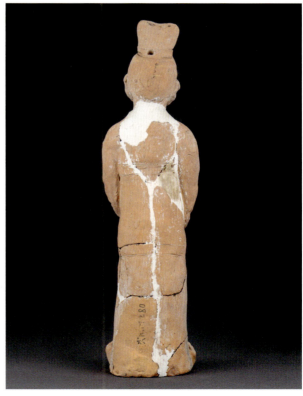

3. 袍服男立俑（M280+12）

图版六七

1. 袍服男立俑（M280：12）

2. 长衣男立俑（M280：4）

3. 女立俑（M280：10、M280+10）

4. 女立俑（M280：10）

图版六八

1. 女立俑（M280：13）

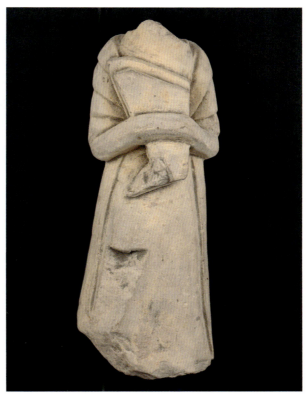

2. 女立俑（M280+7）

3. 女立俑（M280：11）

4. 男装女立俑（M280：20）

1. 女立俑（M280+9）

2. 女立俑（M280+11）

图版七〇

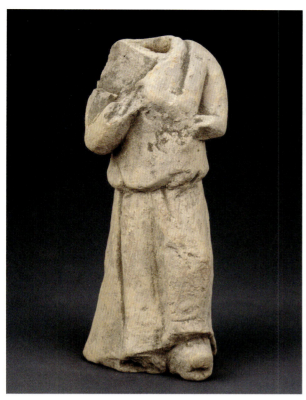

1. 残立俑（M280：22）

3. 陶牛（M280：16）

2. 残立俑（M280+8）

4. 陶鞍马（M280：2）

1. 陶鸡（M280：18、M280：29）

2. 莲座（M280+6）

3. 瓷三系双唇罐（M280：23）

4. 瓷方唇碗（M280：31、M280：30）

5. 石研钵（M280：19）

图版七二

1. 陶狗（M282：10）

2. 瓷圆唇碗（M282：6、M282：8）

3. 瓷方唇碗（M282：3）

4. 瓷方唇碗（M282：1、M282：5）

5. 瓷钵（M282：4）

图版七三

1. 瓷盘口壶（M285：3）

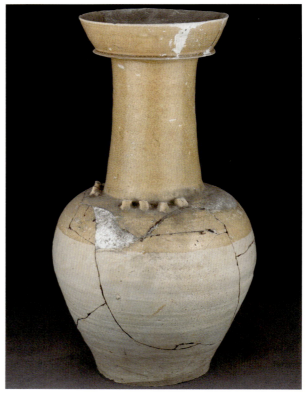

2. 瓷盘口壶（M305：1）

3. 瓷盖（M285：2）

4. 瓷大口罐（M285：1、M285+1）

5. 瓷钵（M285：4）、瓷圆唇碗（M285：5）

6. 瓷四系罐（M305：2）

1. 人面镇墓兽（M320：34）

2. 龙首双身连体俑（M320：45）

3. 人首鸟身神怪俑（M320：35）

图版七五

1. 生肖俑（M320：13、M320：5、M320：30）

2. 生肖俑（M320+7、M320+8、M320+9）

图版七六

1. 生肖俑-戌狗（M320：13）

2. 袍服男立俑（M320：22、M320+2）

3. 甲士俑（M320：10、M320：24）

图版七七

1. 长衣男立俑（M320：29）

2. 长衣男立俑（M320+4、M320+1）　　　　3. 长衣男立俑（M320+4）

女立俑（M320+3、M320：6、M320：1）

图版七九

1. 女立俑（M320∶12）

2. 女立俑（M320∶23）

3. 女立俑（M320+5）

图版八〇

1. 陶鞍马（M320：41）

2. 残立俑（M320：28、M320：37）

3. 陶鞍马（M320：41）

图版八一

1. 陶牛（M320：16）

2. 陶骆驼（M320：44）

3. 陶禽（M320：18）

4. 陶灶（M320：2）

5. 陶磨架（M320：33）

6. 陶碓（M320：15）

7. 陶方形莲座（M320：16）

8. 陶盒（M320：9）

图版八二

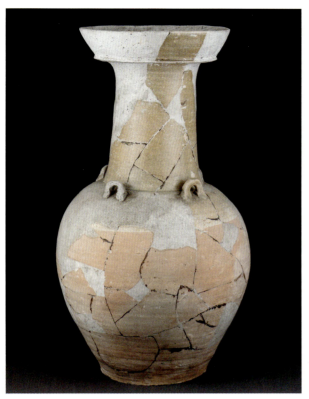

1. 瓷盘口壶（M320∶32）

2. 瓷四系大口罐（M320∶20）

3. 瓷盂（M320∶43、M320∶19）

4. 瓷圆唇碗（M320∶21）

5. 釉陶多足砚（M320∶7）

6. 釉陶多足砚（M320∶8）

1. 人面镇墓兽（M334∶33）

2. 兽面镇墓兽（M334∶31）

图版八四

1. 龙首双身连体俑（M334：13）

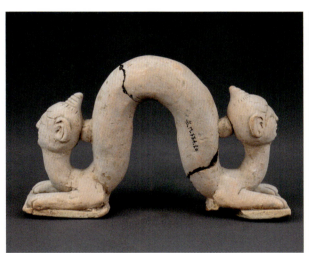

2. 人首双身连体俑（M334：20）

3. 人首鸟身俑（M334：16）

1. 生肖俑（M334：7、M334：29）

2. 生肖俑（M334＋1、M334：30）

图版八六

1. 陶鞍马（M334∶18）

2. 陶鞍马（M334∶19）

图版八九

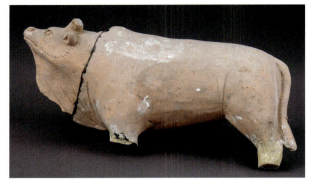

1. 陶牛（M334：32）

2. 陶围棋盘（M334+2）

3. 陶车厢（M334：17）

4. 陶磨（M334：10）

5. 瓷圆唇碗（M334：3）

图版九〇

1. 瓷五连盂砚（M334：11）

2. 瑞兽葡萄镜（M334：14）

图版九一

1. 瓷圆唇碗（M350：1、M350：2、M350：3）

2. 瓷圆唇碗（M350：4、M350：5、M350：6）

3. 瓷圆唇碗（M350：7、M350：8、M350：9）

4. 瓷方唇碗（M350：10）

图版九二

1. 瓷碟（M350：11-1）

2. 瓷碟（M350：11-2）

3. 瓷碟（M350：11-3）

1. 瓷碟（M350：11-4）

2. 瓷碟（M350：11-5）

3. 瓷碟（M350：11-6）

1. 瓷碟（M350：11-7）

2. 瓷碟（M350：11-8）

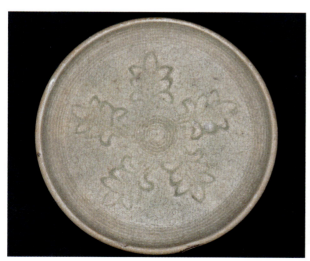 

3. 瓷碟（M350：11-9）

1. 瓷碟（M350：11-10）

2. 瓷碟（M350：11-11）

3. 瓷碟（M350：11-12）

图版九六

1. 镇墓兽（M359:46）

2. 镇墓兽（M359:46）

3. 镇墓兽（M359+1）

图版九七

生肖俑－午马（M359：34）

图版九八

1. 生肖俑（M359：20、M359：28）

2. 生肖俑（M359+5、M359：13）

图版九九

1. 生肖俑（M359：33、M359：51）

2. 生肖俑（M359：11、M359：19）

3. 生肖俑（M359+6、M359+7）

1. 袍服男立俑（M359+4）

2. 袍服男立俑（M359+3）

3. 甲士俑（M359+2）

1. 持盾甲士俑（M359：24）与甲士俑（M359：12）

2. 胡人男立俑（M359：10）　　　　3. 昆仑奴男立俑（M359：15）

女立俑与女坐俑（M359∶37、M359∶38、M359∶39、M359∶40、M359∶41）

1. 女立俑（M359：14）

2. 女立俑（M359：29）

3. 女立俑（M359：55）

4. 女立俑（M359：45）

1. 女坐俑（M359：18）

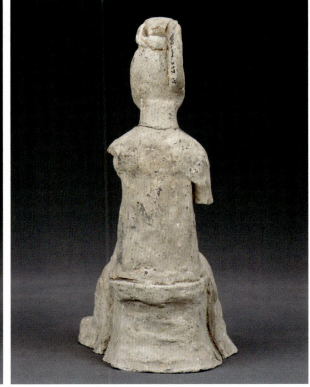

2. 女坐俑（M359+9）

1. 女跪俑（M359：26）

2. 陶鞍马（M359：36）

图版一〇六

1. 陶鞍马（M359：30）

2. 陶牛（M359：42）

3. 陶牛（M359：7）

4. 陶骆驼（M359：8）

1. 陶车厢（M359：32）

2. 陶轮（M359：31）

3. 陶灶（M359：44）

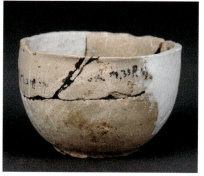

4. 陶四系釜（M359：25）

5. 陶甑（M359：27）

6. 陶杯（M359：22）

7. 釉陶多足砚（M359：9）

8. 铜带扣（M359：21）

1. 瓷盘口壶（M359：16）　　　　2. 瓷盘口壶（M359：48）

3. 瓷钵（M359：52）

图版一〇九

1. 瓷圆唇碗（M359：50、M359+8）

2. 瓷圆唇碗（M359：53）

3. 瓷圆唇碗（M359：5、M359：2）

图版一一〇

1. 瓷圆唇碗（M359：49、M359：35）　　　　2. 瓷圆唇碗（M359：54、M359：43）

3. 瓷方唇碗（M359：6、M359：4、M359：1）

1. 女立俑（M378：4）

2. 瓷圆唇碗（M378：2、M378：3）

3. 瓷圆唇碗（M378：2、M378：3）

4. 开元通宝（M378：1-1～2）

1. 兽面镇墓兽（M379：25）

2. 人首鸟身俑（M379：20）

1. 龙首双身连体俑（M379：10）

2. 人首双身连体俑（M379：18）

1. 生肖俑-未羊（M379：8）

2. 生肖俑（M379：1、M379+1、M379：5）

图版一一五

1. 生肖俑（M379：27、M379+9、M379：3）

2. 生肖俑（M379+3、M379+2、M379+4）

图版一一六

1. 生肖俑（M379+7、M379+8）

2. 胡人男立俑（M379+10）

图版一一七

镇墓武士（正面：M379：16、M379：28）

镇墓武士（背面：M379：16）

图版一一八

1. 男装女立俑（M379：13）　　　　　2. 男装女立俑（M379：19、M379+11）

3. 女立俑（M379：7）　　　4. 残立俑（M379：4）　　　5. 残立俑（M379：9）

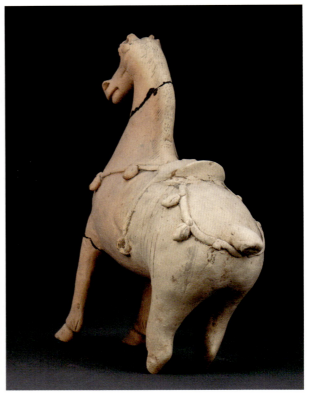

1. 陶鞍马（M379：23）

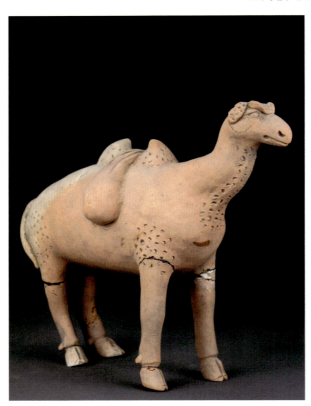

3. 陶羊（M379：17）

2. 陶骆驼（M379：22）

4. 陶轮（M379+5）

图版一二〇

1. 陶灶（M379：15）

2. 陶磨（M379：14）

图版一二一

1. 陶磨（M379：14）

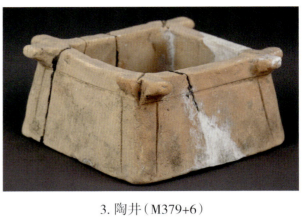

3. 陶井（M379+6）

2. 瓷圆唇碗（M379：6）

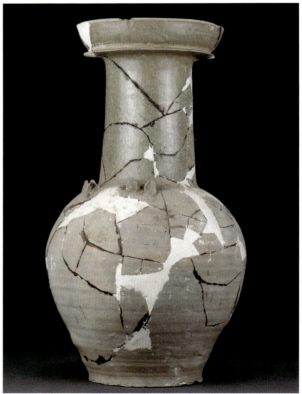

4. 瓷盘口壶（M379：26）

图版一二二

1. 人面镇墓兽（M382：18）

2. 兽面镇墓兽（M382：16）

3. 兽面镇墓兽（M382：17）

1. 生肖俑-未羊（M382+3）

2. 生肖俑-亥猪（M382+4）

3. 生肖俑（M382+2）

袍服男立俑（M382：20）

图版一二五

1. 袍服男立俑（M382：15）　　　　　　　　2. 女立俑（M382：11）

3. 女立俑（M382：19）

1. 陶猪（M382：7）

2. 瓷烛台（M382+1）

3. 瓷方唇碗（M382：2、M382：3）

4. 瓷方唇碗（M382：4、M382：21）

2. 瓷盂（M389：10）

1. 瓷盘口壶（M389：3）

3. 瓷方唇碗（M389：1、M389：2、M389：11）

图版一二八

1. 瓷盉（M389+1）

2. 铜钹形器（M389：8）

3. 残铜器（M389：4）

4. 铜钵（M398：5）

5. 瓷圆唇碗（M398：1、M398：6）

图版一二九

1. 兽面镇墓兽（M401：43）

2. 龙首双身连体俑（M401：46）、人首双身连体俑（M401：70）

图版一三〇

1. 人首兽身带翼俑（M401∶22）

2. 人首鸟身俑（M401∶77）

图版一三一

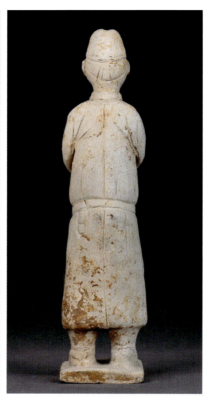

1. 男立俑（M401：12）　　　　　　　　2. 男立俑（M401：94）

3. 男立俑（M401：95）　　　4. 男立俑（M401+4）　　　5. 男立俑（M401+6）

1. 胡人男立俑（M401+8）   2. 胡人男立俑（M401+5）

3. 女立俑（M401：40）   4. 男立俑（M401：73）

1. 女立俑（M401：41）　　　　　　　　2. 女立俑（M401：98）

3. 女立俑（M401：56）　　　4. 女立俑（M401+3）　　　5. 男装女立俑（M401：33）

图版一三八

1. 男装女立俑（M401：99）　　　　2. 残立俑（M401+7）

3. 陶鞍马（M401：87）

1. 陶鞍马（M401：29）　　　　　　　　　2. 陶鞍马（M401：93）

3. 陶牛（M401：9、M401：62）

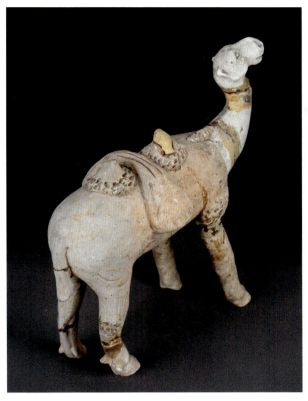

1. 陶骆驼（M401：51） 　　　　　　　　　2. 陶鸭（M401：8）

3. 陶羊（M401：17、M401：14）

1. 陶狗（M401：3、M401：1）

2. 陶猪（M401：18）

3. 陶猪（M401：10）

4. 陶鸭（M401：21）

5. 陶鸭（M401：26）

1. 陶鸡（M401：23、M401：19）

2. 陶车厢（M401：30）

1. 陶车厢（M401：30）

2. 陶轮（M401：27-2、M401：27-1）

3. 陶屋形器（M401：16）

图版一四四

1. 陶灶（M401：69）

2. 陶屋（M401：92）

3. 陶案（M401：28、M401：20）

1. 陶围棋盘（M401：4）

2. 陶双陆棋盘（M401：7）

3. 陶井（M401+15）　　　　　　4. 陶四系釜（M401：67、M401：86）

5. 陶瓿（M401+1、M401+2）

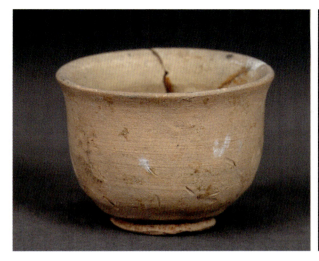

1. 陶杯（M401：81）

2. 陶盆（M401：5、M401：39）

3. 陶盘（M401：52-1～2）

图版一四七

1. 陶烛台（M401：59）

2. 陶多足砚（M401：11）

3. 瓷双系罐（M401：80）

1. 瓷圆唇碗（M403：1）、瓷碗底（M403：2）、瓷圆唇碗（M403：3）

2. 陶盆（M432：3）

3. 陶盖（M432：2）

图版一五一

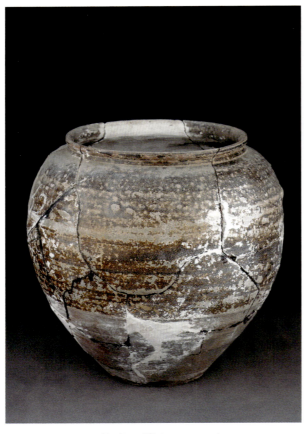

1. 瓷大口罐（M432：7）

2. 素面铜镜（M432：6）

3. 开元通宝（M432：5-1～6）

4. 铜镊（M432：4）

图版一五二

1. 瓷瓜棱罐（M436：1）

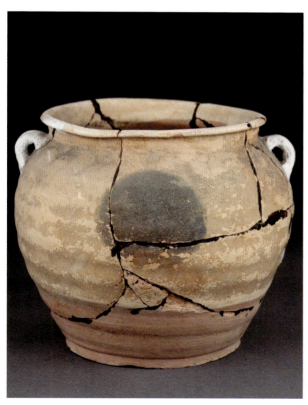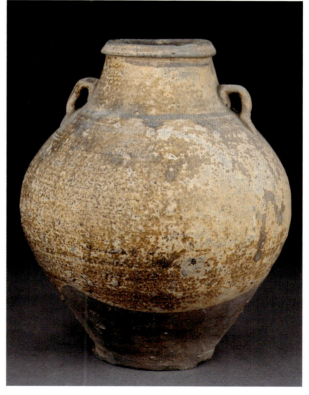

2. 瓷双系大口罐（M436：3）　　　3. 瓷双系罐（M436：5）

图版一五三

1. 裲裆铠男立俑（M480：11）　　　　2. 胡人男立俑（M480：19）

3. 长衣男立俑（M480：12）

1. 长衣男立俑（M480：18）

2. 胡人男俑（M480：8）

3. 男俑头（M480：6）

图版一五五

1. 男俑头（M480：4）

2. 男俑头（M480：2）

3. 残女俑（M480：14）

4. 柿蒂纹镜（M480：15）

1. 瓷盘口壶（M480：1）　　　　　　2. 瓷盘口壶（M480：5）

3. 瓷粉盒（M480：7）　　　　　　　4. 瓷盉（M480：9）

1. 瓷双系大口罐（M498：2、M498：3）

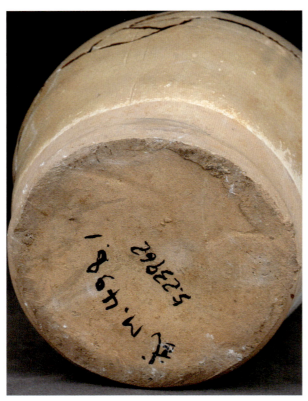

2. 瓷双系大口罐（M498：2）

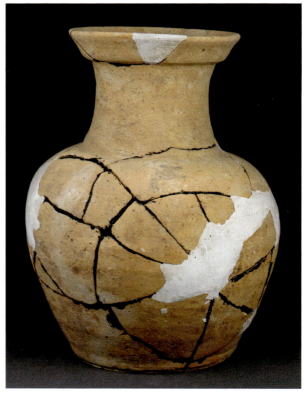

3. 陶盘口壶（M498：1）

1. 生肖俑（M507：10、M507：12、M507：13）

2. 瓷盘口壶（M507：6）

3. 残俑（M507：7）

4. 陶牛（M507：1）

图版一五九

1. 瓷方唇碗（M507：19）

2. 陶杯（M507+1）

3. 五铢（M507：3-1～5）

4. 五铢（M507：3-6～11）

5. 五铢（M507：3-12～17）

1. 生肖俑-午马（M8：20）

2. 生肖俑-戌狗（M8：17）

3. 生肖俑-寅虎（M8：24）

1. 生肖俑（M8∶10、M8∶21、M8+1）

2. 袍服男立俑（M8∶7、M8∶14、M8∶8）

图版一六二

1. 袍服男立俑（M8：14）　　　　　　　2. 女立俑（M8：15）

3. 女立俑（M8：4、M8：6）

图版一六三

1. 女坐俑（M8：5）

2. 陶牛（M8：19）

3. 陶磨（M8：23）　　　　　　　　4. 陶井（M8+2）

1. 陶灶（M8：18）

2. 瓷长颈壶（M8：1）

图版一六五

1. 瓷四系双唇罐（M8：2、M8：13）

2. 瓷四系双唇罐（M8：3、M8：22）

3. 瓷圆唇碗（M8：9、M8：11、M8：12）

4. 铜器（M8：16）

图版一六六

1. 瓷四系双唇罐（M9∶6、M9∶7、M9∶8、M9∶17）

2. 瓷圆唇碗（M9∶12、M9∶18）

3. 瓷圆唇碗（M9∶14、M9∶16）

4. 瓷唾壶（M9∶3）

1. 兽面镇墓兽（M13：36）

2. 双人首连体俑（M13：31）

3. 人首鸟身俑（M13：33）

图版一六八

1. 生肖俑（M13∶6、M13∶24）

2. 生肖俑（M13∶6）

3. 甲士俑（M13+2）

图版一六九

1. 陶灶（M13：61）

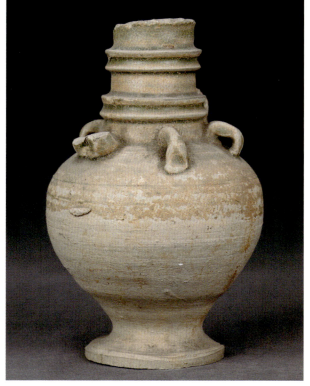

2. 瓷鸡首壶（M13：47）

图版一七〇

1. 三彩盂（M13：50）

2. 瓷双唇罐（M13：2、M13：43）

3. 瓷圆唇碗（M13+1）

4. 瓷钵（M13：46、M13：48）

图版一七一

1. 镇墓兽（M17：5）

2. 镇墓兽（M17：5）

3. 生肖俑-寅虎（M17：15）

图版一七二

1. 生肖俑－申猴（M17：8）

2. 生肖俑－午马（M17：24）

1. 生肖俑（M17：3、M17：18、M17：4）

2. 生肖俑（M17：34、M17：69、M17：16）

袍服男立俑（M17：72、M17：73）

1. 女立俑（M17：23）

2. 女立俑（M17：13）　　　　　3. 长衣立俑（M17：11）

1. 陶鞍马（M17：29）

2. 陶磨（M17：31）

3. 陶灶（M17：68）

4. 陶莲座（M17：39）

图版一七七

1. 瓷虎子（M17：10）

2. 瓷多足砚（M17：6）

3. 瓷高足盘（M17：1、M17：14、M17：32）

1. 瓷高足盘（M17：1、M17：14、M17：32）

2. 瓷高足盘（M17：33、M17：41-1、M17：41-2）

图版一七九

1. 瓷高足盘（M17：2、M17：26、M17：27）

2. 瓷高足盘（M17：28、M17：42-1、M17：42-2）

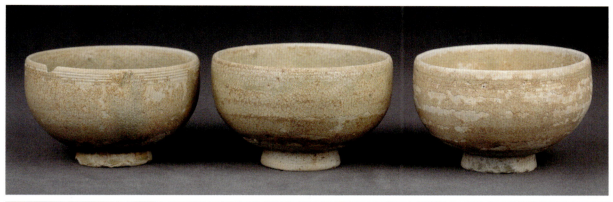

1. 瓷圆唇碗（M17：35、M17：36、M17：37）

2. 瓷圆唇碗（M17：38、M17：43、M17：44）

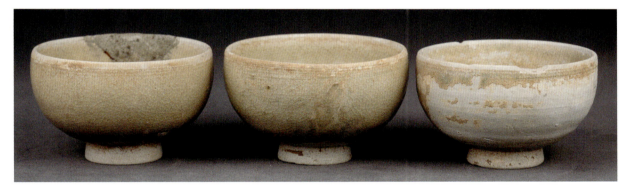

3. 瓷圆唇碗（M17：45、M17：46、M17：47）

图版一八一

1. 瓷圆唇碗（M17：48、M17：49、M17：50）

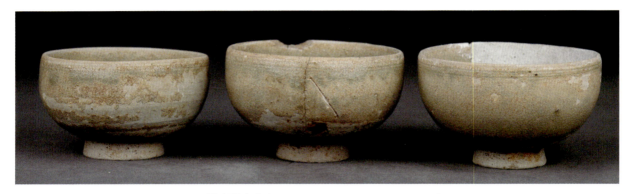

2. 瓷圆唇碗（M17：51、M17：52、M17：53）

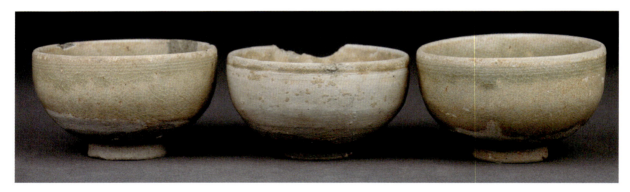

3. 瓷圆唇碗（M17：54、M17：55、M17：56）

4. 瓷圆唇碗（M17：57、M17：58、M17：59）

图版一八二

1. 瓷圆唇碗（M17：60、M17：65）

2. 瓷圆唇碗（M17：61、M17：62、M17：63）

3. 瓷圆唇碗（M17：64、M17：66、M17：67）

图版一八三

1. 瓷盂（M17：7、M17：40）

2. 瓷杯（M17：9、M17：25-1、M17：25-2）

1. 瓷四系盘口罐（M21：15）

2. 瓷高足杯（M21：2、M21：9）

1. 瓷高足杯（M21:4、M21:5）

2. 瓷高足盘（M21:11）

图版一八六

1. 瓷高足盘（M21：13、M21：10）

2. 瓷尖唇碗（M21：7）

1. 瓷圆唇碗（M21：6、M21：14）

2. 瓷盂（M21：3-1）、瓷钵（M21：3-2）

图版一八八

1. 褶服男俑（M22：8）　　　2. 卷发男立俑（M22：10）　　　3. 卷发男立俑（M22：60）

4. 女立俑（M22：41）　　　　　5. 女立俑（M22：47）

清洗女俑（M22∶49）

图版一九〇

吹火女俑（M22：51）

图版一九一

灶及操作女俑（M22：53）

图版一九二

洗碗台及操作女俑（M22：54）

图版一九三

1. 陶方仓（M22：52）

2. 陶隐囊（M22：61）

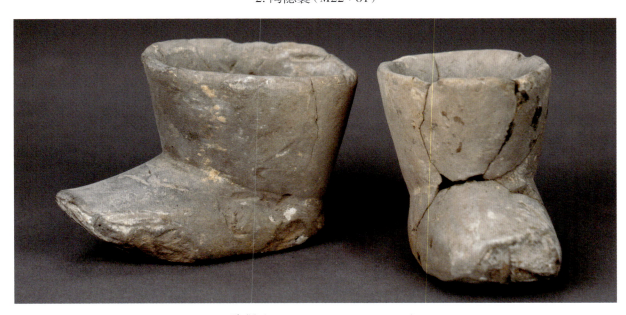

3. 陶靴（M22：28-1、M22：28-2）

图版一九四

1. 陶屋形器（M22：59）

2. 陶槽形器（M22：42）

3. 陶饼足盘（M22：6）　　　　　　4. 陶垂腹瓶（M22：25）

5. 陶灯（M22：40）　　　　　　6. 陶不明器（M22：11）

1. 陶多子榼（M22：32、M22：31）

2. 陶砚（M22+1）

3. 瓷盂（M22：1、M22：2）

图版一九六

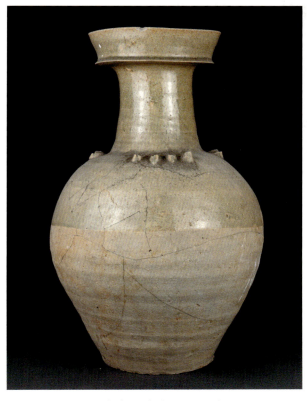

1. 瓷盘口壶（M22：44）

2. 陶长颈瓶（M22：35）

3. 瓷圆唇碗（M22：45、M22：46）

4. 瓷圆唇碗（M22：33、M22：50）

5. 五铢（M22：5-1～2）

1. 瓷方唇碗（M27：1、M27：6）

2. 瓷方唇碗（M27：2、M27：3）

3. 瓷方唇碗（M27：4）

4. 瓷方唇碗（M27：5、M27：8）　　　　　5. 瓷壶（M27：7）

1. 生肖俑（M31：38）

2. 生肖俑（M31：5、M31：34）

图版一九九

1. 生肖俑（M31∶6、M31∶31）

2. 女立俑（M31∶33、M31∶35）

3. 陶磨（M31∶27）

4. 陶臼（M31∶46）

1. 陶灶（M31：44）

2. 陶灶（M31：44）

3. 瓷托炉（M31：8、M31：32）

4. 瓷托炉（M31：8、M31：32）

1. 瓷多足砚（M31：7）

2. 瓷四耳盂（M31：40-1～2）

图版二〇二

1. 瓷圆唇碗（M31∶24）

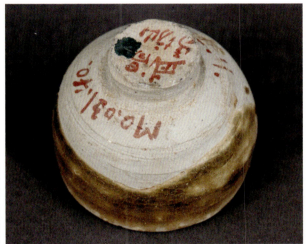

2. 瓷杯（M31∶40-3）

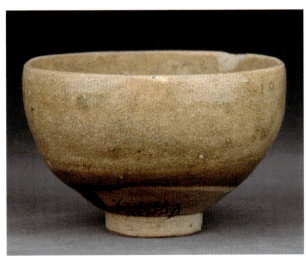

3. 瓷圆唇碗（M34∶1）

1. 陶磨（M3∶8）

2. 陶磨（M3∶10）

3. 陶盆（M3∶9）

图版二〇四

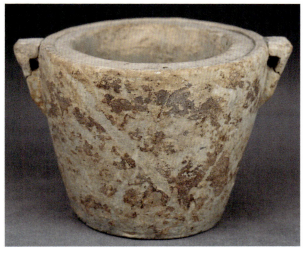

1. 双耳陶研钵（M3：12）　　　　　　　　2. 带錾陶钵（M3：13）

3. 莲瓣纹陶瓿（M3：14）

4. 莲瓣纹陶钵（M3：15）

1. 袍服男立俑（M49：14）

2. 男俑头（M49：4）

3. 瓷盘口壶（M49：10）

4. 瓷圆唇碗（M49：7）

图版二〇六

1. 瓷四系罐（M49∶8）

2. 瓷圆唇碗（M49∶19、M49∶21）

3. 瓷碗底（M49∶3）

4. 瓷钵（M49∶20）

1. 镇墓兽与女坐俑（M121∶1、M121∶2、M121∶3、M121∶4、M121∶5、M121∶6）

2. 兽面镇墓兽（M121∶2）

图版二〇八

1. 人面镇墓兽（M121：5）

2. 女坐俑（M121：1、M121：3、M121：4、M121：6）

图版二〇九

1. 陶牛（M121：38）

2. 陶灶（M121：30）

3. 陶磨（M121：42）

4. 瓷盘口壶（M121：22）

5. 瓷多足砚（M121：17）

1. 瓷四系双唇罐（M121：36、M121：37、M121：44）

2. 瓷四系双唇罐（M121：31、M121：33）

3. 瓷钵（M121：12、M121：39）   4. 瓷方唇碗（M121：19）、瓷圆唇碗（M121：43）

5. 瓷圆唇碗（M121：14、M121：25）

1. 陶方座（M136：24）

2. 瓷盘口壶（M136：5）

3. 瓷钵（M136：1）

图版二一六

1. 瓷方唇碗（M136：3）、瓷圆唇碗（M136：8）

2. 瓷圆唇碗（M136：19、M136：20、M136：21）

1. 瓷圆唇碗（M136：7、M136：2、M136：23、M136：11）

2. 瓷圆唇碗（M136：6）

3. 瓷盂（M136：12）

4. 五铢（M136：14）　　　　　　　　　5. 五铢（M136：15-1～5）

1. 生肖俑-巳蛇（M138：14）

2. 生肖俑-戌狗（M138+3）

图版二一九

1. 生肖俑（M138+2、M138+1）

2. 瓷四系双唇罐（M138：11）

3. 瓷方唇碗（M138：4、M138：7、M138：8、M138：19）

图版二二〇

开元通宝（M138：21-1～8）

图版二二一

开元通宝（M138：21-9～16）

开元通宝（M138：21-17～24）

开元通宝（M138∶21-25～32）

图版二二四

1. 瓷大口罐（M143：1、M143：4）

2. 瓷圆唇碗（M146：2、M146：3、M146：4、M146：5）

图版二二五

1. 瓷方唇碗（M148：10、M148：12）

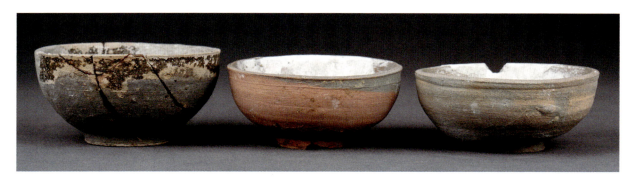

2. 瓷方唇碗（M148+1、M148+2、M148：6）

3. 瓷钵（M148：8）

4. 铜钵（M148：7）

1. 开元通宝（M148：3-1～5）

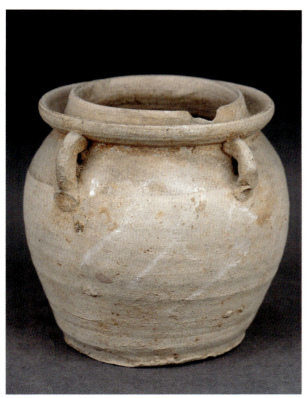 

2. 瓷双唇罐（M149：3）　　　　　　　3. 瓷圆唇碗（M149：1）

4. 瓷双唇罐（M149：2、M149：4、M149：5、M149：6）

图版二三七

1. 人面镇墓兽（M161：44）

2. 兽面镇墓兽（M161：46）

图版二三八

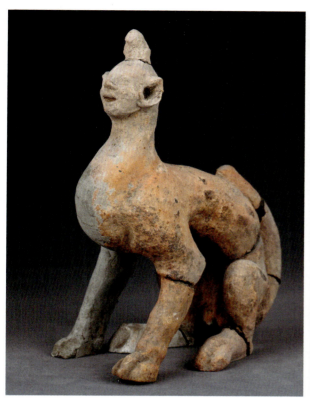

1. 人面兽身俑（M161∶47）

2. 人首鸟身俑（M161∶61）

图版二三九

生肖俑（M161：17、M161：20）

图版二四〇

1. 生肖俑（M161：5、M161：12）

2. 生肖俑（M161：1、M161：2、M161：9）

图版二四一

1. 生肖俑（M161：3、M161：7）

2. 袍服男立俑（M161：13、M161：16）

图版二四二

裲裆铠男立俑（M161：38、M161：64）

图版二四三

1. 持盾甲士俑（M161：31）   2. 甲士俑（M161：43）

3. 甲士俑（M161：18、M161：27、M161：35）   4. 甲士俑（M161：42、M161：65、M161：67）

1. 长衣男立俑（M161：63）

2. 长衣男立俑（M161：70）　　　　3. 长衣男立俑（M161：72）　　　　4. 披发男立俑（M161+8）

1. 男坐俑（M161：15、M161+3）

2. 男坐俑（M161：29）

3. 女立俑（M161：19）

图版二四六

1. 女立俑（M161：23）

2. 女立俑（M161：24）　　　3. 女立俑（M161：37）　　　4. 女立俑（M161：48）

1. 女立俑（M161+1）　　　2. 女立俑（M161+4）　　　3. 女立俑（M161+5）

4. 女立俑（M161+9）　　　5. 女立俑（M161+10）　　　6. 残立俑（M161：73）

1. 女踞坐俑（M161：8、M161：25）

2. 陶鞍马（M161：71）

图版二四九

1. 陶鞍马（M161：36）

2. 陶牛（M161：22）

3. 陶牛（M161：22）

4. 陶骆驼（M161：54）

1. 陶灶（M161∶26）

2. 陶灶（M161∶26）

3. 陶磨（M161∶30、M161+6）

4. 陶轮（M161∶68）

5. 陶方座（M161+7）

图版二五一

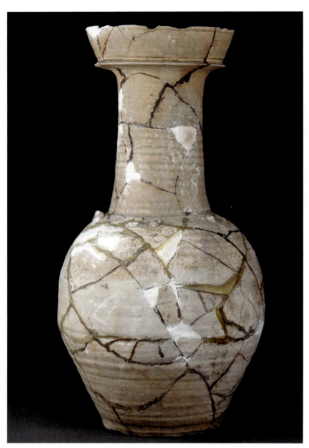

1. 瓷盘口壶（M161：49）

2. 瓷四系双唇罐（M161：53、M161：55）

3. 瓷四系双唇罐（M161：56、M161：58、M161：57）

1. 瓷圆唇碗（M161:11、M161:41）

2. 瓷圆唇碗（M161:59、M161:60、M161:74）

图版二五三

1. 瓷圆唇碗（M161+2）

2. 瓷尖唇碗（M161：45、M161：52）

3. 开元通宝（M161：6-1～2）

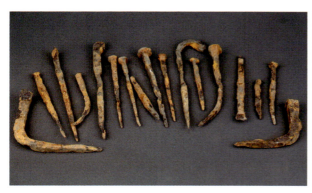
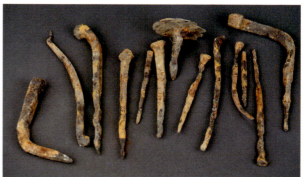

4. 铁钉（M161：66）

1. 人首兽身带翼俑（M162：10）　　　　　　2. 人首鸟身俑（M162：28）

图版二五五

1. 生肖俑－子鼠（M162：2）

2. 生肖俑（M162：9、M162：38）

图版二五六

1. 生肖俑（M162+7、M162+9、M162+5）

2. 生肖俑（M162+4、M162+6、M162+8）

1. 陶牛（M162：19）

2. 陶鞍马（M162：20）

3. 陶猪（M162：21）

4. 陶狗（M162：25）

5. 陶羊（M162：35、M162：32）

6. 陶禽（M162：24）

7. 陶灶（M162+3）

图版二六二

1. 陶案（M162：34）

2. 陶粉盒（M162：18）

3. 陶多足砚（M162：16）

4. 陶烛台（M162：14）

5. 陶鼎（M162：30）

6. 陶盂（M162+2）

7. 陶唾壶（M162：12）、陶釜（M162：13）、陶四系釜（M162：17）

图版二六三

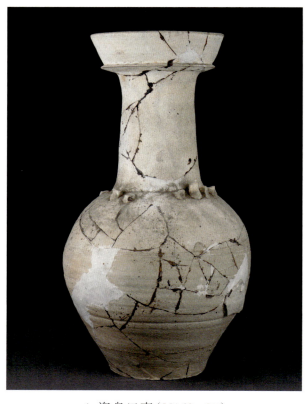

2. 瓷钵（M162∶29）

3. 瓷圆唇碗（M162∶11）

1. 瓷盘口壶（M162∶37）

4. 瓷碗（M162∶26、M162∶36、M162∶39、M162∶40）

图版二六四

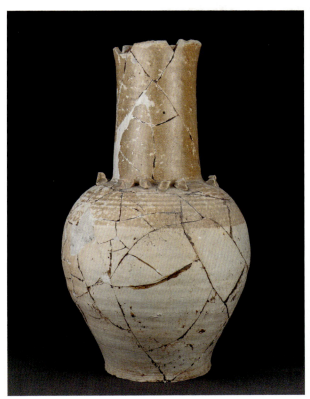

1. 瓷盘口壶（M163：16）

2. 瓷四系双唇罐（M163：10、M163：11、M163：13、M163：14）

图版二六五

1. 瓷四系双唇罐（M163：13）

2. 瓷圆唇碗（M163：3）

3. 瓷圆唇碗（M163：1、M163：2、M163：4、M163：3）

4. 瓷圆唇碗（M163：5、M163：15、M163：17、M163：18）

5. 铜钵形器（M163：6）

图版二六六

1. 墓志（M164：22）

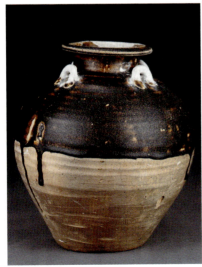

2. 瓷四系罐（M164：1）

图版二六七

1. 瓷双系罐（M164：2、M164：3、M164：4、M164：5、M164：6）

2. 瓷盏（M164：7、M164：8）

图版二六八

1. 瓷盏（M164：9、M164：10）

2. 瓷盏（M164：12、M164：14）

图版二六九

1. 瓷盏（M164：15、M164：16）

2. 瓷盏（M164：18、M164：19）

图版二七〇

1. 瓷盏（M164：11、M164：17）

2. 瓷盏（M164+1、M164：13、M164：20）

图版二七一

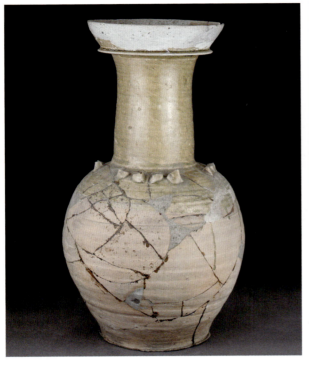

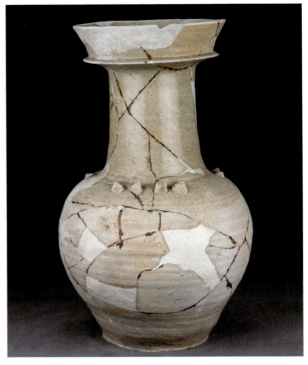

1. 瓷盘口壶（M179：1）　　　　　　　2. 瓷盘口壶（M179+1）

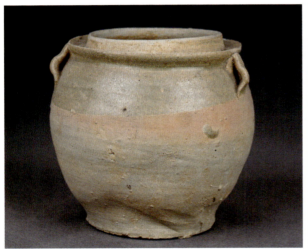

3. 瓷双系双唇罐（M179：4）

4. 瓷圆唇碗（M179：2、M179：3）

图版二七二

1. 陶盆（M191：1）

2. 瓷盘（M191：5）

图版二七三

1. 生肖俑-寅虎（M494：19）

2. 生肖俑-巳蛇（M494：15）

图版二八四

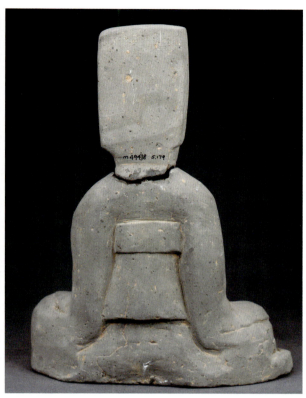

1. 生肖俑（M494：23）

2. 生肖俑－亥猪（M494：5）　　　　3. 生肖俑－辰龙（M494：13）

1. 裲裆铠男立俑（M494：9）　　　　　　　2. 裲裆铠男立俑（M494：10）

3. 长衣男立俑（M494：14）　　　4. 胡人男立俑（M494：26）　　　5. 女立俑（M494：12）

图版二八六

1. 女立俑（M494：22）　　　　　2. 女立俑（M494：27）

3. 女立俑（M494：31）　　4. 女立俑（M494：33）　　5. 女立俑（M494：43）

图版二八七

1. 女立俑（M494∶35）　　　2. 女立俑（M494∶46）　　　3. 女立俑（M494∶50）

4. 女跪俑（M494∶52）　　　　　　5. 女坐俑（M494∶28）

图版二八八

1. 陶鞍马（M494：21）

2. 陶牛（M494：34）

3. 陶鸡（M494：32）　　　　　4. 陶狗（M494：36）

图版二八九

1. 陶灶（M494：47）

2. 瓷五足砚（M494：1）

3. 瓷圆唇碗（M494：8）

4. 瓷圆唇碗（M494：11）

1. 瓷圆唇碗（M494：4、M494：7）

2. 瓷圆唇碗（M494：17、M494：38）

3. 瓷圆唇碗（M494：42、M494：49）

4. 瓷钵（M534：2）

5. 瓷圆唇碗（M534：3、M534：4）

图版二九一

1. 瓷四系长颈壶（M202：1）　　　　2. 瓷盘口壶（M331：2）

3. 瓷圆唇碗（M331：1）

图版二九二

1. 瓷尖唇碗（M63：1、M63：2）

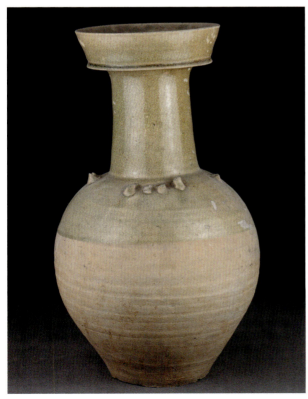

2. 瓷盘口壶（M64：1）

图版二九三

1. 瓷托炉（M66：1）

2. 瓷盒（M66：3）

3. 瓷方唇碗（M66：4）

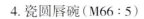
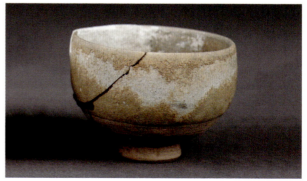

4. 瓷圆唇碗（M66：5）　　　　　　　　5. 瓷圆唇碗（M66：7）

图版二九四

人首双身连体俑（M76：3）

1. 残女俑（M76：66、M76：67、M76：60）

2. 陶鞍马（M76：7、M76：14）

1. 陶骆驼（M76：1）　　　　　　　　　　　2. 陶骆驼（M76+4）

3. 三彩盂（M76：8）、瓷盂（M76+11）

4. 瓷唾壶（M76：49）

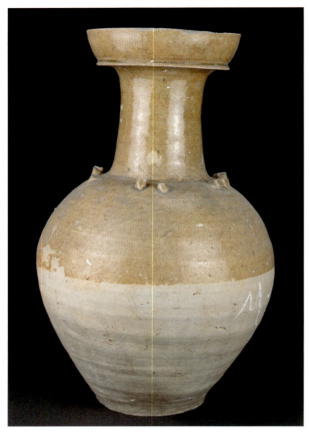

1. 瓷盘口壶（M76：24）

2. 瓷双唇罐（M76+10）

3. 瓷双唇罐（M76：27、M76：28、M76：50）

1. 陶钵（M76+6）

2. 瓷圆唇碗（M76+7、M76+8、M76+9）

3. 铜鎏金高足杯（M76：39）

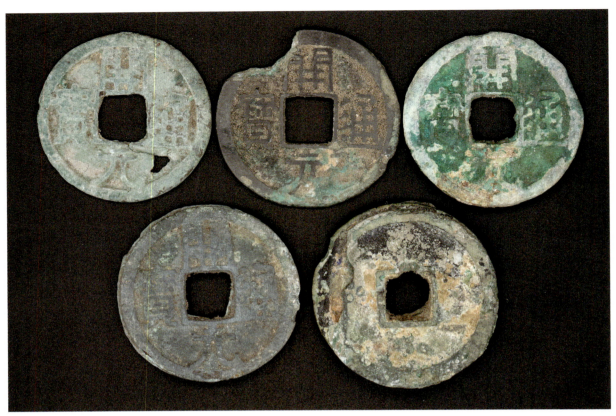

开元通宝（M76：56-1～5）

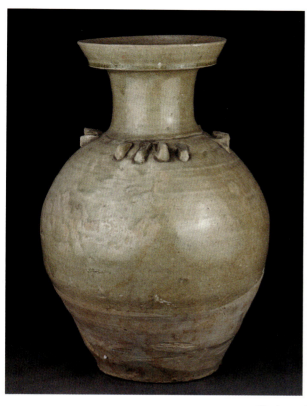

1. 瓷盘口壶（M84：3）

2. 瓷方唇碗（M84：5）

3. 瓷方唇碗（M84：6、M84：7）

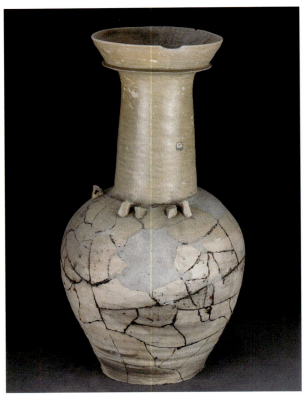

1. 瓷盘口壶（M86：2）　　　　　　2. 瓷圆唇碗（M86：6）

3. 瓷方唇碗（M86：5、M86：8、M86：9）

4. 开元通宝（M86：10-1～4）

1. 瓷双唇罐（M107：1、M107：2、M107：3）

2. 瓷方唇碗（M107：5、M107：6）

3. 瓷圆唇碗（M184：1、M184：2、M184：7）

图版三〇七

兽面镇墓兽（M189：13）

1. 天王俑（M189：3）

2. 男俑头（M189：26）

3. 女俑头（M189：1）

图版三一一

1. 武官俑（M189：7）

2. 男装女立俑（M189：4）

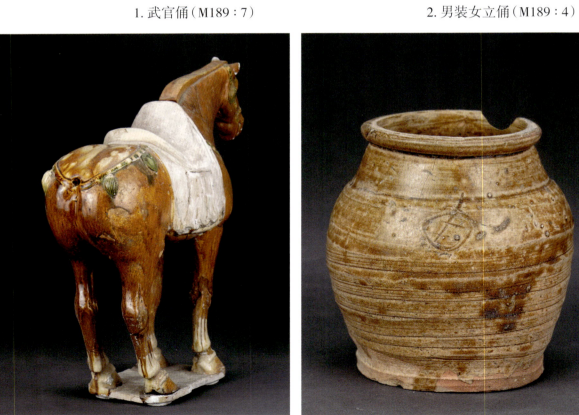

3. 三彩鞍马（M189：21）

4. 瓷罐（M189+1）

图版三一二

1. 瓷三系双唇罐（M189：11、M189：10）

2. 瓷三系双唇罐（M189：20、M189：19）

3. 釉陶碓（M189：24）

4. 三彩盖（M189：25）

5. 瓷尖唇碗（M189：2）

6. 铅环（M189：12-1～2）

图版三一三

1. 兽面镇墓兽（M196∶1）

2. 三彩鞍马（M196∶2）

3. 陶羊（M196∶6）

图版三一四

1. 陶磨（M247：1）

2. 开元通宝（M247：4）

3. 滑石握（M247：5、M247：6）

图版三一五

镇墓兽（M439：36、M439：22）

图版三一六

1. 人首双身连体俑（M439：17）

2. 龙首双身连体俑（M439：13）

图版三一七

1. 人首兽身带翼俑（M439：8）

2. 人首鸟身俑（M439：9）

1. 生肖俑（M439：37、M439：14）

2. 镇墓武士（M439：21、M439：24）

图版三一九

1. 甲士俑（M439：35）　　　　　　　2. 甲士俑（M439：27）

3. 袍服男立俑（M439：2）

图版三二〇

1. 袍服男立俑（M439∶10、M439∶15、M439+2）　　　　2. 长衣男立俑（M439∶11）

3. 长衣男立俑（M439∶3）　　　　　　　　4. 胡人男骑俑（M439+3）

图版三二一

女骑俑（M439：18）

图版三二二

1. 女立俑（M439：6）　　　　　　2. 男装女立俑（M439：38）

3. 女立俑（M439+4）　　　　　　4. 修复不当立俑（M439：12）

女梳发俑（M439：4）

图版三二四

1. 女梳发俑（M439：4）

2. 陶牛（M439：19）

图版三二五

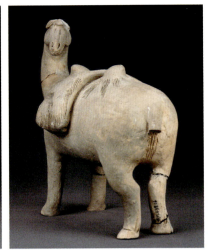

1. 陶骆驼（M439：16）

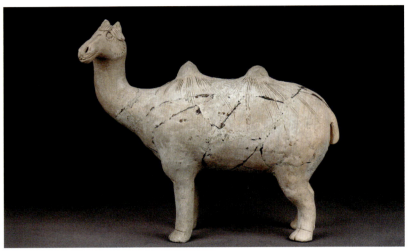

2. 陶骆驼（M439+5）

3. 陶狗（M439：25）　　　　　　　　4. 陶狗（M439：26）

图版三二六

1. 陶鸡（M439：32、M439：40）

2. 陶车厢（M439：20）

图版三二七

1. 陶灶（M439：50）

2. 陶磨（M439：39）

图版三二八

1. 陶屋（M439：5）

2. 陶四系釜（M439：42、M439：43）

3. 陶杯（M439：46、M439：49）

图版三二九

1. 陶碓（M439：31）

2. 陶井（M439：44）

3. 带鏊陶釜（M439：47）

4. 陶甑（M439：48）

5. 陶盒（M439：33）

6. 陶四足炉（M439+1）

7. 陶多足砚（M439：34）

8. 陶半球形器（M439：23-1～3）

1. 瓷三系双唇罐（M439：28）

2. 瓷三系双唇罐（M439：29、M439：30）

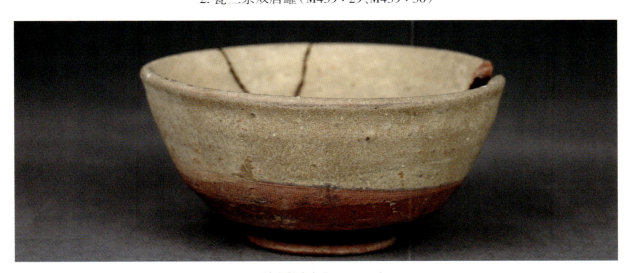

3. 瓷圆唇碗（M439：1）

1. 生肖俑－申猴（M441+1）

2. 生肖俑（M441+2、M441+3、M441+4）

图版三三二

1. 镇墓武士（M441：1）

2. 胡人男立俑（M441：6）

3. 女坐俑（M441：5）

1. 龙首双身连体俑（M441：9）

2. 女坐俑（M441：2）

3. 瓷三系双唇罐（M441+5）

4. 陶甂（M441+6）

图版三三四

镇墓兽（M444：24、M444：23）

图版三三五

1. 龙首双身连体俑（M444：26）、人首双身连体俑（M444：27）

2. 人首鸟身俑（M444：25）

图版三三六

1. 生肖俑-申猴（M444：28）

2. 生肖俑（M444：5、M444：6）

图版三三七

1. 生肖俑（M444：12、M444：9）

2. 生肖俑（M444：13、M444：29）

图版三三八

1. 镇墓武士（M444∶20、M444∶31）　　　　　2. 镇墓武士（M444∶20）

3. 长衣男立俑（M444∶16）　　　　　　　4. 胡人男立俑（M444∶19）

图版三三九

1. 男装女立俑（M444：11）　　　　　　　　2. 女坐俑（M444：18）

3. 女坐俑（M444：32）

图版三四〇

1. 陶鞍马（M444：22）

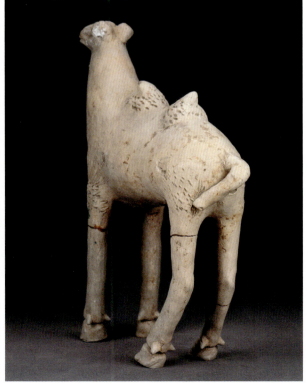

2. 陶骆驼（M444：1）

1. 陶牛（M444：10）

2. 陶牛（M444：21）

3. 陶轮（M444：14-1～2）

4. 陶磨（M444：33）

5. 陶围棋盘（M444：17）

6. 陶碓（M444+1）

7. 陶钵（M444+2）

1. 瓷四系双唇罐（M444∶36）

2. 瓷钵（M444∶2）

3. 瓷多足砚（M444∶8）

4. 铜镜残块（M444+3）

5. 开元通宝（M444∶15−1～4）

1. 瓷钵（M446：5）

2. 瓷圆唇碗（M446：4）

3. 瓷圆唇碗（M446：2、M446：7、M446：9）

1. 瓷盘口壶（M448：1）

2. 五铢（M448：3-1～7）

3. 瓷圆唇碗（M448：2）

4. 瓷圆唇碗（M448：4）

图版三四五

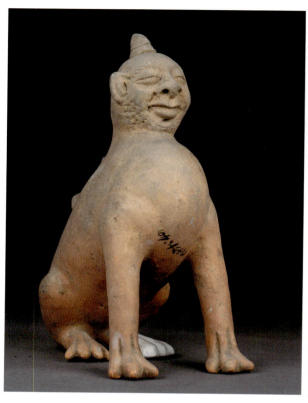

1. 人面镇墓兽（M434 : 40）

2. 兽面镇墓兽（M434 : 48）

图版三四八

1. 人首兽身带翼俑（M434：38）

2. 人首鸟身俑（M434：60）

图版三四九

1. 人首双身连体俑（M434：31）、龙首双身连体俑（M434：57）

2. 生肖俑-亥猪（M434：21）

图版三五〇

1. 生肖俑（M434：32、M434：25、M434：59）

2. 生肖俑（M434：50、M434：29、M434：20）

图版三五一

1. 生肖俑（M434：14、M434：13、M434：6）

2. 生肖俑（M434：5、M434：35、M434：21）

图版三五二

镇墓武士（正面：M434：42、M434：58）

镇墓武士（背面：M434：58）

图版三五三

1. 瓷带系盘口罐（M434：26、M434：34）

2. 瓷双唇罐（M434：27、M434：44）　　　3. 瓷双唇罐（M434：28、M434：33）

4. 瓷盂（M434：36）

5. 瓷圆唇碗（M434：22）

图版三六〇

1. 瓷圆唇碗（M434∶23、M434∶37）

2. 瓷圆唇碗（M434∶53、M434∶54）

3. 瓷钵（M434∶15、M434∶24）

4. 开元通宝（M434∶16-1～2）

图版三六一

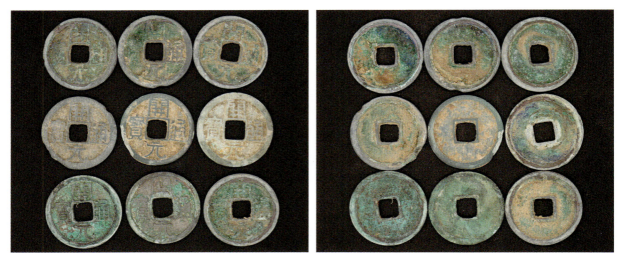

1. 开元通宝（从左往右、从上往下：M434：17-1～9）

2. 开元通宝（M434：17-10～18）

3. 开元通宝（M434：17-19～27）

1. 三彩三系小罐（M495：21）　　　　2. 陶盖（M495：7）

3. 瓷盘口壶（M495：11）　　　　4. 瓷盘口壶（M495：12）

图版三六三

1. 瓷三系双唇罐（M495：8、M495：9、M495：10）

2. 瓷圆唇碗（M495：4、M495：5、M495：6）

3. 瓷盂（M495：20）

图版三六四

1. 瓷钵（M495：13）

2. 瓷钵（M495：22）

3. 瓷五连盂砚（M495：17）

4. 瑞兽葡萄镜（M495：18）

5. 铅环（M495：14）

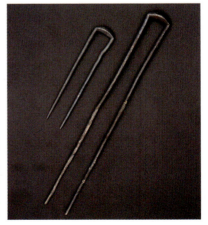

6. 银钗（M495：15、M495：16）

图版三六五

1. 瓷圆唇碗（M2：3）

2. 瓷圆唇碗（M2：1、M2：2）

3. 瓷圆唇碗（M2：4、M2：5、M2：6）

图版三六六

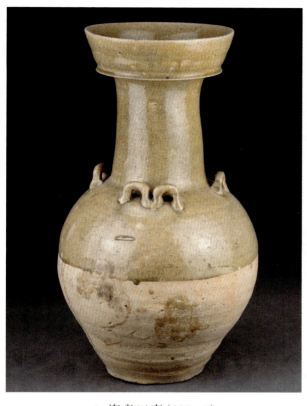

1. 瓷盘口壶（M5∶1）　　　　　　　　2. 瓷方唇碗（M5∶2、M5∶4）

3. 瓷方唇碗（M5∶3、M5∶5、M5∶6）

1. 瓷圆唇碗（M127：1、M127：5）

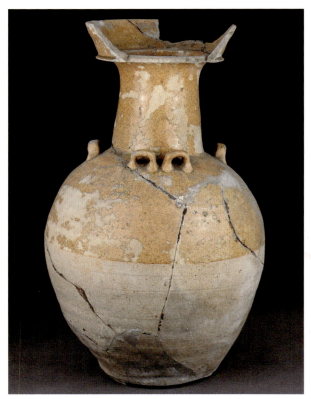

2. 瓷盘口壶（M96：1）　　　　　　　3. 瓷圆唇碗（M96：2）

图版三六八

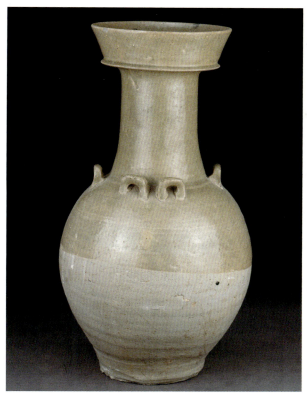

1. 瓷盘口壶（M100：7）　　　　　　　　2. 瓷盂（M100：4）

3. 瓷方唇碗（M100：1、M100：2、M100：3）

4. 瓷方唇碗（M100：5、M100：6、M100：8）

图版三六九

1. 女立俑（M180：7）　　　　　　2. 长衣男立俑（M180：9）

3. 瓷圆唇碗（M180：8）　　　　4. 瓷方唇碗（M180：2、M180：3）

5. 开元通宝（M180：11）　　　　　6. 三彩杯（M180：1）

图版三七〇

1. 瓷方唇碗（M119：1）、瓷圆唇碗（M119：2、M119：3）

2. 瓷圆唇碗（M119：4、M119：5）

3. 瓷圆唇碗（M119：13）

4. 瓷尖唇碗（M119：11、M119：12）

5. 五铢（M119：10-2）

6. 五铢（M119：10-1）

图版三七一

1. 瓷方唇碗（M131：1）、瓷圆唇碗（M131：2）

2. 瓷圆唇碗（M131：5）

3. 瓷圆唇碗（M131：4）

图版三七二

1. 双龙纹砖

2. 卷草宝瓶童子纹砖　　　3. 戴双管形冠人物纹砖　　　4. 执旗甲士纹砖

图版三七三

1. 裲裆铠男立俑（M142：4、M142：26）

2. 女立俑（M142：14、M142：15）

3. 女立俑（M142：7）

4. 瓷盘口壶（M142：3）

图版三七六

1. 瓷五足砚（M142：2）

2. 陶方座
（前排：M142：11、M142：10、M142：12、M142：13
后排：M142：17、M142：18、M142：19、M142：20、M142+1）

3. 陶履（M142：25-1、M142：25-2）

图版三七七

残铭文镜（M142：5）

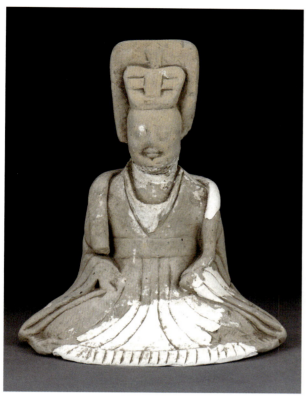

1. 生肖俑-巳蛇（M176：5）

2. 长衣男立俑（M176：15）　　　　　　3. 女立俑（M176：14）

1. 瓷圆唇碗（M209：1、M209：3、M209：4）

2. 生肖俑（M210：5）

3. 瓷盘口壶（M210：1）

4. 瓷钵（M210：2）

5. 瓷尖唇碗（M210：4）

图版三八二

1. 瓷唾壶（M243：2、M243：8）

2. 瓷唾壶（M243：8）

3. 瓷圆唇碗（M243：3、M243：9）

图版三八三

1. 瓷盘口壶（M243：1）　　　　　2. 瓷盘口壶（M478：1）

3. 瓷圆唇碗（M478：3）

图版三八四

1. 瓷盘口壶（M528：1、M528：3、M528：4）

2. 瓷尖唇碗（M528：2）

3. 瓷盏（M528：5）

图版三八五

1. 瓷圆唇碗（M530：1、M530：4、M530：5）

2. 瓷圆唇碗（M530：7、M530：8）

图版三八六

2. 裲裆铠男立俑（M531：7、M531：15）

1. 裲裆铠男立俑（M531：18）

3. 裲裆铠男立俑（M531：7）

图版三八七

1. 袍服男立俑（M531：3、M531：2、M531：5）

2. 袍服男立俑（M531：5）

3. 裲裆铠男立俑（M531：1）

图版三八八

1. 陶莲座（M531：4、M531：6）

2. 陶狗（M531：17）

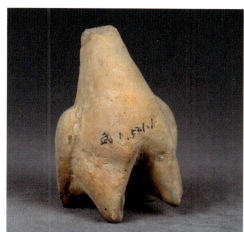

3. 陶禽（M531：16）

4. 瓷盉（M531：9）

1. 瓷圆唇碗（M151：1、M151：3）

2. 瓷盘口壶（M153：2）　　　　　3. 瓷盘口壶（M153：4）

1. 瓷方唇碗（M153：1）

2. 瓷钵（M153：7）

3. 瓷圆唇碗（M153：9）

4. 瓷圆唇碗（M153：6、M153：10、M153：12）

图版三九一

1. 瓷托炉（M158：1）

2. 瓷托炉（M158：1）

3. 瓷钵（M158：3）

图版三九二

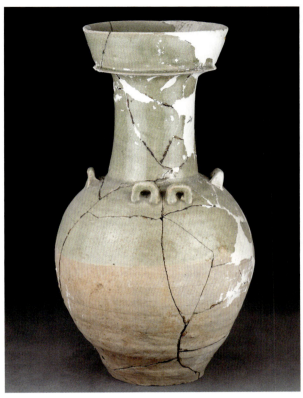

1. 瓷盘口壶（M186：1）

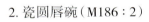

2. 瓷圆唇碗（M186：2）

3. 瓷盘口壶（M395：6）

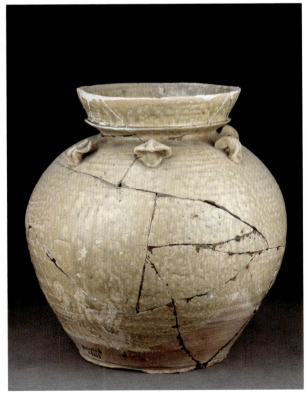

4. 瓷盘口罐（M395：8）

1. 瓷钵（M395：1、M395：11、M395：2）

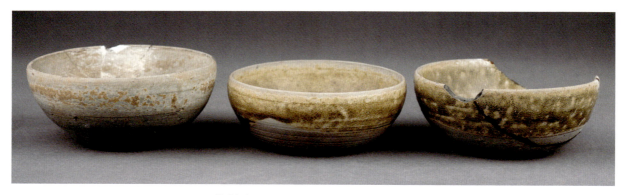

2. 瓷钵（M395：3、M395：9、M395：14）

3. 瓷钵（M395：10、M395：12）

4. 瓷圆唇碗（M395：4）

5. 开元通宝（M395：13-1～4）

1. 女立俑（M128∶4）

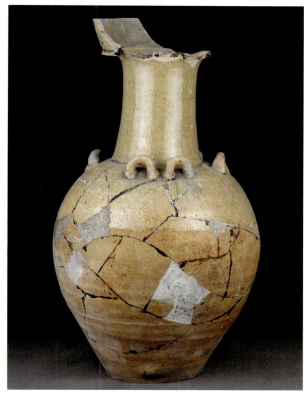

2. 瓷盘口壶（M506∶4）

3. 瓷尖唇碗（M128∶1）

4. 瓷五足砚（M506∶2）

图版三九五

1. 瓷圆唇碗（M506：3）

2. 瓷盏（M513：4）

3. 瓷方唇碗（M513：1、M513：2、M513：3）

图版三九六

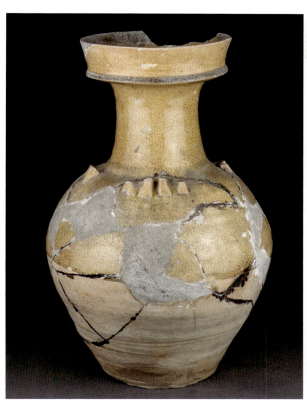

1. 瓷盘口壶（M517：10）

2. 瓷方唇碗（M517：8）

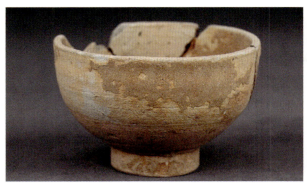

3. 瓷方唇碗（M517：22）

图版三九七

1. 瓷圆唇碗（M517：1、M517：7、M517：20）

2. 瓷圆唇碗（M517：6、M517：14）

3. 瓷圆唇碗（M517：11）、瓷方唇碗（M517：12、M517：13）

图版三九八

1. 瓷高足盘（M517：3）

2. 五铢（M517：17）

图版三九九